読むことの学習指導の探究

素水光子

溪水社

まえがき

素水光子さんが実践記録『確かで豊かな国語学習を求めて』（溪水社刊）を刊行されたのは、平成三（一九九一）年八月であった。この報告書には、昭和四七（一九七二）年から平成二（一九九〇）年に至る一九年間に真摯に努めてまとめられた記録・報告が収められた。私は当時この新著への「まえがき」に、左のように述べている。

「素水光子さんが個体史としてまとめられた、二〇年間に営まれた国語科学習指導の実践記録は、所収一七編の一つひとつに、真摯な取り組みと独自の工夫と児童たちへのひたむきな心情を見いだすことができる。（中略）これからの教職生活が一層豊かさを増し、きびしくもあたたかい知見によって、子どもたちとの国語学習が発見と創造を重ね、みのりの多いものになるよう、かつは期待し、かつは祈念してやまない。」

その後、素水光子さんは、平成四（一九九二）年三月、鳴門教育大学大学院修士課程を修了して、小学校の現場に帰り、平成一三（二〇〇一）年三月まで、満九年間、独自の教育実践の集積と深化に努められた。

素水光子さんは、このたび、『確かで豊かな国語学習を求めて』（前出）につづくものとして、平成四（一九九二）年三月、修士論文をまとめ、実践現場に帰って取り組まれた、平成一〇（一九九八）年までの実践の記録・報告を編成し、『読むことの学習指導の探究』を刊行されることになった。

本書においては、Ⅰ読むことの学習指導について、豊かな読みを創造する学習指導（授業）の構想が求められ、ついで、Ⅱ学習者が主体的に取り組む文学教材の読みの指導について、教材「たぬきの糸車」の扱いを中心に報告をし、また、Ⅲ音声表現と結ぶ読むことの学習指導の実践（一年生の場合）が報告されている。さらに、Ⅳ読むことの学習指導の充実を求めた、五つの実践報告が収められ、おしまいに、Ⅴ読むことの学習指導の新しいあり方を求めて意欲的に進められた実践の報告が二編収められている。全編を通して、探究者としての素水光子さんの熟成がうかがわれる。

素水光子さんが国語教育実践者として求めつづけた〝国語学習〟としては、

①一人ひとりの児童が自他と個性的に生きる学習、②継続的に人間形成に向かう学習、③国語の力を主体的に身につける学習、④生涯にわたることばへの関心が育つ学習（本書、三八〇ページ）

が挙げられている。

また、素水光子さんは、自らの願望として、

「自らの小ささは問わない。日々求め、創意をこらし、自らの実践力を向上させようと努める一個の指導者でありたい。」（本書、四五四ページ）

と述べられている。

素水光子さんは、長い年月、低学年児童を対象に、初等教育者として、国語科教育実践者として、一筋の道をひたすら歩まれた。求めつづけられた、読むことの学習指導（授業）の集積は、『確かで豊かな国語学習を求めて』、『読むことの学習指導の探究』両著にみごとに結実した。今後とも、独自の道程を歩まれ、さらに豊かなみのりをえられるよう祈念してやまない。

平成十四（二〇〇二）年七月

広島大学名誉教授
鳴門教育大学名誉教授　野　地　潤　家

読むことの学習指導の探究　目次

Ⅱ　学習者が主体的に取り組む文学教材の読みの学習指導

Ⅲ　音声表現と結ぶ読むことの学習指導

Ⅳ　読むことの学習指導の充実を求めて

Ⅰ 読むことの学習指導の構想

一　読むことの指導の歴史とその方向

1　学習指導要領のめざしてきたもの

「学習指導要領」について考察をすすめていて不思議な感覚に陥る。それは、改革という語彙のもつイメージにあっさりと過去を捨てがちな日本人の国民性というべきものについてである。森鷗外が「当流比較言語学」において、「ある国民にはあることばが欠けている。なぜ欠けているかと思ってよくよく考えてみると、それはある感情が欠けているからである。」と述べている中の、「義憤が気恥ずかしいという感情が日本人に欠けているのは事実である。」の表現に思い当たる。私自身の場合は、義憤ではなく曖昧な性格が、確認する生活と同時に、創造する生活から、私を遠ざけていた。西尾実氏は、教師の主体性の項で、「学習指導要領」に命を吹き込むのは、教師の主体性であると述べた。そのことは、過去の「学習指導要領」を私自身の今の能力の範囲で位置づけ、生かしながら、自己の実践を確かめ、さらに、本当の指導を確立していくことを求めたことばである。再認識すべき多くのことがらが、過去の「学習指導要領」の中には残っており、国語教育の歴史の上に立とうとしている私は、そのことをここに記さなければならない。

（ア）昭和二二年度「学習指導要領（試案）」では、読み方学習の材料が、次のように示されている。

読み方学習の材料

教師は、兒童にできるだけ多くの讀書の材料を與えて、廣い讀書活動を展開させなければならない。兒童の讀書材料は、兒童の興味をそそるものであり、それを讀むことによって、おのずから、よい人間生活を営むことができるようなものでありたい。

次に、讀み方学習教材をいくつか拾いあげてみよう。

（一）運動・競技に関するもの。
（二）兒童のための有名な文学作品。
（三）兒童を楽しませ、情感を豊にするような神話・傳說。
（四）美術・建築・音樂に関するもの。
（五）文化の創造に寄與した人々の傳記およびその話。
（六）宇宙の神秘、自然の法則、生物の生態など自然科学の原理に関するもの。
（七）生活環境を科学的に観察したもの。
（八）協同奉仕の精神を示したもの。
（九）人類愛・國際平和・國際協調などの精神を啓発するもの。
（十）國語に関するもの。

1　國語のはたらき。
2　國語愛。
3　言語の本質。
4　日本語の成立。

5　外來語。
6　言語生活。
(十一) 自由・平等・博愛・平和、正義、寛容の理想の理解と発達を助けるもの。
(十二) 眞・善・美に対する理解を與えるもの。
(十三) 信仰心をやしない、ぎせい・責任の精神生活を表わした物語。
(十四) 兒童の体驗記。
兒童の読書材料は、このように廣範囲にわたるものであるが、これを表現の様式のうえからわけてみると、
(一) 詩情表現のむれ。
童謠・童詩・叙情詩・叙事詩・和歌・俳句など。
(二) 思索・記録のむれ。
手紙・日記・記録・報告・論文・随筆など。
(三) 物語のむれ。
童話・ぐう話・傳説・小説など。
(四) 演劇一般のむれ。
脚本・シナリオ・よびかけ・詩劇・謠曲・狂言など。

というように分類される。

國語教科書にかかげている各教材は、こうした意味の材料を集めて一つの基準を示したものと考えていい。

(「学習指導要領　国語科編」　昭和二三年一一月二〇日　文部省　71・72ページ)

ここには、戦後の新たな教育に向けた国内外の期待が込められたはずであり、今日なお、時代を越えて求められるものをもっている。ただ、ここに掲げられてきたものが、人の心に深く生きて、時代を変えてきたかどうか、なお危ぶまれる大きな課題である。以後、改定され、具体的に人間像として教育の場で求められてきた。また、（八）（九）（十）（十一）（十二）（十三）に係わって、人間性として掘り下げた指導や反省がつづけられてきた。しかし、実際場面では、時に流されることも多く、教科書に追従していく姿勢が生み出す教育実践の不確かさを、私自身反省させられる。

ほかに、（十）国語に関するものとして、六項目も指摘されていることを考えると、実践現場では、だれもがその担い手として存在したわけではなかったと考えざるを得ない。教育者の一人としてそのことを反省し、真の教育者のありように目覚めていきたい。

全人的教育観によって、理解の世界が謙虚になされること、よく見聞きし、思索し、わかり、そして、人間に照らしながら一人の自覚した者として生きていく人間の育成が大切である。自己の現在の最善を尽くすとともに、自己をふり返り、向上させ、ゆるぎなく歩ませるための正しさ、豊かさへの希求こそ、読むことの指導において重視されるべき課題である。

真実であるべき報道すら、保たれるのは、それに携わる人たちの思慮深い自己凝視によってである。戦前の「修身」が、させるものの側からのものであったことに問題があったように、人間の教育が二元的になす側となされる側から営まれる限り、不断の自己修養に導かれる前に、教育は統一を失い形骸化する傾向をもつ。徳目の羅列を受け入れることからも、単に批判的であることからも解き放たれて、確かな認識のし方によって、真に人間的なあり方を探求しつづけていく創造的な姿勢こそ、教育の求める理想の人間像である。

教育の反省と課題が、個人的、かつ、人間的なものであることを歴史は明らかにしてきた。認識のし方を育て、実践への努力をすることによって、はじめて、真実は実現されていく。確かな認識への探究、そして、選択とさらなる探究といった創造的な思考が、国語科でめざされなければならない。創造的な思考とは「〝創造力〟を目ざす国語教育」の中で、野地潤家氏が指摘している、指導者の「不易と真実を求める節度ある精神によってのみ得られる」独創性によって、はじめて可能となるものであろう。

また、野地潤家氏は、教材の中に見い出していく「創造者・開拓者としての人間像」について、具体的に教材を通して述べている（注1）。その具体については、ここでは保留したい。ともあれ、国語教育の課題がどこにあるかを指導者として見極めていくことが重要である。指導者が、今に甘んじて教育に携わるならば、そこには、本来の教育は実現しない。学びつづける、求めつづける姿勢にこそ、指導者の厳しい自己批正があり、創造への道がある。

人間の求道は、永遠の課題でありながら、個人的なものでしかありえない。思考や行為が、個人的なものであるからである。この認識を多少とも客観視できるのが、フッサールにおける「間主観性」の問題である。現在、認識論や批判的精神の重要さが説かれ、教育は力強く動いているが、それは、また、絶対としてではなく、新たな人間解放の道程であることが、認識現象学によって方向づけられている。西尾実氏によってなされ、また、多くの行的教育者に共通する自我の否定からの創造は、「本物の人間」が生きる社会を構築していく土台である。フッサールの論は、学問的見地からだけでなく、一般人の生き方を方向づけている。彼のユダヤの民としての血が、人間存在の土台を見通させたと、私は捉えている。

自己の生き方の探求が、人間としての自己現実と同時に、人間的な存在の輪を維持し、しかも、時代とともに、確かな深さと豊かさを増していくように、全人間としての精神と肉体の調和をめざす教育こそ、本来の教育として求められなければならない。そういった点から、戦後、日本の旧い倫理観の是正をめざして、新たな決意に燃えて出されたこの昭和二三年度「学習指導要領」の、「読み方学習の教材」は、国語教育のめざす人間像について、現在からみても考えさせるものをもっている。

（イ）昭和二六年の指導要領からは、学習のすすめ方について多くの示唆を得ることができる。

「読むことの学習指導はどうしたらよいか」の項目をたどっていくと、第一学年では、「読むことは、何かを知るために、また、楽しみのために読むのであるから、豊かに読む材料を用意し、読む習慣・態度・技能を育てていくことを目あてとする。（「昭和二六年（一九五一）改訂版　小学校学習指導要領　国語科編（試案）」　85ページ）」と述べられている。また、読みに対する「行きとどいた指導をして、読むことに関心をいだかせるように指導しなければならない。（同上書　87ページ）」といった表現や、「なんのために読むのか、読むためには、どういう目的があるのか、それを確かめてから読ませるようにする。そうして、自分から読もうとする習慣や態度を養う。たとえば、学芸会をするために、脚本を読んで劇をするとか、物語を読んで紙芝居を作るとか、日記を書くために、資料として日記文を読むといったように、ある目的をたてて読物を選ばせて読んでいくようにする（同上書　91ページ）」といった表現には、教師の指導と学習主体をはっきりさせた指導の流れが位置づけられている。

第二学年でも、「児童がどうしても読まなければならないように、必然的な動機をもたせる。（同上書　115ページ）」という学習者の位置づけが明らかになされている。

第三学年では、「文字の力が増し、語いが豊富となり、理解力もだんだんと正確になってくる。したがって、初歩的な鑑賞もでき、読書力もさかんになってくる。（同上書　134ページ）」と述べられている。鑑賞の指導については、なお、学習者の時代的な実態から明らかにされなければならないが、「自分の興味をもっていることについて、読みものを選択することができ、また、いろいろな目的のために、本を読む能力と意欲がだんだん増してくるようにする。（同上書　134ページ）」や、「目次・手引き・注釈などを利用して読むことができるようにする。（同上）」と記されており、今日再評価されていることがらは、この時点で、明示されていたこととなる。また、「文の特質に応じて、その学習方法をことにする。（同上書　137ページ）」の項では、「読むことの学習から発した質問や、疑問や、また、新しい研究問題などの見つけ方や解決の方法を指導する。（同上書　138ページ）」ことや、能力差に応じ、個人差に応じたグループ指導の必要性が述べられ、学習ノートの有効な使い方の指導についてもふれられている。これらの指導の実際の上に、改定の方法を重ねることが必要であり、新指導要領にすべてが転用されていると考えることの非が理解される。述べられなかったことの具体は、先の指導要領の中にあることもあるし、今後の課題であることもある。

また、改訂の賛否は、現場実践の中で明らかにしていく指導者としての覚悟をもたねばならない。まず、指導要領に学び、これまでの教育の指針を具体的に知ることが重要である。

第四学年で注目したいことは、「この学年の読むことの活動は、黙読を主とする自主学習である。（同上書　157ページ）」と述べている点である。第三学年で取り上げられた読むことによって生まれてきた新しい問題や、起こってきた疑問や質問が、適当な取扱いによって、真の研究心や研究興味を育てることが、第四学年に確かに位置づけられている。「めいめいのもっている語い力をじゅうぶんに活用させて、十人十色にいわせ、それから適切な語釈を導き出すようにする。（同上）」という表現には、個々の能力に立った学習の実際が位置づけられている。どちらかといえば、指導内容が詳細な現行の指導要領に対して、昭和二六年の指導要領では、読むことの学習の発展が明らかにされている。

第五学年では、「文の内容について思考し、判断させるようにする。（同上書　171ページ）」と述べられており、なにをどう理解させたかは、一定方向のものではなかったことが窺える。また、「文の種類によっては、精読を必要とするものもあるが、中にはだいたいの要約、必要な箇所の抽出、問題の発見などを目的とするものもある。したがって、いかなる文に対しても精読をしなければならないということはない。ここに機械的なくり返し読みは、児童の読みに対して興味を失わせることがある。（同上書　173ページ）」という指摘も、読み方の方法についての様々なありようを物語っている。今の私には、この指導要領の指摘が、学習者を生かすことにおいて、西尾理論をよく生かして得ていると考えられる。この指導要領の理解によって、私自身の中で、教育は一人ひとりの指導者に係わるものであり、自己修養を積むことが必要であるという自覚へと変わってきた。

　第六学年では、読書範囲の広がりを指摘して、「読む技術や能力を的確にのばすとともに、いろいろな本を読み、有効な読書生活の習慣を作ることに努力しなければならない。（同上書　187ページ）」と記している。また、多角的な作業の必要性や批判的な読みの態度を養うことも取り上げられており、国語科指導の広がりや深さを生む多くの提示があることを確認させられた。

（ウ）「小学校学習指導要領の展開　国語科編」の昭和三三年・四三年では、教材観・児童観・学習観が明らかにされている。

　ただ、昭和四三年の改訂で、改訂の主旨を明らかにすることに主眼がおかれすぎ、そのために、昭和三三年の指導要領は、生かされることが少なかったと考えられる。たとえば、昭和四三年の改訂では、「基本的事項の精選と系統化による読解力の向上」と題して、次のように述べられている。

三三年版学習指導要領の大きなねらいの一つは、発展的系統的な取扱いによる基礎学力の充実ということであった。したがって、その趣旨方針がじゅうぶん徹底し実績があがっているならば、右の問題を今回の改訂まで持ちこす必要はないはずであった。しかし、現実には、その成果はまだじゅうぶんあがっていないという見地から、同じような方針が今回もくり返されるにいたった。

基本的事項の精選といっても、一挙にある成果をもたらすことはむずかしい。三三年版学習指導要領の成果は高く評価されるとしても、国語学力規定の困難性ゆえに、まだことばのあやにすぎない段階づけのようなものがいくつか見うけられた。（「小学校学習指導要領の展開　国語科編」一九六八年九月　明治図書　107ページ）

ここでは、現場において成果が十分上がらなかったもののくり返しと、指導要領の表現の不明確な点を具体化する方向で、改訂を心がけたことが述べられている。また、昭和三〇年代からの「読解指導」偏重の流れを捉えての改訂が、次のように語られている。

客体である文章全体の内容と、主体である読み手の人格全体とが相交流して、人間的に影響をうけるという面の指導において、たしかに欠けるところがあったと言わざるをえない。この面を是正し、精密な読解指導とともに、もう一つ文章の全体に参入し内容を摂取するという面の指導にも力を入れるべきだとして登場したのが、「国語科における読書指導」という課題のいま一つの中心をなすものであると思われる。

主体的な構え、生活的な立場で文章を読み、読み取ったものによって知識を増し、心情を豊かにする――新指導要領国語科の総括目標2にうたわれているような指導を達成する仕事が、今後の読むことの指導のなかで重視されなければならないと考える。

（同上書　113ページ）

すなわち、「国語科における読書指導」という視点が、読み手主体を打ち出したと位置づけられている。ただ、このことは、昭和三三年の学習指導要領というより、現場における内容主義への反省が取り上げられていると理解すべきであろう。後で取り上げるように、昭和三三年の指導要領は、戦後の国語教育を的確に進展させている。指導要領が単に時代の要請を反映したり、実践を通して真実な学習を発見することの困難さから指導要領の不十分さだけに目が奪われたりしてはならない。一人ひとりの指導者の成長と交流、各指導者の教職生活の年数が重なり合って営まれる教育の世界では、教育の不易の部分を大事にしながら、個人としての充実が教育としての発展につながることを心しなくてはならない。指導要領とともに、教職者の主体的な資質向上の実態が明かされるべきである。

昭和三三年度版指導要領に関した、「小学校学習指導要領の展開　国語科編」では、第二部で「新指導要領に立つ学習指導法」の八章三において、「読みの学習指導の実践」が取り上げられている。論の構成は、次のようになっている。

（一）実践系統

1　読みの構造

（1）読みの生活的な構造

（2）読みの教育的な構造

（3）読みの生理的、心理的構造

2　目標と内容の系統

3　読みの学習指導の実践系統
（二）学習指導
1　読解指導の根拠
2　読解指導の方法
（1）読む経験・活動を重くみる
（2）読もうとする要求、欲求に応ずる
（3）教材の機能を生かす
（4）心理的な方法から出発する
（5）発達段階に応じる
（6）発問のくふうをする
（7）音読・黙読の発達とその指導法
（8）要点の読みとり方の指導
（9）筋・主題・意図の読みとり方の指導
（10）文章の段落の指導
3　学習指導の実際

（「小学校学習指導要領の展開　国語科編」　昭和三三年一一月　明治図書　159～184ページ）

ここでは、生活と教育、生理的・心理的側面、児童の発達段階を明確に位置づけた上に、目標と内容の系統や読みの学習指導の実践系統が述べられている。指導の全体構造が確かに述べられており、豊かに学ぶことができる。

読みの構造を、

1　児童の読書生活（一般の読み）はどんな形で行われているか（読みの生活的な構造）
2　児童の読みの学習（教室での読み）はどんな形で行われているか（読みの教育的な構造）
3　読解活動はどんな形で行われているか（読解活動の生理的、心理的な構造）

の三点から明らかにし、この三つを、国語科学習の考え方としては、基礎→学習→発展（基礎→学習→生活）の線上に位置づけ、方法としては、学習活動として、三つを「一体的、統一的に考えて（同上書　159ページ）」いくと基本線を示している。

1に関しては、

（ア）読書の目的
（イ）読書の方法
（ウ）影響

の三点が取り上げられている。本質的な読みの方向が位置づけられているといえる。

2に関しては、教室における国語の時間の読みの学習が、

（イ）読む目的――学習的、技能的（生活的に）
（ロ）読む方法
○場所――教室
○時間――国語の時間（限られた時間）
○資料――教材（教育的機能）計画的に選ばれた特定のもの。与えられる知識・技能・態度を含む。
○選択――決められている。選択の余地がない。興味・能力の差。

○活動――指示に従ってする学習活動。方向・方法が限定されている。
○影響――読解指導・教室環境、一定の型・方向が与えられる。

として捉えられている。また、この学習の特徴としては、次の四つが上げられている。

1　生活上の目的意識がはっきりしていない。与えられた目標である。
2　読物は、教育的配慮によって選択・用意されている。教育的な機能をもっている。与えられるもので、主体的な選択の自由は許されていない。
3　指導意識が強く出ている読みである。一定の型の中で、学習活動という形で行われる。指導すべき、知識・技能・態度などが予定されている。
4　計画的である。

ここまで取り上げられたことがらは、私自身のまわりに今もって存在する指導の域である。しかし、中沢政雄氏の、「新指導要領に立つ学習指導法」の中では、児童の自主性や意欲の問題が活動を支える柱として、明確に位置づけられている。指導と学習主体との関連が、私の実践においては、有機的統一を欠いている。中沢氏は、八章一の（二）学習指導とその目標の項で、次のように述べている。

児童の学習活動を指導して、こうした抵抗を自分たちの力で乗り越え、生き生きとした活動のうちに児童の目標を達成させ、それを通して、望ましい態度・知識・技能をつけてやる。そこに、学習指導の実践がある。児童は、こうして、その生活目標を達成する。学習活動を完成することによって、それを通して、文字や語いの知識を得、読解・表現の技能や態度を身につけることになる。その結果として、児童の毎日の言語生活が改善され、豊かな人間性が養われていく。

国語科学習指導の目標は、一応二面的である。そのひとつは、児童の生活目標を達成させることを目がける。他のひとつは、その学習活動である言語活動（聞く・話す・読む・書く）を通して、望ましい知識・技能・態度を養うことを目がける。そしてこのふたつは、ひとつの活動（学習活動・言語活動）の目標および内容として一体的に「国語」という面を強調した立場からいえば、国語科では当然、言語に対する知識・技能・態度を養うことを第一とすべきである。が、その「国語」は生きた場面においては目標をもった「活動」として働く。すべては、児童が何かをめがける言語活動を通して初めて養われるものである。したがって、国語科学習指導は、なによりも、この児童の生活目標を達成させるために、自主的な、意欲的な、真の言語活動を営ませることを目がけなければならない。また、それが児童の切実な生活的欲求に基づく言語活動でなければ、価値ある知識・技能・態度を含むはずもない。

児童の学習活動と教師の指導との関係をこのようにみると、そこに学習指導の実践系統を考えるいとぐちが得られる。（同上書　136・137ページ）

ここでは、生きた場面において目標をもった言語活動として働く「国語」が、自主的、意欲的な、真の言語活動を営むことをめざされねばならないことを指摘している。学習指導の実践系統が、早い時期から、学習者の心理にも心を配りながら、位置づけられていることは、この時代すでに学習についての洞察が深かったことを示している。学習者の実態をふまえて指導の系統が明らかにされ、児童の生活目標を達成させ、言語に対する知識・技能・態度を育てることが、めざされている。また、その結果として、児童の毎日の言語生活の改善と、豊かな人間性の育成が定位されている。

さらに、このことは、「学習指導」の中で具体化されている。読解指導の方法として、十項目が取り上げられている。

1　読む経験・活動を重くみる
2　読もうとする要求、欲求に応じる
3　教材の機能を生かす
4　心理的な方法から出発する
5　発達段階に応じる
6　発問の工夫をする
7　音読・朗読の発達とその指導法
8　要点の読みとり方の指導
9　筋・主題・意図の読みとり方の指導
10　文章の段落の指導

ここでは、その中で、学習者の主体性を育てる指導について述べられた、1、2、3、4、5を取り上げたい。

「1　読む経験・活動を重くみる」では、「読む力は、主として読む活動によってつく。」という実践の難しさを指摘している。また、挿絵におぶさった読みでは、読解力が伸びないことが指摘されている。それらを指摘した上で、指導のあり方を、次のように述べている。

児童の内部的要求を培うことを忘れた指導は、とかく指導技術の末に流れていく。
何とかして、児童の読解への欲求を培いたい。読む機会を多くし、読む活動を盛んにしたい。さし絵や話し合いによって、書かれている事柄が理解されたとしても、それは読む学習とは言えない。つねに、表現を通して内容を理解させる。読む活動に訴えて、教材の内容を理解する。そこに、読解指導の原則を考えたい。

（同上書　167・168ページ）

表現をおさえて、読みすすめることを、児童の主体的な読みの姿勢を作ることと同時に求めている。当時、書くことが読むことの一方法として位置づいていないが、あくまでも、読みたい欲求を起こさせることを第一においていることに注目したい。

「2　読もうとする要求、欲求に応じる」では、読みの目的意識が取り上げられている。

何のためにこの文章を読むのか。読む目的をはっきり意識させて読ませる。読もうとする欲求を起こさせ、それに応じていく。そこに意欲的、主体的な読解活動が営まれる。読解の速度や理解を左右する大きな主体的な要因に、児童が読もうとする「構え」「意欲」があげられている。そのような、読もうとする意欲を高めるものは、児童の読む目的意識である。

児童の読みは、児童の読もうとする欲求に応ずる読みでありたい。ひとつひとつ目的を達成させる読みでありたい。何のためにがはっきり意識されて初めて「どう読むか」が決められる。「どう読むか」がはっきりした学習によってのみ、読解の技能や態度が身につく。それによって、目的や教材に応じて、読解技能を適用する能力や態度も養われていく。

（同上書　168ページ）

すなわち、「何のために」がはっきりしてはじめて、「どう読むか」が決定される。この「どう読むか」がはっきりした学習によって、読解の態度や技能が身につくと述べている。この点に注目したい。現在の読むことの学習は、先端理論さえも、この過程を定位していない。西郷竹彦氏の「関連・系統指導表」を提示して、筆者の工夫を評価する読者主体を育てる方向を提示した森田信義氏の提案の中にも定位されていない（注2）。認識のしかたを深める指導は、読むことの指導が充実していく方向である。一方、読みの方法や技能の習練を重ねることによって、科学的・論理的認識能力を育てる指導もめざされねばならない。ここに提示されている学習者の主体的・意欲的な読みを探究することは、実践者が指導の土台におくべきことである。

生活的な課題・内的必要性に訴えた課題を位置づけること。次に読みの方法を知り・選び・創造していける技能を身につけること。その習練によって、生活の中に各人の課題を見い出し、求めて解決し、批判し、創造的に生きていく力を身につけさせることが、主体的学習という側からめざされることである。

くわえて、国語の力としての文字や語彙の知識や、表現・理解の技能や態度を修得することで、毎日の言語生活が見直され、改善への言語自覚が生まれるように、発達段階を踏まえた指導の方向を明らかにすることが必要である。「思慮深く、血の通った、人間的なことばの所有者として、生涯を通じて自らの母国語（日本語）を愛護していく児童・生徒の育成こそ国語教育（国語科教育）の永遠の課題である。」と、野地潤家氏が提示している国語教育の方向を、つねに心がけたい。

「4　心理的な方法から出発する」では、児童がどのように文章を読むか、その実態の一部が明らかに示されている。

童話を読む一年生は、そこに出てくる主人公の、その場その場の、したことのおもしろさ、言ったことのおもしろさなどに触れながら読んでいく。それをまとめた全体の筋のおもしろさを楽しむのではない。

物語を読む六年生は、その筋をたどるおもしろさは、あまり問題にしない。直接、その主題にふれて、同感し、共鳴し、反発し、にくみ、あわれみ、心をおどらせながら読んでいく。感想を持ち、意見を持ち、問題を持ちながら読み進めていく。

指示文を読む二年生は、個々の指示を確実に読みとって、それに従おうとするところから読みが進められる。

（同上書　169ページ）

ここで述べられた童話を読む一年生は、私の実践の中でも大いに肯定されるところである。感想をもつことについては検討の余地があるが、六年生の物語を読む実態には首肯かされるものがある。読むことの実際にある発達を実践の中で把握しながら、学習が児童にとって確かなものとなる工夫をしていかなければならない。

芦田氏が、『綴り方教授』において、綴り方教授の系統や、自作・指導・処理の分量的関係を学年発達で示しているように（『芦田恵之助国語教育全集　2』308・309ページ）、読むことの発達を確かに把握することをめざした実践を求めなければならない。それを踏まえた指導が必要である。

児童の読みを、心理的な方法から出発することについて、次のように述べている。

児童の読みは心理的である。

まず、通読して、段階にくぎって筋をつかみ、精読して主題にふれるというような、論理的な過程をたどった読み方はしない。論説的な文章を読む児童も、段落にくぎる、段落の要点をまとめる、それに従って意図を読み取るというような論理的読み方はしない。このような論理的な学習は、児童の学習興味をそぎ、学習意欲を低下させる。読み手の主体的立場を軽視したやり方である。

そこで、読解指導に当たっては、第一に、読んで、①何を感じたか（どんな気分がしたか、どんな気持がしたか、――感じる「情意的方法」）②何がわかったか（何を知ったか、どうすればよいか――知る「知的方法」）③どう思ったか（どう考えたか、何を考えたか――考える「思惟的方法」）など、児童が読みとったものと、読みとり方とを指導の出発点とする。第二に、「感じたこと」「思ったこと」「わかったこと」を中心として、それをいっそう明確にするために読み深めるというのは、その筋・主題・意図・要点（情景・心理・行動・事実とその関係など）を表わすことばのはたらき（文脈の中での機能）を自覚させ、身につけさせることである。この過程において、必要に応じて、語い指導・文字指導が行われる。段落に分け、その要点を読みとらせなければ、児童に内容が正しく読みとれないのであれば、そこで、初めて、段落にくぎって、学習を進めることを考えればよい。必要もないものにやたら段落にくぎる形式的なやり方は、決して、いわゆる段落意識を育てるものではない。むしろ、書かれていることがらをまとめて、確実に、関係的にとらえていくやり方の方が、段落意識が高まるものである。

（同上書　170・171ページ）

ここでは、「児童の読みは心理的である。」とする立場から、指導者の側の論理性は退けられ、児童の読み取ったものと読み取り方が指導の出発点におかれ、読み深めるための読解指導が定位されている。読解を、「その筋・主題・意図・要点（情景・心理・行動・事実とその関係など）を表わすことばのはたらき（文脈の中での機能）を自覚させ、身につけさせることである。」と記している。そこには文学をどう捉えるかについてふれられていないが、ことばのはたらきを自覚させ、身につけさせようとする姿勢は、明確な国語科としての基底の上に立つ読むことの指導である。現行の指導要領の具体化された指導事項を関連・統一体として再構成しながら、一人ひとりの学習者の実態を考慮して、理解分野の指導の内実を豊かなるものにしていきたい。

「5　発達段階に応じる」では、「経験を広め、心情を豊かにする読みの指導の実践系列」が取り上げられ、読むことの指導における、目標、指導事項（技能・態度）、教材の話題や主題、児童の興味の中心、教材の形態などについての発達段階が示されている。

これらを通して、昭和三三年度「学習指導要領」では、主体的・意欲的な学習者を育てる系統性が明確に位置づけられていると捉えることができる。国語能力が指導の中心におかれる時代の中で、戦後求められつづけた真の学習主体の意欲喚起であることを定位し得たことは、教育における文化の継承と創造の調和を見い出したことでもある。指導者と学習者の二つの時代の共存と発見の中で、教育における不易なものの把握がなされる。ここでは、教育実践において、人間形成への学習主体と指導事項の調和が必要であることを確認した。

昭和二二年、二六年、三三年と「学習指導要領」の推移を見る時、戦後の国語教育が発達に即応しながら、学習者の主体性を育てる立場に立って、さまざまな学習指導を充実させ、言語生活の向上と人間形成に培う実践がめざされてきたことを確認することができる。国語教育の実践や研究の歴史を現在に生きる一人の人間としてどう踏襲すべきかが問い直され、謙虚に学ぶことの大切さを思い知った。指導すること即学ぶことである。この国語教育の歴史を自己実践の中に確かに位置づけた授業構想・構築、ひいては、国語教育実践をめざしていきたい。

（注1）「創造者・開拓者としての人間像——言語表現を媒介にして——」『読解指導論』　昭和四八年一〇月　共文社　107～117ページ

（注2）『筆者の工夫を評価する説明的文章の指導』　一九八九年二月　明治図書　216～221ページ

2　読むことの指導においてめざすもの

読むことの指導が担うべきことがらは、これまでの考察を通して、次の四点に集約されると考えている。
1　正しい言語事項の把握に関すること
2　読みの方法、技能・態度の習熟に関すること
3　認識の方法に関すること
4　人間としての生き方に関すること
また、このことは、指導の方向としては、
1　読む活動を通して、確かな自己把握・自己表現と他者理解の土台としてのことばの力をつける。また、そのことが自己のことば自覚となって人間とことばが一体化され、真の通じ合いを成り立たせる方向
2　読むことの力が自己の生活の中に生きて働き、主体的に、しかも不断に向上する形で、読むことの生活を確立する方向
3　認識の方法を客観視し、借り物でない創造主体としての思索が、人間認識の下でなされる方向
4　読むことによって間接経験として生かし、一回きりの生をいかに生きるべきかを求めていく方向
四つの方向をめざして、指導者と学習者がともに探究者であることの中で充実し、人間形成していくものである。

1については、具体的には指導要領の言語事項を読むことの指導の中に機能的に、生きた場を作ることの視点から、生きたことば、自分自身のことばとして捉えさせる工夫が必要である。正しさと同時に、個性による違い

を豊かに受け止められることに心しながら、発見と創造にある人間の向上心を育てる時、教育は止まらないものになる。西尾実氏の言語実態観の上に構築されている、ことばの通じ合いの世界にある問題が、読むことの指導の課題となってくる。

2については、読むことが内容の固定的な読みに陥ることに心しなければならない。読むことは自己を読むことであり、また、その自己は止まるものでないことを明確に位置づけるべきである。読みを重ねる中にも、他者の意見を聞いたり、違った書物を読んだりして、比べることの中にも読みが広がり深まる事実を明らかに捉えるべきである。また、学習者の発達を考えるなら、指導される読みから育てられる読みへの転換も求められる。技能や態度が教えられ、訓練して学習者の力として蓄えられ、新たな読みの場で主体的に創造的に生かされるように、方法もまた、動いていくものである。この指導の工夫の様々は、大村実践に学ぶことができる。

3については、現在、多くの読むことの方法の探究がなされ、新しい視点も多く提示されている。ただ、このことには、思慮深く当っていきたい。まず、国語教育の歴史に立ち返ることを心がけたい。短い実践経験を謙虚に照らしながら、先達の実践研究を生かし、自己の方向を意図的に探りたいものである。そこでの失敗は、必ず新たなものを提示してくれると信じる。また、批判的ということばに注意したい。学習者にとって、ものごとは批判からは始まらない。求めていくことに対して、多くの情報があり、その整理と対比の的確さが、ものごとの本質を見抜かせるのだと考える。主体的にしかも、よりアンテナを高く張る指導こそ、本物の批判と創造につながるものである。指導者のもった批判は、学習者にとっての批判ではない。課題→思考材料の収集→整理と発見→批判と飛躍、その過程の中での自己充実こそ、思索の方向である。個の確立と絶えざる課題追求、個の重ね合いを通して集団の理想を、教室の指導の中に実現することが大切である。望ましい認識の方法を、創造者としての自己実現におきたい。この基底を西尾実氏の他我認識・社会認識においている。

4については、大村氏の実践でみたように、登場人物の生き方を、「我」として経験させることが重要である。西尾実氏が、人間いかに生くべきかに読むことの意義を認めているように、一回限りの生を豊かなものとするために位置づけたい。また、現在いろいろに求められている理想の人間像を野地潤家氏が指摘する、「創造者・開拓者」におくのが順当であると考える。とくに、創造者という表現に、私の生活経験が強く共鳴する。視点を広くとりながら、また様々な生き方の存在の中で、自己の一回限りの生の表現をしていくことは難しい。また、様々な表裏や策略が生活者としての個人の回りに存在することは事実である。その中で、なお生きるに甲斐のある生を求めることは大切なことである。

さきに、西尾実氏の「文芸活動とその指導」でみた、人間形成と深く結びつく読むことの指導も重くみたい。そこでめざされる人間像は、様々な領域に目覚め、自己を主体的に向上させ、人間社会の中で、自己実現を図っていく創造的人間である。小学校段階においては、様々の生き方を経験する中で、人間が認識を深めるべき諸分野への基本的な思索方法を身につけさせ、生活の中でそれを重ねさせる配慮をすべきであると考えている。学習と生活が一体としてことばの中に融合されて、実現している指導をめざしたい。

3　読むことの指導において踏まえるもの

私が読むことの指導で心したいことは、学習者の発達を促す段階的指導をすることと、社会生活の展開をより民主的にする認識の手順を徹底させることである。これまで教材の倫理を優先することの多かった実践を、発達に添って、他者を認めてともに生きることからはじめていきたい。

相手の意見をよく聞くことは、集団生活がはじまった時からの基本姿勢として取り入れたい。学習内容が易しく、思考の発想が自由な低学年にとっては、他者と助け合って生きることは喜びでもある。他者を自己の視野を広げる存在として位置づけ、大切にさせたい。私たちの日々の生活を煩雑にしているものの一つに、正しいと思い込んだ独り善がりがある。自己点検や未知の事象への可能性を残さない独断が、真実を見えにくくしている。正しく論を戦わすことによって確かなものを生み出していく構造が成り立たない現実もある。それらを解決することは、国語教室において真摯な対話をすすめることによって可能である。読むことの指導の低学年の課題に、このことを位置づけたい。

中学年では、様々の読みの姿を身につけさせたい。西尾実氏に学んだ、

1　日常の知識を得るための読書…………速やかに要領よく読み取る

2　研究としての読書…………………………詳しく確実に読み取る

3　娯楽としての読書…………………………軽く機敏に読み取る

といった全体的な読みの方法や、鑑賞の発展形態として上げられた、

1　創作活動………絵画化・紙芝居化・映画化

評論・短編・歌・句・詩・手紙・記録・報告

2　演　　出………音声的演出（朗誦・朗吟・朗詠）

動作的演出

総合的な劇的演出

3　研　　究………知的作業（解釈・批評）　方法的探究

4　観　　照………習熟

など、読みのいろいろを経験させたい。その経験が、やがて、読み方の選択や創造につながり、一人の読み手として独立していくことをめざしたい。様々な読み方を認めることは、個性的な存在として他者を認め合うことであり、読むことの学習を豊かなものにしていく。

高学年では、自己の読みを深めることを学ばせたい。多くの資料を重ね、対比して、個人としても真理を求める姿勢を作りたい。友人の意見や指導者の意見を求めたくなれば、より研究的な読みの姿勢が生まれたとみることができる。

このように発達段階を踏まえながら、読みの経験を豊かにさせ、そこに生まれる個性的な読みの方法も育てていきたい。読むことが自己の認識をより確かなものとしている事実に気づかせ、謙虚に自己を育てさせたい。また、読むことと同じ働きを聞くことがしていることを理解して、ことばの生活を充実させていく姿勢を作りたい。

4　相手理解・自己把握としての読むこと

読むことの生活がもたらす豊かさは、一人ひとりの人間認識の深まりによって確かさをもっていく。実践の場では、読むことの生活を身につかせることが重要である。ここに読書生活とのつながりが生まれる。読むことの楽しさは、そのことのもつ必然性によって読書へ導かれるが、人間形成への視点は、指導として確かになされなければならない。生きることの多様性が叫ばれる中で、ともすれば、集団の一員としての倫理すら、自由の名の下に軽んじられることがある。読むことが、人間集団の中での自己把握であり、相手理解であることを、小学校の発達段階で身につけさせたい。そして、思索的な生活が、よりよい集団形成への創造的意見の生成につながるように、指導の方法を理解から表現に結んでおきたい。そういった意味から、読み手（学習者）の主体性を重んじた学習は、より高いものに的を絞った内容の学習、主体的探究として充実していくと考えられる。

このことは、また、基本的な人間認識が、寄り集まって解決することから、資料を広く求め、科学的・論理的に課題を捉え解決していく方向であり、討議の生活への進展を示している。ことばの生活を高める方向に、読むことの指導が生きて働くように配慮していきたい。

戦後、日本人が手に入れた「自由」は、今もって日々の生活に確実に位置づいているとはいいがたい。自由で平等であることは、西尾実氏の提示した正しい他我意識、社会認識によって成り立つ。現在の差別意識、いじめの構造として形を変えて存在する人間生活の歪みは、読むこと、聞くことにある他者理解と自己認識という思索的な態度によって是正されるものではなかろうか。

二　豊かな読みを創造するための視点

1　認識主体の確立をめざす読みの指導

主体的学習の探究を重ねてきた実践家、大原輝夫氏は、『国語教育の構造と実践』の中で、次のように述べている。

教材文を文章内容と文章構造だけにしぼって出発する読解だけでまかなわれた読むことの教育ではなく、その文章のものしている意義と価値つまり、その文章の教材としての機能をも加味した一つの価値体（財）として、教科書を通じて言語生活そのものに対決させる。そうして読み手は、既習の言語生活力から、あるいは内容構造的に、あるいは文章構造的に、あるいは教材の機能把握的に迫っていくであろう。その迫りの経験をくり返すごとに、人間が物を読むことについて、意識し、関心をもち、意欲的になり、目的がもてるようになり、さらには研究的に読み取ろうともするようになってくるものである。

こうしてはじめて、読むことの教育が「読解」だけに終始することなく、「読書」→「読解」→「読書」という、人間社会における「読むこと」自体の、育成→正確→適応という真の「読むことの教育」になるのではなかろうか。学校教育はどこまでも基礎的な事項の学習が核ではあろうが、生活から切りはなされた形態部分としての基礎的事項であってはならない。どこまでも読むことの機能の基本を取り扱う基本的事項の指導でなければならない。「基礎」と「基本」とにこだわるようだが、読みにおける第一段階に、この生活の中の読みの働きの基本をおさえて出発させたいものである。

（『国語教育の構造と実践』　一九七一年七月　青葉図書　194・195ページ）

すなわち、国語科の読むことの指導が、言語生活の中に位置づけられ、人間社会における読むことの機能の基本をおさえた出発である必要性が記されている。また氏は、「読むことは自己を読むことだといわれているが、その前に自己が読むのである。（同上書　196ページ）」とも述べ、「読みの指導の第一歩を主体的な読書という立場からはいり、一読で勝負を決するという読みのきびしさを直接に経験させる。これが導入としての全文通読の中にひそむ一つの条件ではなかろうか。それは決して何らかのための導入ではない。人間の読みそのものの姿であり、読みそのものの目的行為である。（同上書　196・197ページ）」と指摘している。

そういった視点から、学習者が、教材と出会い、問題意識をもち、その問題意識が教材の機能に包まれた教材の本質とからみ合わせながら読解指導に入るところに、導入としての全文通読の意義を見い出している。「この路線があってはじめて、学習者が読解方法を習得しながら読解作業にはいる、真の学習としての読解が成立するのではないか。」と述べている。ここに、注目すべき二点の提示がある。一つは、導入における全文通読の意義であり、もう一つは、真の学習としての読解の定義づけである。

読むことの指導の方法は様々である。それを、読み本来からではなく、読みの主体と教材の機能のからみあいや、読解方法の習得を加味した学習として方向づけたことは、小学校の実践に貴重な示唆を与える。氏の提案は、発達段階を踏まえて深められる、国語教育の学習と教育の融合の方向を提示している。氏は、このことをまとめて、次のように図示している。

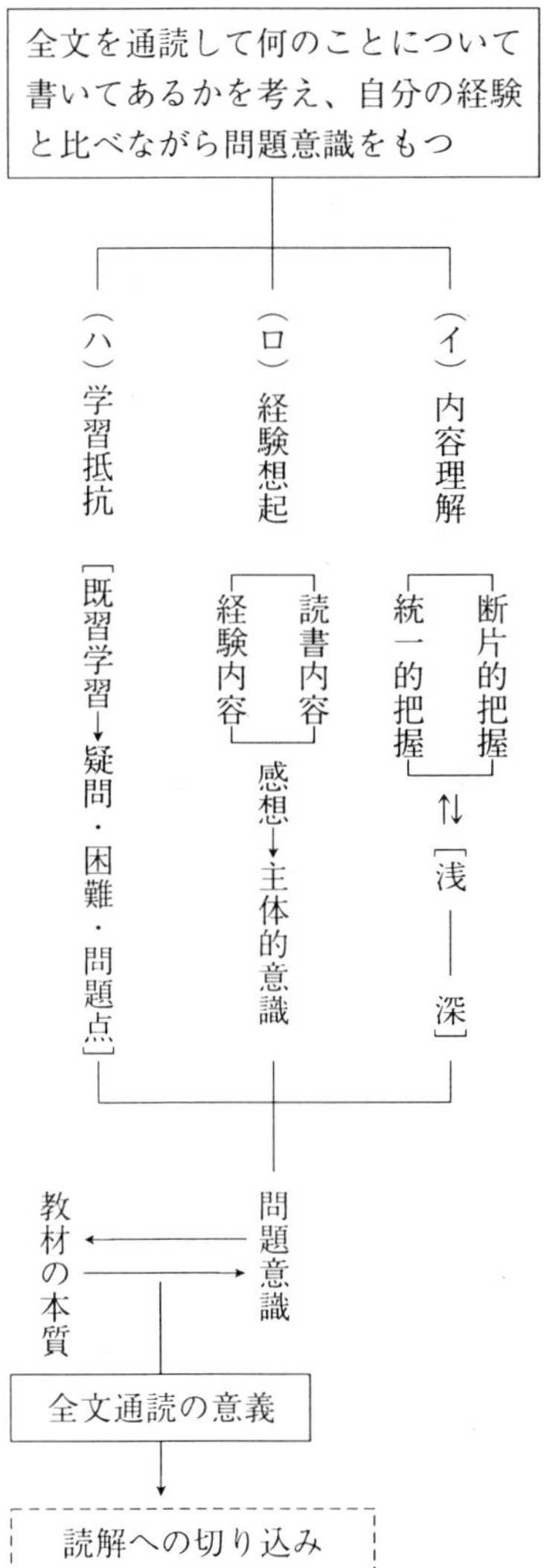

ここでは、読解指導の必然性が定位されている。真の学習としての読解を成り立たせるために、全文通読を生活の中の読みと見做して主体的に、かつ、一読で取り組む点に意義を付している。これは、一読総合法の学習者版である。ただ、主体的な教材との出会いをさらに日常的、主体的なものとするためには、大村実践「外国の人は日本（日本人）をこのように見ている」で学んだ、教材への関心や指導者と学習者が一体となった資料集めが位置づけられなければならない。多くの資料の中から、その単元の目標を達成するために意義ある教材を選んだり、複数の教材を比べたり、重ねたりすることによって深く学ぶことができる。読みの学習課題決定までが、学習者の真の主体性によって運ばれるなら、内容の読解は、大村氏の指摘する、「優秀な転校生」として、指導者が参

加することができるのではなかろうか。それが、西尾実氏のいう「指導者が学習者の鏡になること」であると捉える。

様々に論ぜられる読みの姿を、現場の実践者は学習の場面の中で捉え直す必要があるのではなかろうか。少なくとも、今の私はそう考えている。読むことは、テクストとの対話でありながら、そこに集う人があるなら、その人達との会話・話し合いである。それは、また、視点を定めることが可能であれば討議にまで発展させることができる。研究読みとして多くの先行資料に思索材料を求め、自己の課題の解決を図っていくことにもなる。どのような形であれ、自己内部においては、絶えざる読み重ねであり、作品を手放さない限りにおいて、西尾実氏のいう行的認識の世界である。読みの方法も、生活や全文通読の中では一読総合法である。立ち止まれば、読みは、三読法を採ってもいる。学習者は、読みの方法を時に応じて選んでいる。それは、同時に読みの軽重をつけることであり、情報の選択にもつながるものである。繰り返される読みの指導の中で、読みの方法は身につけられ、生活の中で選ばれていくものである。

読むことの中で指導される認識力の内容も、生活の中で、どう働きつづけるか明らかにしていかなければならない。認識の方法が、絶えず繰り返されて学習者の身につき、集団生活の中に生きなければならない。そこでは、基本的な論の成立過程がまず位置づけられなければならない。

しかも、それらすべてが、芦田氏のいう、安んじて読むことの上に定位されなければならない。読みにおける主体性の確保、大村氏の仏さまの指の自覚は、私の読むことの指導の基本課題である。認識主体の確立をめざすことは、真の学習を成立させる条件である。

2　認識力を育てるための単元構想試案

話しことばの充実を見ていて、国語科学習の生活化が困難であることを実感させられる。西尾実氏が、話しことば文化の樹立をめざした中に、人間形成・民主的社会形成が位置づけられていた。その課題の実現を自己の生活環境に求める時、この問題が、あまりに個人的なものであることに驚かされる。遥かを修行僧的にすすむ人、自己を振り返る術さえ知らず過信の中で満足しきっている人、自己反省が鋭くて言語生活の虚実に疲れた人、様々である。

このことから私は、認識力を養うことの必要性を感じている。公教育の場において、人間として知っておくべきことを取り上げるべきであると考える。人間的な認識をどう定位し、向上させていくか、その土台を読むことの指導が担う方向を探りたい。

まず、人間として認識すべき内容として、自然・人間・文化・自己の成長の四つの視点を考えている。それらに対して資料を蓄えながら思索を重ねる時、人間は思慮深さを身につけていくことができる。だれもが考察すべきことがらについて意見をもっていることは、民主的な社会の形成に欠かせないことである。求められて思索をはじめるのではなく、自己の人間性としてそれぞれの視点に関与し、思索をより確かで深いものへと主体的に自己教育できることが必要である。また、このことは、情報処理に関する能力を養う過程ともなる。ばらばらな資料は思索に生かしにくく、まして思慮深い生活態度の育成は望めないが、情報を整理することによって、情報処理能力から派生してくる情報収集能力を育てることができる。何についてもっと知りたいか、いま得た資料は、思索のどの視点のどこに位置づくかを考え、常に自己の思索体系を整備する姿勢は、主体的に、しかも、人間的に成長する土台となる。何を教えるかと同時に、自己が人間形成とどう係わるかを、自覚的に求めさせることが、読むことのもつ状況理解の機能を生かす方向ではなかろうか。

いいかえれば、読むことは、情報を見る・聞く・読む生活の中で受け止め、思索の材料として理解することである。このことに迂闊であった私は、国語講座の先生方の態度から見、聞き、読むことによって気づかせられたことがある。N先生は、多くの資料を引用して、そこに自らのことばで論づけをしておられる。H先生は、カードをポケットに絶えず持って、情報や考えたことをその瞬間に捉え手放さないようにしておられる。S先生は、受け取った情報で何を学べるかを、常に定位しておられる。それらこそ、読むことの生活化であり、理解を思索と結んで、確かな人間形成を遂げようとする姿である。そういった活動を、児童たちの読むことの学習の中で繰り広げられないであろうか。自然・人間・文化・自己主体を、認識の基本の柱として、考える材料を求める姿勢を作り、得た情報を的確に捉えて、その柱に響かせたり、結んだりして思索に生かしていく学習を成り立たせてみたい。

この柱を明確に定位できることは、社会の一員として、一人ひとりの人間が担うべき課題を平等にすることにつながる。カウンセリングなどで、ストレスの解消には、ストレスとなる要因を加重に背負いこまないことを指摘されることがある。しかし人間には、だれもが生きていける自由で規律のある社会形成に向けて、平等に担うべき課題がある。それが、思索すべき視点である。それを明確にでき、そして、基本線が確保される時、人間の生きる社会は、確かな進展を確保できるのではなかろうか。個人的な自我に、人間としての他我を組み入れることによって、個人の思索は人類としての共存を可能にする。思索を確かなものに深めるために意欲的に求める姿勢が、創造的な人間を形成すると考える。

次に、小学校では、理論の成り立つ基盤を主体の確立、拡充と選択、批判と飛躍という方向に位置づけたい。認識の方法を具体化し、学習者の学習の仕方そのものが認識論の過程であるように、学習指導を整備したい。

一方、成長しつつある自己について、他を認め自己を伸ばす共同の立場から、認識を深めさせることは、文学教育がめざす人間像についても示唆を与える。読むことは、作品の中につかりきって人生を見ることではなく、まぎれもない主体として、他者のまぎれもない主体と出会うことである。一回きりの人生を甲斐あるものとしていくために、様々な人間の生き方を経験させる読みの指導を通して、人間像を広く求め、いろいろな境遇の中から生まれる創造的な生き方に人間発見をみさせていきたい。このことは、また、西尾実氏によって指摘されてきたところでもある。

また、読みの方法については、低学年では、自主共同的に自他を生かし合うことからはじめたい。中学年では、読み方のいろいろを経験させ、新たな読みの場面で使える力としていくことや、教材をより生かす読みの発見を求める方向を採りたい。高学年では、自分なりの読みを求めながら、それをより充実したものとしていくために、他者の意見や先行の資料に、広く求めていく姿勢を作ることをめざしたい。

そういった考えから、試案の域を出ないが、認識力を育てるための読むことの指導の単元構想を立てた。国語科の全領域の指導内容が十分把握できていないため、読むことの指導の一部に位置づけることになるが、認識の方法を指導するという柱を、これまでの実践に加えて、読むことの指導を充実させていきたい。

小学校における人間認識の構図と指導のための図書

系統	植物		動物		郷土		言語生活	言語文化
	生命の厳しさ・共存				真実と印		ことばと人間の真価	
六年	森は生きている 植物と人間 槙有恒の思索	自然と生きる	川は生きている 動物百科（朝日） 個としての動物 動物と人間 意見発表 コンクリートづめ	動物・人間としての 知性と情動	人間が生きれる土地 郷土民話創作 大統領のメダル ドイツさん物語 嵐の中に咲いた花	郷土を見る 大影 （赤松・古本）	正しさ（大村） 豊かさ（大村） （討議） 私を支えた一言 星の王子さま	美しいことば
五年	ドングリが毎年できるのはムダ？ 木のお医者さん	自然を守る人	荒野に猫は生きぬいて 自然との調和に生きる人々 （アフリカ）	意外な動物たち 考える動物・人間	公正な目を心に 良寛さん 赤紙がやってきた	あるお母さん 「人間」を生きた人 （報告）	ことばへの関心 ことばの背景 ほめことば（大村） 飛鳥へ、… 人類への遺書 （記録・報告） 人間の尊さを守ろう	いろいろな表現
四年	植物の根 命の限界への努力 （話し合い） 根室原野 山の花・高原の花	自然の美しさ	動物の子別れ 動物の墓場行き ホタルの歌 チヌロップのきつね ぞうの王子サマ	さだめの中の動物 人間の死と儀式	安逸に流されず 徳島の民話 十六地蔵物語	人間の夢を読む 斎藤隆介の世界 新美南吉の世界	本の中のことば 登場人物とことば あいさつ（記録） 永遠のことば 日航機事故の遺書 よだかの星	真実なことば
三年	アサガオの種のひみつ 自然観察の報告 おいしい水の冒険	種の中にある力	渡りと動物たち 群れと動物たち サバンナに生きる とべない白鳥 片足スズメ 百ぱのつる	助け合い、戦いつづける動物	真実を見る子ども おじいちゃん おばあちゃんの話 風雲祖谷のかずら橋	真実が見える子ども （主人公を追って）	すきなことば 意味深いことば 野口英世の母の手紙 星と伝説	表裏のないことば
二年	たんぽぽのちえ タンポポ かきの木いっぽんみが三つ	植物の知恵	サケの一生 どうぶつたちのねむりかた 花のすきな牛 白い象の話	厳しい自然と動物のくらし	自分を鍛える 一茶（俳句） にたりのガマ	真剣に育てられる 先生のお母さん	すてきなことば 相手の話を聞く力 （話し合い） わたしは広がる 七つの星	ことばと心
一年	たねのふしぎ たねからめがでて えみちゃんのたんぽぽ	自然の中の温かさ	どうぶつの赤ちゃん キタキツネ きつねとつきみそう のはらのうた	かわいい動物たち がんばる動物たち	手のはたらき ちからたろう おにたのぼうし	大事に育てられる みんなにありがとう	くだちゃいませんか おさるさんみたい おはよう（西尾） 雨ニモマケズ ながれぼし	やさしいことば

自己		人間			認識	
自己を見つめて育てる		人間に許されたこと			悠久の中の人間	
出会いがあって 美しい自己充実 君たちはどう生きるか 高学年自覚（芦田） やまびこ学校 最後の一葉 春を告げる鶯	創造的に育つ 魂の自由	源じいと竹とんぼ 作家・原田一美 ガンジー ガリレオ	日常悪（新聞）	命を守れる人間 六千枚の命のビザ アンネの日記 夕鶴	作家と作品研究	正しさ（理論） 行い（感情） ものごとの把握 自己反省と行動 継続と自己検証 いろいろな場合の中の選択と創造 自分・対象・人間の現象認識学
からすたろう 障害をわがことに バスの中のこと 芦田実践（範文と皆級） 山芋 人魚姫 巌の顔（手本の存在）	謙虚に高める 苦難の後の喜び	山の案内人 一回きりの人生 赤十字の父 日本のテレサ	自己を見つめる	すべての母を重ねて （福沢諭吉の母） 凧になった母さん 短歌・原爆の子	同一テーマの作品	未知への余地 自己への厳しさ 喜びの中身 生き方を求めて 自己の夢の確認 自己を広げる 歴史（時間）の中で生きる 鳥瞰的認識
葬式ごっこ 遊び心（討議） 芦田・野地自覚 障害をわがことに 恵那のこども 火の鳥 心におくテレビ	自己に目覚める 存在価値	たわしの味噌汁 ごんぎつね 野口英世 星野富弘とことば	恥ずかしいこと	戦争の中の母さん （文集） 母さんの木 一つの花	同一作家の作品	人を育てる心と目 他律から自律へ 意外性の中身 小さな声 生活の中の証し 自己の位置づけ 人格の自由 個の思索・真実に支えられる集団
虔十公園林 だからわるい 母よ嘆くことなかれ 昔の子どもたち 花咲き山 モチモチの木	ともに生きる 自由と規律	半日村 手ぶくろを買いに 片腕の野球選手 運命と闘う子ども	人に言えないこと	ちいちゃんのかげおくり 母さんの歌	集団・人間の表現	集団の位置 他者への介入範囲 合わせる意味 ひとりの人間 秘められた誓い 集団の力の自覚 個・集団の場面 静かに考える集団
鈴の鳴る道 他者を模擬・実行 学校が作る 遅進児（芦田） 赤い鳥（豊田） 八郎 西欧のリンゴの話	自分の心と人 人の心を踏まない	見聞きし考えたこと 赤いろうそく 自己に夢を 人に光を	知らなかったこと	赤ちゃんを生んだ犬 おこりじぞう	共通題目の作品	生み出す集団の力 自分の考えと人の考え方 正しいわけ合い 美しい景色 自他を生かす 他を聞く態度 かけがえのない自他
百まいのきもの ひとりひとりのよさ がんばる○○ちゃん 伸びる速さの違い わたしは小学生 ひさの星 心の壺（心との対話）	努力する美しさ 応援の力	したこと 十ぴきのぶた ダンボ わたしは広がる	してしまったこと	きつねとぶどう かわいそうなぞう	同一登場人物の作品	やさしさの威力体得 頑張りと喜び 発見と模擬・実行 みんな一緒（同一視） 嬉しい景色 成長の尺度（評価） 平等の体得（集団の中） 自己をみつめる

読むことの系統では、社会生活を支える人間の形成をめざした認識の過程を追った。私がめざす人間生活の基盤となる人間像は、現時点では次の四点になる。

1　自己に与えられたハンディーを認識し、真の人間を発見していく人間
2　他の中により自己を充実していく鍵を見い出し極めていこうとする人間
3　自由・平等をわきまえ、温かさと厳しさをもって、今をともに生きていく人間
4　どのような運命の中でも、かけがえのない自己として創造的に貫いて生きていく人間

自他がともによい関係で創造的に生きる社会の形成は現実では難しい。しかし、ひとつの学校あるいは教室の中では、「学ぶ」という視点と立場がそれを可能にしてくれる。教室や授業が一時間一時間の積み重ねに、それを求め明かしていくなら住みよい教室、高まっていく授業に向かっていくことは可能である。理想を求めるそうした経験を、典型として学習者の心に残し、厳しい社会を渡る中での理想として生活者となった学習者を励ましていくことができれば、人間社会はすすんでいくと考える。長い人間生活の土台作りを公教育は担っていると考える。

この系統表では、植物、動物、郷土、言語生活・言語文化、自己、人間を認識内容の柱とし、思索を深めながら、人間が目覚めていくべきことがらを認識として定位した。低学年では、頑張りの素晴らしさやともにする楽しさを体得させることを重視し、中学年では、個の思索に立った確かさを求める中に真の集団の力を理解させることをめざしている。高学年では、考え方にはいろいろあること、学んだことを生かすには困苦が伴うことを理解した上で、なお、歴史的、人間的視点を重視して、選択し創造していく主体者としての人間を認識させたい。

読みの方法については、低学年では、一斉指導の中で自己の読みと他者の読みを比べながら読みを深める。学習の流れを自然の読みに近づけるために、感想発表・課題発見・ことばを踏まえ広げ各人がその中から課題解決

をしていく方向を採る。ノートを通して、課題解決の方法を身につけ、同時にノート作りの工夫を重ねながら主体的に教材に向かう基本の力をつけていく。中学年では、様々な読みの方法を学ばせる。先に取り上げた西尾実氏の提示した様々な読み方や鑑賞の発展形態を経験させる。このことは、作品との出会い方にも、読み手の主体性が位置づくことになる。高学年では、研究ノート的に、読みを学習者自らが自己課題に答えていく方向も定位したい。読むことの学習が、内容の読みを深めることにつながり、読み方や読みの流れを自然でかつ効果的なものに師弟で学び発見していく力になる方向を採りたい。さらに、読み手の主体性を育て広く深く求めることによって、人間形成とともにある読むことを定位していきたい。それは、何をどう読ませるかとは違った、視点を確かにもって求めつづけるところに創造的に成り立つ自己教育である。

このことは、創造しつづける教育である。低学年で一緒に楽しむことから、中学年での自立と一人ひとりの発展をめざすこと、高学年の歴史の上に時と場所を越えて学ぶことに視点を移動して、自己点検と自己創造を、「自我」ではなく、「人間」の上に調和的に実現させることをねらっている。それは、また、私自身の生きる方向でもある。より確かなもの、より豊かなものに向かって読み（見つめ、聞き、思索する）つづける理解生活を表現生活の一方に位置づけたい。

また、指導者の立場から、「教材発掘力・資料活用力」と表現・理解を人格を通して、深く掘り下げていくことの密接な係わりについて、野地潤家氏は、『読解指導論』で、次のように指摘している。

> 教材発掘力・資料活用力――これを指導者は身につけていかなくてはならぬ。与えられた教材だけが存在して、その操作、取り扱いのほか、身辺の生活の中から、自己のふだんの読書生活の中から、新鮮な材料・資料を発見し、活用していくことに、ほとんど無頓着なばあいがある。一定の教材のみに執して、導入だけ

をくふうしてみても、そこに限界のあることは明かである。

平板・平浅（?）な教材研究に終始して、教材に内在する価値の発見が確かにできず、その学習活動への組織が手ぬるいばあい、学習活動は単調になり、迫る力が欠けてしまう。

国語の学習・指導の基底に、指導者みずから、教材発掘力・資料活用力を持たなくてはならぬ。そういう力は、表現・理解を人格を通して、深く掘り下げていくことと、密接にかかわっている。

（『読解指導論』　昭和四八年一〇月　共文社　207ページ）


すなわち、国語教育を人間の語ることばの表現と理解の生活の上に、確かに構築する方法として、野地潤家氏は、教材を発掘し、活用する力を位置づけている。このことばは、野地氏の先に提示した「思慮深く、血の通った、人間的なことばの所有者」と呼応し、国語科の学習指導のあるべき方向を指し示している。

3　読むことの指導の目標と評価の生活化

国語科の学習が面白みがないものであったり、敬遠されがちになったりする原因に、授業のあり方や学習経験を生活化していく過程についての研修不足はないであろうか。読むことの指導で、西尾実氏が指摘した鑑賞の独立にはじまって、それが、研究読みに移っていく過程について、私自身認識不足であった。小学校低学年から、見通され位置づけられているべき読むことの指導の方向について、自覚的なものをもっていなかった。今、国語教育の歴史に学んだ中から、このことに関する自己の見解を明らかにしておきたい。

単元の目標を次の五点から確認し評価することによって、学習したことがらが、生活の国語として生きるように配慮したい。

1　学習が読解の力として、知識・技能・態度のどこに関与しているかを明らかにする。
2　学習が読みの方法習得にどう関与しているか、発展のどこに位置しているかを明確にする。
3　学習活動が四領域の関連の中で有機的に構造化しえているか確認する。
4　内容の読み取りが創造的に自己形成をめざす方向を堅持する。
5　評価が観察も含めた生活的・総合的な視点から行なえる工夫をする。

1は、これまでの学習指導の研究の方向であり、広い視野から確かに行なえるように先行実践に学ぶ姿勢をもちつづけたい。2については、これまでの実践を全学年的に実践し、学習者の主体性という観点から、自己の実践を確かなものにしていきたい。3は、豊かな活動といった意味で実践してきたが、生きた国語学習とするためには欠かすことのできないものである。国語の力を生活の上に生かすために実践の見直しをしていきたい。4は、ともすれば作品主題一辺倒になりがちな自己の実践を反省する形で生かしたい。大村はま氏の手引きに学びながら、文学の経験として学習者と教材の向かい合いを成り立たせる工夫をしていきたい。作品の提示する創造的な生き方を自己にひきつけて経験させたい。5は、評価がその場限りのものになってしまったり、形通りに終わることを戒め、生活の中で、態度として位置づくように長い目で育てる姿勢をもちつづけたい。大村氏が詩の単元で行なっている評価の方法は学ぶところが多い。それらに学んでいくためには、指導者の中に国語科の確固とした目標が把握されていなければならない。自己修養に努めたいと考えている。

三　読むことの授業の構想

1　二年生教材「たんぽぽのちえ」（説明文）における授業の構想

教材文は、次のようである。

たんぽぽのちえ

うえむらとしお

春に　なると、たんぽぽの　黄色い　きれいな　花が　さきます。

二、三日　たつと、その　花は、しぼんで、だんだん　くろっぽい　色に　かわって　いきます。そうして、たんぽぽの　花の　じくは、ぐったりと　地めんに　たおれて　しまいます。

けれども、たんぽぽは、かれて　しまったのでは　ありません。花と　じくを　しずかに　休ませて、たねに　たくさんの　えいようを　おくって　いるのです。こうして、たんぽぽは、たねをどんどん　太らせるのです。

やがて、花は　すっかり　かれて、その　あとに、白い　わた毛が　できて　きます。

この　わた毛の　一つ一つは、ひろがると、ちょうど　らっかさんのように　なります。たんぽぽは、この　わた毛に　ついて　いる　たねを、ふわふわと　とばすのです。

この　ころに　なると、それまで　たおれて　いた　花の　じくが、また　おき上がります。そうして、せのびを　するように　ぐんぐん　のびて　いきます。
なぜ、こんな　ことを　するのでしょう。それは、せいを　たかく　する　ほうが、わた毛にかぜが　よく　あたって、たねを　とおくまで、とばす　ことが　できるからです。
よく　晴れた　日には、わた毛の　らっかさんは、いっぱいに　ひらいて　とんで　いきます。
はんたいに、しめり気の　おおい　日や、雨ふりの　日には、わた毛の　らっかさんは、すぼんで　しまいます。なぜでしょう。
こんな　日には、わた毛が、しめって、おもく　なります。これまでは、わた毛に　ついて　いるたねを、とおくまで　とばす　ことが　できないからです。
このように、たんぽぽは、いろいろな　ちえを　はたらかせて　います。そうして、あちらこちらに　たねを　ちらして、あたらしい　なかまを　ふやして　いくのです。

（一）単元設定の理由

この単元は、児童が身近にある自然に親しむ生活の中で、植物の知恵に気づき、さらに自然界に生きる命の厳しさや人間との共存について、認識を深めさせることを願って設定した。

自然認識の内の植物に関する認識を、一年生の自然と遊ぶ生活（生活科　春の野原）経験や、「たねのふしぎ」の単元での、種の運ばれ方の工夫の理解と自然観察（生活科　秋の野山）の上に、深めようとするものである。

二年生では、タンポポに焦点をあてて取り扱う。各人の経験や知識を踏まえ、また、学校図書館の書物から得た知識を加えて、タンポポの生活を概観し、知識を整理させる。本教材では、花から種の拡散までのタンポポの知恵を、より確かに認識させる。

本教材は、観察から得たタンポポの実際とその理由づけを交互に行ないながら、知恵の実態が四点に整理されて述べられており、収集し得たどの著作よりも詳しく整理されている。児童の経験と書物からの情報を生かし、かつ、新たな知恵の理解は、タンポポを含めた様々な自然界の不思議や知恵への関心を高めてくれるものであることが、この単元での主要教材として、「たんぽぽのちえ」を選ぶ理由である。

この単元学習を通して得られる、観察や知識の整理、目的に添った資料収集という活動、中心教材の読解を通して得る文章の的確な理解の技能などが、学習者の科学的な思考の目を育てることにつながっていくと考える。

このことは、庄司和晃氏が、『全面教育学の構想』（注1）で「植物内教育」として取り上げるところにもつながる。氏は、柳田国男の『野草雑記』から、「自然の始めからの配慮とは言うよりも、何だかめいめいの発明の如くにも感じられる。」を引きながら、植物のもつ生命力を、「伝来の遺産を運用しつつ、あの生き伸びんとするすさまじいばかりの力の発揮（同上書　73ページ）」と捉えている。「草や木について、私どもには、まだまだわからぬもの、そしてもっともっと深いふかい玄々なる知恵が、じっとひそんでいると、篤と考えせしめるからである。」とも述べている。植物たちの知恵を渡世的知恵と表現し、その中に自然界の偉大な配慮を見い出している。そのことを学びとることに認識の意味を位置づけている。氏は、「植物内教育」についての項を、次のようにしめくくっている。

私どもには意識がある。せっかくの意識である。自覚もある。せっかくの自覚である。それならばこそ、彼等の「心」をもののあわれとして深く察してやらねばならぬ。彼等の身になってもみなければならぬ。人間本位の利用主義や、もうけ主義ばかりが能ではあるまい。

　花無心ニシテ蝶ヲ招キ
　蝶無心ニシテ花ヲ尋ヌ
　花開ク時蝶来リ
　蝶来ル時花開ク

良寛の詩のひとふしである。

花にせよ、蝶にせよ、必死の渡世である。かつかつの生活である。競争史観から言えば、うばいあいのくらしである。世渡りである。

それでいて、そこには人間式の欲張りがない。強欲もない。変な独占もない。「無心」的である。孔子の言句でいえば「従心」的ありようである。

そこが、せめてもの救いである。

交流教育では、人間側として私どもの一考せねばならぬところだ。


（『全面教育学の構想』　一九八八年三月　明治図書　75ページ）

ここで述べられている、人間側としての植物への認識を深めながら、ものごとを科学的に捉える姿勢を養っていきたいものである。また、このことは、タンポポの生活を捉えた書物の中で、甲斐信枝氏のものが、地上で見るタンポポを的確に表現していることによって納得することができる。甲斐氏は、ほかに『雑草のくらし』も著している。故清水良雄氏に師事としかわからないが、科学者ではない。しかし、その目の確かさを考える時、私たちの取り上げる科学的な読み物の指導がどうあらねばならないかを考えさせられる。生き物を心で見つめながらの読解作業でなければ、合理的で科学的な指導は、人間を置き去りにする。
単元設定は、同時に、どう生きたものとして学習に組み込むか、教師の力量が問われるところである。

（二）教材研究

本教材は、十一段落からなり、文章構図は次のようになっている。

（前書き）第一段落　春になると、……花がさきます。

第二段落　二、三日たつと、……いきます。
そうして、……しまいます。

第三段落　けれども、……ありません。
花とじくを……いるのです。
こうして、……太らせるのです。

第四段落

やがて、……　できてきます。

第五段落（→第四段落）

このわた毛の……　なります。

たんぽぽは、……　とばす［のです。］

第六段落（←第四段落）

このころになると、……　おきあがります。

そうして、……　伸びていきます。

第七段落（→第六段落）

［なぜ、こんなことをするのでしょう。］

それは、……　できる［からです。］

第八段落（←第六段落）

よく晴れた日には、……　とんでいきます。

はんたいに（第八段落↔第九段落）

第九段落（←第六段落）

しめり気のおおい日や、雨ふりの日には、……　しまいます。

［なぜでしょう。］

第十段落　こんな日には、……なります。
これでは、……できないからです。

（まとめ）　第十一段落　このように、……はたらかせています。
そうして、……ふやしていくのです。

第一段落の前書きが、第二、第四、第六、第八、第九段落と時間の流れに添ってできあがっていく、種の様子を表す出発点として位置づけられ、話の進み具合を滑らかなものとしている。ただ、そのことは、この文章の簡潔さを生かして、書くことの指導と強く関連づけようとする時、スムーズにつながることは、前書きの位置を曖昧にしている。

第一段落、第二段落、第四段落、第六段落と時間の経過が、

春になると、
二、三日たつと、
やがて、
このころになると、

と表現されており、一年生で手に入れた、

はじめに、
つぎに、

それから、
おわりに、
の順序を表すことばと呼応させて指導するならば、文章を整理して表す力を養うことができる。このことが、本教材を書く活動と関連づけることができる点である。

この教材文の骨組みは、簡単にすると次のように図示することもできる。

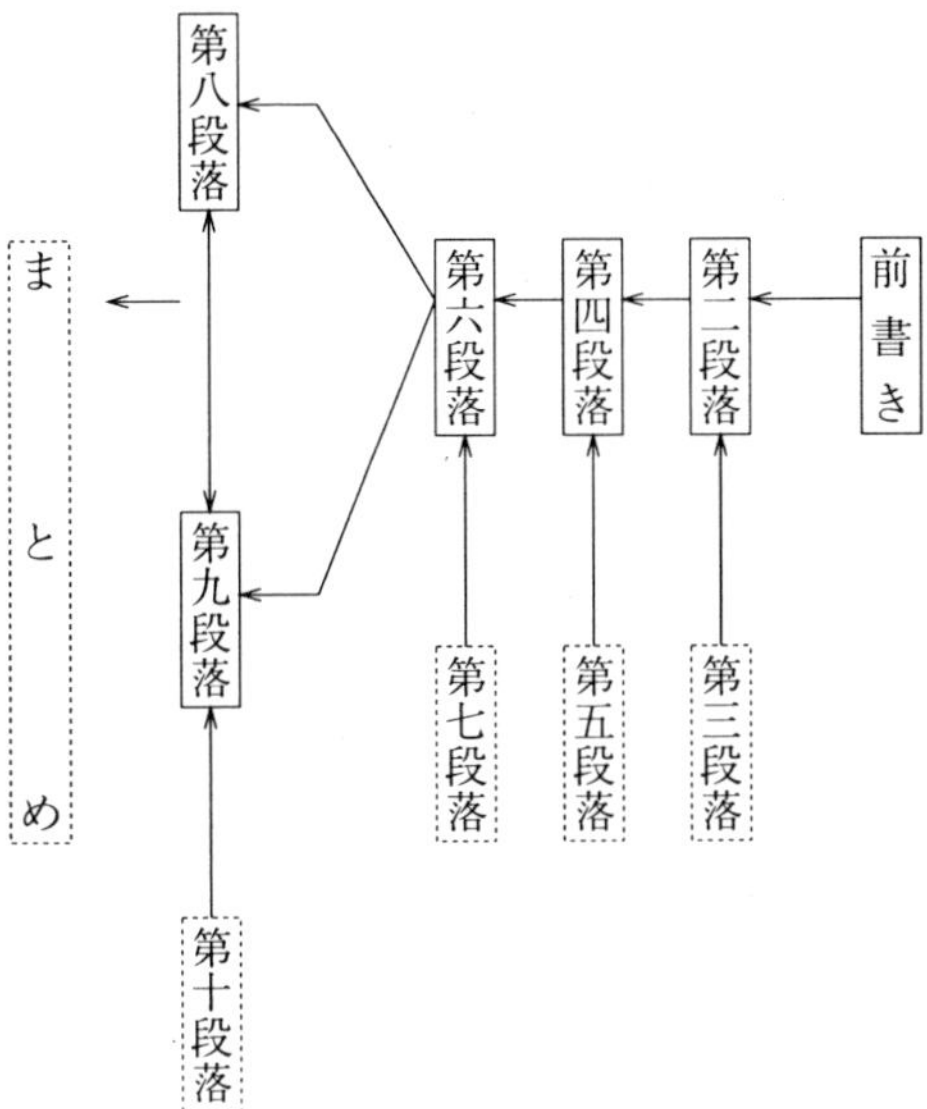

これを見ると、筆者の「たんぽぽのちえ」に対する思い入れを読むことができる。タンポポの様子の変化を時間的に捉えて、次の段落で理由説明をする形を繰り返している。よく晴れた日のタンポポは、日常的に児童の接するところであり、取り立てた説明はせず、文章に変化をもたせた形で表現をすすめている。軽重をつけた文章表現といえる。

知恵をタンポポの位置から捉え、温かい表現をしている。ただ、そのことが読解に終始しやすい環境を作っている。「サケが大きくなるまで」で取り上げる、「どのくらいを数字に目を向けさせる指導」につなぐために、まとめ段階で発展がねらわれた方がよいと考えられる。科学的な発見の目や計量的に事象を捉える力は、合理的・論理的思考の片側の柱である。そういった意味では、さらに具体化できる教材文である。まとめが、単なるまとめに流れないで、文末表現も二点を踏まえてなされており、統一的に文末表現を把握する指導の上に効果的である。古田拡編『小学校の文法指導』(注2)で、高橋弘道氏が「文のしっぽ」で出した提示を発展させるなら、この教材を生かすことができる。

一方、教材文の明解さは、話し・聞く学習に結ぶことができる。前置き、事象、理由説明といった話し方の訓練は、これまで、形を指導することからはじまることが多かった。しかし、教材文の明確さを理解した上で話法のあり方として生かしていく方が効果的である。

表現において、「なぜ」という問いに対して、「〜だからです。」の答え方が繰り返されて、論理的な述べ方の形式が定位されている。この位置に関しては、第七段落のものは、第六段落の最後につけた方がよいと考える。低学年の児童には、繰り返される中で能力を獲得することが、多いからである。そうして、問いの段落と答えの段落として定位する方が、書くことや話すことへの転移をより可能にすると考えられる。

内容についてであるが、知恵を現在の資料の中で明確に位置づけているといえる。

現在、手元にある資料は、単行本九冊と旧東京書籍教科書「たんぽぽ」の十種である。次に、単行本の著者、出版社、出版年月、ならびに、取り上げ方を見てみる。

①	『たんぽぽ』	平山　和子	福音館書店	一九七二年　四月	タンポポの生活全般
②	『たんぽぽ』	伊藤　洋・監修	学習研究社	一九八五年	タンポポの生活全般
③	『たんぽぽ』	浅山　英一・指導	フレーベル館	一九七九年　二月	タンポポの生活全般
④	『たんぽぽさいた』	小川　潔	新日本出版	一九八二年一〇月	タンポポの生活全般
⑤	『タンポポ』	平野　隆久	岩崎書店	一九八四年　二月	タンポポの生活全般
⑥	『タンポポ』	小川　潔・指導	集英社	一九八五年　五月	タンポポの生活全般
⑦	『タンポポ』	七尾　純	国土社	一九八六年　一月	タンポポの生活全般
⑧	『タンポポ』	七尾　純	偕成社	一九七四年　六月	タンポポの地上生活
⑨	『たんぽぽ』	甲斐信枝	金の星社	一九八四年　二月	蕾から冬支度まで
*⑩	「たんぽぽ」	平山和子	東京書籍	不明	タンポポの生活全般

*は、旧東京書籍教科書教材

タンポポの生活については、ほとんどが生活全体から取り上げられている。それは、科学読み物としての立場からのものだからである。

つづいて、それらの作品の中に描き出された開花から種の散布までを比較してみる。とくに、本教材で取り上げられた知恵についての取り上げ方を見ていくと、次のようになっている。

	地面に倒れる	綿毛	軸が起き上がる	よく晴れた日	湿り気の多い日・雨の日
①	○茎は低く垂れ	○	○	晴れた日、風に吹き飛ばされる	ふれていない
②	○	○	○	風にのって	ふれていない
③	○茎を曲げて	○	○	晴れた日風が吹くと	ふれていない
④	ふれていない	○	ふれていない	風に吹かれて	ふれていない
⑤	○★邪魔にならないように	○	○	風が吹いてくると	ふれていない
⑥	○★邪魔にならないように	○	○	風が吹くと	ふれていない
⑦	柄を下に垂れる	○	柄を高く伸ばす	風を受けて	○
⑧	軸伸び続ける	○	ふれていない	風にのる	ふれていない
⑨	ふれていない	○	○	○風にのる	ふれていない
⑩	○低く倒れて	○	○	○晴れた日、風に吹き飛ばされる	ふれていない

ここに見るように、各社とも綿毛については共通した叙述をしているが、茎が地面について倒れることについては、⑧では、記述がなかったり、⑤、⑥では、「邪魔にならないように」と補説していたりで、微妙に違っている。また、晴れた日に対して、湿り気の多い日や雨の日への叙述がなされていない。これは、風によって飛ばされるとする表現上、天候との関係を取り上げないことになったのであろう。

これらの資料を教材として生かすならば、認識がより多くの資料によってより確かなものとなることや、時代の進展とともに確かな資料が備わっていくこと、また、読み手自身の生活での観察の意欲を育てるなど、豊かに読みを広げることが可能となってくる。それは、とりもなおさず、認識の過程を経験することであり、大事にしたい資料である。

次に、資料から明確にされる、花から種の散布までのタンポポの知恵を整理しておきたい。[○番号　資料番号]

教科書教材	他の資料から
春　黄色い きれいな花	一日後　小花は開いていない 二日後　小花も開く⑥
二、三日 黒っぽい色 かれてない	一日目から三日目まで咲く 四日目半分、五日目咲かない⑥
軸	花茎立っている時、伸び続ける⑥ 花が枯れた頃から、花軸伸び続ける⑧

ぐったり
　地面に倒れる
　　軸を休ませる
　　種に栄養を送る
やがて
　白い綿毛
　綿毛についている種を飛ばす
　軸　起き上がる
　　ぐんぐん伸びる
　　風に当たる
　　遠くへ飛ぶ
よく晴れた日
　飛んでいく
湿り気の多い日
雨の日
　らっかさんをすぼめる
　　綿毛湿って重い
　　遠くへ飛ばない

＊茎の成長のようす

五・六日倒れている⑤
綿毛の二・三日前から長く伸びて立ち上がる⑤
十日くらい⑥　十一日目⑤
七日くらい⑥

＊どんな時に飛ぶか

風を受けても飛べない
そんな日は、綿毛開かない
開きかけの時雨、綿毛閉じる⑦

（三）指導の構想

単元の目標の中で明確に捉えるべき視点として、次の五つを先に提示した。
1　学習が読解の力として、知識・技能・態度のどこに関与しているかを明らかにする。
2　学習が読みの方法習得にどう関与しているか、発展のどこに位置しているかを明確にする。
3　学習活動が四領域の関連の中で有機的に構造化しえているか確認する。
4　内容の読み取りが創造的に自己形成をめざす方向を堅持する。
5　評価が観察も含めた生活的・総合的な視点から行なえる工夫をする。
この単元では、各視点に関して、次のように定位をしておきたい。

1としては、知識としてタンポポの花から種の散布までの変化が時間の推移として理解できること、その手順として、文を短くする技能を習得させる。また、文章の構図を実際と説明、実際と理由などの中心部と書き出しとまとめを入れた全体構図から理解したり、ことば（しぼむ、……ぽい、じく、えいよう、……ように、せのび、しめり気、すぼむ）の意味理解とその方法を技能として位置づける必要がある。読む態度としては、すすんで多くの資料と出会い、比べて読もうとする態度や、さらに新しい資料を求めていく態度を育てたい。

2としては、低学年であることから、文に添って読むことを重視する。科学的・論理的な目を育てるために、資料の偏りをさけて、他の資料も生かしながら、短く、書かれていることを掴む読みを、意欲的な取り組みの中で訓練させたい。一斉に練習をしながら、学習記録としては自己の表現を大切にする形ですすめる。また、認識を主体的にするためのカードを一斉に書き、ファイルさせる。

3の四領域の関連については、導入時の資料収集とその報告、学習発表会をめざしての資料作成・発表練習などを位置づける。

4については、一年生からの学習を重ねて、「たねのふしぎ」が、「たんぽぽのちえ」を通してさらに深まったこと、そして、そのことは、これからの観察や資料との出会い、さらには、視点を定めた実験によって確かなものになることを納得させたい。さらに、この植物の種については、三年生では、実際の小学生の研究物を通して深めたい。一方、種への関心を根や茎に向け、自由研究を勧めることによって、下学年の植物分野への認識の土台を確かで豊かなものとしていくことができる。

5は、おもに形成的評価の視点から、教師の指導だけでなく、友達との交流、模倣を重視し、いろいろな学習経験から力がつくことを学習の前提として理解させる。

これらの基本構想の下に、単元を、次のように構想した。

(1) 単元の目標

・開花から種の散布までのタンポポの知恵に関する知識を整理し、植物への関心を深める。
・タンポポの知恵に関する多くの資料を得て、その知識を確かなものとしながら、さらに、発展的な読書生活への意欲を養う。
・重要箇所の読解を通して、段落の要点や文末表現への関心を育てる。

(2) 学習の流れ

①　生活や経験の中で得たタンポポの知恵を記録する。
②　資料収集の過程で図書館利用指導を行なう。図書資料を通して初めて知ったこと・驚いたこと・もっと知りたいことなどを記録し、その発表をし合う。資料の整理をしてみたい心情を育てておく。
③　タンポポの種ができるまでを説明した中で、どの資料よりも優れたものとして、本教材を推奨し、読みの必然性を作る。
　これまでの資料に書かれていないことで、大事な知恵を見い出すという読みの目標で学習者側はスタートする。文章の読み方も学習することを提示しておく。
④　「たんぽぽのちえ」を通読し、予想を立てる。段落意識をもって文章を見直す。一年生において、段落をお話が変わるところとして捉えているので、知恵が書かれた段落を見い出し、前書きの段落は確認できよう。
　文章全体を一枚の資料として提示することは、低学年の説明文で文章構図を自然に見抜かせるために必要であるので、ここでもそれを適用する。観察したことを書いた部分と、理由づけの段落を一斉で視覚的に捉えながら文章の構造図に親しませる。
⑤　読解をすすめながら、語彙指導、文末への関心を育てる。文の重要語句を短く選び出してつなぐ訓練をより確実にすると同時に、最終的には段落の叙述内容を他の資料を比べる形で学習をすすめる。内容をより理解させるために図解資料などを利用するのではなく、文字を通して読み取る力を重要視する。第九・第十段落の湿り気の多い日や、雨の日の知恵の実際を読み取りながら、もっと知りたいことをはっきりさせる。それが、タンポポ辞典としてまとめ上げる時のエネルギーとなる。
⑥　「たんぽぽのちえ」の文章構成を振り返りながらまとめをする。
⑦　教材文の学習内容を土台に、全員で「たんぽぽのちえじてん」を作る。ここで取り上げる資料は、先の資

料番号⑤⑥⑦⑧の単行本を複数用意し利用する。問題となるのは、茎の成長の様子とどんな条件で飛ぶのかの二点である。花の咲く様子については、理解を深めることができる。はっきりしない点をカードに課題として記録し、新しい資料や詳しい観察や実験によって答えを求めていく意識を育てる。

⑧　甲斐信枝氏、『たんぽぽ』を聞きながら、描写を具体的な情景や色や数字におきかえれるかどうかを試してみる。これを学習から得た知識の自己評価とする。学習記録を整理し、一年時の「たねのふしぎ」に重ねる。これは、カードとともに植物に関する認識を日常的に、しかも、指導の積み重ねによって、真剣に思索を深める方向を体得させ、義務教育を通して一般社会での認識の基盤を確保していこうとするものである。

⑨　校内放送、学習発表会などの機会を捉えて、わかってもらうために話す機会を位置づける。

(3)　**指導上の留意点**

説明的文章は、時代とともに明かされていく真実が述べられているので、より確かなものを求める日常生活を営む態度を大切にする指導でありたい。内容把握よりも、どこの部分が必要であるかを捉える力を育てることが大切である。認識の柱を明確にし、多くの情報の中で必要な情報を捉える力としなければならない。

一方、この教材で見るように、叙述が文学的であることには注意したい。植物も命があり、心があることは事実である。しかし、動きの範囲が動物のように広くない植物にとって、知恵は、状況を見抜き判断し、そこに生み出す工夫である。行動の奥にある科学性を様々の角度から説き明かすことで、知恵を学習者に認識させたい。別な表現をと考えても今の私には、認識が確かでなく不可解だが、擬人的な表現は、もう一歩深い植物への認識や発見を閉ざす面をもっていることを心したい。相手と否定し合うことも、現状況を否定することも不可能な植物たちにとって、命への工夫は奥深く、種の形で飛躍する世界は、創意的な投棄の世界のはずである。そこを指導者自身心して、植物からの学びを確かなものとしたい。

文を短くする活動は一年生で経験しているので、二年生では、段落の軽重を必然性を設けて意識させたい。そこで、重要な語句を選び出してまとめ、文章構図として全体を見抜いた中に、位置づけられるように注意したい。学習を指導事項の単なる分配としないで、基本事項を発展させながら絶えず繰り返すことが、小学校低学年の指導では重要である。繰り返しによる定着にある安心感と、できた時の満足感は、大村はま氏の指摘する気を重くしない指導の一つの工夫であると考えている。

（注１）『全面教育学の構想』　庄司和晃　一九八八年三月　明治図書　71～75ページ
（注２）『小学校の文法学習』　古田拡・編　昭和三〇年一〇月　明治図書　106～111ページ

2　三年生教材「ちいちゃんのかげおくり」（物語文）における授業の構想

教材文は、次のようである。

ちいちゃんのかげおくり　　　あまんきみこ

「かげおくり」って遊びをちいちゃんに教えてくれたのは、お父さんでした。

出せいする前の日、お父さんは、ちいちゃん、お兄ちゃん、お母さんをつれて、先ぞのはかまいりに行きました。その帰り道、青い空を見上げたお父さんがつぶやきました。「かげおくりのよくできそうな空だなあ。」「えっ、かげおくり。」と、お兄ちゃんが聞き返しました。「かげおくりってなあに。」と、ちいちゃんもたずねました。「十、数える間、かげぼうしをじっと見つめるのさ。十、と言ったら、空を見上げる。すると、かげぼうしがそっくり空にうつって見える。」と、お父さんが説明しました。「父さんや母さんが子どものときに、よく遊んだものさ。」「ね。今、皆でやってみましょうよ。」と、お母さんが横から言いました。

ちいちゃんとお兄ちゃんを中にして、四人は手をつなぎました。そして、皆で、かげぼうしに目を落としました。「まばたきしちゃ、だめよ。」と、お母さんが注意しました。「まばたきしないよ。」ちいちゃんとお兄ちゃんが、やくそくしました。「ひとうつ、ふたあつ、みいっつ。」と、お父さんが数え出しました。「ようっつ、いつうつ、むうっつ。」と、お母さんの声も重なりました。「ななあつ、やあっつ、ここのうつ。」ちいちゃんとお兄ちゃんも、いっしょに数え出しました。「とお。」

目の動きといっしょに、白い四つのかげぼうしが、すうっと空に上がりました。「すごうい。」と、お兄ちゃんが言いました。「すごうい。」と、ちいちゃんも言いました。「今日の記ねん写しんだなあ。」と、お父さんが言いました。「大きな記ねん写しんだこと。」と、お母さんが言いました。

次の日、お父さんは、白いたすきをかたからななめにかけ、日のまるのはたに送られて、列車に乗りました。「体の弱いお父さんまで、いくさに行かなければならないなんて。」お母さんがぽつんと言ったのが、ちいちゃんの耳には聞こえました。

ちいちゃんとお兄ちゃんは、かげおくりをして遊ぶようになりました。ばんざいをしたかげおくり。かた手を上げたかげおくり。足を開いたかげおくり。いろいろなかげを空に送りました。

けれど、いくさがはげしくなって、かげおくりなどできなくなりました。この町の空にも、しょういだんやばくだんをつんだひこうきが、とんでくるようになりました。そうです。広い空は、楽しいところではなく、とてもこわい所にかわりました。

夏のはじめのある夜、空しゅうけいほうのサイレンで、ちいちゃんたちは目がさめました。「さあ、急いで。」お母さんの声。

外に出ると、もう、赤い火があちこちに上がっていました。

お母さんは、ちいちゃんとお兄ちゃんを両手につないで走りました。

風の強い日でした。「こっちに火が回るぞ。」「川の方ににげるんだ。」だれかがさけんでいます。

風があつくなってきました。ほのうのうずが追いかけてきます。お母さんは、ちいちゃんをだき上げて走りました。「お兄ちゃん、はぐれちゃだめよ。」

お兄ちゃんが転びました。足から血が出ています。ひどいけがです。お母さんは、お兄ちゃんをおんぶしました。「さあ、ちいちゃん、母さんとしっかり走るのよ。」

けれど、たくさんの人に追いぬかれたり、ぶつかったり――、ちいちゃんは、お母さんとはぐれました。

「お母ちゃん、お母ちゃん。」ちいちゃんはさけびました。

そのとき、知らないおじさんが言いました。「お母ちゃんは、後から来るよ。」

そのおじさんは、ちいちゃんをだいて走ってくれました。

暗い橋の下に、たくさんの人が集まっていました。ちいちゃんの目に、お母さんらしい人が見えました。

「お母ちゃん。」と、ちいちゃんがさけぶと、おじさんは、「見つかったかい。よかった。よかった。」と下ろしてくれました。

でも、その人は、お母さんではありませんでした。

ちいちゃんは、ひとりぼっちになりました。ちいちゃんは、たくさんの人たちの中でねむりました。

朝になりました。町の様子は、すっかりかわっています。あちこち、けむりがのこっています。どこがうちなのか――。「ちいちゃんじゃないの。」という声。ふり向くと、はす向かいのうちのおばさんが立っています。「お母ちゃんは。お兄ちゃんは。」と、おばさんがたずねました。ちいちゃんは、なくのをやっとこらえて言いました。「おうちのとこ。」「そう、おうちにもどっているのね。おばちゃん、今から帰るところよ。いっしょに行きましょうか。」おばさんは、ちいちゃんの手をつないでくれました。二人は歩きだしました。

家は、やけ落ちてなくなっていました。「ここがお兄ちゃんとあたしの部屋。」

ちいちゃんがしゃがんでいると、おばさんがやってきて言いました。「お母ちゃんたち、ここに帰ってくるの。」

ちいちゃんは、深くうなずきました。「じゃあ、だいじょうぶね。あのね、おばちゃんは、今から、おばちゃんのお父さんのうちに行くからね。」

ちいちゃんは、また深くうなずきました。

その夜、ちいちゃんは、ざつのうの中に入れてあるほしいいを少し食べました。そして、こわれかかった暗いぼう空ごうの中でねむりました。「お母ちゃんとお兄ちゃんは、きっと帰ってくるよ。」

くもった朝が来て、昼がすぎ、また、暗い夜が来ました。ちいちゃんは、ざつうの中のほしいいを、また少しかじりました。そして、こわれかかったぼう空ごうの中でねむりました。

明るい光が顔に当たって、目がさめました。「まぶしいな。」

ちいちゃんは、暑いような寒いような気がしました。ひどくのどがかわいています。いつの間にか、太陽は、高く上がっていました。

そのとき、「かげおくりのよくできそうな空だなあ。」というお父さんの声が、青い空からふってきました。「ね。今、みんなでやってみましょうよ。」というお母さんの声も、青い空からふってきました。

ちいちゃんは、ふらふらする足をふみしめて立ち上がると、たった一つのかげぼうしを見つめながら、数えだしました、「ひとうつ、ふたあつ、みいっつ。」いつの間にか、お父さんのひくい声が、重なって聞こえだしました。「ようっつ、いつうつ、むうっつ。」お母さんの高い声も、それに重なって聞こえだしました。「ななあつ、やあっつ、ここのうつ。」お兄ちゃんのわらいそうな声も、重なってきました。「とお。」ちいちゃんが空を見上げると、青い空に、くっきりと白いかげが四つ。「お父ちゃん。」ちいちゃんはよびました。「お母ちゃん、お兄ちゃん。」

そのとき、体がすうっとすきとおって、空にすいこまれていくのが分かりました。

一面の空の色。ちいちゃんは、空色の花畑の中に立っていました。見回しても、見まわしても、花畑。「きっと、ここ、空の上よ。」ちいちゃんは思いました。「ああ、あたし、おなかがすいて、軽くなったからういたのね。」

そのとき、向こうから、お父さんとお母さんとお兄ちゃんが、わらいながら歩いてくるのが見えました。「なあんだ。みんなこんな所にいたから、来なかったのね。」ちいちゃんは、きらきらわらいだしました。わらいながら、花畑の中を走り出しました。

夏のはじめのある朝、こうして、小さな女の子の命が、空に消えました。

それから何十年。町には、前よりもいっぱい家がたっています。ちいちゃんが一人でかげおくりをした所は、小さな公園になっています。

青い空の下、今日も、お兄ちゃんやちいちゃんぐらいの子どもたちが、きらきらわらい声を上げて、遊んでいます。

(一) 単元設定の理由

この単元は、戦争について考えを深めるために設定した。否応なく大きな時代の波に飲まれていく、健気な命をいとおしむ経験をさせたいと考える。原爆の語り部である山口勇子・原作、沼田洋一・語りの『おこりじぞう』、「母さんの歌」、「ちいちゃんのかげおくり」といった、子どもを主人公とした戦禍の描写から、「母さんの木」、「一つの花」、「凧になった母さん」、「ヒロシマのうた」といった、家族・集団の描写へと広げていきたい。そして、その読みは性急な理論としてではなく、深く心に染み入って心に湛えつづけられるものを形作りたい。高学年で、創作ではなく、真にその時代を生きた人たちが残した印にふれて学ばせ、現実と結びたい。そのことは、戦争についての認識と同時に、人間が根本で求めている平和と、真の自由と平等を認識させずにはおかないはずである。

また、小さく健気な命を見つめさせることは、ひとりの人間存在に気づかせることになると考える。本教材は、子どもの目から描写されており、自分のおかれた位置にさえ気づかず、懸命に生きているちいちゃんという命を表現している。想像を深くすることによって、小さな命のかなしさを、ちいちゃんより大きな自己の立場から見つめさせ、人間存在の意味を問う契機としたい。それは、また、芦田氏や野地氏によって指摘される、四年生における自己存在への自覚の土台として位置づけることもできる。

様々に想像した自分の読みを、集団の中で豊かに重ね合わせたり、いろいろな作品と出会ったりすることによって、自分はどうすればよいかが、心に育っていくと考えている。

そして、ここで経験した小さな命が消える悲しさを、創造的な生き方の種火として、大切に育てさせたい。高学年では、『大統領のメダル』、『嵐の中の花』、さらに、『六千枚の命のビザ』、『アンネの日記』などの事実と重ねながら、静かに、灯を高くかざしつづけた人たちがあったことを、また、その行為は、その人の生きる姿勢と深く結びついたものであったことを、じっくりと気づかせていきたい。この単元を、戦争の惨禍を経験させながら、人間性を探求していく系統に位置づけたい。

（二）教材研究

本教材は、大きく五つの構成になっている。
1　父の出征と思いでのかげおくり、忍び寄る戦争の影
2　空襲の災禍の中の別れ
3　帰宅と家族を待ち侘びる日々
4　ちいちゃんのひとりぼっちの死
5　何十年後の平和の日々
5の捉え方を別にして、1から4は、父を戦場に送り、家族とはぐれて、戦争の犠牲者として一人で死んで行くいたいけな幼女を描いている。状況認識も、起ることがらの意味も、最後には、死ということすら理解し得な

い幼女が、時代に翻弄されながらも、幼女の理解の世界で受け入れ昇天していく様は、文字が読める年齢になった全ての人の心を揺さぶる。この話を聞くことのできだす年齢さえが、この主人公の年齢を越えているからである。それ程この教材の提示する世界は、新しく、すべての読書にとって切ない。

あんまきみこ氏は、私の出会った作品の中では、氏独自の叙情をもって登場人物を見つめている。

①『おにたのぼうし』　昭和四五年五月

②『ままごとのすきな女の子』　一九七四年一二月

③『バクのなみだ』　一九七五年七月

④『のはらのうた』　一九七六年一〇月

①は、人間に不幸のもとと見なされて疎外される鬼たちに思いを馳せて、やさしい子鬼を描いた作品である。②は、ままごと遊びを通してなかよくなった女の子を病気から救って自らは朽ちていった梅の木の精の話である。③は、家族の悪い夢を全部食べて病気になったバクの話。そのことに気づいたバクの友達が家族に話すのを聞きながら、そっと家を去っていくバクが描かれている。④は、雲から落ちた犬を大切に育てながらも、最後に空に帰す話である。出会い、愛、決意、別れ、成長が静かに美しく語られている。

それぞれに見るように、氏の表現は、偏見、犠牲、友情、人生と様々な世界を陶冶しながら、なお純粋な幼年童話の世界に基盤をおいている。幼い健やかな豊かな息ぶきを大切にする精神は、「ちいちゃんのかげおくり」の世界で、いたいけな心情をはっきりと読者の胸に送り込む。三年生に戦争の悲しみを的確に伝え得る教材である。

また、かげおくりのあそびが、出征前日の父親から子ども達に伝えられ、晴れ渡った空に大きな記念写真として描き出されることはみごとである。父のいない生活にかげあそびが位置づき、最後には、たった一人で死んでいかねばならないあどけない幼女を救いとるかのような天の声、いとおしむ家族の声となるところは、音楽的でもある。そして、かげおくりは、魂を送る儀式にも似て、心打たれる。たった一人で現実的には死んでいかざるを得なかった多くの人々への鎮魂歌でもある。

この人々・人間の願いと祈りを一人の幼子の死に重ねることによって、戦争への憎しみと平和への祈りを、人類世界のレベルで思索しはじめる学習者を育てることをめざしたい。

叙述に即してみていくと、1は、幸せな家族の記念日から描かれる。「出せいする前の日、お父さんは、ちいちゃん、お兄ちゃん、お母さんをつれて、先ぞのはかまいりに行きました。」の一文を除けば、幸せな家族が心を憩わせる一時の描写である。かげおくりは、父のいなくなった兄弟にとって楽しい日々の遊びとして生きつづけるのだが、この遊びを教えた時の父親の心には、多くの伝えたいことばが去来したに違いない。死を覚悟していく戦場だからこそ、母親もまた同じく明るかった。

幼い兄弟は、「すごうい。」と、賛嘆の声を上げる。あくる日、父親を見送った母親の後ろ姿が呟いた、「体の弱いお父さんまで、いくさに行かなければならないなんて。」の一言は、読者への説明である。体の弱いものも駆り出さなくてはならない戦争とは、次に家族を襲ってくる不幸の予徴であり、空という自由で高いものに向かって呼びかけていた、また、それは父親と共有する唯一の儀式でもあったのだが、遊び心は奪われ、家族は惨劇の谷間に突き落とされる。ここでは、兄弟の理解した世界を通して時の動きを確認しながら、父母の心情の想像へと読みをすすめたい。

2では、会話が事態を発展させている。短い会話表現を多く取り入れることは、緊迫した状況をよく表現しているだけでなく、子どもたちの注意を引いて、作品の中で同時体験することを可能にしている。飛び交うことばの中で、はぐれたちいちゃんは、幼さゆえに助けられる。しかし、混乱の中の温かな愛は、母親を呼ぶちいちゃんの声に安堵して去っていく。はじめてひとりぼっちになる。「たくさんの人たちの中でねむりました。」の表現は、「こわれかかった暗いぼう空ごうの中でねむりました。」と響き合っており、2の後半と3は、ちいちゃんが家に辿りつくまでとして結んでみることができる。はす向かいの家のおばさんにも声をかけられ守られるが、やはりこれも安心によって離れていく。人皆が止まる場所もなく、家族を知人を訪ねてさまよう中では、小さな、未熟な表現は、人を捉えつづけることができない。ちいちゃんが、ひとりぼっちになるのは、必定である。防空壕の奥深くで寝かされて身動きもできない少女が置き去りにされていたように。その少女が優しく人に分けた水は、臭くて飲めないものであったように。小さきもの、弱きもの、守られるはずのものが引き裂かれ、置き去りにされていく。その哀しさをともに経験させたい。それは、戦争というより、命への慈しみの情である。それらにともに泣いた後、人がどう集い、生き合っていかねばならないかが思索できるのではなかろうか。ここでは、ちいちゃんのあどけなさをしっかりと見届けたい。

多くの会話で展開された2・3であるが、しかし、ちいちゃんのことばは、壊れかかった暗く怖い防空壕の中で呟く一言である。「お母ちゃんとお兄ちゃんは、きっと帰ってくるよ。」という声は、ひとりぼっちの幼女の自己に語ることば、願いであり、状況の理解でありながら、作者の呟きである。それは、また、ちいちゃんに同化する読み手の励ましの叫びでもある。家族を待ち侘びてねむるそれは、先の「たくさんの人たちの中で」に対してひとりぼっちのものであるが、思い出に囲まれてひとりぼっちのものではなかった。

4では、死の近づいたちいちゃんの様子がみられる。「暑いような寒いような」「ひどくのどがかわいた」感覚は、想像の世界を広げることで命の極みを感じ取ることができる。

ただ、この想像についてであるが、教室の授業での想像は、これまでの私の指導では、言い換えや動作化、経験の想起を作業内容として、想像の方向の発展に心を配ることが多かった。しかし、最近の新聞で、出征したはずの主人を待ちつづけた若い母親のことを回想した記事を読んだ。若い母親は、主人の、「ちょっと待っていなさい。」のちょっとにこだわっていたようであった。主人を送った駅に住みつき、片時もそこを離れなかったという。回りの人達は、最初はすこし気の違った母親を哀れにも感じながらも冷やかだったという。それが、冬の寒さの中でも待ちつづける頃には、食事を運んだり、衣類を運んだりするようになったそうである。そして、ある日、若い兵隊が二人に近づいたかと思うと、小さな男の子を抱き上げて力一杯高い高いをしたそうである。子どもはキャッ、キャッと笑い声をあげて喜んだということであった。若い母親は、主人に導かれて長い生活をした駅を後にしたと書かれていた。私は、この瞬間、「一つの花」の父親が、「そんなとき、お父さんはきまって、ゆみ子を、めちゃくちゃに、高い高い、するのでした。」の情景を想像することが可能になった気がした。西尾実氏や大村はま氏のいう、文学で経験させるとは、こういう点を指摘しているのではないだろうか。もちろん、ことばを交錯させたり、経験の想起によって明らかに体験させることとなることもあるであろう。しかし、一方で、共通の経験とできる資料を位置づけることが、指導者の教材研究の一分野を担っていることを確認した。

幼い子どもが、周囲の大人たちの優しさに守られながらも、ひとりぼっちになっていかざるを得ない実際は、次の回想録の中に想像の根拠を得ることができる。

今も悔やまれるあの日　　幼い男の子置き去りに

〈広島県大竹市〉　枝松きみ子（主婦・64歳）

爆心地から南へ一・五キロの、千田町の広島貯金支局の三階に着くと、ぐったり疲れてしまった。四年あまり勤めた職場。今日からは汽車通勤で、佐伯郡の田舎の家に帰り、たっぷり食事できる。そんな喜びに、仕事を早くすまさなくてはと、貯金通帳をいっぱい抱えて机についた瞬間、ピカッと閃光がビルのガラス窓を突き抜けた。

日ごろ、必死でやっていた防空訓練も役に立たず、血まみれの同僚の姿。「早く避難してください。」と命令している係長の首からも血が流れていた。

私はソロバンを片手に出口へ走った。出口のコンクリートの上は、寒天を流したように、傷ついた人々の血のりが流れていた。

局の前の電車通りは、被爆者の行列だった。ズルリと皮膚の垂れた人、血が流れている人、衣服はみんなボロボロで裸の人もあり、髪は逆立ちになっていた。

その行列に入って、南の方向に逃げ始めた。四、五歳の、薄汚れた浴衣を着た男の子が泣いていた。「坊や、お母さんは?」と聞いて、おんぶして、くずれた薄暗い家をのぞくと、母親がたんすの引き出しを探していた。

「その子を連れて先に逃げて下さい」と頼まれた。とっさのこと、私はその子をおんぶしたまま、ジリジリと焼きつけるような真夏の暑い路上を、陸軍共済病院へ急いだ。途中で道連れになった中学生に言われて、私も唇が切れ、前歯が折れ、額に傷をしていることを知った。

病院に着いたけれど、治療の順番が来ない。熱いコンクリートの上に男の子を寝かせた。目を覚まして泣くので、「お母さんを探してくるから」と、涙ぐんでいるその子と別れた。

これが最後。再び会えなかったのである。その母と子のことが今でも悔やまれる。自分の身が一番かわいくて、一人で逃げた卑怯者と言われても仕方がない。

炎の中を背負い逃げし幼子の

痛み未だも消えず　生きおり

（『女たちの太平洋戦争〈2〉敵は日本人だった』　一九九一年一一月二五日　朝日新聞社　249・250ページ）

この資料にふれる時、空襲下、人々がどれほど温かい心で生きていたかを知ることができる。助け合い、励まし合いながら、人の痛みをわがこととして生き合っていたことを理解することができる。

この資料を土台に、小さなちいちゃんに声をかける人たち、声さえかけることのできない人たちを想像してみると、ちいちゃんのことばに安心して去っていくことも、ちいちゃんに声さえかけれない人たちの抱えている苦しみにも目を見開いていくことができる。

そういった資料を現実の中に求めることは、やがて出会う実際生活の中での状況を、思索の材料として用いる態度を育てることにつながる。

そういった見解をもって、今後情報を収集したいものだと考えている。そして、同時に、学習の中に、「私は、ここを読んでいて、こういうことを思い浮かべました。」という発言を育てていきたいと考えている。

主題の構想、筋の運びが、「かげおくり」を通した前半と後半の呼応や幼い主人公の目からの叙情を通してなされているため、三年生教材としては複雑なものとなっている。作品構造を生かした指導を加えるならば、高学年の指導に適した教材でもある。ただ、表現は、易しいことばを通しており、この学年では、「が」と「も」に注目しながら、語のレベルの国語力を確かなものにする指導をしたい。「も」は、低学年でも多く出ており、他を類推したり、同じ状態・状況を並べたり、軽い強調・感動を表現したり、「も」だけの形で使われる場合がほとんどであるが、ここでは、「が」の表現の上に、二重三重に重なる「も」が、四箇所で使われている。しかも、そのうちの二箇所は、「かげおくり」の場面であり、音声表現を通して経験することができる。文法学習や作品構造の上からは、三年生教材として扱うのが効果的である。

（三）指導の構想

ここでも、単元の目標の土台として明らかにすべき五つの視点について考えておきたい。

1　学習が読解の力として、知識・技能・態度のどこに関与しているかを明らかにする。
2　学習が読みの方法習得にどう関与しているか、発展のどこに位置しているかを明確にする。
3　学習活動が四領域の関連の中で有機的に構造化しえているか確認する。
4　内容の読み取りが創造的に自己形成をめざす方向を堅持する。
5　評価が観察も含めた生活的・総合的な視点から行なえる工夫をする。

の視点である。

1としては、読解の過程で、他の資料も取り入れながら状況把握を豊かに的確に理解していく技能を経験させたい。一つの教材を読むことが、特異な一つの世界の理解に止まらないように、経験や知識を総合しながら読むことを経験させたい。そして、その経験が情報を意欲的に求めていく方向や、情報を整理しそれに思索を加えて自己の認識を高めようとする態度を育てることをめざしたい。戦争という時代の中で健気に精一杯生きた命の愛しさを経験させたい。出征、焼夷弾、空襲警報、雑嚢、干飯、防空壕などの語群は、授業外で自己研究として調べさせ、理解させたい。

2としては、中学年の経験として、新聞資料への関心をここで育てたい。指導者の大人としての資料収集の方法を見聞きし、こども新聞からの知識の吸収の仕方を経験させたい。ただ、資料収集は短期間では充実したものとならないために、指導者である大人を見聞きさせるだけでは不十分である。資料に学ぶ意義を理解させるために、この単元に役立つ収集物からの指導が効果的であると考える。低学年での、自己の感想発表からの課題作り、解決順序決定、読みの範囲設定、ひとり調べ、集団思考の学習の流れを土台としながら、書かれた内容に終始せず、自己や作者の声に気づいていく方向をとりたい。

3としては、自己を読むことに書く活動を多く取り入れ、感想は話し合うよりも感想集を印刷し、それを読み合う方向で充実させたい。一方、ちいちゃんが多くの人と明かすことになった夜の情景やひとりぼっちの防空壕での様子などを話し合いによって広げたい。また、かげおくりの二つの場面は、音読によって情景を想像し、さらに、場面の違いを対比しながら捉え、結末場面にこめられた作者の声が聞けるところまで、音読によって理解を深めたい。

4としては、ちいちゃんの命のせとぎわを各自の心で捉えさせ、昇天の場面との間に、「母さんの歌」を読み聞かせで紹介する形で挿入したい。小さな命の死が伝える悲しみを、弱きもの・静かなもの・見えにくいものへの畏敬として学習者の心に根づかせたい。

5として、カードの充実を図りたい。多くの戦争に関わる図書と出会わせ、記録させ、戦争と子ども、戦争とお母さん、といった形で整理をさせる。一年生で習った「かわいそうなぞう」を戦争と動物たちに加えて、以後の発展への足掛かりを設定する。なお、『そして、トンキーは死んだ』は、後で明らかになったこととして、『象のいない動物園』などとともに、六年生の歴史学習と並列して単元を組むこととする。『かわいそうなぞう』の書き出しと締め括りの取扱いを、指導者として配慮することによって、戦争の悲惨さの理解をまず定位したいと私は考えている。

これらの基本構想の下に、単元を次のように構想した。

(1)　単元の目標

・戦争という時代の中でいたいけな命が一人で散っていく哀しさを、資料を広げながら経験させる。
・文章構図や「も」を中心とした語のレベルの文法への関心を育て、文章の読み手としての視点に気づかせる。
・資料を使うことの経験をし、資料を収集していく態度を養う。

(2)　学習の流れ

①　戦時中に使われたものや難しいことばで知りたいこと、戦争やそれに関係する本で調べたことを発表し合う。
読んだ本の感想発表や紹介をする。
教材を読み感じたことや考えたことを記録する。
②　感想の発表と課題作り、解決順の決定。
前回の実践では、次のような課題で読みをすすめた。
・ちいちゃんのかなしいようなかわいさを読む。
・戦争の哀しさ、悪さ、やりたくない気持ちを読む。
・ちいちゃんの命を読む。
・ちいちゃんは生きていられたほうがよかったか。
ここでは、悲惨さとかわいさが交差し、さらにかわいそうという感想が課題決定の土台となっている。
③　課題に添って読んだり、書いたり、話し合ったりしながら、幼い命が昇天していく哀しさを年上のものと

して経験させる。
④　覚えておきたいことを記録し、さらに読みたい本や知りたいことをはっきりさせておく。
⑤　発展としての資料収集のための図書館利用とカード整理。
なお、②③の詳細は次のようである。
（1）・自分の感想を手短に発表する。
・友達との発表の順を考えながら、自分の意見が位置づけられるようにさせる。
・似た意見を集めながら、教室の読み手の意見を全体的に捉えさせる。
・記録をチェックしながら、意見を出させる。
・話し合いの中で、
　共通点であるかわいさ・かなしさを読み味わう方向
　戦争の怖さ、理不尽さについて話し合う方向
の課題作りをする。
・課題は、学習者のことばを大切にする。
・読みすすむ中で課題は変容する。

課題決定

解決順決定

（2）Ａ案　ちいちゃんのかわいさを読む

　　読みの範囲……なし、全体

・グループに別れて各章を分担する。
　ことば選びをする。
・全体のことばを想像を加えながら、深める。
・読みすすむ中で、かわいさが、哀しいまでのそれであることに気づかせる。
・幼い子どもが一人で死んでいくことをだれも知らない苦しさ――次時へのつなぎ

戦争の怖さ、哀しさを読む

　　読みの範囲……2・3章

・各自のことば選びをする。
・全体のことばを想像を加えながら、深める。
　とくに、守られながらひとりぼっちになるところ
　　沢山の人達とねむった場面
　資料を入れて、ばらばらになった人間たちの疲れ果てた様子が、想像できるようにする。
　赤ちゃん、お母さん、お爺さん、お婆さん、病気の人と大勢の人を想像する視点を広げていく。
・読みすすめる中で、人間が人間らしいものから遠ざけられることに気づかせる。
・ひとりぼっちのちいちゃんの心をみる。

戦争への疑問・怒りの気持ちも印す。――次時へのつなぎ

課題転換　ひとりぼっちのちいちゃんを読む

読みの範囲……4章

・一斉にことば選びをする。一人天国へ行かせる日を確認する。
・どうしてあげたいという気持ちを場面想像と一緒に位置づける。
・どうしてもあげれない自分たち、同じようなことが違った場所であったこと、読み手に近い少女と、もう一人の幼子の話、「母さんの歌」を読み聞かせ、重ねる。
ちいちゃんへの天の怒りの声（『おこりじぞう』を想起させて）
家族の祈りの声としてのかげおくり――次時へのつなぎ

天国に迎えられて

読みの範囲……4章

・かげおくりの情景を音読で表す。
・思い出のかげおくりを思い出して比べる。
・声に表情が加えられていることに気づかせる。
・寂しく暗い怒りの中で、作者の心も怒りで泣いていることを感じさせたい。

ちいちゃんは生きてた方がよかったか

読みの範囲……なし

・話し合いを通じて、考えながら生きていくことの大事さを位置づける。
・生きていられることの嬉しさを見つめながら、生きさせてあげたかった心を確認する。
・何の理由もなく人々を踏み躙る戦争の悪さ、時代が進んでもあった戦争にふれる。
・一人ひとりが真剣に生きて平和を実現することの難しさにも心したい。

学習して考えたこと

カードに記録する。後は、学習の流れ④に発展する。

B案　楽しいかげおくりを読む

読みの範囲……第一章

・各自ことば選びをし、一斉で確認をする。
・かげおくりの仕方から読みはじめ、音読として表現させたい。関心が向かない時は、ちいちゃんの昇天場面で取り上げる。
・両親にとっては、心の詰まるかけがえのない一日であることに気づかせる。
・お母さんの一言、ちいちゃんに聞こえさせたのは作者の心であることの是非。
・思い出の・形見のかげおくりができなくなる時代展開——次時へのつなぎ

戦争の怖さを読む

読みの範囲……2・3章

・グループに別れて分担、ことば選び
・全体のことばを想像を加えながら、深める。
・どうしてもあげられないけれど、どうしてあげたいかを書く。
・読み手に近い少女ともう一人の幼子の話「母さんの歌」を読み聞かせ、重ねる。
『おこりじぞう』を想起させる。

ちいちゃんのたったひとりのかげおくりを読む

・小さなちいちゃんのあどけなさを確認する。
・かげおくりの情景を音読で表す。
・思い出のかげおくりを思い出して比べる。
・声に表情が加えられていることに気づかせる。
・寂しく暗い怒りの中で、作者の心も怒りで泣いていることを感じさせたい。

後は、A案の、ちいちゃんは、生きていた方がよかったか・学習して考えたことと同じである。

四　指導者としての成長とともに

ここでは、読むことの学習の構想を、より多くの資料の下で、確かなものにしていくことをめざした。人間の認識が、自己過信によって、あるいは、そのことすら認識しないで成立し、お互いを尊重し合うことを忘れている場面に多く出会う。思慮深さや、慎ましい自己反省が位置づきにくいことも多い。小学校という公教育において、ものごとの真理を見極める方法として、より探究的な姿勢をもちつづけ、たとえ、力が弱い人に見えても、個性という観点から決して相手を軽んじてはならないことが定位されるなら、現代の荒廃は改善されないであろうか。私はそこに迫る教育を求めている。

表現の分野とは別に、理解の分野において、謙虚に受け止めること、広く求めていくこと、そして、その得た情報を管理し、整理し、思索を加えて、より高く求めようとする人間を育てることができるなら、そこに大人と子どもの断絶はなくなり、教えることと学ぶことの矛盾が統一される方向を見い出すことができる。本来、人が生きていくことは一筋の道であった。人間が文化をもち、記念日や儀式をもつことの中に知識が生まれた。それらが、常に人間の解放に向かって開かれていくものであるなら、もっと多くの幸せが確保されたのではあるまいか。人間は多くを閉じこめ、枠内の幸せ追求が、真理追究がなされる。自他の区別と共有の互譲、その上にある真実の追求が、社会的規範から外れ、自己主張による調和が呈示された現代、人間がともに生きる規範が問い直されねばならない。自己修養すら、自由という名の選択であるなら、我々がめざす民主的な社会形成は遠い課題である。

認識を確かにするための読むことの指導、それは、見、聞き、読むといった情報の行的修得と、整理と保持、思索の蓄積を人間の尺度の一つとして、学習者に提示するものでなければならないと考える。そのことが定位できる時、読むことの指導が、教材をどう読むかという囚われから解放されるのではなかろうか。

ともあれ、未熟な私には、遠い読むことの指導への探究ではあるが、資料を求めるために高くアンテナを張り、情報の収集に努め、整理し、思索を重ねて、自己認識の確立に向けて努力していきたいと考えている。よき人間に向けた向上心を失わず、指導者として成長をしつづける時、時を経て、読むことの授業構想は確かなものとなっていくと確信している。

読むことの指導は、相手認識の出発点として、学習者の人間としての基盤に培っていくものである。その中に、人間形成、ひいては、民主的社会形成につづく教育の具体が見い出されると考えている。

今、ここで、私が見い出している読むことの指導の構想は、

1　読むことが文学の経験であることを大切にする。

2　読むことの方向を、自己を摑むことから様々な読みの経験へ、そして、広く資料を求めて、思索的な生活に位置づける。

3　想像をより豊かにしながら、文章構造や文法への関心を育てることで、読みを確かにしていく研究的な読みの土台を作る。

4　主体的な課題や研究の方向を確保する読むことの学習を求める。

5　読むことは相手理解・自己確認であり、自己表現としてさらに確かな人間的な充足を求めるサイクルの一貫と認識すること。

の五点を土台として広がるものである。指導者としての私が確かな教材と出会い、主体的に求める学習者を育て、学習の場で両者が深く発見を繰り返す時、読むことの指導が、思慮深い人間、言語自覚に目覚めた人間形成という国語教育の課題に向かう実践が可能になると考えている。

Ⅱ　学習者が主体的に取り組む文学教材の読みの学習指導

一　研究主題について

1　長期的な見通しに立つ体系的・系統的な国語科学習の構想

学習者の一人ひとりに目を向け、学習者一人ひとりの成長していく姿をじっくりとした眼で見守り、その成長に手をさしのべていくことは、教師の大きな課題である。その具体的なイメージが、一実践者である私の中にやっと見えはじめている。それは、教室における学習に読書生活、言語に対する自覚（ことば自覚）、言語文化の享受と創造を絡ませていく国語科学習である。私は、これまで、指導者の立場から、言語活動の四領域を相互に関連させて、単元学習を重ねながら、国語の力をつけようと考えて授業を展開してきた。しかし、学習者の個人差は多様であり、学習者のだれもに、それぞれの単元で、すぐに国語の力を身につけることができるというものではない。国語の力は、長期的な見通しの中で、さまざまな単元の学習の螺旋的な繰り返しによって習得されていくものである。

この当たり前のことの実践化に苦しんできた。今もってそうである。試行錯誤を続ける私の実践は、次のような四本の柱を立て、一年間の国語科学習を構想している。

A　学年の最後に、ことばが「アンソロジー」として学習者の心に潜むことを願っている。その土台をつくるために、学習者一人ひとりに多くの短文や作品と出会わせ、各自の感性によって好きなことば・歌を選ばせ、読み合ったり暗誦したりして、楽しむ学習を位置づけている。学習者のことばやことばに対する感性が、言語文化によって磨かれることをめざしている。

B　学習者の生活や教室における学習の中から、各自の興味のあることばや大事だと考えることばを分類整理し、学習者一人ひとりの「ことば辞典」をつくる。初めは、クラス全体で「ことば辞典」を教室の後ろに提示し、後には、各自が自分の「ことば辞典」をもつことができるようにする。語彙を豊かに育てることをねらった取り組みである。

C　教科書教材を中心にすえて単元を展開する過程で、表現力や理解力を育てていきたいと考えている。学習者一人ひとりが、一年生の間に習得すべき、聞く・話す・読む・書く及び文字の力の一覧表を作成し、学習者一人ひとりに自分の到達度を自己評価させて、学習者一人ひとりに、次の各自のめあてをつかませるようにしている。内容としては、認識力・思考力・創造力をめざしている。

（例）読みの力＝①文字を読む力、②読んで、何か思ったことがある、③いろいろな読み方（吹き出し・日記形式の文章・様子のわかる文章・ことば選びをして）ができる、④問題を決めて読む、⑤友達と一緒に考える、⑥音読・朗読（工夫して読む、友達と読む、大勢の前で読む、文章を覚える、速く読める、目で読むことができる、勉強に使える本を見つけることができる、大体がわかる、図書室で本を借りる、大好きな一冊がある）

D　「ひらがな・カタカナ・漢字のドリル」を作成し、基本の文字を覚え、さらに、各単元の学習で定着させる。道具としての文字力を確かに身につけさせようとしている。

これを図式化すると、次の表のようになる。

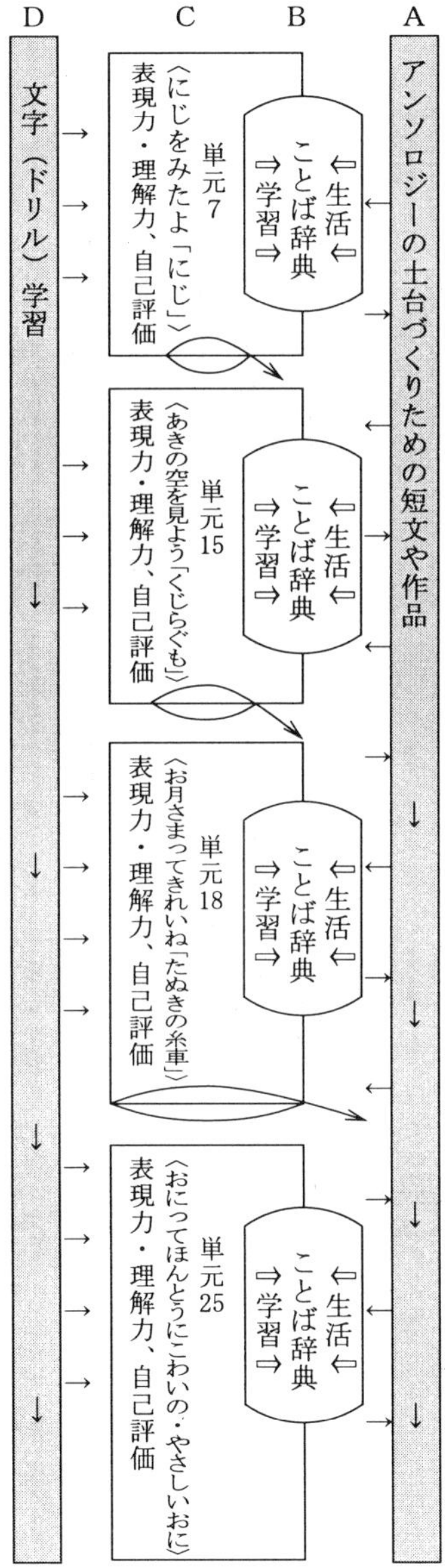

（Cがその単元で中心となる学習であり、螺旋的に展開する）

なお、一年間の主な指導としては、一学期に、文章をことばのまとまりに注意して読む力を育てるために、他社の教科書や古い教科書で採録されている短編教材を複数取り上げて学習させた。二学期からは、テーマをもって資料を集める経験をさせるようにした。学習者の側からは、情報の収集、国語の基礎的な力の獲得、各自の興味・関心の把握をめざし、指導者の側からは、できるだけ個に寄り添いながら、意欲的に学習に取り組むように支援の在り方を工夫した。三学期には、テーマをもった読書をした後、簡単な意見文を書く実践を展開した。

2　一単元の学習指導上の工夫

単元を構想するときの基本を〈読書→中心教材→（読書）テーマの継続と発展〉と考えて、単元の学習を積み重ねている。このことは、学習者が国語の基礎的な力や学習方法を身につけ、ことばへの関心を高めることにつながる。学習方法に慣れることによって、学習者の工夫や主体的な態度も生まれる。また、学習の進め方によっては、複数教材を集団で学習する喜びにつなぐことも、違った角度から物事を見て、自らの認識を確かにすることも可能となる。

学習者を学習に集中させるには、学習者一人ひとりにかけがえのない分担の場を与え、手引きに支えられた個別学習、能力に応じた個別指導などが必要である。教材の複数化、学習方法の多様化、能力の系統化など、単元構想を支える条件を整備しながら、学習の場面では、「準達成」を「達成」とする考え方に立って、形成的な評価で学習者の意欲を喚起している。

表現する場所を友達と分担し合うことで、優劣を意識せずに想像したことを文章表現する学習ができる。できあがった作品を学級全体で音声表現することは、一つのものをしあげる成就感を味わわせることになると考えた。

3　絵本を完成させる物語教材の読みの指導

(1)　視点を発見して、その視点に即して豊かに想像する力を養う

文学を読む指導で大切なことは、学習者一人ひとりが、ことばを手がかりに想像力を発揮して、場面の様子や登場人物の心情などをイメージ豊かに想像し、文学という虚構の世界の中で生きる体験を豊かに成立させることである。

物語教材の読みの指導において、学習者の想像力を養うためには、挿絵を手がかりにその場面を想像する学習から、ことばを手がかりに、その場面の様子や登場人物の心情を想像させる学習へ、さらには、書かれていない場面の様子や登場人物の心情を想像させる学習へと、段階を踏んで指導する必要がある。

書かれていない場面の様子や登場人物の心情を想像させる場合、まず、その場面の登場人物の心情を想像するときに、どんな視点に立って想像するか、その視点を発見させて、その視点に即して豊かに想像する力を養う学習をした後で、学習者自ら想像するための視点を発見して、イメージ豊かに想像する学習へと、ここでもまた段階を踏んだ学習を展開する必要がある。

(2)　発表し合ったり、書き表したりすることによって想像の世界を豊かにする

場面の様子や登場人物の心情を豊かに想像する力を養うにあたっては、学習者がお互いの想像したことを発表し合い、想像の世界を広げたり、また、想像したことを文章に表現することによって深めたりしながら学習者一

人ひとりの想像の世界を豊かにさせていきたい。一人ひとりを生かしながら、①書く事柄集め（個）、②分担場所の選択と吹き出しを中心とした作業（個）・手引き（一年生としては書く事柄や文を増やすため、ことばを誘うため）→グループ、③場面設定・説明の文と音の追加（全体）④絵本を作る・全体像を捉えた上での場面描写（個）の段階を設定し、想像が豊かに広がることを願った。これらの経験を重ねることにより、学習者は想像する力を身に付けることができるようになる。分担したり合わせたり友達と生かし合いながら、一年生なりの学習への主体的な姿勢が育つと考える。

(3)　絵本を完成するという目標をめざして、目的的な学習を展開する

学習者一人ひとりに、自分だけのすてきな絵本を完成するという目標をもたせて、その目標をめざして、読んだり、話し合ったり、書いたりする、単元的展開の授業を構想する。そうすることによって、学習者は生き生きと学習に取り組むことができると考えた。

二　単元〈お月さまってきれいね「たぬきの糸車」（一年生）〉の実際

（一）単元設定の理由

想像する場面で、ことばを自在に思い浮かべて表現を楽しんでいる状態の子ども達に、理解や表現の基本的な力を意識させ、豊かな想像をさせて、文学体験を確かにさせたいと考える。また、身近な自然である月に関心をもち、生活や作品の中で月と関わって生きていくことは、古来からの月の叙情にふれ、日本人の言語文化に親しむ契機ともなる。夏から秋の生活や年中行事と「たぬきの糸車」を関連付けて学習させるなら、生きたことばの学習場面を設定することができる。さらに、月への興味や関連があれば、学年が進んでも主体的な学習課題が発見できる単元である。

（二）単元の目標

○　身近な自然である月に関心をもち、月が出てくる作品を楽しんで読むことができる。

○　読書紹介文を書く活動によって、読んだ本の大体がわかり、また、吹き出しや変身作文によって、人物の心情を想像することができる。

● 読み取った情景や心情を文章表現する活動を通して、順序よく書く力を養う。
○ 「……そうに」「……につれて」などのような意味を添えることばへの関心をもつことができる。

（三）　単元の評価

○ 本単元での読書経験が、同系列の本を主体的に求めたり、他系列の本に興味をもったりする読書生活に発展したか。
○ 他の場面でも想像の方法として、吹き出しや変身作文（日記形式）が使えたか。
○ 文章として表現する時、書く事柄を見つけ出し、順序を考えて書くことができたか。
○ 会話や日記、作文の中で、「たぬきの糸車」に出てきたことばを使うことができるか。

（四）　単元の指導計画

［◎意欲・関心・態度面　◇能力面］

学習の実際	身に付けさせたい態度・力
第一次　単元への関心をもつ ――――（1時間）	
月を見た経験を詩にする 月が出てくる作品を集める	◇月を見た時の詩を作る ◎題に月がついている作品を集める ◇好きな歌を暗誦する

(1) 月を見た記録を書く（1時間）	◇月の様子を記録する
第二次　いろいろな作品を進んで読む――（3時間）	
(1) 本を読んで、登場人物や話のおもしろいところを絵や文章で表現する（2時間）	◇昨年度児童の読書紹介を読み、読みたい本を選ぶ ◎いろいろなお話を進んで読もうとする
(2) 読んだ本の紹介をする（1時間）	◇本のあらすじがわかり、好きなところを見つける
第三次　「たぬきの糸車」を読む――（10時間）	
(1) 教材を読んで、あらすじをつかみ、感想を話し合う（2時間）	◎意欲的に中心教材と出会う ◇教材をことばのまとまりで読む ◇新出漢字やことばの意味を確かめる ◇あらすじや感想を発表することができる
(2) 出来事にそって、たぬきの心情を想像し、くわしく書く場面をつかむ（2時間）	◎完成させる絵本のイメージをもつ ◇自分の考えや想像したことを発表する
(3) 吹き出しを通して、たぬきが糸車と出会う場面をくわしく想像する（1時間）	◇情景を文章に表現する ◇吹き出しを使って心情表現をする
★	
(4) 冬の場面を詳しく想像し、文章に表現する（3時間）	◇会話文交じりの文章を書く ◇文のねじれを直し、詳しくする
(5) 好きな場面に分かれ、出来上がった作品の音読練習をし、読み合う（2時間）	◇好きな場面で友達の意見を聞きながら、読み方を工夫をする

（五）指導の実際

学習者　一年二組（男子16名　女子16名　計32名）
授業場　教室（南校舎一階）

(1)　**単元名**　お月さまってきれいね「たぬきの糸車」

(2)　**指導にあたって**

（1）学習者の実態と教材について

本学級の児童は、これまで音読集「ひばり」で音声表現を楽しんできた。繰り返しの中で、児童はことばのリズムを身に付けてきており、詩ややさしい読み物を進んで読むことができる。また、想像する場面でも、ことばを楽しんで見い出し、表現している。この力を理解や表現の基本的な力に育てたり、暗誦をする楽しさにつないだりすることによって、ことばのひびきに興味をもつ学習者を育てることができる。

また、身近な自然である月に関心をもち、生活や作品の中でかかわって生きていくことは、古来からの月の叙情にふれ、日本人の言語文化に親しむ契機ともなる。三学期教材である「たぬきの糸車」を、夏から秋の生活や年中行事とつないで学習させるなら、生きたことばの学習場面を設定することができ、さらに、興味や関心を持続させることによって、主体的な学習につながる課題が発見できる単元でもある。

本時は、おかみさんとの思い出によって厳しい冬の寒さに耐えるたぬきの姿を想像する学習である。想像する事柄を増やす場面では、友達とよさを認め合いながら話し合い、想像したことを吹き出しや文章に書き替える活動を通して作品を豊かに読む喜びを体得させたいと考えている。

（2）生き生きと主体的に学習する子どもを育てるために

一人ひとりを学習に集中させるには、かけがえのない分担場所や、手引きに支えられた個別学習、めざされる能力の個別習得などが必要であると考えた。複数教材、学習方法の多様性、能力の系統化など単元構想を支える条件を整備しながら、学習場面では「準達成」の考え方に立って形成的な評価で意欲をおこさせることを心掛け、基礎となる国語の力を学習者が目標をもって努力、習得していく場を設けている。

好きな作品を読んで友達に知らせたり、お話のある場面を詳しくしたりする作業は、一年生を進んで学習に向かわせる。表現する場所を友達と分担しあうことで、優劣を意識せずに想像したことを文章表現する学習ができ、できあがった作品を音声表現することは一つのものをしあげる成就感を味わわせるとになると考えた。

これらの経験を重ねて、学習の方法がわかり、分担したり合わせたりして友達と生かし合って学習を進め、基本的な国語の力を身に付けていく中で、一年生なりの主体的な学習態度が育つと考えている。

（3）単元学習の発想を導入した展開の工夫について

本校一年生では、単元の基本形を、読書→中心教材→読書（テーマの継続と発見）としている。読むことを中心に国語の力を、生活経験や読書生活とつなぎながら集団思考をする場を経て、読書生活へとつなぎたいと考えている。形の繰り返しの中で、学習者は学習方法を習得し、新しい工夫を加え、集団で思考する喜びを体得でき、指導者は、一人ひとりをのびやかに生かす方法の探究や発見が可能となる。

一学期、ことばのまとまりで読む力を育てるために、主に他社や古い教科書で取り上げられた短編から複数教材を提示したのに対し、今回は、情報収集の初歩的経験をさせようとしている。本単元では、児童の側からは、情報の収集、国語の基礎となる力の獲得、自己の興味・関心の把握をめざし、指導者の側からは、できる限り個に添い、意欲的に取り組ませるための支援の方法を工夫・創造したいと考えた。

さらに、前年度児童の読書紹介から自分にとって興味のある作品を選んで読み、感想を発表し合ったり、視点を増やす場面で、これまでの一年生の学習を知ったりすることで、学習記録の大切さや自己の発達にも関心をもたせたいと考え、学習財(既習の学習記録)を生かした支援をしたいと考えている。

(3) 単元の構想(全14時間)

(1) 単元の目標

○ 身近な自然である月に関心をもち、月が出てくる作品を楽しんで読むことができる。

○ 読書紹介文を書く活動によって、読んだ本の大体がわかり、また、吹き出しや変身作文によって、人物の心情を想像することができる。

○ 読み取った情景や心情を文章表現する活動を通して、順序よく書く力を養う。

○ 「……そうに」「……つれて」などのような意味を添えることばへの関心をもつことができる。

(2) 単元の学習計画

[◎意欲・関心・態度面　◇能力面]

学習者の活動	予想される学習者の意識の流れ	身に付けさせたい態度・力	指導者の支援・はたらきかけ
○ 月を見た経験を詩にする。 ○ 月が出てくる作品を集める。	○ お月さまを見たよ。きれいだった。 ○ お月さまが出てくる本もあ	◇ 月を見た時の詩を作る ◎ 題に月がついている作品を	○ 日常話題(日記や朝の活動)の中で月への関心を誘う。 ○ 手引きに添って答える形で短い歌を作らせる。

	るよ。歌もあるよ。集めてみよう。	集める	
第一次　単元への関心をもつ　…………（1時間）	○　覚えてみよう。（アンソロジーの土台として） ＊　抜粋集・佳句集・詩華集	◇　好きな歌を暗誦する	○　全体の前での発表の場を設ける。
①　月を見た記録を書く。	○　お月さまを見たことを記録しておこう。	◇　月の様子を記録する	○　参考作品によって短いことばで書く経験をさせる。
	○　読書紹介から、おもしろい本を選ぼう。	◇　昨年度児童の読書紹介を読み、読みたい本を選ぶ	○　紹介にある本とそうでない本を分け、個に添って、読んだり書いたりできるように助言する。
	○　読んだ本を友達に教えてあげよう。	◎　いろいろなお話を進んで読もうとする ◇　本のあらすじがわかり、好きなところを見つける	○　掲示することにより、友達に知らせたいという気持ちや目的意識を持続させる。
第二次　いろいろな作品を進んで読む　……（3時間）			
①②本を読んで、登場人物や話の大体をつかみ、おもしろいところを絵や文章で表現する。	元気なこえで　はっぴょうかいをしよう。		
③　読んだ本の紹介をする。	○　新しい教科書にも、お月さまのお話があるよ。一緒に読んでみよう。	◎　意欲的に中心教材と出会う ◇　教材をことばのまとまりで読む ◇　新出漢字やことばの意味を確かめる	○　はっきりした口型で話す態度に気付かせる。 ○　個々の読みの力を高める視点を忘れず、能力表にそった支援や評価をする。
第三次　「たぬきの糸車」を読む　…………（10時間）	○　このお話もおもしろいね。	◇　あらすじや感想を発表することができる	○　多く中から選ばせ、響きを楽しませる。

①②教材を読んで、あらすじをつかみ、感想を話し合う。	大きなえ本を　しあげよう。		○個々の話す力の伸びを準達成の視点で評価し、発表する楽しさを経験させる。
③④出来事にそって、たぬきの心情を想像し、くわしく書く場面をつかむ。	○くわしく書くといいところがあるね。秋と冬のたぬきの様子を書いて、絵本を仕上げよう。	◎完成させる絵本のイメージをもつ	
⑤吹き出しを通して、たぬきが糸車と出会う場面をくわしく想像する。	○吹き出しに書くと、心がことばになるね。	◇吹き出しを使って心情を表現する	○お面をかぶることで、変身させる。
⑥⑦⑧冬の場面をくわしく想像し、文章表現する。（本時6／10）	○地の文も入れたら、お話らしくなったね。	◇情景を文章に表現する	○視点を増やすための学習財を多く用意する。
	○冬の場面が、絵本になったよ。	◇会話文交じりの文章を書く	○会話文の表記を思い出させる。
⑨⑩好きな場面に分かれて、出来上がった作品の音読練習をし、読み合う。	○上手にできたので、家の人に読んで聞かせてあげたいな。	◇文のねじれを直し、詳しくする	○シールにより副詞の書き加えを楽しませる。
		◇好きな場面で友達の声も聞きながら読み方を工夫する	○「ひばり」での読み方の工夫を思い出させる。
	みんなに　よんであげたいな。		○テープレコーダーを使って、自分の声を聞きながら楽しんで工夫をさせたい。

（3）単元の評価

○　本読書経験が、同系列の本を主体的に求めたり、他系列の本に興味をもったりする読書生活に発展したか。

○　他の場面でも想像の方法として、吹き出しや変身作文（日記形式）が使えたか。

○文章として表現する時、書く事柄を見つけ出し、順序を考えて書くことができたか。
○会話や日記、作文の中で、「たぬきの糸車」に出てきたことばを使うことができるか。

(4)　**前時の学習**（9／14時・指導計画等三次(3)）

(1)　**学習課題**　つきの　きれいな　よるの　ことを　くわしく　かこう。

指導目標　○自分が選んだ場所で、たぬきの心情を吹き出しに書くことができる。
○きれいな月や糸車の音が表す情景とたぬきの心情を、分担した場面をつなぐことによって、豊かに想像し音読することができる。

(2)　**展開**（60分授業）　［◎意欲・関心・態度面　◇能力面　（▼既習☆本時▽初出）］

学習者の活動	身に付けさせたい態度・力	指導者の支援・はたらきかけ
1　前時の学習をふりかえり、本時学習への意欲をもつ。 ［つきの　きれいな　よるの　ことを　くわしく　かこう。］	◎▼月のきれいな夜の場面への関心をもつ	○たぬきが糸車と出会う場面であることを確認し、学習への意欲づけを図る。
2　月の美しい夜を、生活や読書の経験と重ねて想像しながら、どんな場所があるかをつかむ。	◇▼ことばのまとまりで文章を読む ◎▼友達の意見を書く事柄とし	○読み取ったことばを、たぬきの側からの状況に置き換えることによって、場面をつかむことができるようにする。

	て組み入れる	○　一次での生活経験や読書経験も想起させたい。
3　書きたい場面を選び、想像したことを吹き出しに表現し、読み合う。	◇▼吹き出しに想像したことを書く ◎☆各自が想像して書いたことを、グループで読み合い、練習しようとする ◎▽友達の表現を取り入れようとする	○　できるだけ個に添うための手引きを用意する。 ○　各自の想像を音声表現し、つなぐおもしろさを経験できるようにする。
4　静かな月の光の中で糸車の音に誘われ、糸車に夢中になっていくたぬきの心情や情景を想像しながら、音声表現を楽しむ。	◎▽地の文に興味をもつ ◇▽気持ちや状況を踏まえて音声表現する ◎▽群読への興味をもつ	○　地の文を詳しくしたり、擬声語を挿入することによって、群読への関心を育てたい。

(3)　本時の評価

○　吹き出しを通して、表現を楽しんだか。(観察)
○　想像したことが、吹き出しに文章表現できたか。(児童作品)
○　友達の表現を聞き、想像が広がったか。(観察)

(5) 本時の学習（10／14時・指導計画等三次（4））

（1）学習課題　ふゆの　あいだの　たぬきの　ようすを　くわしく　かこう。

指導目標　想像したことを吹き出しや文章で表現し、分担した場面をつなぐことによって、冬の間のたぬきの心情を豊かに想像することができる。

（2）展開（60分授業）　［◎意欲・関心・態度面　◇能力面　（▼既習☆本時▽初出）］

学習者の活動	身に付けさせたい態度・力	指導者の支援・はたらきかけ
1　ひとりぼっちになったたぬきを確認し、本時学習への意欲をもつ。	◇▼文章をことばのまとまりで読む 助詞〈も〉	○　児童作文によって、期待が外れがっかりしているたぬきの様子を浮かび上がらせる。
ふゆの　あいだの　たぬきの　ようすを　くわしく　かこう。		
2　冬の間のたぬきの言動を想像しながら、どんな場面があるかをつかむ。	◇▼自分が想像したことをはきはきと伝える ◎▼友達の意見を書くことがらとして組み入れる	○　厳しい冬の様子から出発し、たぬきの様子を想像することに気づかせる。 ○　これまでの学習財も提示し、書くことがらを見つけさせる。 ○　たぬきが糸車を心のささえとして見い出すまでを順序にそってまとめる。 ○　友達の意見によって書くことがらが増えていることに気づかせたい。

3　自分が選んだ場面で、想像したことを吹き出しや文章に表現し、みんなで読み合う。	◇▼心情や情景を想像して書く ◎▽友達の表現に学ぼうとする ◎☆各自の想像をグループで読み合う 助詞〈の〉	○　吹き出しによって心情をつかめるようにする。 ○　できるだけ個に添うための手引きを用意する。 ○　会話の中の文章をとらえ、記録できるように助言する。
4　表現されたことばや文章を通して、冬の間のたぬきの心情を想像し、次時の音声表現への期待をもつ。	◎▽自分の分担場所の読み方を工夫できる ◎▽表現を変えたり群読したりすることへの興味をもつ	○　順序よく表現を聞き合うことで、表現への意欲を育てたい。 ○　みんなの力を合わせて読み方を変えたり、音や擬声語を加えたりして、音読を楽しむ心を育てる。

（3）本時の評価

○　冬の場面の想像を楽しんでしようとしたか。（観察）

○　想像したことを吹き出しや文章に表現しているか。（児童作文）

○　友達の表現を聞いて、冬の間のたぬきの心情を豊かに想像し得たか。（観察）

（六）考察――本時学習より――

(1)　本時学習時の言語環境

（1）学習時の言語環境

学習活動第三次③では、意味を添えることばを学習として取り上げた。「…そうに」「…につれて」などのことばを、意味を添えることばとして改めて「ことば辞典」に整理している。学習活動等三次⑥の本時では、冬の厳しさを耐えて生きるたぬきの姿に、「出会い」と「思い出」、「まちかねる心」などのことばを重ねて、文学的な体験の場を設定しようとした。冬の間のたぬきの様子を音声表現する学習中、指導者の感想という形で繰り返し使った。［も］［きびしいふゆ］［月が上る］［こわごわ］［の］などのことばにも立ち止まらせたいと考えた。

（2）話し合いの中で

教育話法として、つぶやきの場面では自在に表現し、話し合いの場面では文末まで友達に伝える方向をとっている。また、つねに聞く立場を重視し、「ありがとう、いいことばをもらった」という心で、友達の意見を聞き入れようとする時、自己主張でない自他の共同学習を成立させることができる。

(2)　本時学習中にみるアンソロジーとの関わり

学習の中で、これまで出会ったことばが飛び出してくる。「寒さも涙も堪えて」ということばに触れて、発言した本人から、「宮沢賢治みたい」ということばがこぼれる。「厳しい冬とか厳しい寒さといいます。」と説明していると、「梅雨の月きびしく光り去りがたし」を思い出す。「お月様を見ると心は和むけど、あの高窓と一緒なのよ。」とつぶやくと、「病める子が」と続く。そこで、「空だけが見ゆる高窓病める子が待ちし鋭鎌の月渡り行く」と全員がコーラスをする。ことばへの理解度とは違った、学習者が再度ことばと出会い意味をを深めていく暗誦である。記憶の中に沈んだことばが生活に湧きだして心を導く実際に、野地潤家先生が示された全文暗誦の重要性を知る昨今である。

(3)　学習活動への学習者の期待

学習の中で、これまでの学習方法が学習者の心に浮かんでくる。それは、学習者の主体性にかかわっていく重要な意識である。本時では、「日記を書きたい」、「二人に分かれてして、合わせたい」、「皆でお月様の絵を書いてみませんか」、「おかみさんのお面を作りましょう」などの声が上がった。学習への主体性が育ちつつあると考える。

（七）発展としての学習活動

(1)　学習状況の持続

統一大会も終わり、児童も授業を忘れ果てていると思っていた頃、M君が、「ぼく、『今は、どんぞこ』と書きたかった。」といってきた。「おかみさんやさしかったのに、おかみさんはいい人だったのに。夢のような毎日だなあ。」と音声表現し、指導者側からは、「夢のような毎日だったなあ。」か、「悪夢のような毎日だなあ。」と表現指導すべきだったと反省していた児童である。表現への工夫が深く続いていて、選ばれたことばが給食準備中に浮かび上がってきたのであろう。一年生という発達段階がもっている持続時間の長さに驚かされた。このことは、自分のことばをよいものにしようとする言語自覚の問題でもあり、指導者が興味や関心とともに、「ことば養い」の姿勢を教室に位置づける必要性を教えている。

(2)　学習成果の発表

学芸発表会で、「いのちのうた」と題して、音読・呼び掛けを行なった。「お月さまのうた」として、俳句九、児童俳句四（新聞切り抜き）、詩二、学級児意短詩六、短歌一、漢詩一、計二三の歌と出会っていたが、選ばれたのは、「空だけが見ゆる高窓病める子が待ちし鋭鎌の月渡り行く」であった。学習を進めている時には、他の好きな歌が多かった児童たちであるが、三学期当初に好きな歌を自由に選んだ時には、「お月さまのうた」の中ではこの歌が残った。かわいそうな子だからという理由であった。関心が動くのが一年生の特徴であるが、記憶に残る歌の決定に、そういった理由があることを初めて知った。私は、鋭鎌の絵を黒板に描いた。月齢二・三日目の月を想定して歌の説明をし、病床の子が月の姿を待ちわびる心情を児童たちと味わった。思いもかけない歌との再会であった。

(3)　発展として図書室へ、図書館へ

放課後、一番読むことから縁遠いS君から、図書館へいきたいという申し出があった。私は十分理解できていないまま、「賢くなってきたもんね。」と受けた。しばらくして下校したはずのS君が、二年生三人と一五冊の宮沢賢治に関する本を持って教室に帰ってきた。事情が判って、驚いたり喜んだりであったが、S君はそれから三日間、放課後を本と過ごした。友達のことばを借りれば、「S君、難しくて分からない所をやっぱりめくってい

る。」状態であった。

二人の児童は、市立図書館へ出かけた。芭蕉と一茶の俳句を整理した時のことである。F君は芭蕉を、H君は一茶を調べて、それぞれの一生と俳句をメモしてきた。図書館の人に助けてもらったということで、次の日の約束もしてきていた。次の日は、Kさんも加えて、三人で出かけた。ノートに口取紙を付けて。

これらは、この単元の直接の成果ではないが、一年間という広がりの中で単元を構想し、アンソロジーの土台作りとしての詩歌を挿入し、学習や生活でのことば目覚を「ことば辞典」としてつないできた、つまり、各単元の学習を有機的なものに仕組んできたことの成果であると捉えたい。一年生という発達段階の児童の中にも、自主学習の根が育ちはじめている。

三　研究のまとめ

1　研究からみえてきたもの

(1) 視点を発見し、想像の世界を豊かにする

たぬきの心情やおかれた状況を想像する文学的な読みの体験をする中で、表現と理解における基礎・基本の能力が身につくようにねらった。本単元では自分の想像の上に、寄せ合い、想像をさらに広げ、絵本に書く二場面

指導計画（3）（4）における（九三ページ参照）想像の世界

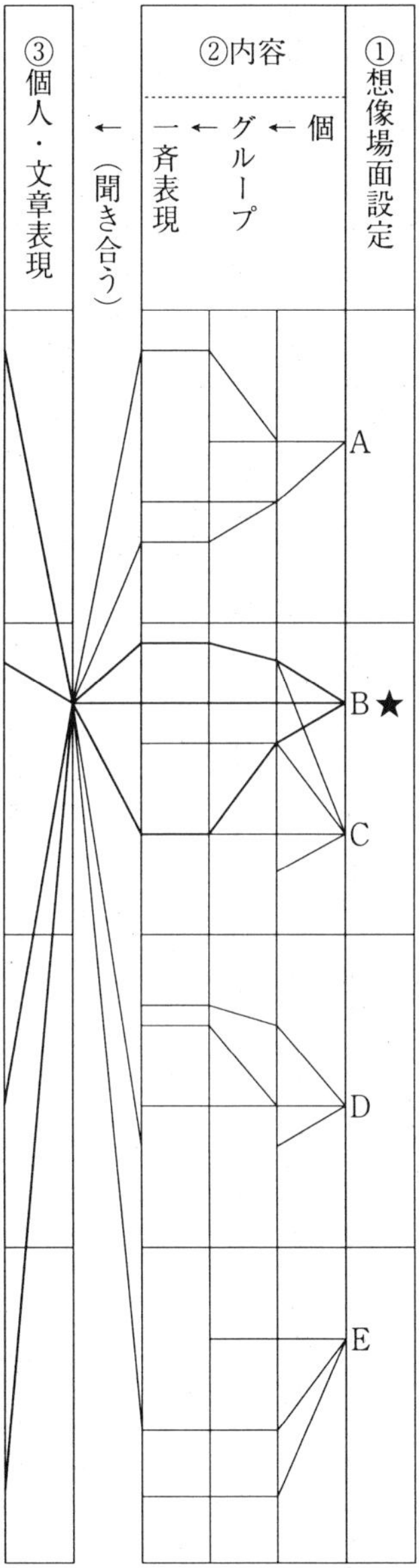

を通して、吹き出しから会話文混じりの文章を書く力にまで高めることをねらいとした。先行場面が表現の視点を見い出す学習経験となり、冬の場面では、視点を見い出し、優劣にかかわらず各自が好きな所を分担しイメージを、広げ、つないで読み合い、さらに、自分なりの場面の文章表現をさせた。収束拡散の繰り返しの中で、想像の世界が前頁図のように豊かなものに広がると考えた。

①で想像場面設定することが、最終的には、順序を考えることを意識させ、③の個人表現に影響を与える。想像する内容は、グループ学習や学習財によって豊かになるが、一斉表現では自分の好きな表現を選ぶため、量的には減る。ただし、③で絵本として個人表現する場面では、①の想像場面設定から一斉表現に向かう過程で得た情景描写文に支えられて、再度、広がる。

(2)　文学イメージの深まりと読みにおける国語力との関係

響き合う学習で作業の成就や学習への自信を身に付けさせる一方、自力解決の力を育てることが必要であると考えている。S児の学習の習得状況が教えるものは、指導者が文章における発達をどう把握するかという問題である。

吹き出しから会話文混じりの心情・情景描写力までの発達を図示すると次のようになっている。

評価	発達	人数
C	吹き出し まねる （手引き・他者）	1
CB	自立	12
B	文表現ねじれ 会話文が多い	4
BA	情景 混合文 説明文	11
A	前後に情景描写 照応のある 心情情景描写	4

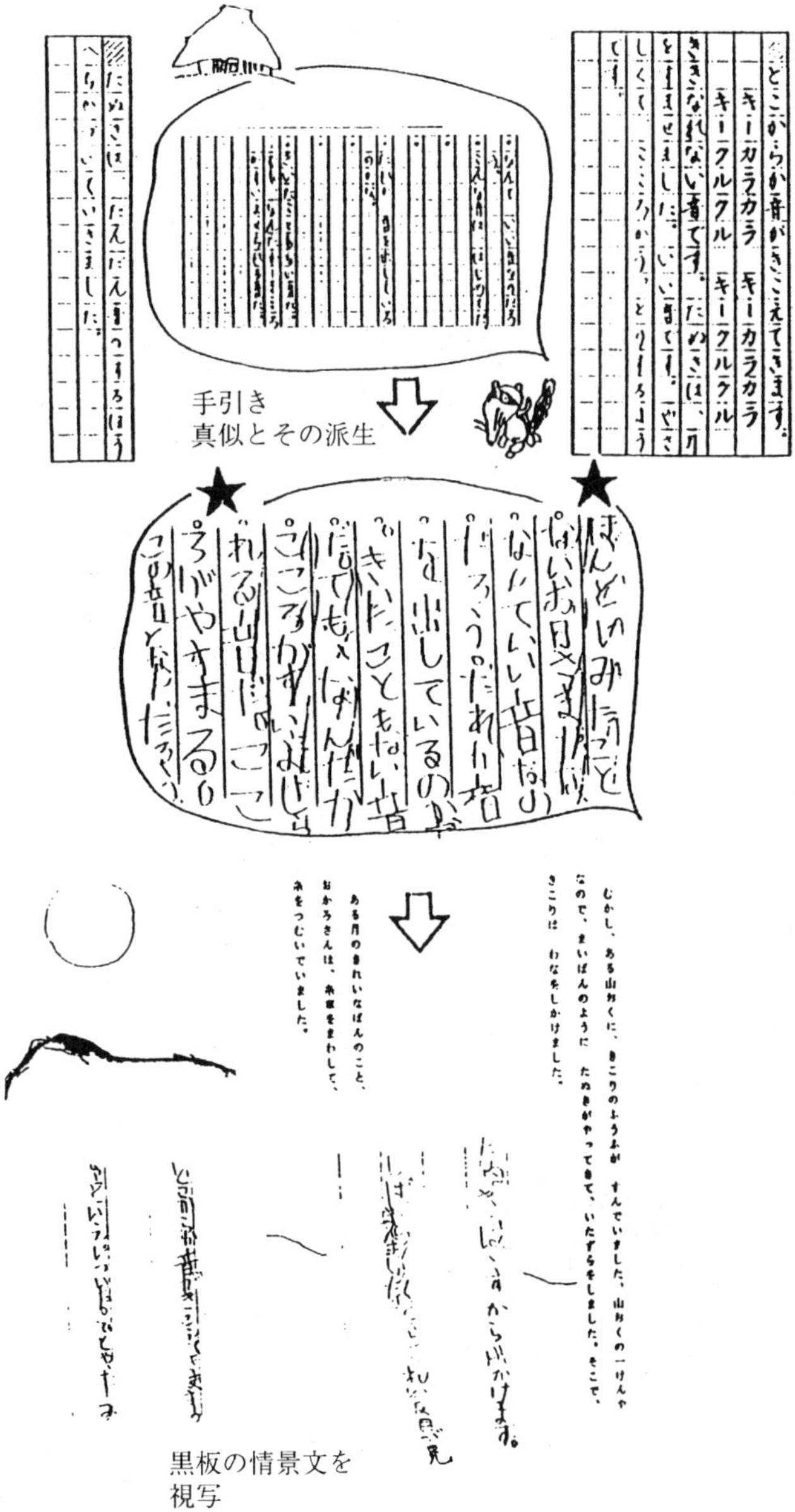
手引き
真似とその派生
むかし、ある山おくに、きこりのふうふが　すんでいました。山おくの一けんやなので、まいばんのように　たぬきがやって来て、いたずらをしました。そこで、きこりは　わなをしかけました。
ある月のきれいなばんのこと、おかみさんは、糸車をまわして、糸をつむいでいました。
黒板の情景文を
視写

S児の吹き出しと絵本づくり

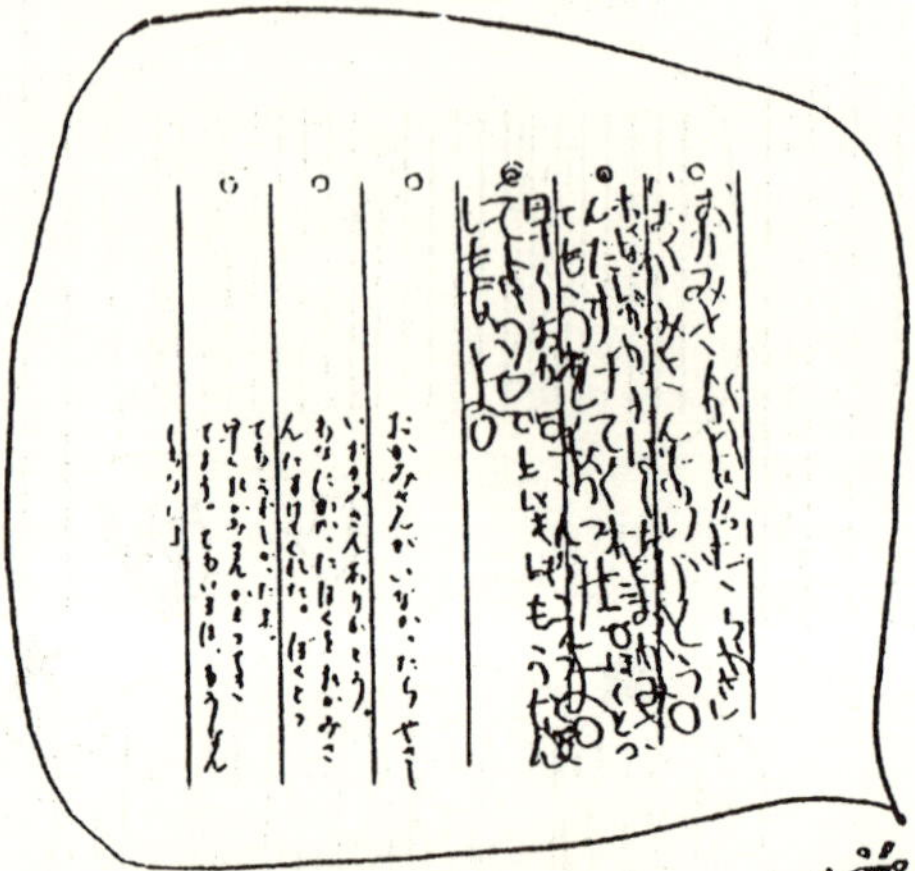

（手引きなし）
書くことがある状況

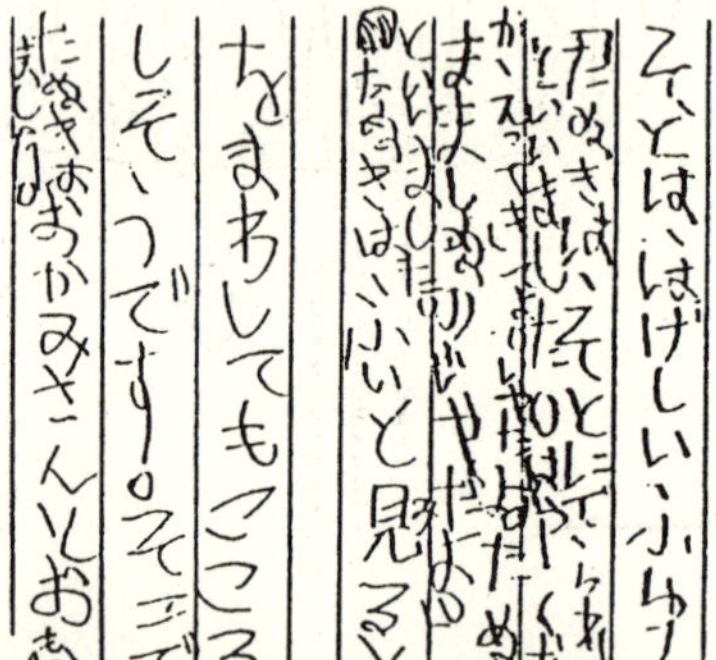

心情・情景の描写が
可能となる

一年生の発達段階における想像力を 文章表現から捉えることができる。

学習者が元気で生き生きしていると捉えていた学習も、角度を変えて評価してみると、昨年度の学習者の一実態を確かに示している。また、能力の獲得の実際も、これまで、獲得し得ているかどうかが問題であったのに対し、今回「兆し」から次の能力への「転移」までの幅があることが分かった。

今後、学習活動を充実させる方向とともに、学習活動の裏側にある思考力を具体的に捉えて、学習を確かなものにしていきたい。児童による自己評価の一方で、指導者による確かな表現力の把握が必要である。指導者の視点の確かさが学習を充実させる。

2　研究の成果と課題

(1)　学習者・教材・学習活動・評価を有機的かつ長期的に仕組む努力を重ねること

四領域の関連のもとで豊かに楽しく学習しながら、生きた国語の力を習得し、児童用「こくごの力」で自己評価を加えることは、学習中の友達や指導者からの準達成の評価を目標化する効果をもっていた。作業の遅速という個性差を位置づけることによって、一年生では、いつか必ずといってよいほど、国語の力は成就の時を迎えた。

(2)　一年生における単元目標の意識

単元目標、「絵本を作ろう」によって、納得のいく文章を丁寧に書く意識が形成された。絵本を読む相手を位置づけることで、煩わしく考えがちな清書が緊張のある作業となった。ただ、基礎的な力を習得する段階の一年生に、単元を貫く目標意識は必要でなかったように思われる。ことばに楽しく揺られながら、ことばの操作や適否に関心をもち、意欲的な態度を育てることが重要であると感じた。

(3)　想像力を確かに捉える

豊かに想像をさせる場面では、各人に想像をさせた上で、寄せ合い、想像をさらに広げ、会話文混じりの文章を書かせた。意見を出し合い聞き合い、聞き合ったことがよい刺激となり、学習は確かなものになった。個を見つめながらも、個の考えをさらに豊かに確かにするためには、集団思考の場が必要である。そこでは、聞き合うという行為によって、自制の効いた学習の高まりが約束される。

(4)　言語文化との関わりを大切にする

月に関わる学習材を幅広く取り上げ、指導をあまり加えないで、個性差による好みの違いや一年生なりの各人の感性を大切にした。それは、一年生における言語文化との関わりを、いつかどこかで親しみをもって出会うための興味・関心への種蒔きと捉えるからである。児童の感性の広がりは、個性的である。本単元では、暗誦に選ばれた作品は内容の難易とは関わらず、さまざまであった。好きな歌を選ぶ活動は、自らのことばを見つめることにも発展する。アンソロジーの問題は、私の国語科教育をことばと魂に向けて発展させる方向を示唆していると感じている。

(5)　指導者の力量を高める

個にそう複数教材や複線型の学習形態で、学習者に学習への興味・関心を起こさせ、そこに芽生える主体性の上に立つ言語教育としての国語科学習を重ねていくならば、一年生から、ことば自覚をもった人間形成をめざすことができる。このことについてさらに実践を高めるためには、一つには、指導者自身の認識と教材の豊かさや教材研究の問題、一つには、学習者の興味・関心・能力とその発達の実態の把握、一つには、学習中のよい刺激と指導、学習軌道の発見と助成、集中していく学級集団づくり、そしてそれらの評価の問題、加えて、主体的な生涯学習への目線など、指導者としての力量が必要である。

資料　学習者が主体的に取り組む文学教材の読みの指導

資料目次

Ⅰ　一年間の見通し

資料1　第一学年能力系統表

月	4		
単元名	じぶんのことば（2）	一　こんなこと みつけたよ（5） みつけた　みつけた	二　うたにあわせて あいうえお（8） ＊あいうえお
理解 読む		心で見る世界	ことばのリズムを楽しみ、進んで読む好きな作品を選ぶことができる
理解 聞く	光ることば	友達の話しへの興味 相手を見て聞く	
表現 話す	あいさつ	自分から話そうとする意欲 ～になります ～にしてくだちゃいませんか 話し合いの場 よかったこと できるようになったこと	そのわけは、 ～だからです
表現 書く	光ることばの記録	お知らせノート	新発売のことば ことば辞典（記録）
言語事項		ア姿勢・口形	音と文字の対応 イ（ア）平仮名の読み

	(朝) ひばり	ことばのリズム 読みになれる		好きな歌発表 斉読で楽しさ	好きな歌メモ①	エ(エ)ことばのリズム体得
5	三　げんきにあいさつ(6) **みんなであいさつ** ＊あいさつ	語のまとまりで 音読 あいさつの詩を 読み重ねる	ことばのリズム を楽しむ	挨拶のことば 声の大きさ 好きな歌発表	好きな歌メモ②	エ(エ)ことばのリズム関心をもつ
	四　みえたみえた(8) ぶらんこ	絵と文の対応 会話表現と声 場面の想像 部分暗誦	みんなの想像を 合わせる	順序を考えて話す 吹き出し①	思いを文字表現	ア(ア)はっきりした発音 オ(ア)主述の照応(理解) ウ(イ)句読点
	五　おはなしって おもしろい(8) **はなしのみち** ＊かくれんぼ1	会話表現 場面・心情想像 全文暗誦 **こう読みたい①** 早く、ゆっくり 弱く、はっきり	音読を聞き合う (相互読み)	斉読と間 感想を表現 順序を表すことば (関心)	**ノートの** **書き方①** 出てきた人 つぶやき	ア(ウ)声の大きさ ウ(ア)促音 ウ(イ)句読点 は・へ・を つまる〝っ〟

6

六　おはなししよう ①(5) おはなしきいて すきなものおしえて		聞きたいこと 質問の聞き取り	お話発表会 材料収集 わかりやすい話		ウ(ア)長音 ウ(ア)拗音 ウ(イ)句読点
七　にじをみたよ (6) *にじ	好きな表現を選ぶ ことができる	友達の好きな歌 を知る	自分のことばで訳 を友達と意見比較 吹き出し②	各人の記録 原稿用紙①	カ(イ)ていねいなこ とばで話す
八　だれにあえるかな (5) だれにあえるかな	A自由に想像して 吹き出し	聞きながら ~をもらおう B冒険したい心を 書いてある本	吹き出し③ おしえてくれて ありがとう	書きたいことを 多く書く	
九　本の中でだれに あえるかな(4) *どうぶつえん どうぶつの赤ちゃん かわのなかの うんどうかい	区切って読む 好きな本をさがす 音読発表会		作品発表① 書名 おもしろい所		ことばの辞典(原型)

	7
(帯単元)ことば辞典① ＊てのひら文庫 十　とりとなかよし（8）	(読)本の中のなかよし（3） かくれんぼ2 かくれんぼ3 十一　おはなしかこう ①（5） はながさいたよ
進んで読んだり聞いたりする 文の骨組み　まえがき	主体的に記しながら読む こう読みたい②～の気持ちで
	たぬきの心を見る　☆1 自分の話すことばに気を付ける
なぞって話す 話法への関心 どういたしまして　みつけてくれて　ありがとう 作品発表②	作品の発表③ 4コマ意識 進んで話す　口頭作文を楽しむ
自分が思ったことを書く 読んで勉強になったこと	ノートの書き方② 書きたいこと ことばを抜き出す お話づくり 書いた文章の見直し
使い方への関心 ← 重なることば 副詞への関心を 自分を書く 文章構成の理解と再生	仲間分け 反対のことば 題つけへの関心 ことばの力・自己評価

	9
せんせいあのね （読）たなばた（3） ながれぼし ひしゃく星 星になったたいこ ひさの星 よだかの星 ＊せんそう おこりじぞう ちいちゃんのかげおくり すみれ島 十二　こんなうた おぼえたよ（5） おむすびころりん ＊ひばり	十三　げきをしよう 大きなかぶ（8）
同一題材の本への興味を育てる 図書室で本を探す 進んで読む 暗誦の楽しさ 粗筋をつかむ おもしろい表現	劇化して想像を広げる 全文暗誦
題材を見つける	☆2
好きな歌の発表会	登場人物の会話 豊かに表現する
	メモを取って話の順を把握 記録として採取
エ（ウ）読み方や意味の不明な文字・語句 元気な声	生活記録発表 自己の成長記録 エ（エ）ことばのリズム

	10
(読)やさしいともだち しってるよ(3) ないた赤おに バクのなみだ しっぽのないさる お手紙 十四　しってるかんじいっぱいにしたいな(5)	十五　あきの空を見よう　くじらぐも(15) 十六　かたかなでかくことば(5) かたかな 音あてゲーム(4) 十七　自動車絵本をつくろう(9)
好きな本を読み、感想をもつ 漢字の成り立ちへの関心	人物の心を読む 話の筋に興味をもつ 説明の仕方 段落意識
	友達の表現を取り入れる 注意深く聞く 音の聞こえ方
いいなと感じた所を発表	劇化　心情 群読　空に上がる 状況表現
考えをとめる 書く事柄を選んで 筆順や成り立ちに注意して書く	くじら雲にのって想像作文 後日話を書く 片仮名の表記 好きな乗り物説明文を書く
イ(ウ)漢字への興味 ことばの仲間と漢字群	片仮名への興味 イ(イ)片仮名の読み書き

11

十八　お月さまって
きれいね（14）
たぬきの糸車

十九　いつもでも
なかよし（10）
**ずうっとずっと
大すきだよ**

進んで興味をもって読む

B課題作りの経験
読み深め①
ことばをふまえた想像

楽しい音読
好きな所を
読みやすく
書き直す

命にふれて大切なものに気づく

楽しんでお話の大体を聞く

感情を色で
表現する

好きなところを話す

★1

自分の大切なものを発表する

登場人物や粗筋をメモする

A絵本を作る
変身作文（日記形式）
吹き出し
会話文・地の文
想像を文章表現

ノートの記録
**ノートの
書き方③**
毎時間の記録の
基本を知る

日記形式の
心情理解

日記の題材を広げる

意味を添えることば

	*年老いた登場人物 サーカスのライオン やさしいライオン わすれられないおくりもの	テーマ読書への関心を育てる				
12	二十　来年のカレンダーをつくろう（13） **わたしがつくったカレンダー**					イ（イ）片仮名で書く語に注意
	日づけとよう日	呼び方				語句への関心
	カルタづくり	楽しんで読む		元気な声で	読み易い表現	
	二十一　わたしのすきなうた（5）	特集の音読 読み方の工夫	聞き手の音声協力	音読発表会 好きな歌 群読の経験	記録・覚書 音声表現	アンソロジー作り
	二十二　名まえじてんをつくろう（11） **ものの名まえ**	ひとまとめにした名前と個々の名前			上位・下位関係 図式化	エ（ア）身近なものの名や事象を表す語句

1	
二十三　おはなし しよう②（4） わたしのたからもの 二十四　おはなし かこう②（5） ふうせんは どうなるのかな 二十五　おにってほん とうにこわいの（6） ＊やさしいおに きのどくなおに	二十六　いろいろな 赤ちゃん②（12） どうぶつの赤ちゃん ☆じぶんの小さいとき ＊どうぶつのはなし 動物たちのねむりかた もしもしおかあさん
いろいろな鬼の 話から選ぶ メモ・記録 テーマ読書	文章の構成 観点をきめて 比較する目
考えながら聞く 質問・意見・感想 友達の意見を聞く	聞いたり 調べたり 情報収集 ☆3
意見に別れて 話し合い★2	比較表現 くらい のような
聞いたこと 見たことを書く 様子を表すことば 自分の鬼に対する 考えをまとめる	図や表で具体的に 比べる経験 頑張ったことの記録 家族の人達の励まし 自分の生まれた時
	ことば辞典（各人で）

2	(読)どうぶつの おはなし(3) ダンボ クレヨンでかいたぞう かわいそうなぞう ぞうの村の村長さん ＊きつねのはなし きつねとつきみそう きつねとぶどう チロヌップのきつね 二十七　アルバムを つくろう(11) **アルバムをつくろう**	**人間認識** みんなが うれしい 考え方 **動物認識** どうぶつの がんばり 強さ 文章構成 まえがき 書く事柄 あとがき	自分の 調べたい事柄と 情報収集の方法 聞く・見る	発表し合う 発表の仕方を 考える　★3 文章構成 自分の考え	いくつかの段落に 分けて表現する (一応の自立) 文をくわしく	一人ひとりの違う 言動でその人が わかる 自分の生活で不思議 に感じたことをみ つめる 引用と意見 一年生としての自分 の考えをまとめる力
	二十八　ことばじてん(3)	学習で使ったことば 視点毎に再収集	メモを取りなが ら聞く	グループ発表	付けたしメモ	ことば辞典 教科書などの資料 を使って調べる

3

二十九　おはなしをかんがえよう（13）
きりかぶの赤ちゃん

一年間のまとめ

三十　あたらしい一年生におしえてあげよう（5）

読み深め②
人物の言動を想像しながら読む　☆4

好きな段落
楽しんで音読
変身作文・感想文
日記形式
手紙形式

自分の作品整理
文章構成
目次
書き出し
まとめ

☆共存的に文学経験
★相手意識

知らせたい事柄を話し合って見つける

ノートの書き方④
話し合って課題選びができる

友達のよい意見を書き加える
続き話を書く

成長を自己評価

相手意識をもって書き方の工夫

国語の力・自己評価

資料2　児童用能力自己評価表（よむ力）

ことばの力
いっぱいに
なあれ

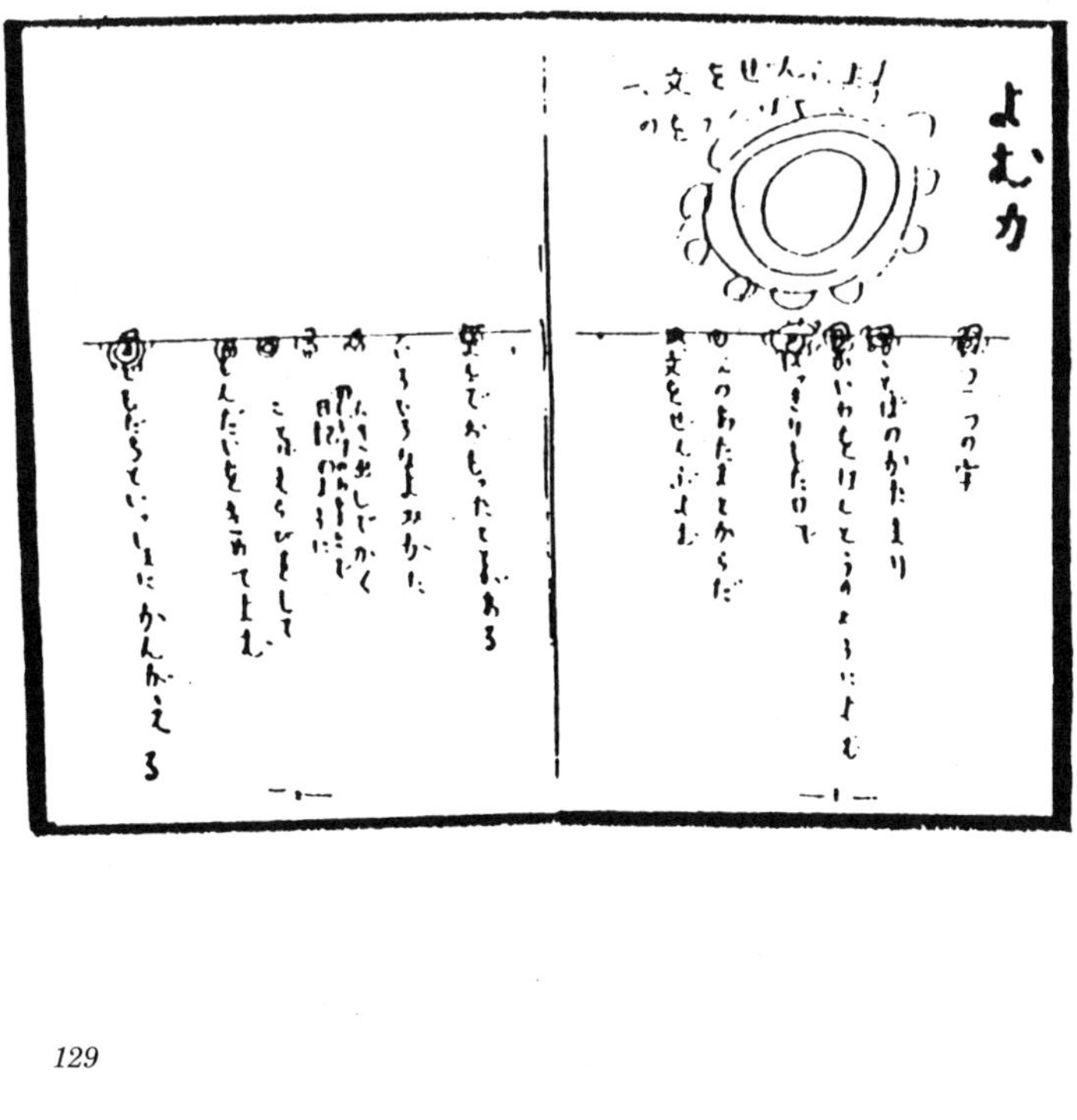

よむ力

・ひとつひとつのじ
・ことばのかたまり
・いきをつづけて
・はっきりした口で
・かいわをほんとうのように
・文のあたまとからだで
・一文をぜんぶよむ

・くふうして
たのしんでよむ
・ともだちとよむ
・
・大ぜいのまえでよむ
きいてもらう
・文しょうを おぼえる

・よんでおもったことがある
・いろいろなよみかた
ふき出して
ようすのわかる文しょうに
日記にかいて
ことばえらびをして
・もんだいをもってよむ
・ともだちといっしょにかんがえる

・はやく(り)よめる
・目でよむことができる
・べんきょうにつかえる本
みつけることができる
・だいたいがわかる
・としょしつで本をかりる
・大すきな本 一さつ
・

ことばを だいじにする

・かさなることば
・しんはつばいのことば
・くっつくことば
・ようすをあらわすことば
・どんなかが わかることば
・文と文をつなぐことば

Ⅱ

単元〈お月さまってきれいね　「たぬきの糸車」〉の実際

資料3　本単元における補助教材

児童用「お月さま」読書教材一覧

☆	「おつきさま」（東書一年上）	共通教材として使用	
1	かぐやひめ	西本鶏介	ポプラ社
2	ぼく、お月さまとはなしたよ	フランク・アッシュ	評論社
3	よあけ	ユリー・シュルビッツ	福音館
4	おつきさんのき	長新太	教育画劇
5	つきよ	長新太	教育画劇
6	かじってみたいなお月さま	F・アッシュ	評論社
7	14ひきのおつきみ	いわむらかずお	童心社
8	つきとこうさぎ	いさみいくよ	福武書店
9	お月さまってどんなあじ	ミヒャエル・グレイ	ニュクセーラー出版
10	おつきさまのとおるみち	香山美子	教育画劇
11	まよなかのぼうけん	エルビン・モーザー	講談社
12	つきがみたはなし	アンゼルセン	世界文化社
13	しっぽを出したお月さま	西本鶏介	旺文社
14	あかいろうそくとにんぎょ	小川未明	チャイルド本社
15	月からきたうさぎ	みなみらんぼう	学研

16	こんやはおつきみ	谷真介	金の星社
17	まんげつのよるまでまちなさい	マーガレット・ワイズ・ブラウン	ペンギン社
18	きのまつり	新美南吉	チャイルド絵本館
19	月うさぎ	奥田瑛二	あすなろ書房
20	月がくれたきんか	ルッサルト	セーラー出版
21	トムテ	リードペリ	偕成社
22	こぎつねコンとこだぬきポン	松野正子	童心社
23	つきよはうれしい	あまんきみこ	理論社
24	月へ行くはしご	安房直子	旺文社
25	なのはなおつきさん	生源寺美子	ひくまの出版
26	つきよのりぼん	安井淡	岩崎書店
27	月夜とめがね	小川未明	小峰書店
28	つきよとめがね	小川未明	チャイルド絵本館
29	ひとつの夜	やすいすえこ	偕成社
30	月がのぼるまでに	武田鉄矢	小学館
31	みみずくとお月さま	浜田ひろすけ	集英社
32	紙のお月さま	今江祥智	理論社
33	つきのぼうや	イブ・スパング・オルセン	福音館
34	月の姫	おのちよ	冨山房
35	お月さまをめざして	ゲルダ・ワーグナー	ほるぷ出版

36 つきがでた　おのちよ　至光社
37 まよなかのおつかい　舟崎克彦　秋書房
38 つきのせかい　フランクリン・舅・ブランリー　福音館
39 十五夜お月さん　藤井旭　ポプラ社

指導者用書籍一覧

1 『月光浴』　石川賢治　小学館　一九九〇年一一月一〇日
2 『古典文学全集3竹取・落窪物語』　田中保隆　ポプラ社　一九六六年一〇月
3 『古典に歌われた風土（一六四〜一八一ぺ）』　高橋和夫　三省堂　一九九二年一一月二〇日
4 『小説空間を読む／自然編　昭和文学60場面集1（一九一〜一九九ぺ）』　近藤晴彦　中京出版
5 『知らなかった歳時記の謎（一一六〜一一八ぺ）』　（竹内均）　同文書院
6 「お月様の不思議な力」　エスポワール（五〜九ぺ）　一九九三年一〇月
7 『現代家庭の年中行事（九四〜一〇六ぺ）』　井上忠司　講談社　一九九三年一二月二〇日
8 『日本の名随筆58　月』　（安東次男）　作品社　一九八七年　八　月二五日

（　）は編著

資料4　本単元におけるアンソロジーの土台としての「お月さまのうた」

［★本年度使用分］

山のはのささらえをとこ天の原
　門渡る光見らくも良しも　大伴坂上郎女

寒の月白炎曳いて山を出づ　飯田　蛇笏

吹雪やみ木の葉の如き月あがる　前田　普羅

★空だけが見ゆる高窓病める子が
　待ちし鋭鎌の月渡りゆく　富小路　禎子

空はなほかすみもやらず風冴えて
　雪げにくもる春の夜の月　藤原　良経

★春の月触らばしずく垂りぬべし　一茶

★名月を取ってくれろと泣く子かな　一茶

★

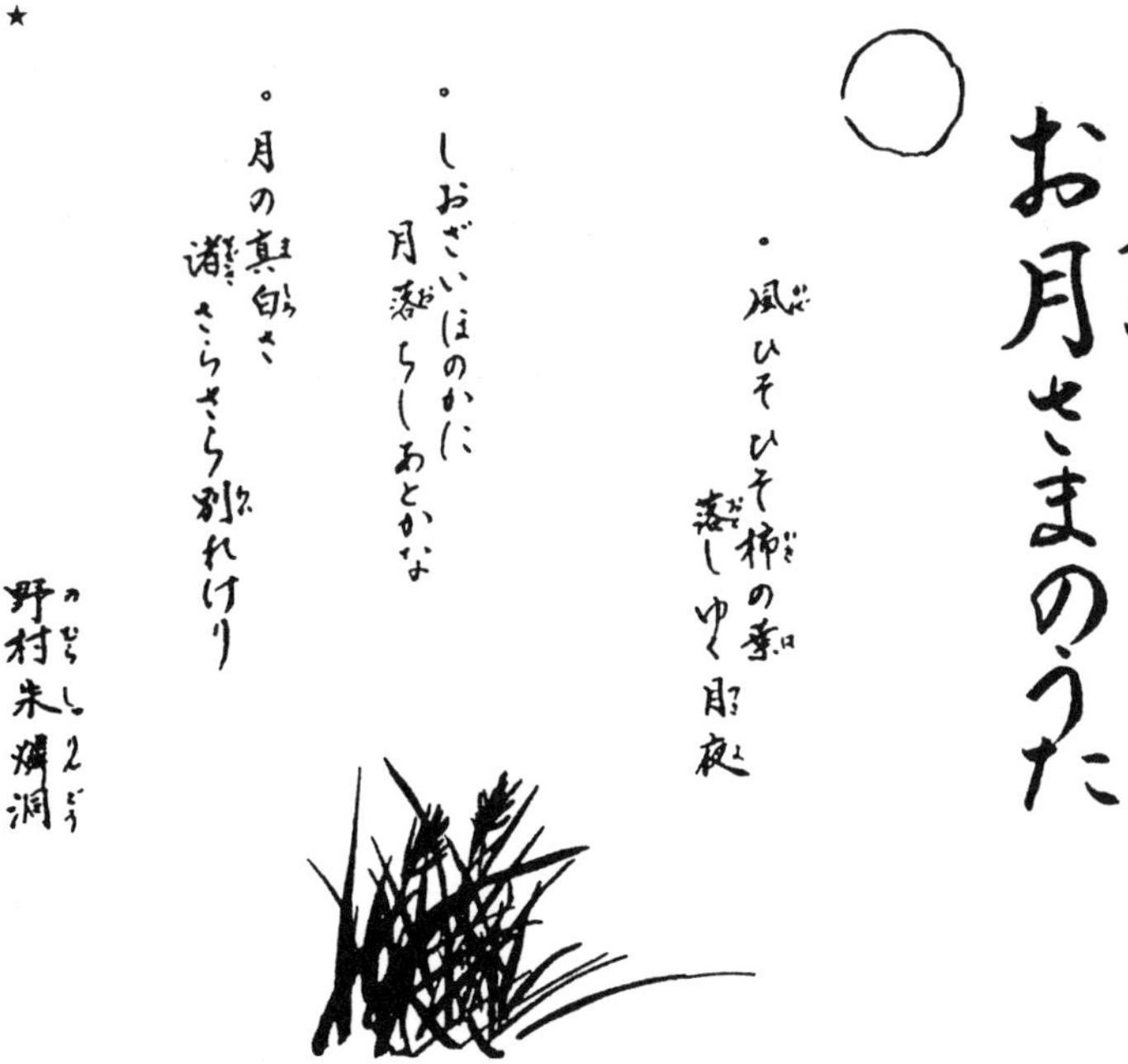

お月さまのうた
・風ひそひそ柿の葉落しゆく月夜
・しおざいほのかに月落ちしおとかな
・月の真白さ瀬さらさら別れけり
野村朱燐洞

資料II　単元〈お月さまってきれいね「たぬきの糸車」〉の実際

★手を打てば木魂に明くる夏の月　芭蕉

★名月や池を巡りて夜もすがら　芭蕉

★梅雨の月きびしきひかり去りがたき　楸屯

★山里の盆の月夜の明るさよ　虚子

瞬間とは
かうもたふといものであらうか
一りんの朝顔よ
二日ごろの月がでてゐる　山村暮鳥

★　月見草の花

はるかに海の見える丘
月のしずくをすって咲く
夢のお花の月見草
花咲く丘よなつかしの

ほんのり月が出たよいは
こがねの波がゆれる海
ボーッと汽笛を鳴らしてく
お船はどこへ行くのでしょう

思い出の丘　花の丘
きょうも一人で月の海
じーっとながめる足元に
ほのかににおう月見草

十五夜お月さん　野口　雨情

じゅうごやおつきさん
ごきげんさん
ばあやは　おいとま　とりました

じゅうごやおつきさん
いもうとは
いなかへ　もられて　ゆきました

じゅうごやおつきさん
かかさんに
もいちど　わたしは　あいたいな

荒城の月　　　土井　晩翠

春高楼の花の宴
めぐる盃かげさして
千代の松が枝わけいでし
むかしの光いまいずこ

秋陣営の霜の色
鳴き行く雁の数見せて
植うるつるぎに照りそいし
むかしの光いまいずこ

今荒城のよわの月
替わらぬ光たがためぞ
垣に残るはただかづら
松に歌うはただあらし

天上影は替らねど
栄枯は移る世の姿
写さんとてか今もなお
嗚呼荒城のよわの月

★月夜　　　森崎　和江

としはとっても
ココロははたち
そんなことばを
わらったこともあったっけ

としは　とっても
ココロははたち
ココロはいつごろそだつのか
ココロはいつごろひらくのか

ひとりかがやく
おつきさま

おつきさまさえ十三ななつ
ココロはいつごろ
花ひらく

★

月のように　立原えりか

満月はもちろん月
半月も月　三日月もそして
糸のように細くなってしまっても
月はたしかに月
ほかのものにはなれっこない
わたしはわたし
つらくてもかなしくても
しあわせでもうれしくても
さびしくて泣いていても
わたしはわたし
月になれないし天にものぼれない
だからせめて月のように
どんな姿になったときも
きっぱりとさわやかに
光っていたいわ

★

よるのにおい　こぎつねしゅうじ

つきよの　のはらを　ひとりで
しずかに　しずかに　あるきました
いろんな　においに　つつまれました
はっぱの　つゆの　すずしいにおい
すすきの　ほさきの　さびしいにおい
いたずら　いたちの　やんちゃなにおい
さむがり　もぐらの　ねむたいにおい

ひとりで　あるいていると
つきの　においも　ふってきます
はなさきを　そらに　むけると
かあさんの　においに　にていました

★

ひかるまんげつ　つきとしこ

まだかなと　みんなどきどき

のはらでは　つきまつこころ
みちみちて　そらをみあげる

こねずみは　ひげをぴこぴこ
こだぬきは　しっぽのていれ
こうさぎは　たんたかおどり
こぎつねは　でんぐりがえる

しらぬまに　ひがしのそらが
ほんのりと　ひかりはじめて
しずしずと　のぼるつきかげ
いちめんに　のはらをてらす

こよい　ひかる　まんげつ

★

よるのそら　　つきとしこ

チカチカの　ほしをかきわけ
そらたかく　ぎんいろのはし
ゆるゆると　つきがとおれば
わたぐもが　ねがえりをうつ

みおろせば　のはらいちめん
くさやきの　かすかなねいき
こうさぎや　こねずみたちの
ポチポチと　つぶやくねごと

ゆめのつぶ　ふりまきながら
そらたかく　ひとりしずかに
わたしは　つき
わたしは　つき

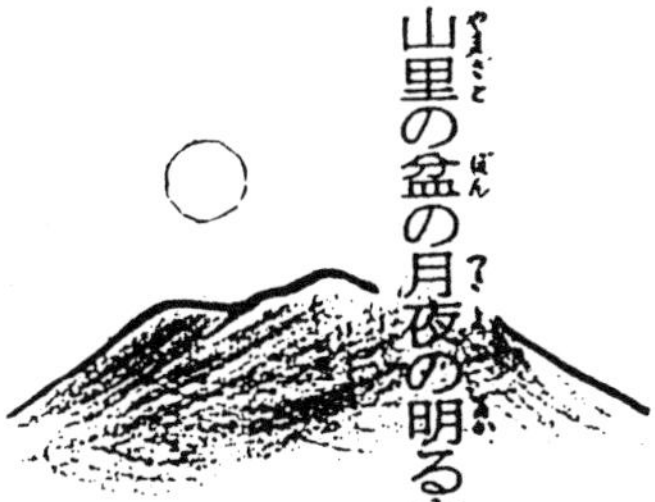

山里(やまさと)の盆(ぼん)の月夜(つきよ)の明るさよ　虚子(きょし)

★　一の二　お月さま

○　月のよのお月さまねむってる
　　ピカピカとひかってる　（ひらが　みき）

○　お月さまあきのかぜのなか
　　おもちつき

○　お月さまよるのそらでひかってる　（たかまつ　みきお）

○　お月さまあきのかぜにふかれて
　　すずしそう

○　お月さま　もうちょっとで　まん月だ　（いまづ　ひろみつ）

★　ともだちの月のうた　（しんぶんから）

なのはなが月のでんきをつけました
　　山形県寒河江学園　一年　とづか　ひろこ

あぜみちのばったはくさにすぐばける
　　福島県門田小一年　どっこ　まさし

おにやんまかごからにらむみどりの目
　　三重県上野西小一年　こしやま　なおき

いちょうのはちょうちょうになるよゆうぐれに
　　愛媛県狩江小一年　稲垣　亜子

★　静夜思　李白

①床前看月光　①床前月光を看る
②疑是地上霜　②疑うらくは是れ地上の霜かと
③挙頭望山月　③頭を挙げて　山月を望み
④低頭思故郷　④頭を低れて　故郷を思ふ

★　42　お月さん
野地潤家著『生いたちの記』　P.72

澄晴ちゃんが、お月さんをみつけたのは、いつでしょうか。

　澄晴ちゃんが、ひとりで、お月さんをみつけたのは、二月二十日の朝のことです。そのとき、お父さんは病気でねていましたが、お母さんが、みなみがわの雨戸をくってあけますと、窓からのぞきながら、ちょうど、おとなりの竹原さんのおうちの、やねの上のお空にのこって、かかっていたお月さまを、みつけて、「あ！あ！」とゆびでさしました。

いままでにも、お月夜にお父さんがつれてでて、お月さんの方をゆびさして、

「澄晴ちゃん、お月さまですよ、みてごらん！」

と言って、お月さまを見せ、また、みたことはありますが、澄晴ちゃんが、じぶんでお月さまをみはじめたのは、この朝がさいしょでした。

どこでもそうですが、朝はきもちのいいものです。ひろしまもそうです。ひろしまの朝は、すこしつめたさが、きついのですが、すずめさんは、朝からちゅんちゅんと、うたって、うれしそうにとびまわっていました。時には、時には、澄晴ちゃんのおうちのおまどの近くまでくることもありました。

ロシヤのことばに、「朝は晩よりも、すこしかしこい。」というのがあるそうです。たいへんおもしろいことばですね。

これからさき、澄晴ちゃんは、どんなお月さまを、見つけていくでしょうか。

お父さんは、ひるの月をみつけるのがすきでした。街や村や野原や山みちをあるいていて、ひょっと、顔をあげて、空をふりあおぐと、そこにひるのお月さまが、きえそうに、あわあわとかかっているのでした。

お父さんはこのようにして、なんべんもなんべんも、ひっそりとしずまったお月さまにでくわして、そのたびに、ひるのお月さまが好きになりました。

おほしさまは、まだ、澄晴ちゃんは、みつけておりません。いつみつけて、よろこぶのでしょうね。

なくなったおじいさんは、いちど、まひるに、おほしさまをみたと言って、おどろきながら、うれしそうにはなされたことがありました。

（昭和24年2月20日稿）

資料5　座席能力表　1の2

	本人の興味・関心		ことば		聞くこと		読むこと			話すこと			書くこと				個の発見への目
番号	ことがら	話すことがら	生活話	学習話	生活時	学習時	読書	音声	理解	進んで	文末まで	話法 ね	文字	感想	生活文	想像	
1				◎				◎	◎		○						
2		話題にそって	◎		◎					○							ことばの分類への関心
3	他との違い		★														主体的・共同的（音読）
4								◎									
5							★	★	△	○	△		大附	△		★	
6						◎	◎							△			他者へのいたわり（態度）
7								口形		○	△						
8	言葉の感覚		◎	○	○	★			△		△	◎					言葉使いへの関心
9		昔の生活						口形					カタカナ		★		
10							◎		◎								
11					★			口形	△								
12								○					筆圧				
13																★	未達成への主体的努力
14													筆圧				
15			○		★		★	○			◎	★	う・を		★		
16										○							
17	ことばを楽しむ	知識・論立て		◎	◎	◎	◎	◎		○			◎			◎	表現意欲・詩づくり
18										◎							
19	言葉の感覚			◎	◎					○							ことばの分類への関心
20					◎			◎		○		◎					挨拶・対話への関心

活動4

活動3の1

活動

21			・		◎			◎					3の2				
22																	
23						★				○					★		
24		生活での印象					◎	ダ		○			っ・を		△		
25				◎		◎			◎								
26								△									
27							◎			○						◎	
28							◎	口形									
29						★		◎		○				△	★		背筋つよやき
30					◎								速度		★		
31						★		ツ	△		△						
32					◎				△				★				

教　卓

20	4		17	15		31	16
9	28		8	30		14	18
12	21		32	7		24	13
19	5		10	27		6	23
25	11			26	1		
2	29			3	22		

◎大切に育てたい事柄
△気をつけておきたい事柄
★場を得て指導したい事柄
○本時に指導したい事柄

㊙　授業終了後　回収いたします。
必ずお返しください。

Ⅲ

本時の実際

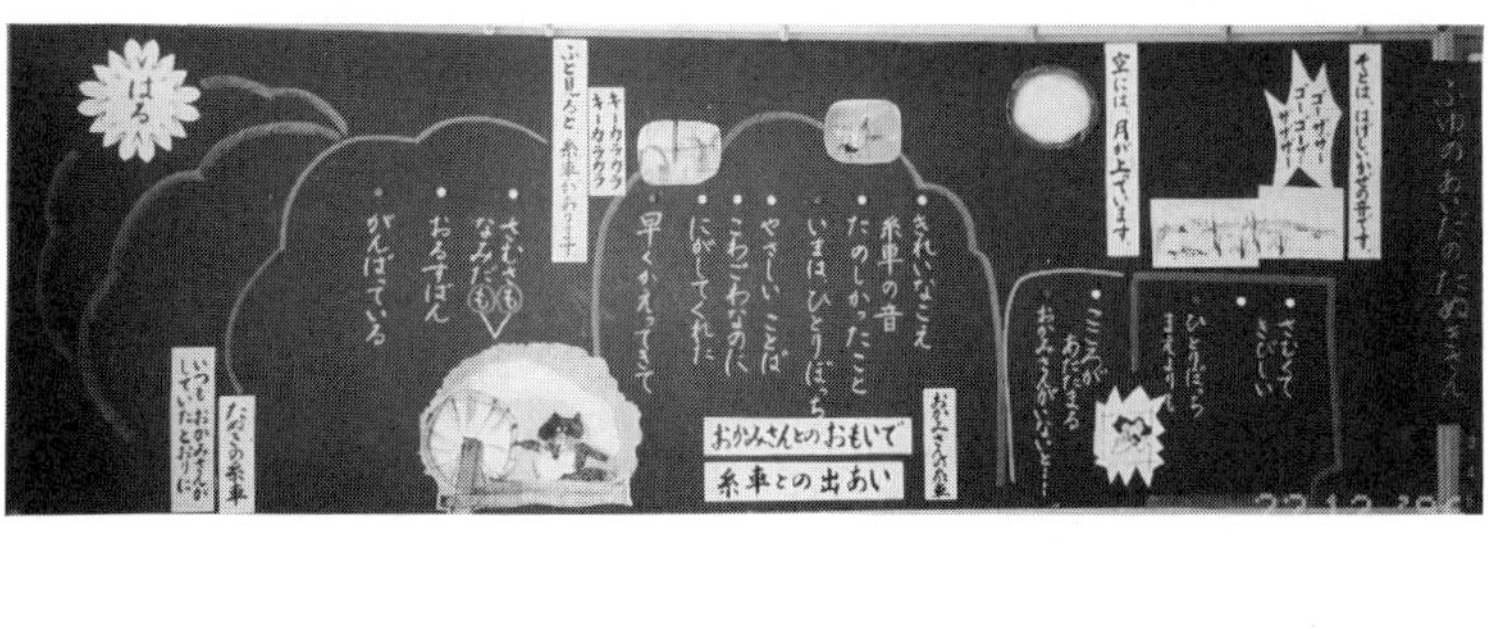

ふゆのあいだのたぬきさん
そとは、はげしいかぜの音です。
空には、月が上っています
・さむくて さびしい
・ひとりぼっち
・こころが あたたまる
おかみさんがいないと…
・きれいなこえ
糸車の音
・たのしかったこと
いまは ひとりぼっち
・やさしい ことば
・こわごわなのに
にがしてくれた
・早くかえってきて
おかみさんとのおもいで
糸車との出あい
・さむさも なみだも
・おるすばん
・がんばっている
たぬきの糸車
いつもおかみさんがしていたとおりに
はる

資料6　本時学習用手引き

A　書く事柄や文を増やすための手引き

視点1

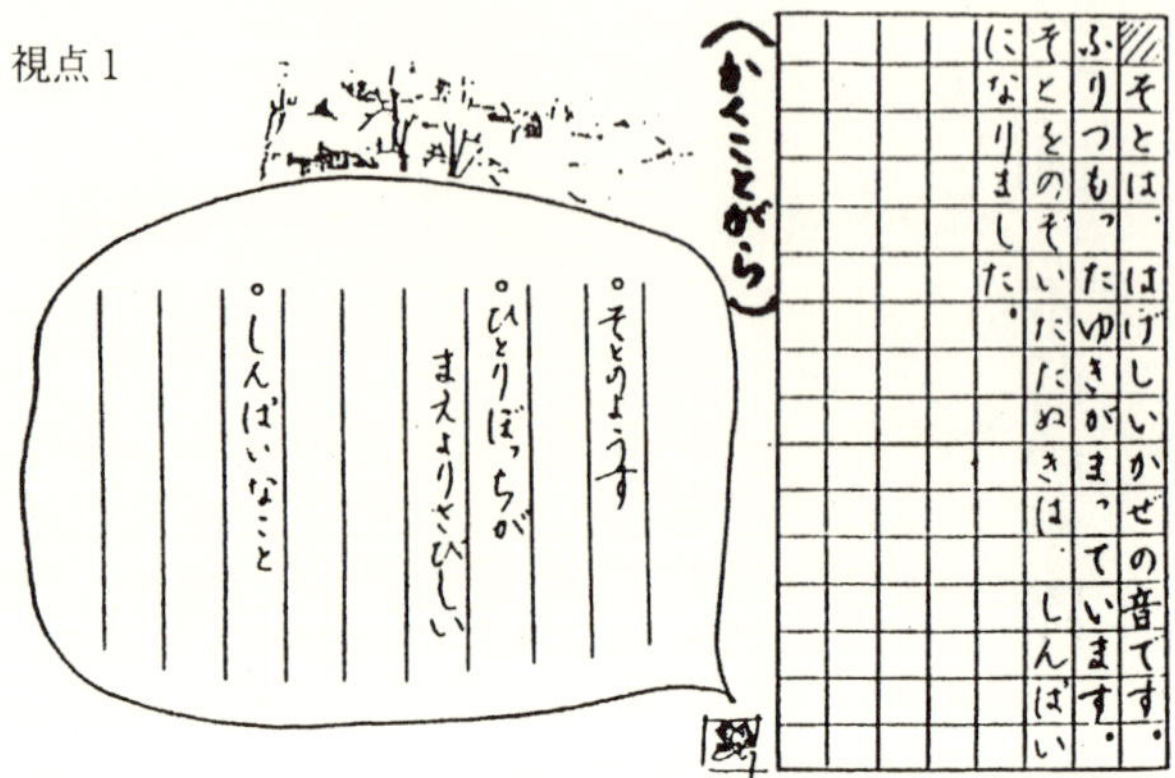

そとは、はげしいかぜの音です。
ふりつもったゆきがまっています。
そとをのぞいたたぬきは、しんぱい
になりました。
かくことがら
○そとのようす
○ひとりぼっちが まえよりさびしい
○しんぱいなこと

視点2

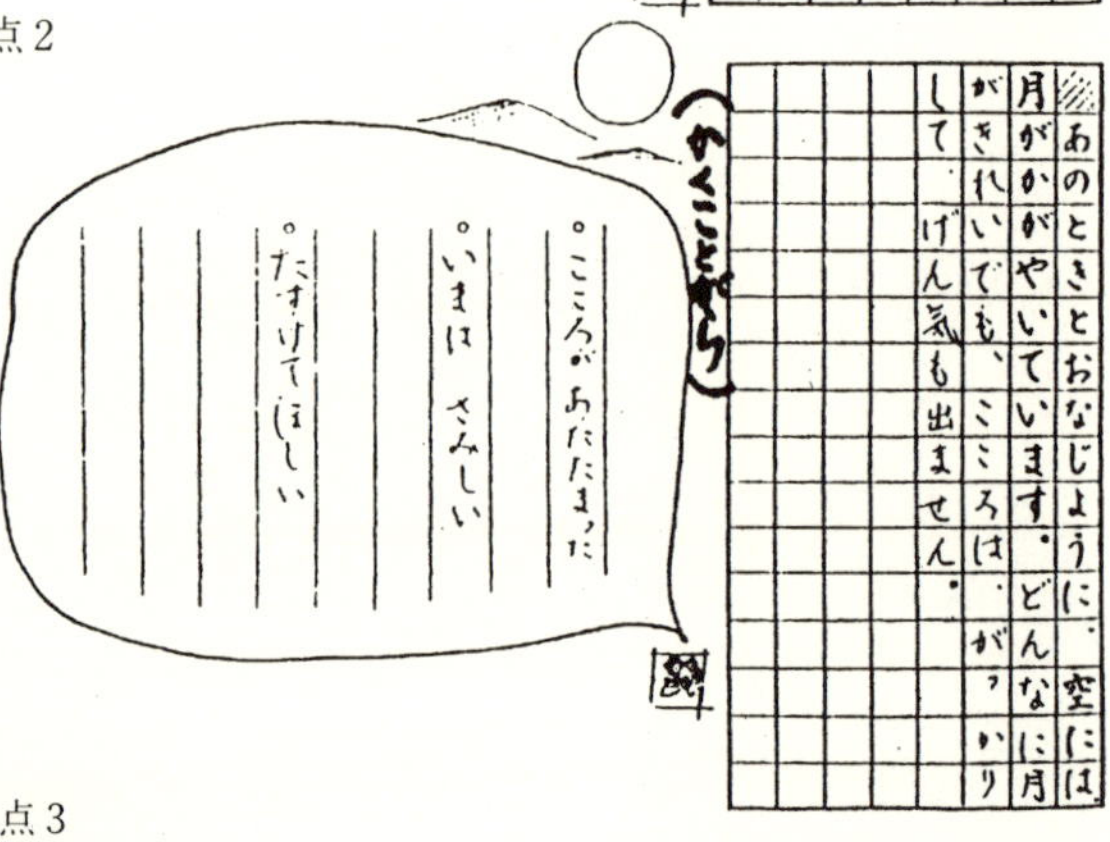

あのときとおなじように、空には
月がかがやいています。どんなに月
がきれいでも、こころは、がっかり
して、げん気も出ません。
かくことがら
○こころがあたたまった
○いまは さみしい
○たすけてほしい

視点3

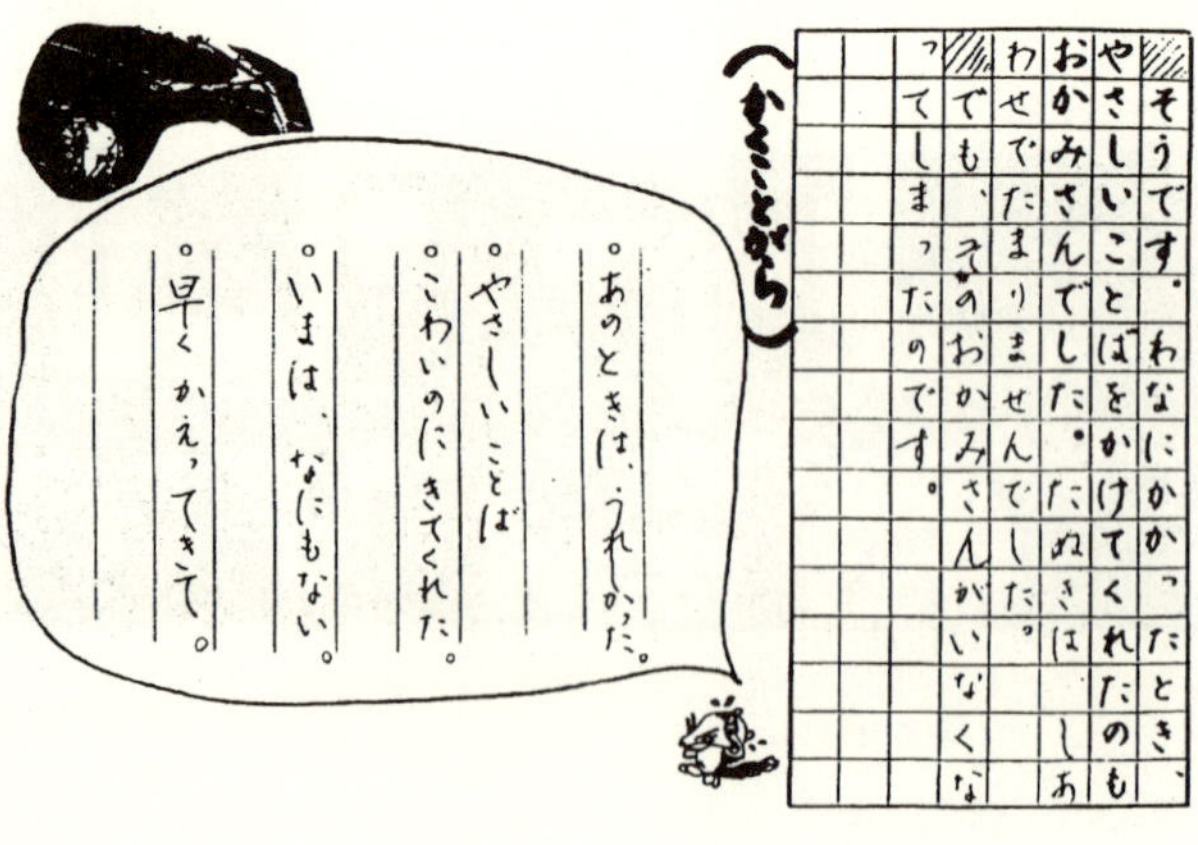

そうです。わなにかかったとき、
やさしいことばをかけてくれたのも
おかみさんでした。たぬきはしあ
わせでたまりませんでした。
でも、そのおかみさんがいなくな
ってしまったのです。
かくことがら
○あのときは、うれしかった。
○やさしいことば
○こわいのにきてくれた。
○いまは、なにもない。
○早くかえってきて。

視点４

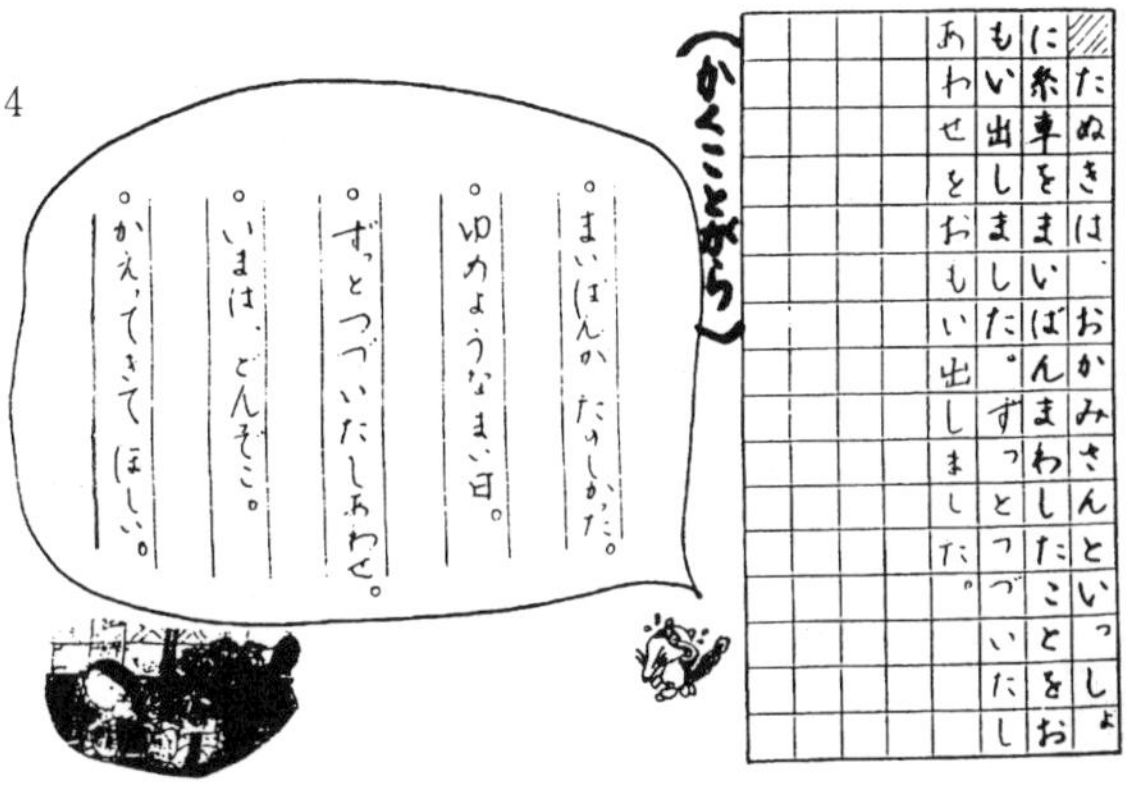
かくことがら
たぬきは、おかみさんといっしょ
に糸車をまいばんまわしたことをお
もい出しました。ずっとつづいたし
あわせをおもい出しました。
・まいばんか たのしかった。
・山のようなまい日。
・ずっとつづいたしあわせ。
・いまは、どんそこ。
・かえってきて ほしい。

視点５

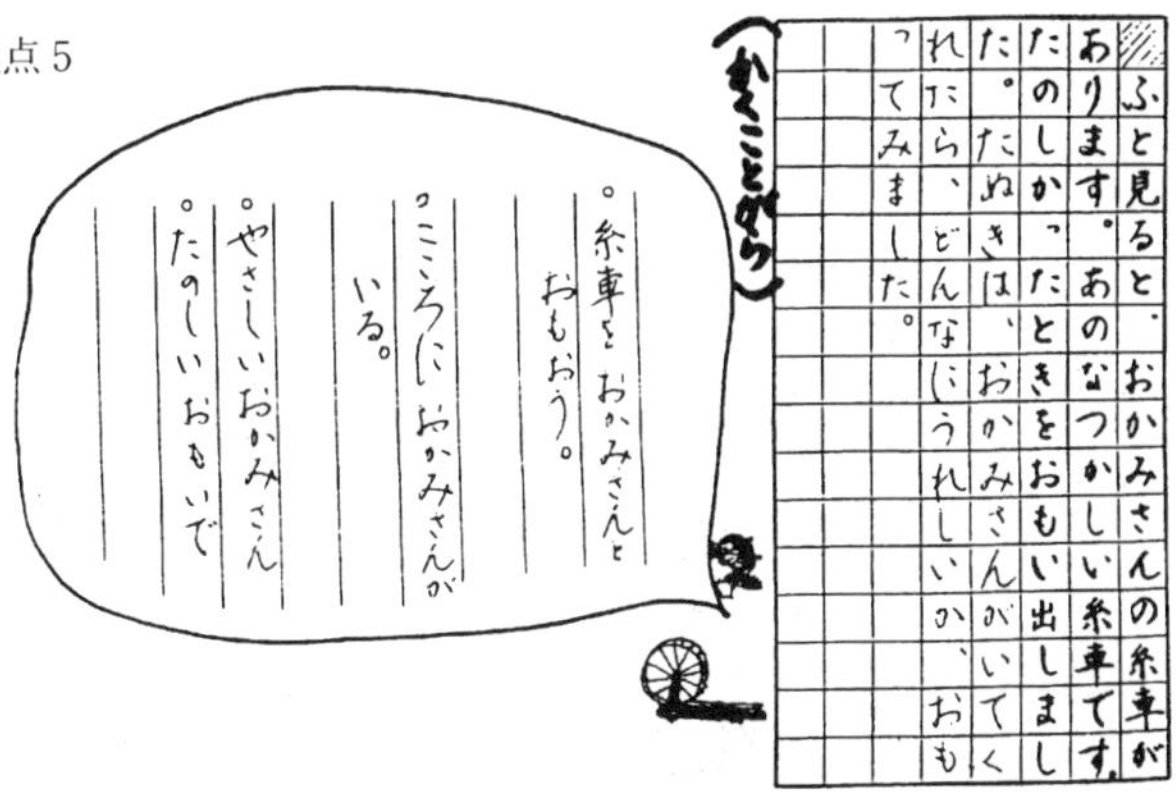
かくことがら
ふと見ると、おかみさんの糸車が
あります。あのなつかしい糸車です。
たのしかったときをおもい出しまし
た。たぬきは、おかみさんがいてく
れたら、どんなにうれしいか、おも
ってみました。
・糸車と おかみさんと おもおう。
・こころに おかみさんが いる。
・やさしい おかみさん
・たのしい おもいで

視点６

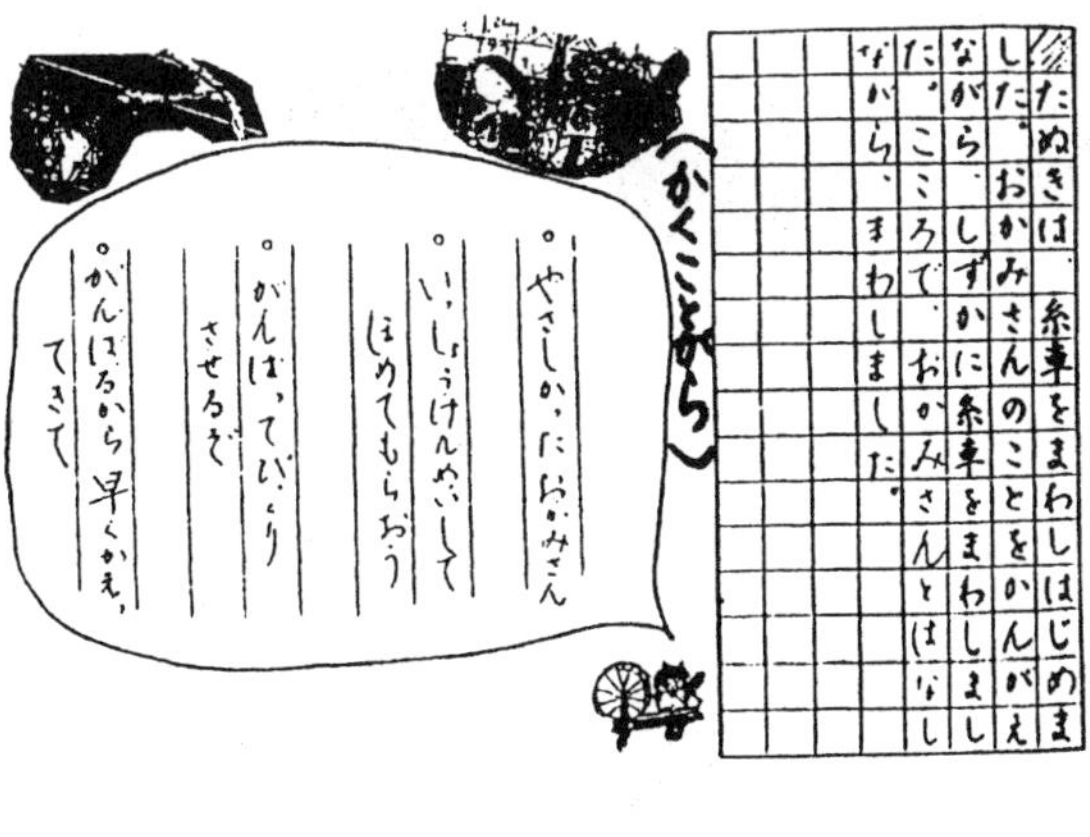
かくことがら
たぬきは、糸車をまわしはじめま
した。おかみさんのことをかんがえ
ながら、しずかに糸車をまわしまし
た。こころで、おかみさんとはなし
ながら、まわしました。
・やさしかったおかみさん
・いっしょうけんめいして ほめてもらおう
・がんばってびっくり させるぞ
・がんばるから 早くかえって きて

B　ことばをさそうための手引き

視点1

○すごいかぜだあ。
○からだまでこおりそう。
○おかみさんどうしていってしまったんだよう。
○ぼくは、これからどうすればいいの。

視点2

○お月さま　きれいだね。
○ひとりぼっちで見るのはさみしいよう。
○お月さま、ぼくをたすけて。
○おかみさんがいないとだめだ。

視点3

○わなにかかったぼくをおかみさんたすけてくれたね。
○やさしいことばもかけてくれた。
○ぼく、とってもうれしかった。
○でも、いまはもうなんにもないよ。
○早くかえってきてよう。

視点4

○糸車のきれいな音。
○のはらじゅうにひびいたね。
○まい日がたのしみだった。
○ずっとしあわせだったのに、
○どうしてぼくをおいていったの。
○おねがいだから、かえってきてよ。
○もうひとりぼっちはいやだ。

視点5

○ここにおかみさんの糸車があったんだ。
○あのいい音を出す糸車。
○ぼく、ひとりぼっちじゃない。
○こころにおかみさんがいる。
○がんばってみよう。
○おかみさんびっくりするぞ。

視点6

○おかみさん、やさしかったね。
○あのころは、たのしかった。
○糸車、いい音がしてたね。
○わなにかかったときたすけてくれてありがとう。
○ぼくのこと、まもっていてね。
○早くかえって、糸車をいっしょにまわそうよ。

資料7　授業の実際

C　（挨拶、椅子の使い方を褒める）

T　冬の間のたぬきさんの勉強を始めましょう。覚えていますか。ひとりぼっちになったから、食べ物も、

C　食べ物もなんにもない。木の実もない。なんにもない。友達もない。外にも行けない。助けてもくれない。おかみさんもいない。糸車の音もしない。（それぞれに）

T　「も」ばっかり。

C　（冬の間のないもの口々に、「も」ばっかりのつぶやき）

T　それでは、今日は冬の間の様子をみんなで作って、分けっこして、ようく考えて、（先生日記書かんのですか。）日記書きたい？　でも今日はね、合わせる勉強をしていきたいの。これは、冬の間のお外の様子です。（黒板に冬の間の外の様子の絵を貼る。）（絵が逆一緒に訂正）

T　この冬の間をたぬきさんは、ひとりぼっちでどんなふうにしていたのかな。（二人で分けっこしたい。）そうね。答えじゃなくって何個お話がみつけられるかな。楽しみです。

C　グループで何をしているか考えたい。

T　冬の間お外を見ているでしょう。他にたぬきさんは、どんなことをしていると思いますか。

C　糸車を回す練習。

T　他のお友達はどうでしょう。

C　がまんして糸車を回している。

C　泣き**ながら**糸車を回している。

C　涙を流し**ながら**糸車を回している。

（　）カ

語彙指導「も」

課題把握

語彙指導「ながら」

→ **自分の考え**

C　涙をぬぐいながら糸車を回している。
T　他のお友達はどうですか。
C　涙を落としながら糸車を回している。口々に。
T　それじゃあ、あなたの意見を発表してください。
C14　涙を流しながら糸車を回したと思います。
T　上手に言えましたね。
C25　おかみさんのことを思いながら糸車を回しています。
T　糸車を回していると思います。おかみさんのことをどういうふうに書こうかな。もう少しお話を聞いてからにしようかな。
C24　のどがからからで頑張っていると思います。
C1　さみしそうで糸車を回しています。
T　やっぱり糸車を回していると思うのね。
C27　頑張って糸車を回していると思います。
C17　寒さもこらえて涙もこらえて、糸車を回していると思います。
C　宮沢賢二みたい。（小さな拍手一つ　意見発表後、発表した児童の発見）
T　本当ね。（共感する。）
C5　涙を流しながら糸車を回していると思います。
T　最後まで上手にはっきりと言えましたね。みんなで拍手しましょう。
C　（拍手）
C31　涙をいっぱい流しながら糸車を回しているです。

意見発表
（最後まで）

書く視点①
糸車を回すたぬき

アンソロジーと
人物への関心

口形努力児
評価

C　I・Kちゃん声がかわってきた。　　発音　ちゅ

T　上手になってきたね。そんな時は褒めてあげてね。（拍手）　　相互評価

C_{18}　たぬきは、一生懸命糸車を回していると思います。

T　他のお友達はどんなに考えているかな。M・Sさんどうですか。　　（集中力を養う）

C_{29}　涙をこらえながら、たぬきは糸車を回していると思います。

T　落ち着いて答えれましたね。　　評価

C_{9}　たぬきは、汗をふきながら糸車を回していると思います。

T　汗をふきながらということは、どうも皆の心は、こっちを見ているようですね。

C_{8}　涙をぽとぽと落としながら回したと思います。

T　ことばが見つかりかけたので書いていこうか。書きながら作ってみようかな。　　自己表現

（板書しながら）寒さもこらえて涙も（何もかもこらえて）こらえて頑張っているなと思うのね。

（先生これ――ことばをつなぐ印）これとこれをつなぐのね。「も」にも赤○をいれておこうかな。（もに赤○）大事なことば、お○をいれておきましょう。

（さむさもなみだも）　　ことばへの関心

T　もう他にないかな。冬の間のたぬきさん。

C_{24}　食べ物がないから糸車を回していると思います。

C_{17}　もう死にそうです。

C_{19}　わたしは、たぬきがのどがからからなのに頑張って糸車を回していると思います。

T　頑張ってるということばも出てきましたね。頑張っているに赤○を入れようかな（書く項目として）頑張っているたぬきさんがみんなに見えだしたんだね。

C　ちょっとお友達のお顔を見てね。（次に発表すべき人を考えさせる）Y・O君。

C_{15}　……

T　忘れたかな。じゃあ、忘れましたって言ってください。

C　忘れました。

T　そう、思い出したらまた言ってくださいね。

C_{3}　糸車を回しながらお留守番をしていると思います。

T　ああ　お留守番をしている。頑張っている。

T　じゃあ、この辺りでないお友達が、起立してみてくれますか。もう他に冬の間たぬきさん（楽しくも嬉しくもなくて我慢をしてこらえている。仕事みたいに頑張っている。毎晩毎晩している。）しているのね。

T　していることはわかった。（昔のいたずらのような）今度は、たぬきさんは心で何を思い出しているかなって聞いてみよう。

C　おかみさんのことを思いながら回している。お友達が（席でのつぶやき）

T　はい、発表してみて下さい。はい、Y・Oくん。

C_{15}　……

T　何を思い出しているかな。

C_{15}　おかみさんを

T　おかみさんを

C　（全）思い出している。

T　じゃあ、思い出しながら、

（C_{15}　発表力）←（C_{15}　発表力）

C15　回している。
T　そうね。拍手をしてあげてください。ちゃんと自分の意見が言えました。
T　ここで、おかみさんとの何を思い出しているのか、ちょっと思い出してみましょう。
C　助けてくれたこと。家族のこと。いたずらしたこと。（席でのつぶやき）
C23　おかみさんの心のことを思いながらぐるぐる回していると思います。
T　心のことって言いましたね。（板書）
C29　糸車の音を思い出していると思います。
T　そうですね。糸車の音もきっと思い出しているでしょうね。それから、もう一つ思い出すことは、何ですか。このことを思い出しているかもしれないね。
（二つの絵を貼る。）三人のお友達、手を挙げているから言ってみてください。
C24　ことばを思い出していると思います。
C8　おかみさんのきれいな声を思い出していると思います。（口々に続く）
T　最後まで言えましたねえ。
C5　おかみさんを思い出していると思います。
C17　おかみさんのきれいな声を思い出していると思います。
T　きれいな声、それからもう一つ思い出したいことがあるねえ。
C　家族のこと。きれいな心のこと。おかみさんや家族のこと。（口々に続く）
T　もう一つ音があったじゃない、きれいな音が。（キーカラカラ）これ何の音？
C　糸車の音。キーカラカラ。（席でのつぶやき）
T　そうねえ。先生、糸車の糸の書き順間違えないかなあ。あってたかな。（板書）

←評価

書く視点②
思い出

筆順指導

ちょっと思い出してみましょうね。（絵をさしながら）こっちは？
C17　いつかの楽しい時のこと。（板書）
C8　ことばをくれたこと。
T　今日は、「こと」は置いておこうかな（書くことばとして）楽しかったけど、今のたぬきさんは？　今はひとりぼっちで寒いねえ。
C　寒さもこらえて糸車を回している。ひとりぼっちさびしいよ。ひとりぼっちいやだよう。（席でのつぶやき）
T　（絵をさして）こっちかわは、さっき誰かが言ってくれたようにこれは、（おかみさんのことば）ね。どんなことばだった？
C　すてきなことば。
T　そう、すてきなことばね。じゃあ、一緒に言ってみよう。どんなことばだった？
C全　かわいそうに。わななんかにかかるんじゃないよ。たぬき汁にされてしまうで。
T　このことばすてきで、どうですか。
C　やさしいことば。ひかることば。（席でのつぶやき）
T　やさしいことばかけてくれたね。そうね。じゃっ、ここで思い出しておこう。ことばだけじゃなかったね。
C　こわいのに来てくれた。助けてくれた。
T　おかみさんもとてもこわい。（こわごわ）こわい、こわい。こわごわ。（おかみさんも）こわごわなのに来てくれた。（こわいのに来てくれた。）（板書）
C　ぶるぶるふるえているのに。寒気がゾッとするなあ。ことばもくれた。助けてくれた。こわご

［糸（車）］

板書の書き方

語彙指導
こわごわ

わの気持ちなのに。ゾッとするぐらいこわいのに来てくれた。
T　ここにもう一つ書いておこう。（ことばもくれた。助けてもくれた。こわごわなのに来てくれた。他に何かないかなあ。）それなのに、今は、おかみさんもいない。ひとりぼっち寂しいなあ。（渇いた心の中でいてくれる。）心が渇くね、だから、「おかみさん早く帰ってきて」っていっているのでしょうね。早いって筆順合ってるかな。
C　おかみさんが明日もあさってもいない。
T　さみしいね。
C8　春になったら帰って来る。
T　そうね。春になって早くもどって来てって言よる〈言っている〉でしょうね。
C8　春になったら、ぼくも外へ出られるし、おかみさんももどってくる。それまでの辛抱だあ。
C17　だいたい三月くらいまでまたなきゃだめだから。
C8　それまで辛抱だね。
T　じゃっ、ここでお外を見たたぬきさん、どんなこと考えたでしょう?
C8　びっくりします。
C　雪がいっぱい積もってる。
C17　外が山と私たちは思います。
T　ここまで雪が（積もって）この雪がね、風が吹くとシューゴーザーって、お外は寒くて、（雪がいっぱい積もっている。）
T　そう、寒いだけでなくってねえ、寒くてって言いました。寒いだけじゃなくて、こんなのをね。厳しい冬っていいます。ちょっと言ってみて。厳しい寒さとか。

筆順指導
［早］

書く視点③
外の様子

語彙指導
厳しい

C　梅雨の月厳しく光り
T　あるねえ。一緒に言ってみましょう。
C　（全員で）梅雨の月厳しく光り去りがたし。
T　厳しい、きつい。
C[17]　厳しい雪の降り続き。
T　それなのに、ぼくはどうですか。またひとりぼっちになっちゃった。たぬきさん、前もひとりぼっちだったよね。今度またひとりぼっちになった気持ちを前と比べてみようか。
C　全然違う。こっちの方がごっつい。前よりもずっとさみしい。おかみさんもいないし、糸車の音も聞こえないし、樵さんもいないし、外には出れない。友達もいない。食べ物もない。
T　じゃ、前よりも……。「も」って書いとこう。赤○つけておこう。先生ひとつ忘れてる。冬の間に出ていた大事なもの何かな。いつも見てて、たぬきさんの心を癒してくれていたもの。
C　お月様。
T　ずっと見てたと思うのよ。きれいなお月様。
C　雪が積もってたら見えないと思うんですが。
T　雪のあの間目からお月様が、お空を見る、
C　お月様を見ると、ちょっと心は和むけどすぐ泣いちゃう。
T　あの高窓と一緒なのよ。高い高いお窓の方に、病める子がってあれと同じ、見えてたのよ。こもいれて欲しい。（カード提示）お月様が今日も（出ない）（出る）出させてあげたい。出てない時もきっとあったわね。（先生、お月様の絵皆で描いてみませんか）（夜になったら僕寂しいと思うんだけど。）思うね。（ひとりぼっちだから）今日はね、出てない時もあるんだけど、空には、

アンソロジーと
梅雨の月

書く視点④
月

アンソロジーと
月だけが

月が、ちょっと読んでくれる。
C　（全員で）空には月がのぼっています。
T　あがっているという言い方もありますが、月がのぼるね。お月様見たらどうでしょう。（きれいよ。）きれいなあ。お月様を見ると心がどんなになるって皆言っていたかな？
C　あったかくなる。心がぬくもる。あたたまる。うれしい。（それぞれに）
T　心があたたまる。うれしい。（板書）このお月様を見て、今、たぬきさんどうでしょう。
C　さみしい
T　おかみさんと一緒の時、見ていたお月様です。
C　せっかく仲良くなったのに。
C　たぬきさんを月の近くにおいてあげたら。
T　そうね、おいてあげたいね。
C　そしたら、もっとぬくもる。おかみさんのお面も作りたい。
T　そうね。おかみさんがいないとどうかな。何と書いておこうかな。
C　おかみさんがいないとあまりにもさみしい。心さみしい。おかみさんがいないとぼくさみしいよ。（それぞれに）
T　そうねえ、おかみさんがいないと……（板書）これで冬の間のたぬきさんのことがそろいました。
C8　先生、なんで「……」ってなっているんですか。（板書への質問）
T　ごめんなさいね。書けませんが、一緒にここ読んでみてください。おかみさんがいないとさびしいよう。「……」（山びこ山びこ）それではね、机の上の本はちょっとしまってください。（随分書いたな）今度は分けっこしよう。今日はね、たくさんあるから、このうちからどれを選ぶか、

学習活動2

書く視点
達成

表記指導

ようく考えてね。これは、外の様子のことが書きたい、次はお月様を見て言ってる所を書きたい、次は冬の間のおかみさんの思い出のこと、これは、春がもうすぐ来るよって待っているところで、こっちは、ぼく頑張ってお留守番するんだっていうところのこと、泣けてくるけど頑張るよって言っているところのこと、いいですか。じゃ、聞いてみようかな。二つある人は、先にお友達に一つあげてね。それでは、外の様子を文やふきだしで書いてみたいなと思う人、お月様とお話ししているところ。おかみさんとの思い出の糸車のこと。最後までおかみさんのことを思いながら頑張ろうという人。（あまり決まっていない）とってみないと分からないかな。二つある人は、ちょっと待っててね、

C　（自分が選んだ場面で、想像したことを吹き出しに書く）

T　今から吹き出しを書きますが、一人でまずやってみましょう。文章を書こうと思うとつまってしまうので、お面をかぶってたぬきさんになって、ここでどう言ってるかなあって、考えながら書いてみましょう。たぬきさんになるといい考えがうかんできますよ。お仕事始めてみましょう。

T　（机間指導）

T　お声が聞こえてきましたね。どのお友達も二つ以上書けています。書きながらお耳をちょっとこちらにくださいね。今書いている文ですてきだなあ、いいなあと思うものに印をつけてください。他のお友達と一緒に響かせ合いをしましょう。今書いている文がお○〈文末〉までできたら、声を出して読んで下さい。

C　（できた者から声を出して読みだす）

T　今度はグループで増やしていきます。今日は、たくさんいいのがあるので、ようくお耳で聞い

「……」

想像を豊かにする

個人 ← 隣と

てください。もらい合いができるので、響かせ合いましょう。冬の間の外の様子を書いているお友達、お月様の黄色、思い出の緑なんですが、草色とも言います。そして、頑張るよと心を書いたピンク色。（各場面で移動して作業をする場所を指定する）筆箱に鉛筆を入れて旅に出ましょう。

C　（移動する）

移動後の座席

31	10
6	18
1	8
30	7

16	4
21	28
32	20
17	13

15	14
12	23

5	9
2	3
26	24
22	29
25	27
11	19

T　お友達が自分のお声をとってくれるから、響かせ合いながら、音読しましょう。もらってくださいね。

C　（立って読み合う）

T　それでは、一緒に読んでみたいと思います。お〇〈文末〉まできた子から読んでください。お声を出してください。

C　（順に読み始める）

語彙への関心
[草色]
→グループで

学習活動3
音声表現
各自練習→

T　それでは、お声を響かせながら起立して読んでみましょう。
C　（各自工夫しながら読み合う）
　（児童の声が小さく、表現の練習になっていない）
T　声が十分出ていませんね。友達に届きません。声の練習をしましょう。
　（声のチャンネルを見せ、声を出す練習をさせる）
T　上手にお稽古ができたから、ここでちょっと見せてあげたいものがあります。去年のお友達が書いたものにみんなが書いていないものもあると思うの。いいなあと思うものがあったらもらってください。（グループに配る）
C　（いいなと思うものが見つかった子どもは付け加える）
T　去年のお友達のをもらったグループがひとつありました。お兄さん・お姉さんありがとうの気持ちです。〈実際は三グループ〉今のも入れて、読むのを三つ決めてください。
T　はい、それでは、お友達のも聞いて増やしたし、去年のお友達のも見せてもらったし、立派なのができたので、いよいよ読んでいきましょう。少し練習しますか。（読む練習を始める）今の間に見つかった人は、文を入れておきましょう。
C　（グループで練習をする）

隣と練習 ← 学級として発声練習 ― イメージを広げる①昨年の作品から ← グループ音読練習 ―

T　では、先生、今の間に文を入れました。座ったままでいこうね。
T　たったひとりぼっちになってしまったたぬきさん。厳しくて寒い冬を過ごしています。外は、はげしい風の音です。

← 全体練習①

表現の大体は次ページと似ている。
資料8（一六五～一八四ページ）に児童の学習記録と発表の実際を記載。

T　みんなのを聞いていると先生の心にことばがしみてきてじいんとします。たぬきさん、おかみさんとの思い出がいっぱいあってよかったね。こんなに厳しい冬でも、過ごしていけます。もう一つ出会ったものがありました。何だったかな。
C　糸車です。
T　よかったね。この二つがあったから、こんなにさみしいひとりぼっちの冬を頑張っていけましたね。**ちょっと聞きますが、これは誰の糸車ですか。**

語彙指導［の］

C　おかみさん**の**です。
T　おかみさん**の**ものですね。でもおかしいよ。この題なんだったのですか。
C　たぬき**の**糸車。
C　もしかして、おかみさんたぬきにあげたのでは。
C　たぬきが毎日きて回していたからだ。
T　本ではどうなっていたかな。ちょっと読んでみましょう。
C　いつもおかみさんがしていたとおりに、（全員で読む）

イメージを広げる②
題から

C　わかった。冬の間ずうっとしてたから、たぬきの糸車なんだ。

T　そうですね。冬の間頑張ったたぬきさんにもうすぐ春ですよって言ってあげたいね。みんなのを聞いていて、出会いがあること、思い出があることをうれしく思いました。たぬきさんにもうすぐおかみさん帰ってくるから待っててねって言ってあげよう。

C　たぬきさん、もうすぐ春よ。待っていた春よ。もうちょっとの辛抱よ。

T　上手に読めたのでみんなに見せたいものがあるの。たぬきさんの心はさみしくって泣き出しそう。でもそのむこうでは、お月様のような温かい心があると思うの。（たぬきの後ろに温かい心表現する絵を貼り足す）それでは、たぬきさんに聞こえるように、冬の間を読んであげましょう。

T　入れたい音があります。音つくれるかな。外の激しい音を言ってみてください。

C　ゴーザザー、ザザザー、シューゴーゴー

T　ふと見ると糸車がありますのところへ、やさしくキーカラカラ（声、それぞれに）って入れようかな。先に音が聞こえるようにしようかな。では、今からたぬきさんに届くように読みましょう。

T　それでは、がっかりたぬきさん、厳しい冬の中を、たった、ひとりぼっちで我慢をして生きていきます。

外は、激しい風の音です。

C　ゴーザーザザー、ゴーザザザー。（全員で、それぞれに）はげしい風の音です。ゴーザザザー　ビューダダダダー
（それぞれに）
[先の表現と（　）消去、―付け足し、（→太字）言い換え]

イメージを広げる③
心を絵に表現
イメージを広げる④
情景を音で捉える
→ 全体練習②

もう木のはもぜんぶおちちゃったけど、外にでられないよ。一回外に出たいよ。おかあさんしんぱいしてないかな。／もう雪が降ってきて、ひとりぼっちになってさびしいよう。とてもそとにでられないから、とてもさむいよう。／たぬきは、そとのようすをみながら糸をまわしていました。さむいな。こんなにひとりぼっちになったのはじめてだ。さみしくてこころがつめたくなってきたよ。／さむい、そとにはでれないよ。さびしいよーお。くるしいなーあ。これから、どうやってすごせばいいんだろう。／おかみさん、またもどってきていとぐるまをまわしてください。／あーあ、おかみさんがいないからそとにでられないよ。／おかみさんはやくかえってきてよ（／誰でもいいから食べ物もってきてよ。）

空には、月が上っています。

（お月さま）お月さまをみていると、こころがおちつくよ。お月さま、今日もピカピカひかってありがとう。お月さまってきれいだなあ。／こんなきれいな月、ぼくはじめて見たよ。まいばん—じゅう—みていたいよ。／お月さまがいたら、ぬくもるなあ。—お月様の目の前にいったらもっともっとぬくもるなあ。／お月さまの上にいったらいいのになあ。ともだちがいたらいいのに。／T↓全「ひとりぼっちで見るお月様はさみしいよう。／たぬきは、すこししかなきやみません。こころがあったまるなあ。さびしいなあ。たぬきはやっとなきやみました。／きれいなお月さまがあがってる。お月さまを見ているとこころがあたたまるなあ。たぬきは、すこししか、なきやみません。／うれしい気になんかなれない。お月さまをみてこころがなごむのなら、とっくにしてるよ。たぬきは、やっと、なきやみました。／さいしょは、ぼくさみしかったんだよ。

キーカラカラキーカラカラ。ふと見ると糸車があります。

たのしいおもいでだったよ。糸車の音もきこえない。こわいのにきたの。とてもうれしいよ。／きれいなこえが聞こえないや。ぼくさびしいよ。／おかみさんといっしょにまわしたいなあ。ここではまわせません。／おなかがすいたよう。たぬきは、わあわあなきました。／ぼくこれじゃあ冬の間（は）暮せないよう。外には出られないし、僕に（似）合う食べ物はない。きっと一緒に持っていったんだ。春までこんなのか。嫌だなあ。／ぼくのなかまはお月さまだけだあ。はやくはるになってほしいなあ。おかみさんはいまごろどうしているだろう―なあ―。※おかみさんやさしかったのに。おかみさんはいいひとだったのに。ゆめのようなまい日だなあ。／はやくおかみさんかえってきてよ。／おかみさん糸車を回して―よ―。糸車の音も聞こえないじゃん。／おかみさんにあいたいな。ぼくとっても寂しかったなあ。／おかみさん、どうしていっちゃったの。あいたいよう。（どうしていっちゃったの。）／なんで、ふとみるの。なんでこんなことになった（んだろう。↓の）／きっとがんばっておるすばん（しているね。↓をするよ。）まあしょうがない。春まで樵やおかみさんを待つしかない（よ。↓なあ。）※あ、おかみさんとまわしたころは、とっても楽しかったなあ。ぼくは、―いつも―いっしょうけんめいがんばっているんだよ。／糸車できるのかな。やってみるぞ。がんばるぞ。／ああ、おかみさんの糸車だ。なつかしいな。きれいなおとだなあ。

［※　M・K児　感動発露］

T　ぽんちゃん頑張るのようってみんなで言ってみよう。たぬきさん頑張るのようって。

C全　たぬきさあん、頑張るのよう。

T　冬はどんなに厳しくても頑張ってねえって。心におかみさんとの思い出や出会いがあります。

（一回、聞きたい。）また、聞こうね。それじゃあ起立しましょう。お勉強終わりにしましょう。

C　これで、冬の間のたぬきさんのお勉強を終わりましょう。

C　終わりましょう。礼。

学習活動4

資料８　児童の学習記録と発表の実際

T　たったひとりぼっちになってしまったたぬきさん、厳しくて寒い冬を過ごしています。外は、はげしい風の音です。

発表の実際

傍線　発表したい文
●　児童が発表のために選んだことば・表現
★　発表の段階で多少異同のあったもの
☆　流れの中で進んでした表現

※10●もう木のはもぜんぶおちちゃったけど、外にでられないよ。
●一回外に出たいよ。
●おかあさんしんぱいしてないかな。

児童の学習記録

※10（＝児童出席番号、以下同）（S・A）

▨ゆきがこやをふさぎました。たぬきは外に出られません。ほうほうはひとつあります。それは、ふきだしをよんだら、わかるでしょう。

「はるまでまとう。」

とたぬきがいってみたそうです。

●もう木のはもぜんぶおちちゃったけど、外に出られないよ。
●一回外に出たいよ。
○もうおなかがメチャメチャぺこぺこ。なんでかというと、きのうからなんにもたべてたべてないから。
○なんかたべたいな。
○糸車しかないや。
●おかあさんしんぱいしてないかな。
○そろそろかえろうとしても外にゆきがつもっている。
○そとにでるほうほうは一つあるけど、はるまでまっていないと

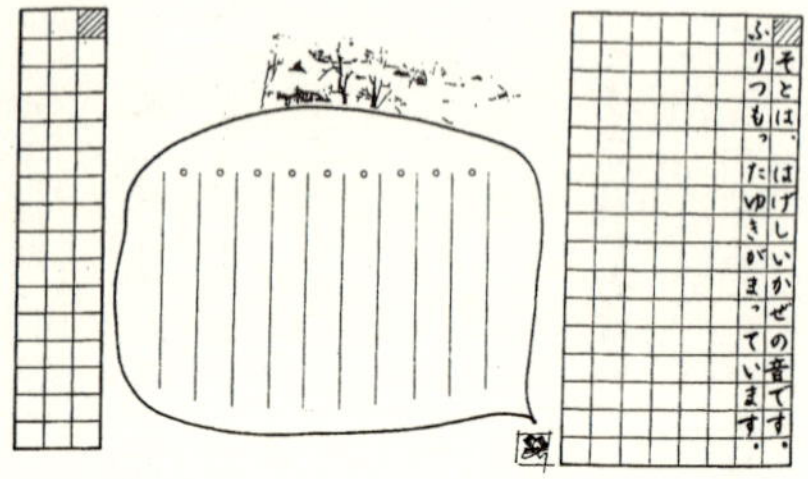

そとは、はげしいかぜの音です。ふりつもったゆきがまっています。

※18
★視点1
もう雪が降ってきて、ひとりぼっちになってさびしいよう。

●とてもそとにでられないから、とてもさむいよう。

いけない。
○はるまで糸車をまわそうかな。

※18　（K・H）

▨たぬきはびっくりして、

「もう、そとにでられなくって、さむいよう。」

と、しくしくといいました。

「そとにはでられないし、のどがからからだよ。」

といいました。

●もうふゆがきて、ひとりぼっちになってさびしいよう。
○あんなにいいことしていたら、ゆきがふってきたから、とてもさむくてたまらないよう。
○おかみさんがいたら、ぽかぽかあたたまるのになあ。
○とてもさむくて、のどがからからでしにそうだよ。
●とてもそとにでられないから、とてもさむいよう。

▨たぬきは、

「どこへいったんだろう。さびしいよ。」

と、なきながらいいました。

※6☆たぬきは、そとのようすをみながら糸をまわしていました。
●さむいな。こんなにひとりぼっちになったのはじめてだ。
●さみしくてこころがつめたくなってきたよ。

※6
▨たぬきは、そとのようすをみながら糸をまわしていました。（K・S）
●さむいな。こんなにひとりぼっちになったのはじめてだ。
○まえよりもさみしくなったな。
○せっかくともだちになったのに。
○さみしいな。
●さみしくてこころがつめたくなってきたよ。
○ひとりぼっちなんていやだよ。
○そとのようすはゆきがつもってたくさんだし、ひとりぼっちはさみしいな。
○こんなにさみしくなったのはじめてだな。
○そとはさみしいな。ごはんもないな。

※31
▨ゆきが、ぞくぞくはげしくふっている。たぬきの、外にはでれないひにちがつづく。ゆきだらけのそとです。そとは、さむくてゆきだらけで、そとには、でれないのです。だんだんきのみも、おちていく。（I・K）

※31★さむい、そとにはでれないよ。
●さびしいよーお。
●くるしいなーあ。
☆これから、どうやってすごせばいいんだろう。

※8●おかみさん、またもどってきていとぐるまをまわしてください。

★

●さむく、そとにはでれないよ。
●さびしいよーお。
●くるしいなーあ。
●これから、どうすればいいんだろうなーあ。
○よくゆきがふるなーあ。
○ほんとにさむいなあ。

▨きびしいなーあ。

※8
●さむいよ。おなかすいたよ。
●だれかたすけて。おねがい。
●おかみさん、いまごろいいところにいってるんだろうな。
○うごけない。おかみさん、たすけて。
○おかみさん、こんなさむいところ、よくいけるね。
○だいじょうぶ。からだまでかちかちする。
●おかみさん、またもどってきていとぐるまをまわしてください。
●ぼくにできるのは、ただひとつだけ。おかみさんをまつことだけ。
（S・K）

※7
（T・M）

※7●あーあ、おかみさんがいないからそとにでられないよ。

※30●誰でもいいから食べ物もってきてよ。

●あーあ、おかみさんがいないからそとにでれないよ。そとにもゆきがふっているし、そとにでられない。
○そとにでたらびゅうびゅうでてさむくなるよ。
○おかみさん、きっとしんでいないよ。ぜったいおかみさんもきっと村へおりていっているよ。
○さむいよお。おかみさん、こんなさむいところよくいけるね。
○たべものでもいいから、くさでもいいから、もってきて。
○なにかたべたいよ。そうだ、おかみさんのいえにいって、たべてみたいよ。

※30　（Y・B）
○さむいから、からだがこおってしまう。おかみさんきてよ。
●おかみさん、さむいよ。こまったな。
○かなしくてさみしいよ。たのしみにしてたのに。
●だれかたべるものもってきてよ。おかみさん。
○おかみさん、どこからどこまでいくの。
○さむいよ。たのしみのときに、おかみさんきてよねぇ。さむいからうごけないし、そとにもでれない。
○こまったなぁ。おかみさんたすけて。ぼくさみしいよ。
○おかみさんどこまでいっているの、ねえ。

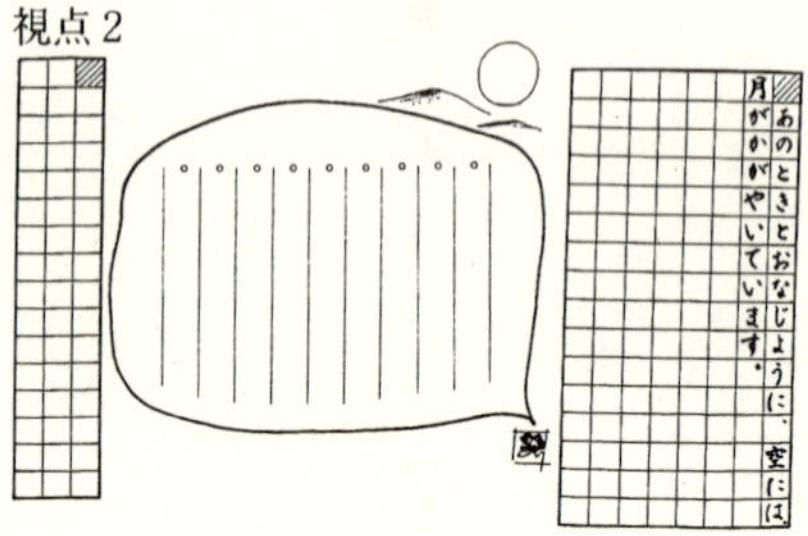
あのときとおなじように、空には月がかがやいています。
視点2

※1☆お月さま　お月さまをみていると、こころがおちつくよ。

●お月さま、今日もピカピカひかってありがとう。

○おかみさん、さむいよ。おかみさんきてよ。

○おかみさんいつかえってくるの。はやくかえってきてよねえ。

※1　（T・F）

▨お月さまは、きれいです。月がきれいにピカピカひかっています。お月さまは、すごくひかっています。お月さまは、こまって、しゃべるか、まよっています。

「どうしよう。」

とお月さまがこころでいいました。

○お月さま、ちっちゃいねぇ。でも、ちかくでみたらおおきいんでしょう。

●お月さまをみていると、こころがおちつくよ。

●お月さま、今日もピカピカひかってありがとう。

○お月さまきれいだね。お月さまなんできれいなの。おしえてくれよ。ともだちでしょ。いうてよ。

○あ、そういえばお月さましゃべれないんだった。でもしゃべれたらしゃべってね。ぼくはずうっとまってるからね。

○ぼくはずっとしなないから、いつでもしゃべってね。ほんとうにできたらしゃべってね。お月さま、むりしなかってもいいから。おねがいね。

★

※14★こんなきれいな月、ぼくはじめて見たよ。

★まいばんみていたいよ。

●お月さまってきれいだなぁ。

▨お月さまは、どうしようとこまっています。お月さまがこまってこまってしかたがありません。

※14　（H・I）

●きれいだ。ぼくこんなきれいなお月さまみたことないよ。

○こんなきれいなきれいなお月さま、一どしかみえないよ。ずっとみていたいよ。

○おかみさんとこんなきれいな月みたいなあ。こんなきれいな月、ぼく一どもみたことないよ。

●まいばんまいばんまいばんみていたいよ。

○ぼくもしぬまでみていたいよ。もっともっともっとみていたいよ。

○お月さまがしんぱいして、たぬきを見ています。

○ずっとみていたいよ。

▨まいばんじゅうみていたいよ。

※23　（S・I）

※23
●お月さまがでたら、ぬくもるなあ。
★☆お月さまの目のまえにいったら、
もっともっとぬくもるなあ。

※12
●お月さまの上にいったらいいのになあ。

●お月さまがでたら、ぬくもるなあ。
○お月さまのめのまえにいったら、もっとぬくもるなあ。
●ほんとにこころがぬくもるなあ。
○こころがちょっとあたたまるなあ。
○お月さまの上にいったらいいなあ。そしたらこころもあったまるよ。
○いまもこころがあったまるなあ。
○ほんとにいけたらいいなあ。
○お月さまもひとりぼっちなのかなあ。

※12
▨月は、しんぱいして、たぬきをみています。　（T・N）
○げんきでこえをかけて、でてきてよおかみさん。
○月さまいないとき、おもしろくない。
○月だいすきなお月さまなのに、まだあたたまらない。
○でもちょっとあたたまる。
○おおきなお月さま。
●お月さまのうえにいったらいいのにな。
○月のうえで、すべりだいしたい。

●ともだちがいたらいいのに。

T「ひとりぼっちで見るのはさみしいよう。」上手に書いとるねえ。皆で一緒にいってあげよう。

●ひとりぼっちで見るのはさみしいよう。

※20☆たぬきは、すこししかなきやみません。

★こころがあったまるなあ。

○おかみさんだいすきなのに。
●ともだちがいたらいいのに。
○しんでしまう。いっしょうここで、お月さまといるのかな。
○おかみさんかえってきてよ。

※15　（Y・O）
○お月さまきれいだね。
●ひとりぼっちで見るのは　さみしいよう。
○こころがあったまるよ。
○お月さまぼくをたすけて。
○おかみさんいないことだめだ。

※20　（H・N）
▨たぬきは、きれいなお月さまをみて、うっとりしました。たぬきは、すこししかなきやみません。
●こころがあったまっているなあ。
○きれいなお月さまだなあ。とってもきれいなお月さまだな。
○ちょっといいなあ。
●きれいなお月さまをみてるとあたたまる。

★さびしいなあ。

☆たぬきはやっとなきやみました。

※13●きれいなお月さまがあがってる。
☆お月さまが見えるところが
あたたまるなあ。

※17●たぬきは、少ししか、なきやみません。

○お月さまもひとりぼっちなんだ。
●さびしいな。おかみさんでてきて。
▨たぬきはやっとなきやみました。たぬきは、お月さまをきれいとおもいます。

※13
▨たぬきは、すこししか、なきやみません。たぬきは、しくしくなくばかりです。
（M・N）
●きれいなお月さまがあがってる。
●お月さまをみてるとこころがあたたまる。
○ぼく、おかみさんをおもいだすな。
○なんでお月さまって、こころがみえたりするんだろう。
○さびしいな。
▨たぬきはやっとなきやみました。

※17
▨たぬきは、すこししか、なきやみません。たぬきは、しくしく
（M・H）

●うれしい気になんかなれない。

●お月さまをみてこころがなごむのなら、とっくにしてるよ。

☆たぬきは、やっと、なきやみました。

※32

★さいしょは、ぼくかなしかったんだよ。

視点3

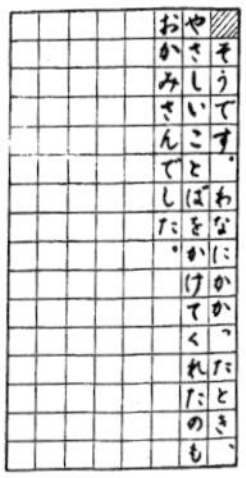
そうです。わなにかかったとき、
やさしいことばをかけてくれたのも
おかみさんでした。

かなしそうになくばかりです。

●うれしい気になんかなれない。

○あのときの月とぜんぜんちがう。ちょっとしかこころがなごまない。

●お月さまをみてこころがなごむのなら、とっくにしてるよ。

○お月さまもひとりぼっちなんだ。

○お月さまがおかみさんだといいのにな。

○さびしいな。

▨たぬきは、やっと、なきやみました。

※32　　（A・S）

▨さいしょ、ぼくかなしくてたまらないからね。ぼくいっしょうけんめいおかみさんのて

○ぼくむらのとこにいってじゆうにいきたいな。そうじゆうになったら　おかみさんもむらにいるかもしれない。

○そしたら、ぼくが糸車をまわそう。

○あっ。お月さまだー。あーきれいだな。

○あーすごくきれいな月だなー。

視点３

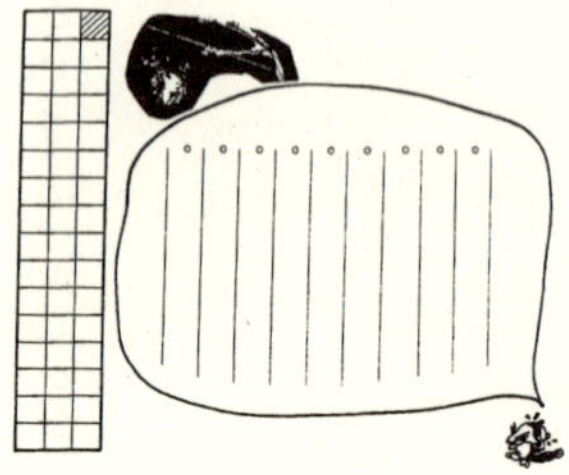

※４●たのしいおもいでだったよ。

●糸車の音もきこえない。

☆こわいのにきたの。とてもうれしいよ。

※28●きれいなこえが聞こえないや。

●ぼくさびしいよ。

（拍手）

○月をみていたらこころがあたたまる。すごくきれい。

○月もひとりぼっちなんだね。

※４

▨たぬきは、

「さびしいな。」

といいました。

●たのしいおもいでだったよ。

●糸車の音もきこえない。

○こわいのにきたの。とてもうれしいよ。

（T・T）

※28

●きれいなこえがないや。

○早くかえってきてよ。

●ぼくさびしいよ。

○おかみさんはいじわるじゃないや。

○やさしいこえがないや。

○こわごわきてくれないよ。

○にがしてくれたのがよかったな。

（Y・T）

※21●おかみさんといっしょにまわしたいなあ。
●ここではまわせない。

※16★おなかがすいたよう。
●たぬきは、
「わああわあ。」

なきました。

○いまはひとりぼっちだけど、あしたはかえってきてくれるかな。
○おかみさんはどこへいったのかな。

※21
●おかみさんといっしょにまわしたいのになあ。
●ここではまわせない。
○やさしいことばもくれた。
○おかみさんがこわいのに、きてたすけてくれた。
（M・Y）

※16
▨おかみさんがいないとさびしいよう。おかみさん、できるだけはやくかえってきてねぇー。てがつめたくなるなあ。

（M・M）
○おかみさん、いつかえってくるんだよう。さむいよう。
●おなかがすいたよう。さびしいよう。
●たぬきは、
「わああわあ。」

なきました。
○おかみさん、ぼくさびしいよう。

（驚きの息）

※3★ぼくこれじゃあ冬の間は暮せないよう。外には出られないし、僕に似合う食べ物はない。きっと一緒に持っていったんだ。春までこんなのか。嫌だなあ。

※9●ぼくのなかまはお月さまだけだあ

※3　　　　　　　　　　　　　　　　　　　　　　（S・H）

▨たぬきは、おかみさんといっしょに糸車をまわしたことをおもいだしました。たぬきは、こうけっしんして糸車をまわしはじめました。

○まいばんたのしかったなぁ。でもいまは、ほんとうのひとりぼっちか。さみしいなぁ。

○たぬきは、うなずきました。

○たぬきは、ぼんやり糸車をみていいことをおもいました。

●ゆめのようなまいにちだったなぁ。おもいだすと、なみだがでそうだなぁ。でもいまは、じごくのどんぞこだなぁ。

●かえってきてほしいなぁ。ぼくこれじゃふゆのあいだくらせないよ。そとにはでられないし、ぼくにあうたべものもうないし。きっともっていったんだ。はるまでこんなのか。いやだなぁ。

※9　　　　　　　　　　　　　　　　　　　　　　（T・H）

○あのとき、おかみさんがたすけてくれたことをおもいだしたぞ。

○おかみさんはなんてやさしいんだ。

○ぼくめそめそないていられない。

●ぼくのなかまはお月さまだけだあ。

●はやくはるになってほしいなあ。
●おかみさんはいまごろどうしているだろう。

※2●おかみさんやさしかったのに。
★おかみさんはいいひとだったのに。
☆ゆめのようなまい日だなあ。

※5●はやくおかみさんかえってきてよ。

※24☆おかみさん糸車を回して。全然聞こえない

●はやくはるになってほしいなあ。
●おかみさんはいまごろどうしているかなあ。
○おかみさん村にいるのかなあ。

※2　（M・T）
▨たぬきは、わあわあなきました。
●おかみさんやさしかったのに。
●おかみさんいいひとだったのに。
○まいばんがたのしかった。
●ゆめのようなまい日だな。

※5　（K・S）
●おかみさんがいなかったら。やさしいおかみさん、ありがとう。
●わなにかかったぼくを、おかみさんがたすけてくれた。ぼく、とってもうれしかったよ。
●はやくおかみさんかえってきてよう。でもいまはもうなんにもないよ。

※24　（A・J）
○きれいなおとです。きれいね。

じゃん。

視点4

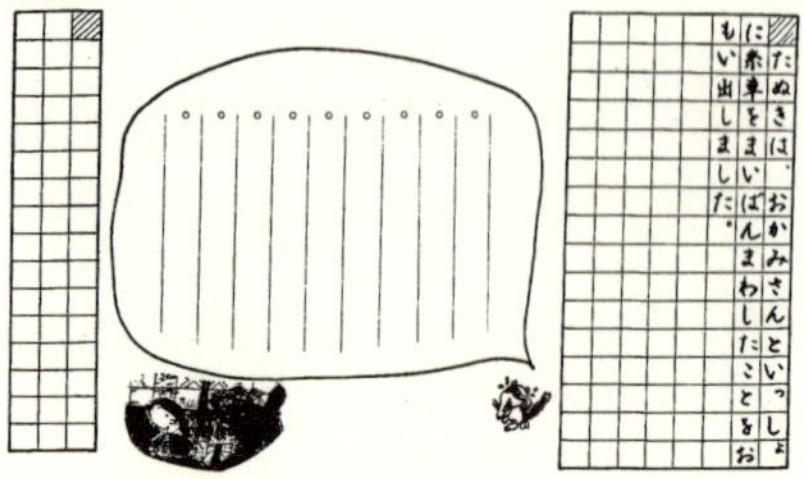

★おかみさんにあいたいな。ぼくとっても寂しいなあ。

○たのしかったなのにです。たのしくしていたのになです。

●糸車もきこえません。どこかへ糸車はいきました。

○いまはひとりぼっちです。ひとりにされないでです。

○やさしいことばです。やさしいことばです。

○こわごわいてくれました。とてもこわかったんだです。

○早くかえってきてよ。早く。まってるよ。

○にがしてくれました。よかったんです。

●きれいなこえです。早くきこえてください。

※29

▨たぬきは、きれいな音がききたいのです。たぬきは、こころをきめました。

（M・S）

●おかみさんにあいたいな。

○きれいな音もきこえない。糸車の音もきこえない。ああさみしいな。ひとりぼっち、さびしいな。

○おかみさんにあいたいな。わなにかかってもいいから、いちどでもあいたいな。

●早くおかみさんにあいたいな。ぼくとってもさみしいな。おかみさんにあいたいな。

●おかみさん、どうしていっちゃったの。

●あいたいなぁ。どうしていっちゃったの。

●なんで、ふとみるの。

●なんでこんなことになったんだろう。

視点5

▨ふと見ると、おかみさんの糸車が
あります。あのなつかしい糸車です。
たのしかったときをおもい出しまし
た。

●こわいのにきてくれたおかみさんにあいたいよ。

○やさしいことばもくれたおかみさんにあいたいな。

※22

▨たぬきは、おかみさんに、ありがとうといいたかったんです。（C・H）

○わなにかかったとき、どうしてたすけてくれたの。

○おかみさんにあいたいなぁ。

●おかみさん、どうしていっちゃったの。

○はやくもどってきてくれないかなぁ。

○どうしていっちゃったんだろう。

●あいたいなぁ。どうしていっちゃったの。

○どうしていなくなったの。どうして。

※26

▨たぬきは、糸車がほしくってたまらないから糸車がほしかったからさあ。（S・F）

●なんで、ふとみる。またこんなことになっちゃった。

○こまったことじゃ。

視点５

●きっとがんばっておるすばんしているね。

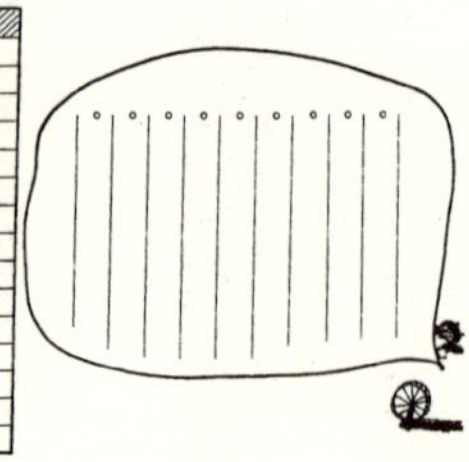

★まあしょうがない。春まで樵やおかみさんを待つしかないよ。

●なんでこんなことになったんだろう。つまんないのう。
○ふとみるとおかみさんの糸車があったので、それをむすびました。

※27　（S・T）

▨たぬきは、あのなつかしい糸車をなかなかおもいだせません。
○ぼくでもがんばっておるすばんするよ。
●きっとがんばってがんばっておるすばんするよ。
○ぼく、ふゆのあいだ糸車のれんしゅうをしてみようかな。でもすこしだけなみだもでるし、かなしいなぁ。
●まあしょうがないか。はるまでがまんして、おかみさんやきこりをまっているしかないもんなあ。
○ぼくもすこしはがまんやおるすばんをしなくっちゃあ。
○ふゆのあいだずっとがんばってれんしゅうするしかないなぁ。

※19　（M・K）

▨たぬきは、なつかしい糸車をまわそうとしてかんがえています。

たぬきは、いまもがんばってがんばっています。おかみさんのおもいでがいっぱいでていきます。

●あ、おかみさんとまわしたころは、とっても楽しかったなあ。

★ぼくは、――いつも――いっしょうけんめいがんばっているんだよ。

視点6

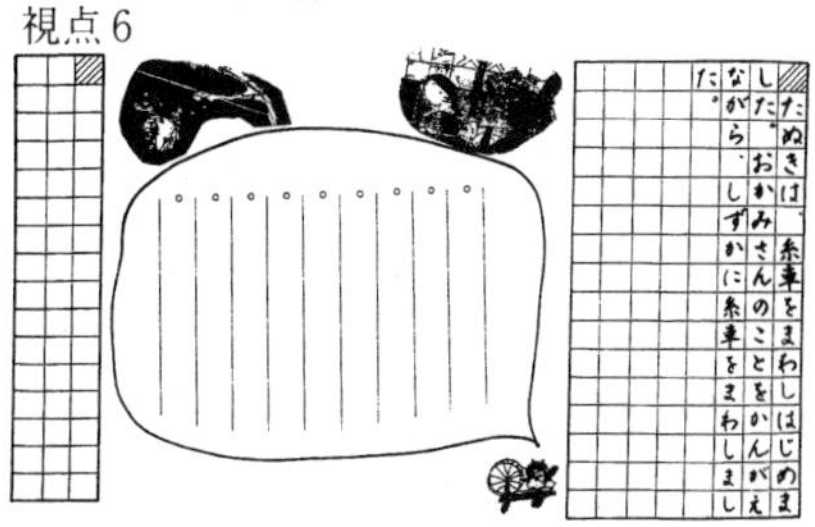

☆糸車できるのかな。
やってみるぞ。

○あ、おかみさんの糸車だ。
○この糸車は、ひさしぶりだなあ。
●あ、おかみさんとまわしたころは、とってもたのしかったなあ。
○ああ、なつかしいなあ。
●ぼく、いまもいっしょうけんめいがんばっているんだよ。
○なんでこんなことになったのかなあ。
●おかみさんにたすけてもらってよかったなあ。

※11　（K・Y）

▨たぬきは、糸車をまわそうとおもいました。たぬきは、糸車をまわすまねをしたくなりました。でも、するのがわかりません。だかられんしゅうをはじめました。

○おかみさん、いない。
●でも糸車をまわすぞ。
●がんばるぞ。
○でもどこにあるのかな。
○やっぱりがんばるぞ。
○でもできるかな。
○やってみるぞ。

●がんばるぞ。
●ああ、おかみさんの糸車だ。
●なつかしいな。
●きれいなおとだなあ。

○がんばるぞ。
▨たぬきはお月さまがいるのかとおもいました。でもいません。
がっかりしました。

※25　（Y・K）
●ああ、おかみさんの糸車だ。
●なつかしいな。
○ちょっとさわってみよう。
○まわせるまわせる。
○れんしゅうしよう。
●きれいなおとだなあ。
○おかみさんがかえってきたら、糸車をれんしゅうして、おかみさんにみせたいな。
○だかられんしゅう、れんしゅうだ。
○おかみさんがかえってきたらいいのにな。

Ⅳ 発展としての実際

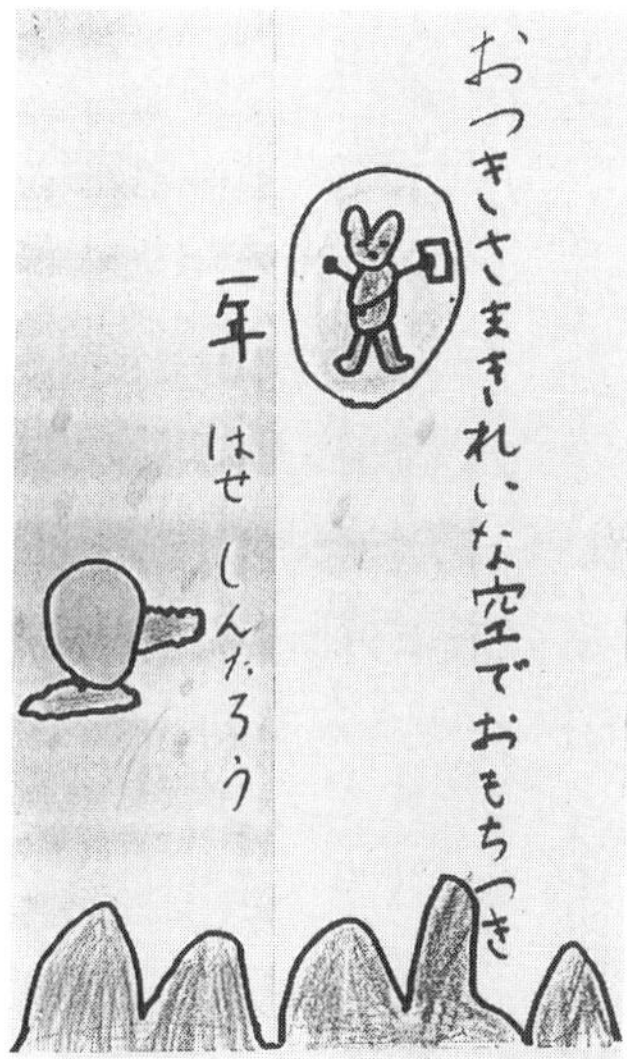
おつきさまきれいな空でおもちつき
一年 はせ しんたろう

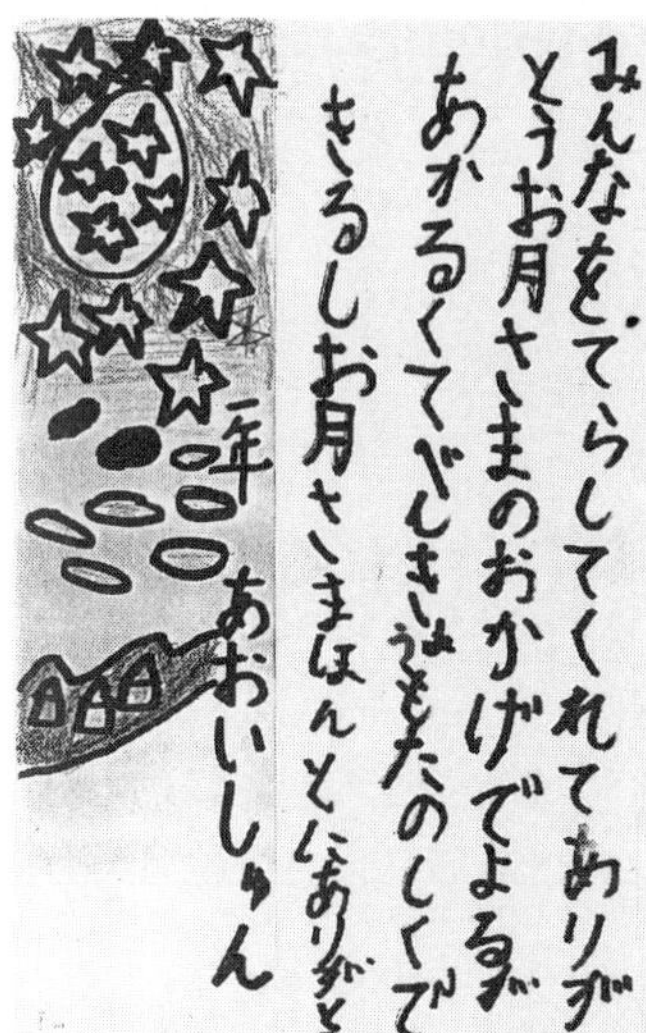
みんなをてらしてくれてありが
とうお月さまのおかげでよるが
あかるくてべんきょうもたのしくで
きるしお月さまほんとにありがとう
一年 あおいしゅん

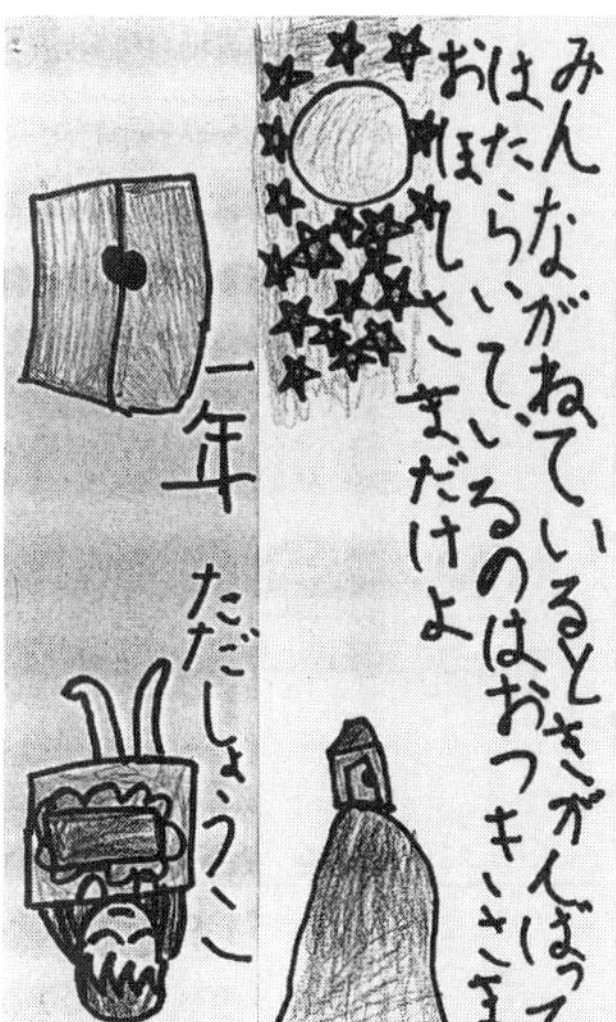
みんながねているときがんばって
はたらいているのはおつきさまと
おほしさまだけよ
一年 ただしょうこ

資料9　絵本にみる児童の捉えた冬の全体像

授業後の創造　絵本として完成させた表現（授業時の分担順）　［傍線はその子らしい表現　太字　課題となる表現・表記］

※10

そとははげしいふゆです。たぬきは、

「はるまでひとりぼっちか。」

といいました。

「もうそとにでられないのかな。そんなのいやだよ。」

といいました。お月さまがかなしそうに見ています。たぬきはお月さまにたぬきは、

「お月さましんぱいしないで必ず元気になるからね。」

といいましたがたぬきがしんぱいです。お月さまは、

「どうなってるかな。」

とおもっていました。

主語重複

※18

そとは、はげしいかぜです。たぬきは、やぶれしょうじのあなからのぞきました。

「もう、そとは、でられない。」

とたぬきは、びっくりしていいました。まるでこころのようです。

ふと見ると、糸車があります。たぬきは、まわりを見ると糸車がありました。

「そうだ糸車をまわそう。」

とたぬきはいいました。
キーカラカラ
キーカラカラ
キークルクル
キークルクル
すんだ糸車の音は、たぬきのこころの中をなぐさめました。そうしてきびしいふゆのあいだをたぬきは、おかみさんの糸車にはげまされて糸車をまわしました。

※6
そとは、はげしいふぶきです。たぬきは、

「さむくてそとは、ゆきだらけ。」

といいました。

「たべものもない。さびしいな。」

といいました。

さびしそうなたぬきです。お月さまがでています。でもたぬきのこころは、あたたまりません。まわりを見てみると糸車がちらりと見えました。たぬきは、

「あっそうだ糸車をまわそう。」

といいました。たぬきは、ほっとしました。

たぬきのこころは、あったかくなりました。まわりをみるたびまたたぬきは、ないてしまいました。

たぬきはなきながら糸車をまわしました。

※31
　そとは、ゆきがつもっていました。たぬきは、

「ああきのみもおちていくなーあ。」

といいました。そとは、はげしいかぜです。

　お月さまがぽっかりでていました。お月さまが、ねています。お月さまが、わらっています。お月さまがなにかいっています。

　へやをみていると、なつかしいなつかしい糸車がありました。たぬきは、

「なつかしい糸車だなあ。」

といいました。たぬきは、糸車をまわしはじめました。はるは、まだまだきません。たぬきは、いっぱいなみだをながしながら糸車をまわしていました。

※8
「わーあわあ。」

とないてしまいました。たぬきは、

「おかみさーん。」

となんべんもくりかえしました。やまびこばかりです。

「おかみさんどこにいたの。」

　こころがあたたまる月だな。

ふと見ると、糸車がありました。

主語

促音

★

「あなずかしいおかみさんのいとぐるまだ。これをつかおう。」

「ぼく糸車をちょとだけまわしてみよう。」

キークルクル　キークルクル
「これはなずかしいおかみさんの糸車だ。」

なみだをふきながらいしょうけんめいまわしました。

なつかしい

促音

※7
たぬきは、しょうじのあなからそとをのぞいて、

「さぶいよお。」

といいました。ふゆのあいだたぬきは、いません。とおもったらおかみさんのいえにいました。

きれいなお月さまが、出ていても、たぬきのこころは、はれません。

ふと見ると、糸車があります。たぬきは、

「そうだ。糸車をまわそう。」

たぬきは、つぎつきせまわしていました。

※30
たぬきはキークルクルというおとがきこへました。たぬきは、はやくかえってきてよとこころでおかみさんをよびました。たのしそうなとたぬきはいいました。たのしそうだったのにさみしいふゆにつつまれてしまった。わたしわなにかなにかなとおもったあとおかみさんのこえがやまからこころのなかみがいてるような　すてきなこへおしました。たぬきのいとはどんどんつまれていきます。い

★

は

えとへを

つものたぬきのところわ　いつものたぬきさんとでないなといいました。 たぬきがでていくとなにかこころが　さみしいおもいもしません。かのうしません。 こんなおとなんできれいなんだろうな。うつくしいしぜんの森のおとがこっちまできこえてくるな。 たのしみたのしみのときになんだとたぬきはおもいながら　たらたらといとぐるまのおとをひびかせて　キーカラカラキークルクルというおとがきこへてきました。たぬきは、たのしそうにいつか、まわしてみたいなとたぬきわおもいました。	※1 （欠席）	※14 そとははげしいふゆです。しょうじのあなから、そとをのぞきました。そしてたぬきは、 「ひとりぼっちはさびしいよ。」 とひとりごとをいいました。たぬきは、 「はやくあきがこないかな。」 と、つぶやきましたきれいなつきがでています。きれいなおつきさまがじめんをてらしています。きれいな月がでています。ふと見ると、糸車がありました。たぬきは、糸車をなきながら、まわしました。なつかしい糸車です。 「そうだこの糸車をおかみさんだとおもってふゆをすごそう。」 とたぬきはいいました。おかみさんをびっくりさせよう。とたぬきがおもいました。そしてたぬきは、
会話文		

おかみさんの糸車でふゆをすごしました。

★

※23
そとは、はげしいふぶきの音です。たぬきは、

「さびしいな。」

といいました。

きれいな月さまがでています。たぬきは、

「きれいだなあ。」

といいました。

あおかみさんの糸車だ。どうしてあるんだろう。

おかみさんのだいじなものなのに。

あそうだ。糸車をまわそう。

こうする。

たぬきは、

「はやくかえってこないかなあ。」

といいました。

たぬきは、なきながら糸車をまわしていました。

吹き出し形式

※12
そとは、はげしいゆきの森です。しょうじからそとをのぞいて、

「おかみさあん　かえってきて。」となみだをうかべながらいいました。

さびしいお月さまがでていて、まるでたぬきのこころです。でもさびしすぎます。

たぬきは、糸車のおもいでをおもいだしたとき、糸車がありました。たぬきは、

「そうだ、糸車をまわしたら、おかみさんのにおいがする。」

だから、たぬきは、はるまでがんばるぞのきもちで、糸車をまわしました。

※15
はやくはるがこないかなと**おこ**っていました。
たぬきは、やぶれしょうじをそっとのぞきました。たぬきは、やぶれしょうじをそっとのぞいてさむいよといいました。たぬきはなきながら糸車を**まは**、していました。はやくはるがこないかなとまっていて**おこりはじめました**。たぬきは、いと

★　おこる　概念
会話文
は、

※20
そとははげしいよるです。たぬきはやぶれしょうじのあなからそとを**みやげて**
「はやくはるがきたらいいのになあ。」

といいました。

しばらくいくときれいなお月さまが、出ていました。そして、たぬきは、

「とってもきれいなお月さまだな。」

といいました。

ふと見ると、糸車がありました。なつかしいおかみさんの糸車たぬきが、

見上げる

「そうだ。この糸車をまわそう。」

といいました。

たぬきはなみだをふきながら糸車をまわしていました。

※13
そとは、はげしいかぜです。たぬきは、

「ひとりぼっちなんてやだよ。」

といいました。

きれいなお月さまがでています。たぬきは、

「きれいなお月さまがでてるな。」

といいました。

ふと見ると、糸車がありました。なつかしいおかみさんの糸車です。

「そうだ。この糸車をおかみさんだとおもおう。がんばって糸車をまわそう。」

といいました。

そうして、たぬきは、

「糸車のおかげでおかみさんがくるまでいけるな。」

といいました。

※17
そとには、ゆきがいっぱいつもっています。やぶれしょうじのあなからそとをのぞいて、

「はやくはるがこないかな。」

と、ためいきをつきながら、いいました。さびしそうなお月さまが出ています。まるでたぬきのこころのようです。

たぬきは、まわりを見ると、糸車がぽつんとありました。たぬきは、糸車を見てとつぜん、なきだしました。たぬきは、なきながら、

「おかみさんはいないけど、がんばるぞ。」

と、こころにきめました。たぬきは、なくのをこらえて糸車を回していました。

キーカラカラ　キークルクル
なみだがとまりました。ひざにたまった、なみだをふきとりました。たぬきはがんばりつづけました。

※32
そとは、はげしいゆきです。たぬきは、でたくてもゆきが　しばらくするとゆきがやみました。たぬきは、まわりおみるとおかみさんの糸車がありました。あのなつかしいおかみさんの糸車がありました。たぬきは、おかみさんのうちにどんぐりがふたつありました。ぼくは、

「おかみさんのかわりにここのるすばんをしました。」

とたぬきはいいました。

ぼくは、おかみさんのつもりで糸車をまわそう。

糸車おまわそう。

はやくしなくちゃいけないかもしれない。

じょうずにしよう。

★

を
主語

吹き出し形式

は、やくしなくちゃー。	は
※4 　たぬきは、しょうじのあなからそとをみていました。たぬきは、 「さびしいよ。」 といいました。 はやくはるになれとたぬきは、いいました。 きれいなおつきさまもみています。 たぬきといっしょのこころです。ふと見たら糸車があります。がんばってまわすよ。たぬきはこころをなごませました。	会話文 ★
※28 　そとは、はげしいかぜでいっぱいです。たぬきは、 「こんなふゆは、いやだな。」 となみだをながしました。たぬきは、おかみさんのことをおもいだしました。 　ふと見ると、糸車が、ありました。なつかしいおかみさんの糸車です。たぬきは、なみだをだしました。 　たぬきは、糸車をまわしはじめました。たぬきは、しんちょうに、しました。たぬきは、 「ふっ　やっとできたぞ。」 といいました。またたぬきは、糸車をまわしはじめました。こんどはもうやらないよみたいにたぬき	

は、そういってるようでした。

※21

そとは、はげしいふゆです。たぬきは、

「さむいなあ。」

といいました。

おかみさんがいないと、ぼくしんじゃうよう。

「たべものもないしほんとうにしぬかもしれない。」

といいました。

ふとみるとなつかしい糸車が見えました。たぬきは、

「これだ。おかみさんがまわしていたやつだ。」

とたぬきは、いいました。

たぬきは、まわしつづけました。

※16

そとにはゆきがいっぱいつもっています。そとは、かぜの音が
「ひゅうひゅう。」

とゆう音がきこえてきました。きれいな、お月さまが出ていてもたぬきは、のこころは、はれません。

ふとみると糸車をたぬきは、みつけました。なつかしいおかみさんの糸車です。

「そうだ。このいとぐるまをおかみさんとおもって糸車をまわそう。」

主語重複

いう

と、おもいました。
キーカラカラ　キーカラカラ　キークルクル
すんだ糸車の音は、たぬきのこころをなぐさめました。

※3
　そとははげしいふぶきです。そっとそとをあけてみると
「びゅう」

とふきとばされそうになりました。たぬきは、びっくりしてドアをしめました。たぬきは、

「びっくりしたなぁ。」

といいました。

　きれいなお月さまがこちらをむいています。たぬきは、

「こころがあったまるなぁ。」

といってほっとしました。

　ふと見ると、なつかしい糸車がおりました。たぬきは、

「まわしてみたいなぁ。」

といいました。そしてまわしはじめました。

　なんとかきびしいふゆをくらせるきがしました。そしてやっとキーカラカラといい音がだせました。

たぬきは、糸車にはげまされふゆのあいだをくらせました。

※9
　そとは、はげしいかぜです。たぬきは、

「ゆきがいっぱいつもってる。」

といいました。

たぬきはかなしくてたまりません。

たぬきがうしろをみると糸車がありました。

たぬきは、

「そうだ糸車をまわしておかみさんがかえってくるのをまとう。」

といいました。

たぬきはいとぐるまをまわしつづけました。たぬきはさっきのお月さまをみておちつきました。たぬきはるになるまで糸車をまわしました。

※2
　そとは、はげしいゆきのなみです。たぬきは、

「どこいったんだろう。」

といいました。たぬきは、

「もうしんじゃったんだろう。」

うすぐらい月です。たぬきは、

「こころがしずまるな。」

といいました。

たぬきは、くりくりした目玉をしょうじにつけたらおかみさんのきれいな糸車があります。たぬきは、

「なつかしいな。」

といいました。

たぬきは、そっと糸車をまわしてみました。

キーカラカラ　キーカラカラ　キークルクル
キークルクル。たぬきは、

「きれいだな。」

といいました。

たぬきは、なみだをおとしながら糸車をまわしました。たぬきは、

「きれいだな。」

といいました。

※5
そとは、はげしいふゆです。

「たぬきは、そとにでられない。」

といいました。はやくおかみさんかえってきてよ。いやだよ。たぬきは、

「このまましぬのわいやだよ。」

といいました。

たぬきは、ふいと見ると糸車をまわしてもこころわさびしそうです。そこでたぬきは、おかみさん
とおもいました。

は

※24

そとは、さみしいふゆです。そとは、さみしいです。かぜは、たぬきに、

「さみしくてたまらないな。」

となきていいました。

さみしい月のなみだがでています。たぬきは、

「どこえいたの。」

とないていいました。

うれしい糸車です。

「わ　なつかしいな。」

といいました。

糸車をまわしました。ときがつきました。やっとつきました。やっとはるがきましたとさ。はる

ないて

へ

※29

そとは、はげしい大ふぐきです。たぬきは、

「そとにでられないな。」

となみだをうかべながらいいました。たぬきは、また
「もうこごえたらどうしよう。」

といいました。

きれいなお月さまが出ています。まるでおかみさんみたいでした。ふときがつくと見るとなつかし

ふぶき

い糸車があります。まるでおかみさんのようでした。たぬきは、
「そうだこの糸車をおかみさんとおもって糸車をまわすぞがんばろう。」
たぬきは、なきながら糸車をまわしました。たぬきは、ひざにたまったなみだをふきました。たぬき
は、おかみさんのことをおもいながら糸車をまわしました。

※22
　そとは、はげしいかぜです。

たぬきは、そっとどあをあけてみたら、

「びゅうびゅう」

とゆうおとがしました。

そとは、かぜのおとだけでした。

きれいなお月さまがひかっています。

たぬきは、お月さまがあっていいな。

ふとみてみたら糸車があったのです。

なつかしい糸車
「そうだ。この糸車をおかみさんとおもおう。」

といいました。

糸車は、しずかに、まわしはじめました。

はじめてしたから、

「ふくにしよう。」

助詞選択

いう

といいました。 「かわいいふくにしよう。」 といいました。 はじめてつくったからわからないなあ。 「ふくがきれいにつくれたらいいな。」 といいました。	
※26 そとは、はげしいふゆです。たぬきは、やぶれしょうじのあなからそとをのぞいて、 「かわいそうだなあ。」 といいました。となみだをうかべながらいいました。 きれいなお月さまが出ていても、たぬきは、のこころは、はれません。 ふと見ると、糸車がありました。なつかしいおかみさんの糸車です。	自分を？ 助詞選択
※27 そとは、ゆきが山のようにつんであります。たぬきは、やぶれしょうじのあなからそっとのぞいて 「ああゆきがいっぱいつもっている。」 となみだをひとつこぼしました。 たぬきは、なんぼきれいなお月さまがでてきてもたぬきのこころは、つめたいです。おかみさんがいたときこんなきれいな月がでていたらよかったなあとおもいました。	と、

たぬきは、ぎょろぎょろ目玉でまわりを見ると目のまえになつかしい糸車がほっとおいてあったのです。たぬきは、 「そうだおかみさんがいないから糸車をまわそう。」 とにこにこがおでいいました。 たぬきは、そっと糸車をおかみさんやきれいな音をおもいだしながらまわしはじめました。 たぬきは、キーカラカラ　キーカラカラ　キークルクル　キークルクルきれいな音は、きくたびきれくなります。	語の位置
※19 そとは、はげしいブリザードです。たぬきは、 「そとにでられない。」 とためいきをつきながらいいました。たぬきは、 「いやだなあ。このままこごえしぬのは。」 とたぬきはいいました。 ふとみるときれいなお月さまが出ていました。でもたぬきのこころは、やすまりません。 ゆっくりまわりをみているとおかみさんの糸車がありました。たぬきは、 「ようし。こころを糸車の音でなごませよう。」 とたぬきは、いいました。 すんだ糸車の音は、たぬきのこころをやすませました。	主語重複

※11
そとはきびしいふゆです。とてもさむそうです。そとは、

「いけないいな。」

といいました。でも糸車がありました。「糸車まわそう。」と、いいました。やるきがでてきました。

※25
そとは、はげしいゆきがふっています。

たぬきは、やぶれしょうじのあなからそとをのぞいて、

「さむそうだな。」といいました。たぬきは、なみだをうかばせました。

きれいなお月さまが出ていてもたぬきのこころは、はれません。

ふと見ると、おかみさんの糸車がありました。

「あ　このいとぐるまは、おかみさんのいとぐるまだ　なつかしいな。」

とたぬきがいいました。たぬきは、なつかしいのにうっとりとしました。たぬきは、いとぐるまをまねしてみました。

「よしまわすぞ。」

とたぬきがいいました。たぬきは、糸車まわしはじめました。

キーカラカラ　キーカラカラ
キークルクル　キークルクル
すんだ糸車の音は、たぬきのこころをなぐさめました。

会話文

全体課題
①見直しの観点の詳細化
（文論から）　主語重複
語の接続・位置
②助詞の選択
推敲への関心を育てる
③会話文の後の「と」と「と、……」
句読点への関心を育てる
個別指導課題（★印児童）
①基本的な表記の見直し　徹底
②日常作文
会話文と地の文の違い
会話文の表記
基本的な段落意識
これらを準達成の観点から継続して指導し定着を図る。

資料10　児童の捉えたアンソロジー

学習発表会一年二組　いのちのうた

しっぽ

北村蔦子

しっぽ　しっぽ　ぞうの　しっぽ★
しっぽ　しっぽ　かばの　しっぽ★
しっぽ　しっぽ　ぶたの　しっぽ★

しっぽがしっぽで
ないしょのように★
おまけのように★
おっこちないように★
つかまって　い　る

★印で動作化

これから　一年二組の　「いのちのうた」を　はじめます
かわいそうな　いのちが　ありました

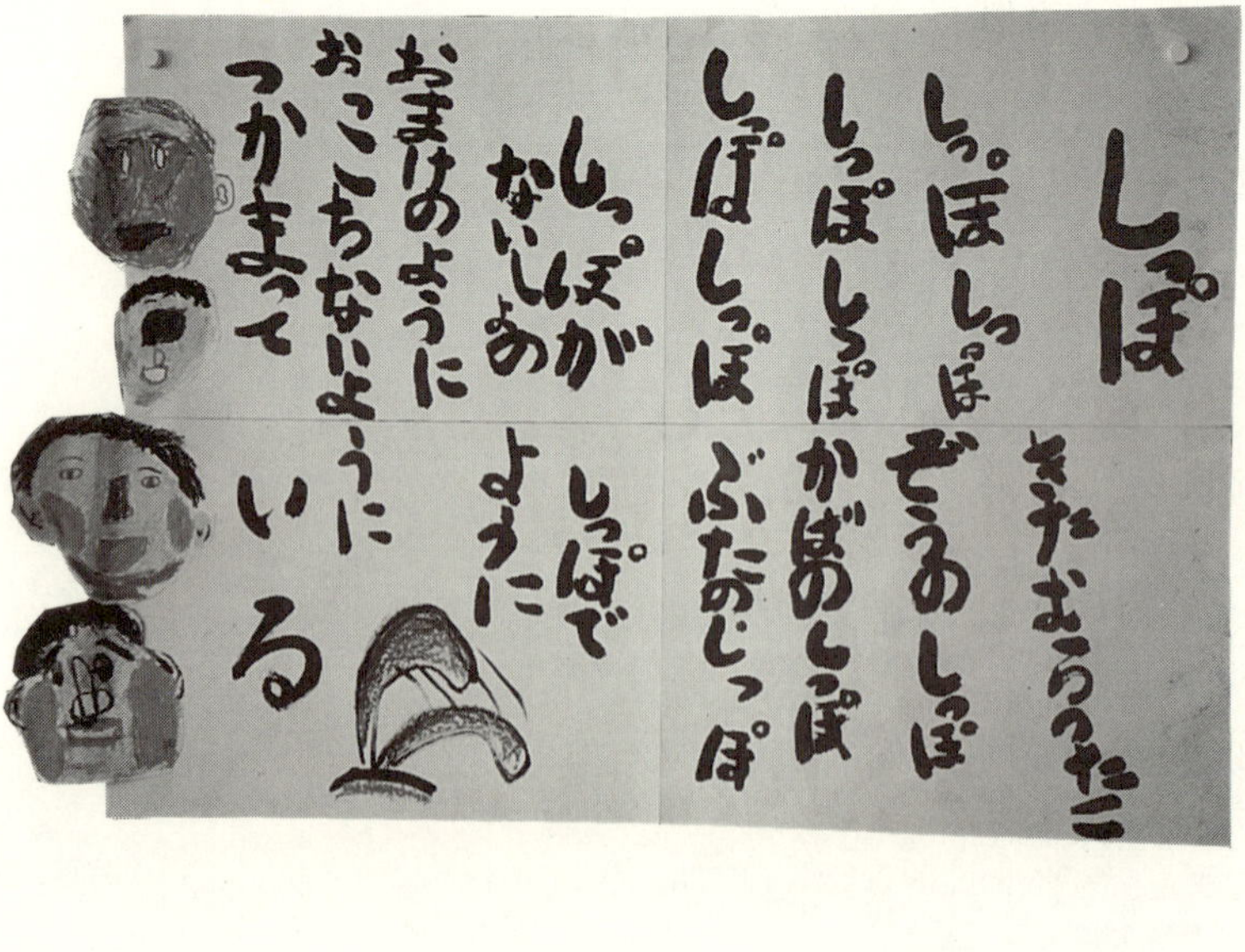

その子は　びょうきでした
空しか見えない　くらの中に　すんでいました

空だけが　見ゆる高窓　病める子が　待ちし　鋭鎌の　月渡り行く

いのち
だいじな　いのち
いのちは　赤ちゃん

春の日

高田　敏子

お母さん
しっしっ　しずかに　しずかに来てごらんなさい
生まれたばかりの　ちょうがいる
やまぶきの　葉のかげに
ちょうが　はねを　ひらこうとしている
しっしっ　しずかに　しずかに　見てごらんなさい

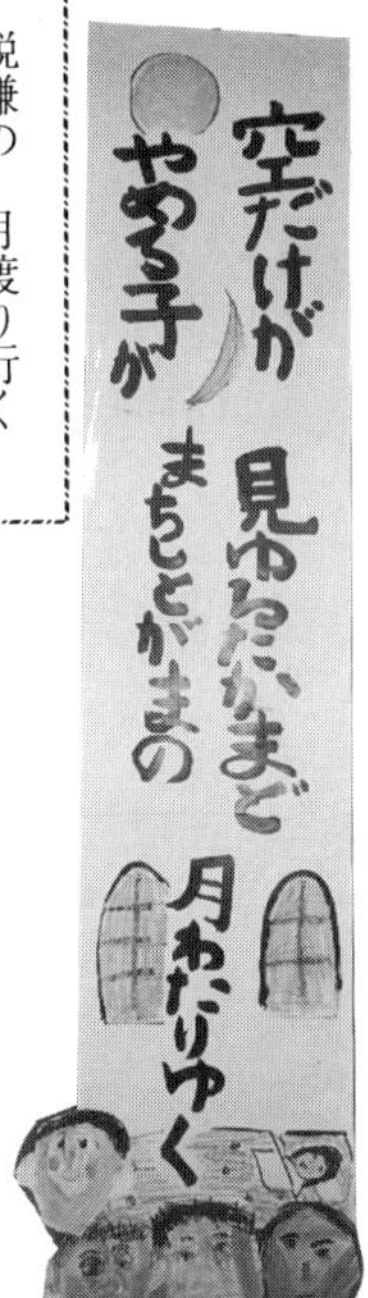

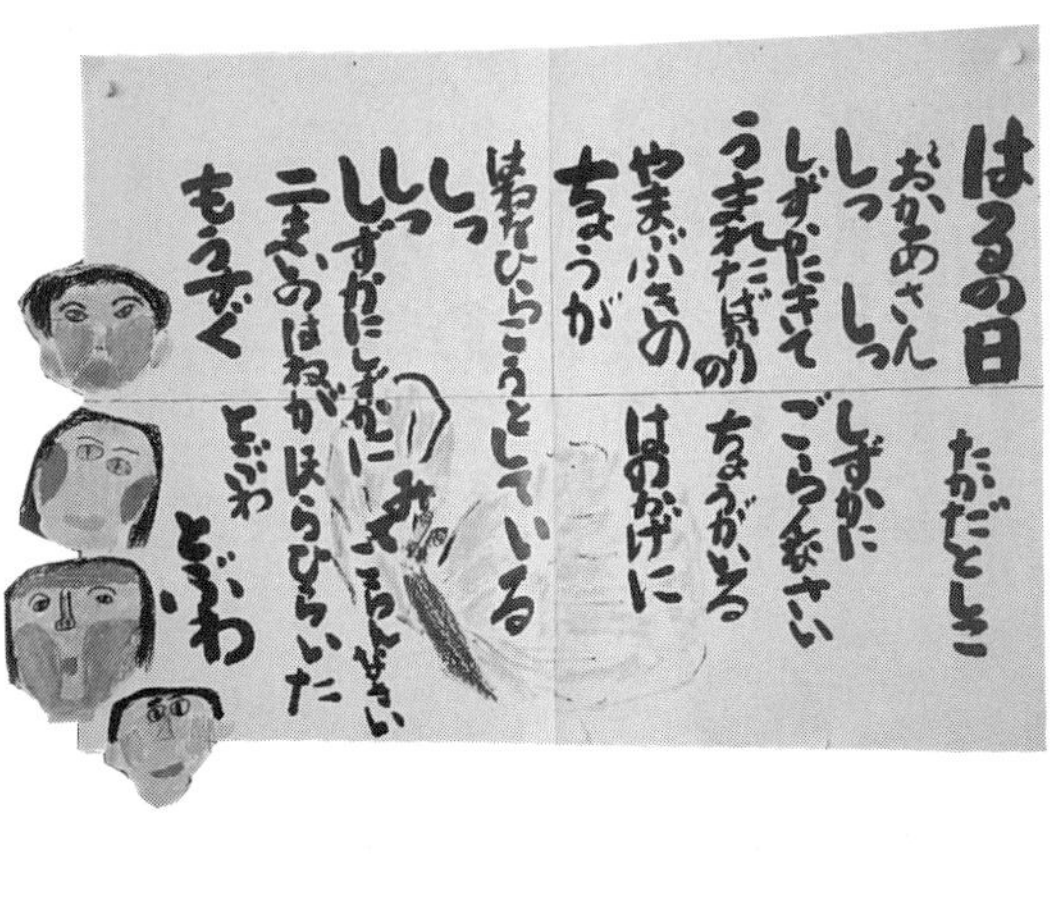

二まいのはねが　ほら　ひらいた
もうすぐ　とぶわ　とぶわ
とぶわ

竹の　子どもは　なあに

竹の子
工藤直子

もっこもっこ　おはよう　竹の子ぼうや
生まれたばかりの　竹の子ぼうや
えりかきあわせて　お空をみれば
まだまだねむたい　くもり空

生きものには　いのちが　あるね
そうだね
せみにも　いのちが　あるね
そうね

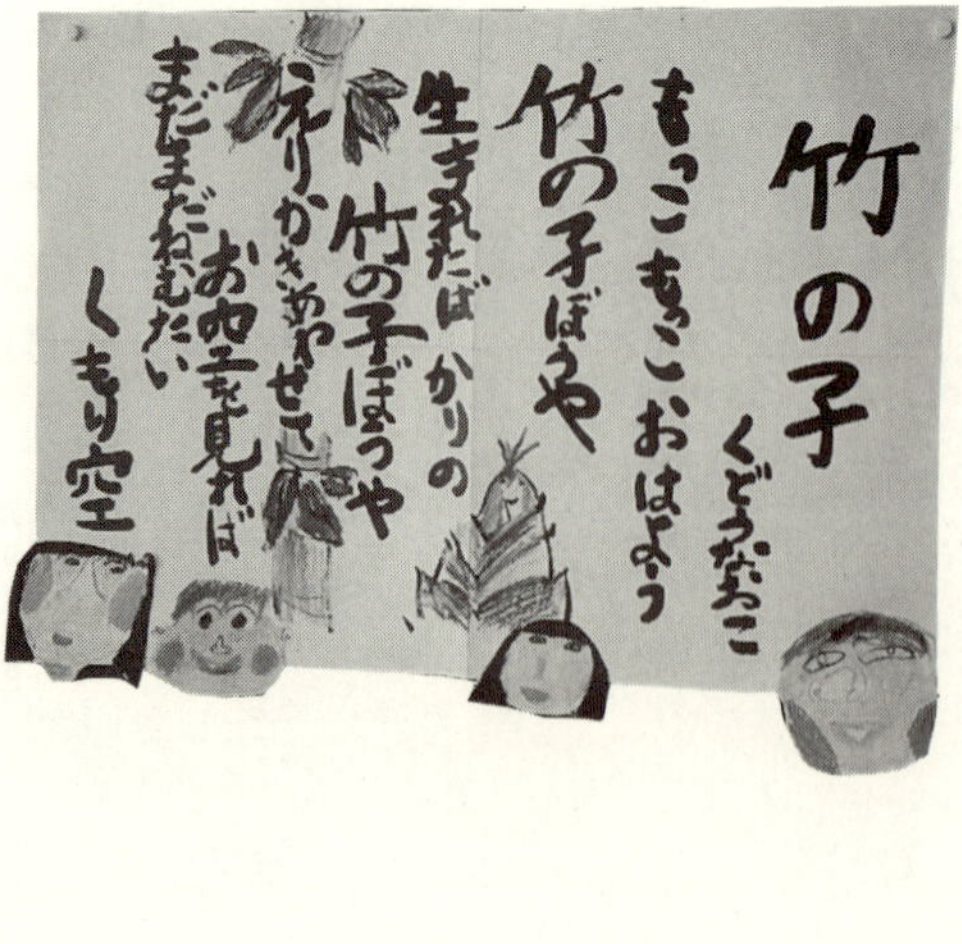

せみ

みよし　ようた

みんみん　ひぐらし　つくつくぼうし
みじかいいのちさ　六日のいのち
森も　畑も　夕日も　雲も
みーんな　みーんな
おしい　おしい　つくづく　おしい
かなしい　かなしい　かな　かな　かな
みんみん　ひぐらし　つくつくぼうし

いのち
いのちは　ことば
やさしい　ことば
かわいい　ことば
すみはれちゃんの　ことば
ひぐれはさびしくて　しく　しく　しく
やまみちのおみずは　つめたくて　おいしくて　ああー
おなかがすいてる　すみはれちゃん

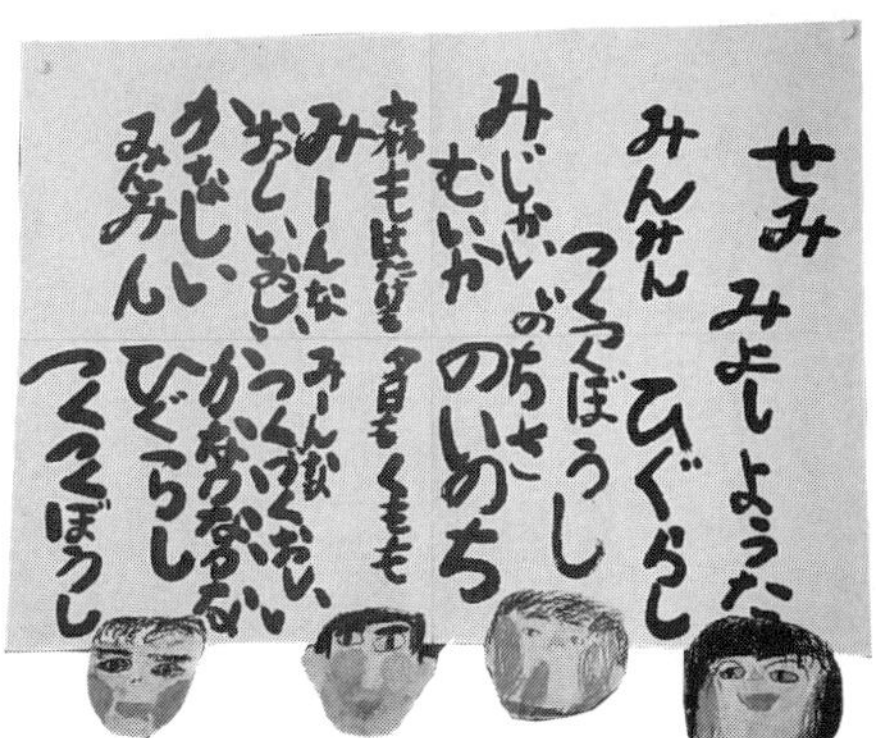

だけど　おかあさん　しらんぷり
すみはれちゃん　おっぱいほしくて
おっぱい　おっぱい
　　　　　　　　おっぱい

にじ　　　　まど・みちお

にじ
にじ
にじ
ママ
あのちょうどしたにすわって
あかちゃんに　おっぱいあげて

まだまだ　ちいさい　すみはれちゃん
二さいはんの　すみはれちゃん

おとうちゃんのとうふ　くだちゃいまちぇんか

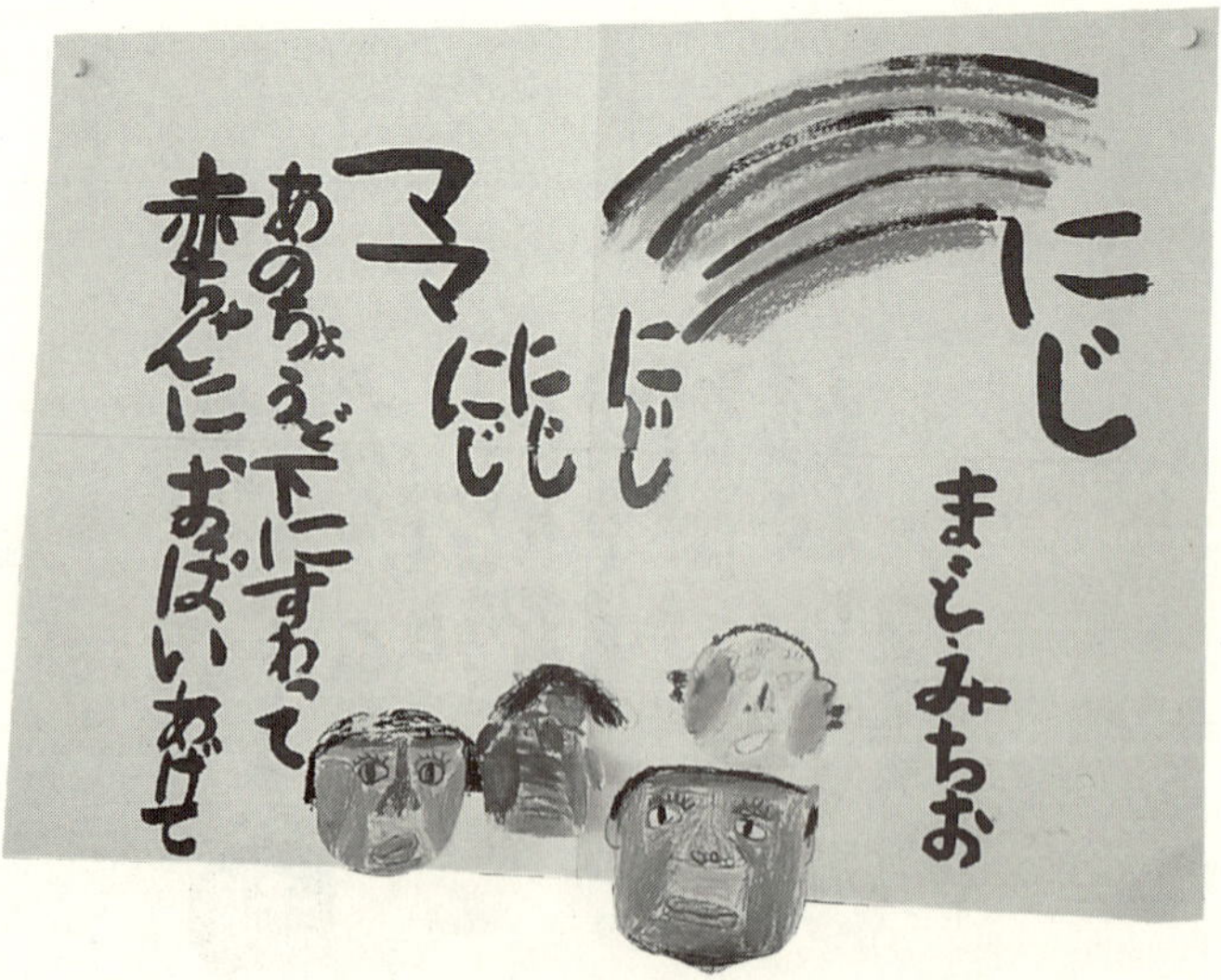

てるきちゃん　おりんごが　すくないから　ちょっと
ちょうだいまちぇんか

とっても　やさしい　ことばだね
二さいはんなのに　すごいね
　　　　すごいね　すみはれちゃん

ながく　いきた　いのちも　やさしいよ

おじいちゃんのおとし　　　　庄司　武

おじいちゃん　おじいちゃん
おとしは　いくつと　たずねたら
「わすれて　しもうたよ　はははは」
おばあちゃん　おばあちゃん
おとしは　いくつと　たずねたら
「まだ　としゃ　わかいよ　ほほほほ」

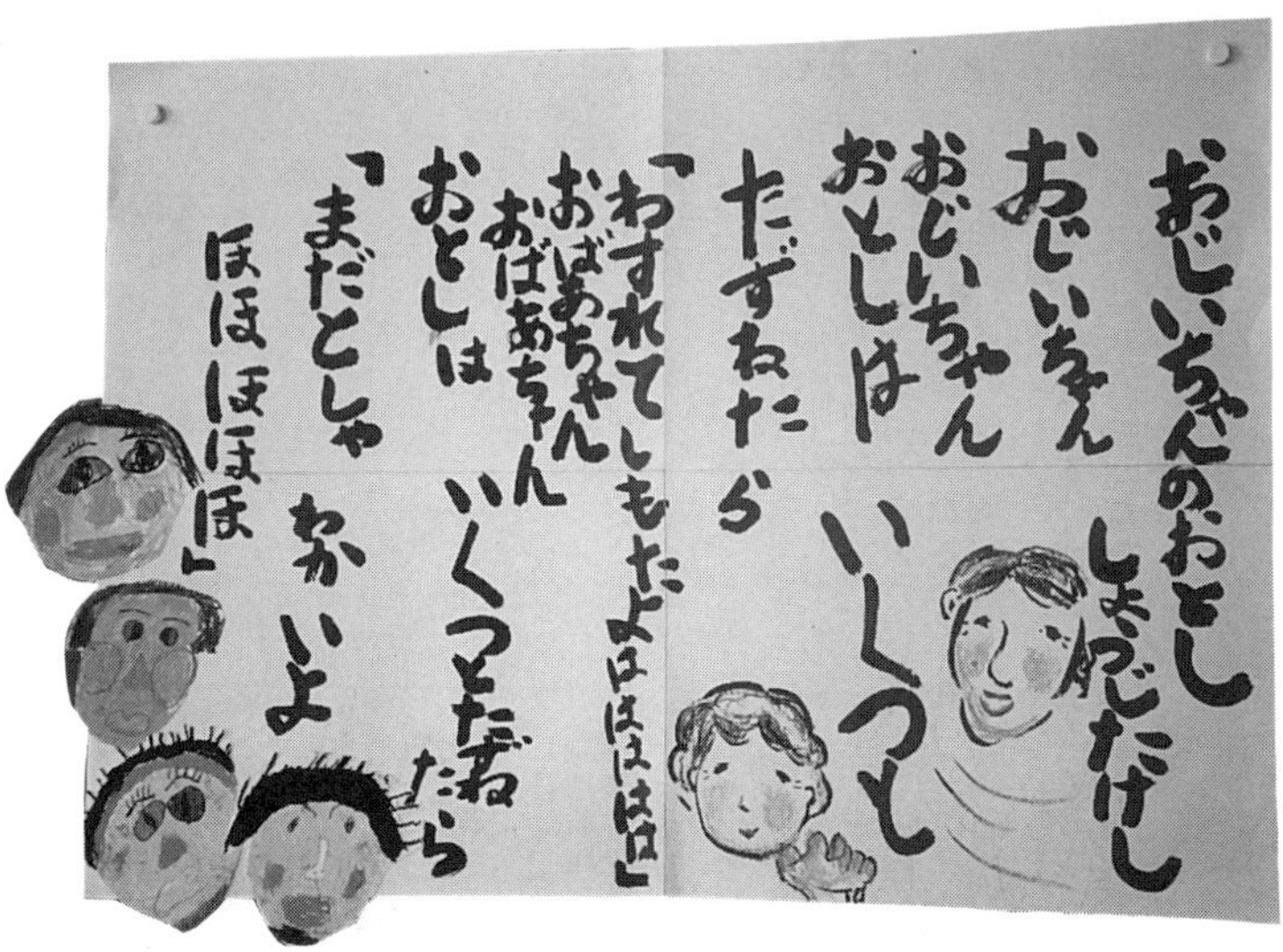

いきている　いのち
いのちは　いきてる
いのちは　ひかる
せみも　とりも　にんげんも
みんな　いきている
みんな　いのちは　生きて　ひかってる
りょうたくんが　見つけた　いのちの　かがやき

いちょう　きらきら　きらきら
ひかってる
お日さま　きらきら
いい　天気
ホッホー　ホッホー　フッフー　フッフー
あそこで　ないてる
やまばと　ないてる

いのちは　ひかる
せみも　とりも　にんげんも

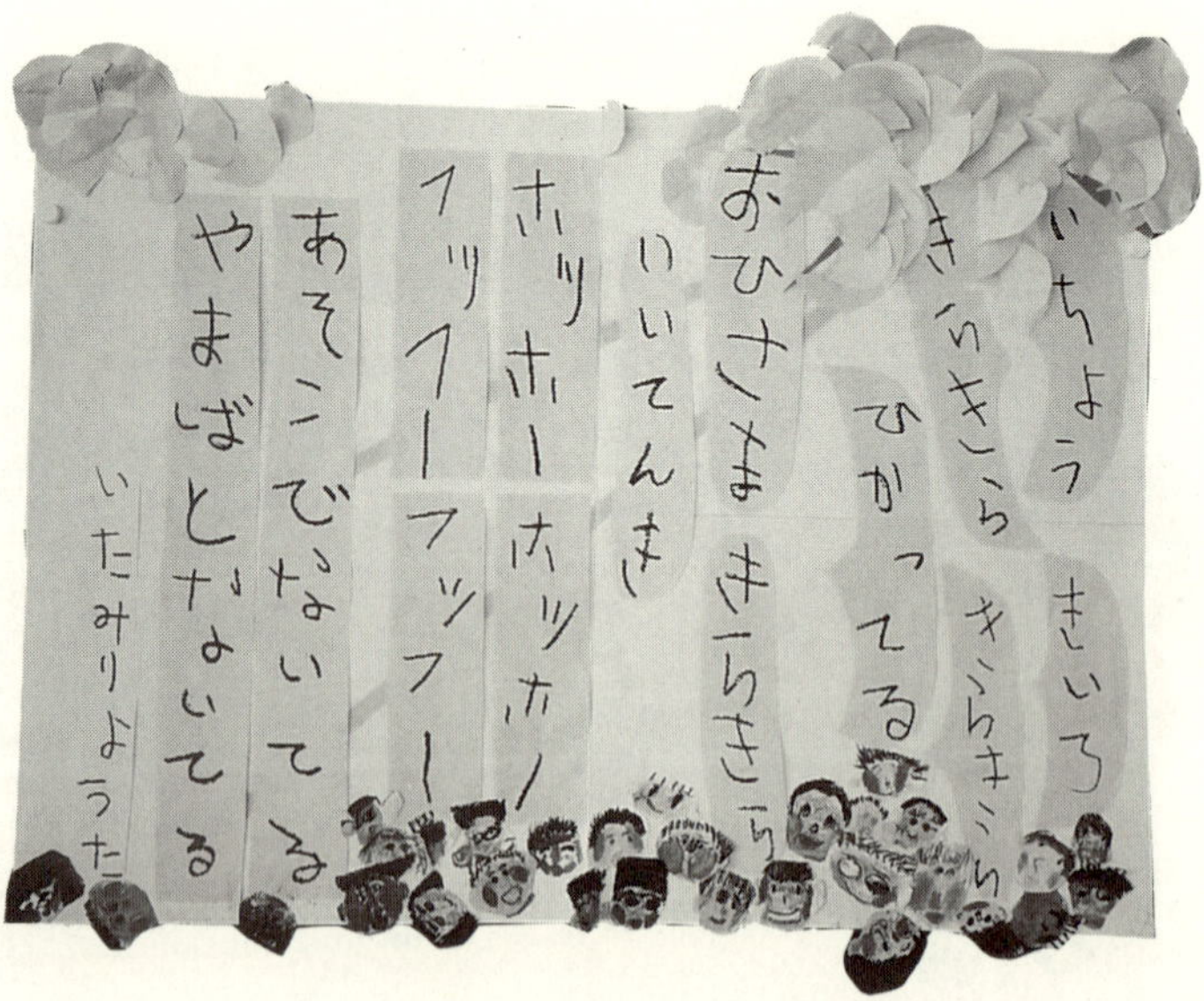

みんな　いきている
みんな　いのちは　生きて　ひかってる

いのちは　ひかってる
がんばる　いのち
せいいっぱいの　いのち
木が　のびていく

せいのび　　　ぶしかえつこ

まぶしいくもに　さわりたくて
きは　きのうもせいのび　きょうもせいのび
とりのように　くもを　とまらせたくて
きは　きょうもせいのび　あしたもせいのび

がんばる　いのち
人間を　だいじにする　こころ

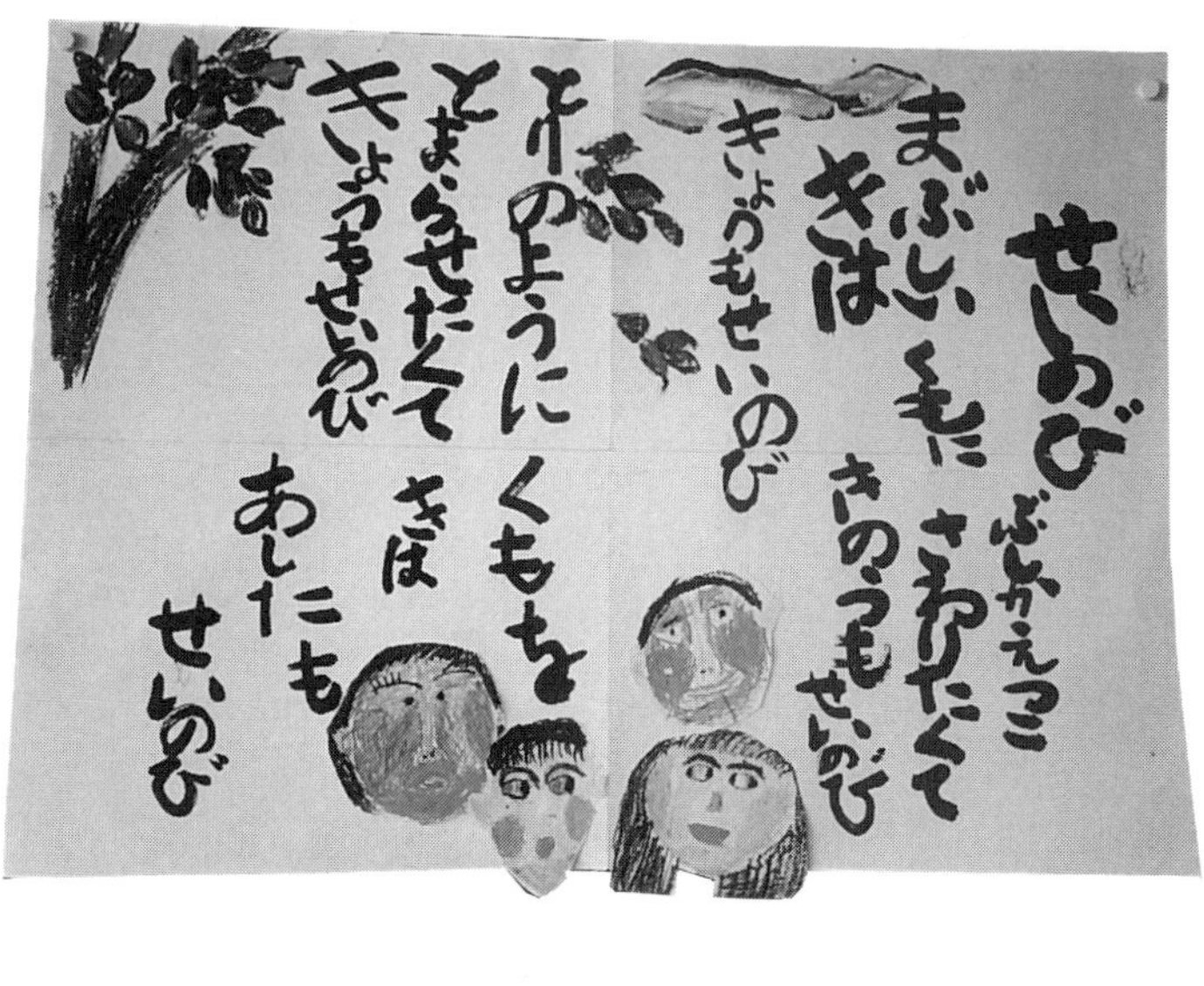

せいいっぱい　生きる　こころ
みやざわけんじのおじさんの　ないしょの　ことば

雨ニモ　マケズ

雨ニモマケズ
風ニモマケズ
雪ニモ　夏ノ暑サニモマケヌ
丈夫ナカラダヲモチ
欲ハナク
決シテ瞋ラズ
イツモ　シズカニ　ワラッテイル
一日ニ　玄米四合ト　味噌ト　少シノ野菜ヲタベ
アラユルコトヲ　ジブンヲ　カンジョウニ　入レズニ
ヨク　ミキキシ　ワカリ　ソシテ　ワスレズ
野原ノ　松ノ　林ノ　蔭ノ　小サナ　萱ブキノ　小屋ニイテ
東ニ　病気ノ　コドモアレバ　行ッテ　看病　シテヤリ

西ニ　ツカレタ　母アレバ　行ッテ　ソノ　稲ノ束ヲ　負イ
南ニ　死ニソウナ人アレバ　行ッテ　コワガラナクテモ　イイトイイ
北ニ　ケンカヤソショウガアレバ　ツマラナイカラ　ヤメロトイイ
ヒデリノ　トキハ　ナミダヲ　ナガシ
サムサノ　ナツハ　オロオロアルキ
ミンナニ　デクノボー　トヨバレ
ホメラレモセズ　クニモサレズ
ソウイウモノニ　ワタシハ　ナリタイ

いのちは　ことばです
どんなことばにも　いのちが　はいって　います
どんなにかわいいことばにも　どんなにみじかいことばにも　いのちが　はいって　います
（いのちは　ドキ　ドキ　ドキ　ドキ　ドキ）

これで　一年二組の　「いのちのうた」をおわります。

学習はっぴょう会

一年　T・F

▨学習はっぴょう会は、たのしかったです。はやく、二年生に、な（ママ）ってまた、学習はっぴょう会をやりたいです。それで、とうとう、いえで、さけんでしまいました。そして、じぶんでも、びっくりして、しまいました。そして、ついに、学習ぱっぴょうかいで、いったのをちいさいこえで、ゆっくりといいました。
▨そして、ぼくが、もう一かいもう一かいとどりょくしていっしょうけんめいすごくちいさくしました。そして、さいごに、こえがきえました。

（日記より）

Ⅲ　音声表現と結ぶ読むことの学習指導

一　はじめに――指導の立場――

院生として学ぶ中で、国語教育の永遠の課題が、「思慮深く、血の通った、人間的なことばの所有者として、生涯を通じて自らの母国語（日本語）を愛護していく児童・生徒の育成」であると知った時の驚きは、今も私の胸底に生きていて、折りに触れて私を打ち続けてきた。

国語教育の目指すところが、思慮深い生活態度と確かな人間形成であると気づかせられて以来、一人ひとりの児童に関わる自らの態度やともに生きる学習者集団のありようについて考え、国語力の内容を明らかにしながら進める国語科学習を求めてきた。

加えて、本年は、私自身記録の重要性を理解する機会に出会い、集団や社会や人間、文化が高まることに記録の占める位置を意識した教育実践を試みてきた。表現における相手意識をも大切にしながら、書く活動の中にある沈潜させる力、思考させる力、持続させる力、創造させる力を指導者として把握したいと考えた。ともすれば、自己の主張だけが提示されることの多い生活の中で、自己のもつ情報から資料を選び出し、提案を組み立て、相手に語り掛ける自己表現が大切にされなければ、人間形成に繋がる国語科学習は成立しないと考えている。そのため、文字表現と音声表現はたえず結び合ってより確かで豊かな表現を可能にするという立場から、指導の基盤を次の三点において実践を重ねてきた。

1　真実なことばを大切にする姿勢をつくること

2　ことばへの興味関心を誘いながら、主体的な学習者を育てること
3　メモや記録を取り入れ、自己の成長を確かに摑ませること

教師自身も、国語教育に携わるものとして、自己の考えを表現していく時、自己の思索を広い視点から検討し、経験や言語資料を豊かに提示することを心掛けたいと考えている。また、このことは、読むことの指導にかえって、確かさと豊かさをどう充実させていくべきか、私に示唆を与える。理解と表現の指導が確かさと豊かさを求めて重なり合い、さらに、「人間的なことばの所有者」への道として位置づけ、方向づけることができるならば、国語科教育は、指導者自身も含んだ人間形成（教育）として、私という実践者の拠点を確かにすることに繋がる。正直で真っ直ぐな表現、温かく心に伝わる表現、確かで豊かな表現のできることばの使い手としての自覚を深め、努力を重ねていきたいと考える。

二　実践記録——学習の位置——

1　一年生における指導計画

学習指導は、児童につけるべき国語力を一年間の中で見据え、仕組んでいくものである。私は、教材を重ねることで教材群が明らかにする豊かさや問題意識が、児童に学ぶ楽しさを知らせ学習軌道の発見をもたらすと考え実践してきた（資料5）。それは、指導として何を通してどう学習させるかという授業構築を確かにする道でもある。同時に、生活記録や授業記録の意味を位置づけることが、生きることを確かに見つめる人間形成に繋がると考え、メモ・記録を取り上げたいと考えた。それは後で取り上げるように、私自身が予期した以上に、主体的な意欲・態度を誘い、考える力を向上させた。一方、言語能力習得のための経験を教材ごとに位置づけている。一通りの学習後は、児童一人ひとりへの定着を目指して個人差を見極めた指導をしていきたいと考えている。

言語能力の実態や内容、効果的な指導のための教材の収集、学習生活の構築、学習者の学習軌道の育成と助長など、指導者として内部充実していくべき課題は多い。それらは、国語教育の歴史に問いかけ学び取ることによって方向を得ることができ、自らの実践記録と交差させることによって確かな道を見い出し得ると考えている。

2　実践記録1——学習の経過——

(1)　成長記録から

各人の良さや成就した力を記録することは、児童の学習への意欲を喚起し、主体的な学習姿勢を形成するのに効果的である。児童が自己の目標をもつように練習していくことは、一年生の段階から必要で、自分の目標や目標の成就を気づいた時にメモを取り、連絡帳に記録する形をとった。四月中旬から家の人に明日の予定を知らせるという伝達のための記録を取る指導をし、学校生活で見い出した良かったことを長く忘れないための記録として取り入れた。西尾実先生によって指摘された課題・生活記録がどのような形で学ぶことと関わるかを私なりに把握しようと考えたからである。

私の場合、連絡帳によって、翌日の学習計画とともに、褒められたことの記録から出発した。その日の出来ごとや自分の覚えておきたいことなども順次記録できるようにしていき、学習記録と響き合う生活記録を明らかにしたいと考えている（資料7）。

(2)　ことばに対する関心を高める

どうかしてことば遣いへの関心を育てたいと考え、四月に「すみはれちゃんのことば」を口頭で話し、その後、資料を与えた。資料は、充実した言語環境の幼児の言語実態である。教師の驚きと同じく、子ども達も、二歳の子どもの言語生活に心を打たれた。幼い子どもにも自然に身についたことばがあり、ことばの遣い方は、人それぞれであることを知って以来、一年生の子ども達が日常生活で立ち止まる姿が見受けられるようになった。つぎに、光ることばを文字の形で記録することを取り入れ、さらにことばを大切に考える姿勢を育てようとした。光ることばを集めることは、西尾実先生の提言に土台をおいている。

西尾実先生は、話しことばの文化を形成する地盤を、日常のことばの生活の中に見い出し、大切に育てていくとともに、私的な安易さに陥らないで、ことばの表現を公共的・完成的なものへと、共同の精神の中で高めていく必要性を説いている。

また、先生は、「大衆の日常における話し言葉の生活に、新しい言葉の文化形成の種子的事実を発見し、これを芽生えさせ、生育させるための」「親愛」や「敬愛」という「愛」は、「話しずきであり、話し上手・聞き上手であるうえに、それはやがて文芸なり、哲学なり、科学なりを形成すべき母体としての言葉の文化愛でなくてはならぬ。」と記している。さらに、「それを、近代文化として展開を遂げさせる熱意と方法とを具えていなくてはならぬ。そうでなければ、大衆の日常における言葉の生活を地盤とするということは、文化の原始状態にかえることにすぎなくなる。それでは、真の近代文化をおこし、文化日本を建設しようとする方途に立ち上がることではない。」と述べている。「近代文化として展開を遂げさせる熱意と方法」を具えることがなければ、「文化の原始状態にかえることにすぎなくなる。」と言語生活指導のありようを示している。

児童の真実のことばを捉え育むことを、西尾実先生は、教育愛として考えていた。これに加えて、学習者から得て、学習者へ返していく感動の記録を西尾実先生は求めている。学習者が主体的に歩むための学習記録のあり方を求める一方で、心理的な全面的な擁立のための資料を指導者は心がけるべきであることを、西尾実先生は提言している。これを受けての実践は、資料6となった。「光ることば」は、生活記録と響かせながらことばへの関心を育てることができる。発されたことばを指導者側からの記録として掲示し、学習者の側からの自己の記録として生活記録に繋残した。

学校で子ども達の中から時折、「今のは光ることば！」という声が上がることがある。その声に励まされて、「真実のことば」探しを私は続けている。

一方、生活の中では、成長したことの記録やメモを大切にさせて、立ち止まり、考え、さらに、長期的な目で、自分を見つめる姿勢を育てるように心掛けてきた。このことが日々の記録（日記）の充実に繋がっていくと考えられる（資料7）。褒めことばの記録から出発した生活記録は、「みきちゃんのべんきょうおみてあげました。やさしいこころができました。」となって、自己評価を加えている。さらには、感想を入れたり、反省を書いたりという形を取りながら、日記の原型が生まれる。日記指導をことばへの関心、生活での向上心と繋ぎながらすすめた。二六三ページに七月初旬での児童の日記を示した。これには、次で述べる「ことばじてん」への興味からの影響も見受けられる。

現在、朝の会で「きのうのニュース」を発表する時、「生活記録」をとった児童は記録があることを紹介している。話すことが記録と繋っていることを経験させている。

一方、自分がもっていることばが使えた時記録したり、学習して得たことばを書き出したりして、ことば集めをしているが、集めたことばを仲間分けすることでことばへの関心は目覚め、作文の作業は意欲的になっていく。現在、一年生は、学級で『ことばのじてん』を作って（資料8）、書く時の参考にしている。新しいことばが出てくると、授業中でもメモをとり、後で整理をする。楽しみながら記録されて、辞典のことばは増え続けている。書いたり、話したりの活動で辞典に繋がることばが出ると、喜んだり、褒めたりし合えるようになってきている。

ことばが増えることは、認識が広がることである。多くの文章に触れながら、新しくことばを得ることは、新たな発見や創造の契機を得ることでもある。真実のことばを大切にする姿勢とともにことばの好きな児童に育てたいと考える。個人用のことば辞典作りに向かっているこの頃である。

(3)　主体的な学習を求めて

国語科の学習では、まず、一人ひとりが個性的な存在であることに気づかせたいと考え、心に自分の考え（感想）があるかを確かめさせ、意見（感想）を素直に自分のことばで表現することを指導した。また、言いながら大事なことは覚え書きしたり、書いて考えたりすることの大切さに気づかせた。学習記録の一つとして、一年生からノートを使って自分を書きとめるように指導している（資料9―(1)）。

ここに、最初で触れた作品群で与えることの意味の一つを位置づけることができる。複数の教材であるゆえに、好きな教材を選び得るわけで、多くの教材を読むことによって、読むことの訓練をしながら、自分の感想のもち方を経験していることになる。西尾実先生の提示された鑑賞の出発点を位置づけることができる。以後、これを［読んで思ったこと］という表現で理解における感想として位置づけている（資料9―(2)）。

つづいて、「かくれんぼ1」の実践について述べておきたい。指導者に導かれて課題が設定され、ことば選びがされた後の呟きの記録について触れたい（資料9―(5)）。ここでは、A児、B児ともに同じ記録を残している。これは、呟くこと、呟きを集めるといろいろな表現があること、呟きを忘れないために書くことといった初歩的な指導の段階の記録であるためである。次の段階では、二七八ページの「ことばを選び出す2」でみるように、呟きを響かせ合いながら自分のことばで記録することが部分部分で見え始める。書き出しが同じではあるが、少しずつ個人のことばが記録されている。その経験を確かに重ねていくならば、ことばを自分の認識や情報と絡ませて想像しながら読む力がついていくと考える。二八七ページ「題つけへの準備」も呟きが生まれるようにする指導、呟きを集める指導、一人ひとりの呟きを自分のことばで選び記録させる指導と段階的に指導を重ねることによって「自らのことばに関心をもつ力」は身につけさせることができる。

このように入門期の学習は、真似ることから工夫、創造へと確かになっていく。その過程で自己の成長を認識して、成就の喜びや学ぶ喜びを確かめ合うならば、主体的な学習への基礎固めは可能となる。この方法は、西尾実先生の指摘された「純粋な対話は教室では成り立たない」（資料3）を受けて、響き合わせる活動の中にある受け答えの緩やかさが、対話の成立に似た教室の雰囲気を醸し出すことに注目し、教室を充実させようとする試みである。

以上、一連の学習の中では、ことば自覚と目標意識を育て、生活の中では、自分のことば（素直に表現すること）を大切にし、成長を記録によって確かに捉えることを求めてきた。その過程に占める音声表現の分野の報告である。

国語科と直接関わるところでは、読むことの教材を広く求め、学習を個人差に応じた教材からの探究にしたり、教材を重ねてものごとを見る姿勢をめざした。教材を通して考える姿勢は、書く活動にある考える力と記録の集積によって自己の認識を修正し確かなものに立て直していく姿勢を育てることをねらっている。広がりと修正による高さを求める経験を重ねることは、思考を確かなものにしていくのに効果的である。指導者自身、これからの年月の中で、多くの資料との出会いによって確かな認識を養う姿勢は、認識の柱を提示することによって、自らの国語科教育をより確かなものにすることができると考えている。一辺倒な答えへと導かないで、自分のことばで音声表現させ、それぞれのことばを響き合わせることによって新たな、確かな自己を摑ませて、思索を記録し、その思索を持続させ立て直させる工夫をすることが指導者には必要であると考えている。

3　実践記録2――「かくれんぼ」における実践――

(1)　授業の構想

小規模校の実態として、良くも悪くも指導者に〝個〟が見え過ぎることが上げられる。自然発達に流してしまいがちな児童の成長を段階的にはっきり捉えることが必要であると考えている。国語の力を育てる最初の経験を段階的に捉えた実践を試みた。その力を定着させる場面では、個人差をしっかり見極めて繰り返しによって身につけさせる指導をしたいと考えている。児童に課題をはっきり認識させ、少しずつ目標を達成させるように指導してきた。

先でも述べたように、年間の指導の構想を立てた。各単元指導を重ねながら、国語の力を蓄えていくように、また、その経験を国語の力として児童の身につけさせたいと願って、実践を重ねている。一年生では、同一の登場人物や題材を集めて単元を構成することを心掛けた。児童の能力差を配慮にいれた、個人に選ばせる教材群としたり、また、時には、どの教材にも全員が触れることで、視点を豊かにする手助けとしたりするために複数教材で単元を構成した。この授業では、複数教材を読み重ねることを通して、想像の世界を広げることをねらった。

「かくれんぼ1」「かくれんぼ2」において想像の世界を経験した上に、新しく続き話を作るという学習を構想した。「かくれんぼ3」の学習は、それぞれの「かくれんぼ」の学習が生かされるだけでなく、二つの読みの対比から生まれる想像や創造（発見）の目が働いたものになる。この単元では、そのことに期待をおいた。さらに、続き話を書くことによって経験する書き手としての視点は、これまで読み手として作者の想像の世界に遊ん

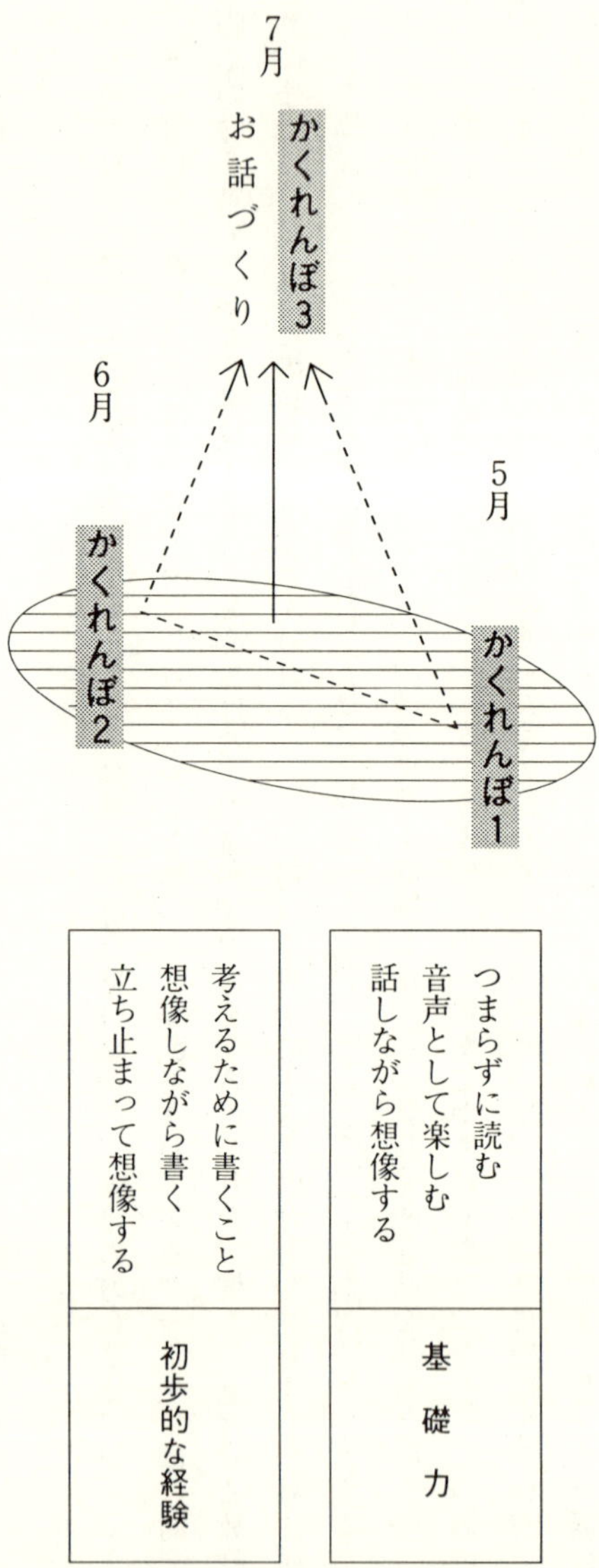

でいた学習者に、主体的な読み手としてのありかたを示唆するであろうと考えた。単に理解に終わらず、自己の描く想像の世界を投影しながら読むことが可能になると考えた。

　また、別な単元では、いくつかの教材群から、自分の興味に合うものを選ぶ経験をさせる。そこでは、選ぶまでに全作品に触れる場所があり、自然体で多くの教材を読む機会が保障される。そのことは低学年の児童にとっては、読む力を育てる場を与えることになる。

　この想像する力を相手を大切にする視点に繋ぐことが大切であると考えている。読む学習が、主体的な想像の世界を大切にしながら、時には、登場人物になって寂しさや喜びをともに体験させる読みを成り立たせるように、また、他者への視点を育てるように導きたいと考えている。

自分の考えを大切にしながら、それがより確かで豊かなものとしていくためには、より多くの資料に出会い、その度に思索が整理し直されていかなければならない。それは、繋いでいく学習である。国語科の学習指導は、認識の柱を幾つか確かにもって、系統的に進めていくべきであると考える。そこでは、指導者自身の国語教育観が問われる。どこでではなく、指導者として、何をどのように、何の教材を通して、しかも生活に生きる力を身につかせようとしているかが求められる。

(2)　お話作りの授業

指導案を資料10—(2)に掲げた。

続き話に向かう過程で、教材を合わせるごとに児童がつけた題が資料10—(3)である。「かくれんぼ1」では学習を終えるに当たって題つけをした。「かくれんぼ2」では、一人読み終えた時点で児童の題つけが始まった。「かくれんぼ3」では、一人読みの後、題を思い浮かべた児童もあったが、内容と掛け離れたものがあったため、メモを取っておき、後日自由に書かせた。

この題が示すのは、学習において重点をおいたものは、より創意に満ちたものになるということである。「かくれんぼ2」で見せかけた私の学級としての題つけの充実は、「かくれんぼ3」へ繋ぐことができなかった。それは、続き話を書く活動を重視した学習であったためと、研究会であったために題を書かせる時間の確保ができなかったためである。言い換えるなら、この時点では、題つけへの関心を保てなかったことである。題つけへの関心を児童にわがものとさせるためにどういう教材でどう指導を構想するかを系統立てて実践する機会が必要だと考えている。

つぎに、資料10—(4)「一人読みにおける児童の書き込みの変化」について報告をしておきたい。書き込みをしながら「一人読み」の力をつけることは、音読への興味を持続させて全文暗誦に向かう意欲を育てることを目指している。音読を、読む回数にかかわらず、内容の読みとりに気持ちを向かわせたいと考えた。児童の書き込みは、「かくれんぼ1」から「かくれんぼ2」、そして「おてがみ」へと経験を重ねるにつれて、「～のように」「～そうに」に代表されるように理解内容を表現する書き込みに変容していく。このことは、児童の音読による理解の深まりを示している。

以上を踏まえた指導として、七月二十二日、授業「かくれんぼ3」を実施した。子ども達は、楽しんで読み、続き話を書いた。初めての教材も、自分にあった速さで読み、大事なことばに印を入れた。好きな話の筋・自分の書きたいことばで話を作っていった。

続き話作りに入るまでの授業記録を資料10―(5)に、続き話の実際は、資料10―(6)に掲げた。授業記録は、指導者が、一人ひとりの児童の意見をどう受け止め、響かせたり繋いだり、方向づけようとしているかを示している。対話に準じた受け答えを入門期には大切にしたいと考えている。三〇五・三〇七ページの★印は、対話がスムーズに進んでいると考えられる部分であり、三一一・三一二ページの太字部分は、響かせて話し合いをさせようとする指導者の意図をみることができる。これらには、資料3で西尾実先生が提示された言語生活の機能からみた児童の発達を捉えることができると考えている。指導者が、言語観を明確に把握することによって、充実した指導に向かえると考えている。続き話は、段落を話の塊と理解してきた子ども達にとっては、自在に楽しむことができるものとなった。続き話の筋は、ことばを響かせながら、一生懸命探す場面、見つかったところ、その後の話とした。資料10―(6)で傍線を付した部分は、その子どもの生活や考え方がよく現れている表現である。賑やかに響かせながら、なお、一人ひとりが個性的な表現ができるのは、「自分のことば」を大切にすることを重ねてきたためであろう。資料4で論理的な表現について取り上げたが、学習そのものの中に一年生らしい段落意識や文章構造への理解を育て続ける必要があると考えている。

4　実践記録3――「たぬきの糸車」における実践――

(1)　授業の構想

資料11で述べたように、地域の自然や生活に繋がる教材を使って、ことばを響かせながら理解し、場面の様子を楽しんで音声表現することを試みた。名月の頃の月の様子を観察し、音声に表す経験をさせた。一人ひとりの経験を絵とことばに表した後、「日開谷の月の夜」として放送することにした。即興的に役割を決めて表現した。偶然教室にあった種を使って、子ども達は音の世界を楽しむことを経験した。月の話をしたり、月の出てくる本を読んだりして、教材「たぬきの糸車」へ接近させた。

音声表現そのものの指導ではなく、音声言語への関心を育て、自らのことばをよくしたいという心を育てるために、児童の中に目覚めるものを大切にした。

(2)　響き合って生まれるイメージ

「自分のことば」を大切にする子ども達にとって、友達の声は、発想を広げるヒントである。三三六～三四七ページに示したように、友達の意見を聞きながら、共感するものがあれば、「今のことば、もらおう。」と言って、書き加えるようになった。話しことばは、比較する以前に、緩やかに受け止め、汲み取らなければ、話し手は、話すことへの意欲を失うことがある。一年生の教室ではそのことを位置づける必要があると考えている。

(3) 音読への意欲や工夫が生まれる時

学習を重ねながら、音読の表情が変わったのは、次の場面であった。

1　一人読みの高まり
2　糸車の理解と動作化によるイメージの把握
3　場面や人物の心情理解
4　聞き手意識
5　短い範囲での集中練習
6　分担練習と友達まねび

これらの目標を大切にしながら、さらに、児童が読み表すことに意欲を示す場面を明らかにし、学習時の組み合せ方や工夫が明らかになれば、児童を教材と長く関わらせることができると考えられる。そうなることによって教材は、児童の心に生きて心を耕す糧を与えることができるようになる。本年度、先の6を得ることによって、全文暗誦への契機を、段落や繰り返しといった文章構図の理解以外に、児童間の相手への関心に見い出すことができた。役割分担によって集中的に練習することは、相手をまねびたい一年生にとって、友だちが分担している場面への興味を起こさせる。この時、児童は、自然に全文暗誦が可能になってくる。

三　おわりに

以上、一年生における音声表現指導の実践報告をした。音声表現は、単に教室での学習に止まらず、生活や思想、人間形成とも係わるものである。まず関心や意欲を育てたい。それは、大村はま先生のいわれる話すことの指導は取り返しのきかない指導であるからである。心して、実践を重ねていきたい。

また、西尾実先生のいわれた「真実なことば」を大切にすることを基本としつつ、野地潤家先生のいわれる「自己の言語生活をほんとうによくしていこうと決意」する学習者を育てること（指導者自らもそうなること）を目指して努力していきたい。国語科学習の指導者として自己確立をはかりながら、よき聞き手・話し手として、ことばと人間を大切にできる言語生活を築いていきたい。

資料　音声表現と結ぶ読むことの指導

資料目次

Ⅰ　音声表現指導の基礎理論

資料1　音声表現教育の現状と課題

四　表現教育の現状と課題

表現領域における文章表現（作文）指導に関する研究・実践が質量ともに盛んに行われているのに比べれば、音声表現（話すこと）の教育の研究と実践は、意欲的に行われているとはいいがたい。話しことばの指導が、実践の場において、欠落しやすく、行き届いた指導が行われない現状は、学習場面においても、生活場面においても、深刻な事態を生じがちである。

小学校・中学校・高等学校を通じて、しっかりした聞き手、話し手を育てていくことは、国語科教育の重要な目標の一つであるが、積極的で周到な指導が十分に行われているとはいえない。他者の話・発言を、集中して聞こうとする態度と能力と技能が身についていないばかりでなく、自己の話すこと、話しかたを高め、学習に生活に役立てていこうとする意欲がみられない。

級友間、あるいは指導者・学習者間に行われることばのやりとりそのものを、あたかも対話が成立しているかのように安易に受けとめている場合が少なくない。話し手と聞き手の間に、ほんとうに対話が成立し、わかりあえた時の喜びを体験させるようにしたい。話しことばの指導が技能的な面に傾き過ぎると、話すことに伴う、話し手と聞き手との間に交流する精神的なもの・心情的なものが軽く扱われるようになるおそれがある。

指導者が学習者一人ひとりの間に、水入らずの対話が成り立つように努めていく。児童・生徒一人ひとりが指導者に接するたびに話すことによる喜びや充実感を得させるようにしていく。学習者一人ひとりが話すことに積極的になり、話すことによる人間的な喜びを経験するようになれば、話しことばの学習活動は重い役割を果たすことになる。

指導者と学習者との間に、ほんとうの対話を成立させるという時、大事になるのは、指導者が学習者の発言や学習者からの語りかけを、どのように学習者に返していくかという問題である。一つひとつの対話行為について、話し手・聞き手いずれも、ある充足感・成就感をおぼえるようになれば、その対話経験が次の対話行為のありかたに生かされていくようになろう。

対話行為には、話し手と聞き手との呼吸がよく合って、つまづきもほとんどなく順調に展開していく場合と、逆につまずきが生じやすく、全体としてぎこちなく、うまく運ばない場合とがある。前者については、快く進行した、盛り上った対話行為についての話し手・聞き手のおのずと会得した対話経験・対話感覚を生かしていくようにすることが望まれる。後者については、失敗し挫折した対話行為と見られがちであるが、うまく運ばなかったわけをつきとめ、苦く暗い失敗・つまずきを、爾後の対話行為に生かしていくことが望まれる。

ほんとうの対話を成立させることのむずかしさをしっかりとおさえつつ、教室の内と外に営まれる対話行為の一つひとつに分析と評価をつづけ、それらを本格的な対話行為へと生かしていくように努めること――これが指導者が心して臨み、取り組まなければならない課題である。（この項、小稿「人間関係をひらく話しことばの指導」、「月刊国語教育研究」一五〇号、昭和59年11月15日、日本国語教育学会刊に拠る。）

五

一方、話すことの習得やその歴史的研究には、注目すべき報告がみられる。

「自分のことばをつくる　ことばの勉強3」（山本安英の会編、昭和59年6月5日、未来社刊）は、一九六七年一二月に発足した、〈ことばの勉強会〉の報告集第三冊めである。〈ことばの勉強会〉は、八月を除いて毎月一回定例の会を持ち、現在までに一八年がたち、いつのまにか二〇〇回を超えるに至ったという。この報告集3には、主として各界で活躍されている諸家（内田義彦、中野好夫、森有正、中野孝次、淀川長治、池田弥三郎、茨木のり子、佐藤忠良、小倉朗、川崎徹氏ら）のことばについての講演記録が収められている。

森有正氏は、講演「ことばについて」（同上書では、「ことばの体系、ことばの組織」）の中で、次のように述べておられる。

私は最初のことば、最も基本的な、あるいは原本的な、あるいは原初的な、私どもの生命そのものと一体になって離すことのできない私どものことばの体系というようなものを、ある意味でことばの生得的な体系と呼んでおりますが、それに対して私どもが学んでここに造りあげていく美しいことば、よりすぐれたことばというふうなものを、私はことばの「組織」というふうに呼びたいと思うのです。私どもがオーガナイズしてゆくことば。最初のものは、自然に出来あがっている、コンスティチュートされたシステム。これは私どもの生命と同時に生まれ、私どもの社会生活のうちに受けとられ、成長してゆく一つの体系（システム）でありますけれども、それとは別に、それを批判し、それをさらに改良してゆくという意味においてことばの組織というものが私どもの中に出来あがってゆかなくてはならない。

この「組織」というものこそ私どもの反省の対象であり、また教育の対象と目的になるものであると、そういうふうに私は考えております。ですから単に外国語を学び、外国語を深めるということだけでなく、

こと⇩ことば自覚

自分の国のことばをさらに学び直し、さらにそれを改良してゆくものとして私どもの中に言語の「体系（システム）」と同時に言語の「組織」というものが作られてゆかなくてはいけないんだと、そういうふうに私は考えております。（同上書、六三〜六四ぺ）

また、中野孝次氏は、「ことばを取り戻すために」の中で、次のように述べられている。

本当に生きたことばが生まれる、ことばが生きているためには、そこに生きた個人がまず存在しなければなりません。ことばは社会的なものでありますけれども、生きたことばとは個人の全生命を担って、初めてその中からきらめき出るものだと私は思います。そういうことばを探すのが文学の仕事です。現代の日本語がふわふわと実体のないものになっているとしたら、その一番の原因は現代日本人が個としてはげしく生きていないことにあるのではないでしょうか。私にはどうもそう思えてならないのです。（同上書、八八ぺ）

⇩ 真実のことば

森有正氏といい、中野孝次氏といい、それぞれ示唆深いものを提起されている。話しことばの実体をとらえること、自分のことばをつくること、それらは深く重い課題となって迫ってくる。

高橋安光氏著「近代の雄弁」（昭和60年5月20日、法政大学出版局刊）は、第一章雄弁のなぞらえ／第二章近代フランスの雄弁／第三章エロカンス三題（警鐘（トクセン）、速記術（ステノグラフィー）、発声法（エロキコシオン））／第四章近代日本の雄弁から成る労作である。

著者高橋安光氏は、雄弁は〝地の塩〟と結論づけ、「人が言葉によって生きなければならぬかぎりは必要不可欠なエロカンスというものがあるのだと私は確信するにいたった」と述べられた。こうした研究に接するにつけ、話すことの教育の実践的研究を本格的なものにして積み上げたいと願わずにはいられない。

⇩ 雄弁

〈野地　潤家〉

（『表現教育の理論と実践の課題』　全国大学国語教育学会・編　一九八六年二月　明治図書　16〜20ページ）

資料2　表現における雄弁と朗読

話し言葉の文体を樹立するには、それがどんな形態であろうと、まず、わかるように話し、また、ちがいなく聞きとることが肝腎である。いいかえれば、聞き手になって話し、話し手になって聞くことが眼目である。そういえば、何でもないことのようであるが、それは、小さな自己を脱することであって、その実践は容易なことではない。そのうえ、われわれには、話し手としての立場と聞き手としての立場のほかに、話し聞く事柄との関係がある。話し手は、聞き手の立場になって話す前に、話す事柄になりきって話すという立場を獲得しなくてはならず、聞き手は、話し手の立場になることによって、また、話し手が話す事柄になりきらなくてはならぬ。しかも、同時に、話し手は話し手、聞き手は聞き手としての立場を確保し、話し聞く事柄は事柄として定立されていなくてはならぬ。そういう対立と融合との相互展開は、長い体験と深い自覚とによってのみ形成せられるであろう。こういう体験と自覚によって形成せられる技術を何と名づけてよいであろうか。われわれは、やはり、雄弁と言う耳垢のついた用語を借り、これを一新して用いるほかはないように思われる。

（『西尾実国語教育全集第四巻』教育出版　昭和50年4月30日　274ページ）

雄弁が、自己の意見や感想を相手に宣言し、表白する表現法であったのを拡張して、記述や描写のような表現法をも含むものにしなくてはならぬ。いいかえれば、雄弁が説得や論証を事としたものであった任務を拡張して、叙事や説明をも、その任とする技術にならなくてはならぬ。政治や裁判や宗教と結び付いて発達していた雄弁が、哲学や芸術と結びついて近代文化の一形態を成し、新しい生命を獲得している西洋の現状は、われわれに新しい勇気を呼び起こさせるに足る、有力な事例である。

（同上書　274・275ページ）

この問題は、さらに、言葉の文化の日本的性格にも触れなくてはならぬものを含んでいる。西洋においても、雄弁は銀に、沈黙は金に比せられているが、わが国においては、その傾向はわけても著しく、古来、「言あげせぬ国」といい、また、万葉集の歌にも、「千万のいくさなりとも言あげせずとりて来ぬべき男とぞ思ふ」とあるように、言論よりも実践・実労が尊ばれている。もっとも、一面には、「言霊の幸はふ国」とか、「言霊の佐くる国」とかいう立言もあるが、それは単なる言論尊重でもなければ、雄弁賛美でもない。むしろ、事や心に即した言葉を感嘆したもので、これまた、言葉における真実性・実践性の強調にほかならぬものである。かくしてわが国では、言論よりも沈黙が、そうして実践・実労が肝要とせられたことは明らかである。しかし、これは、言論の否定でもなければ、また、言語の軽視でもない。ただ、言論の方向を規定し、言語の意義を限定したものであって、実践が言論に対する実践の域にとどまるそれではなく、言論的威力を具えた実践でなくてはならぬように、言論もまた、実践と区別せられる言論ではなく、まさに実践的威力を備えた言論でなくてはならぬと言うのが、われわれの祖先の言行観であった。そうして、それがわれわれの伝統を成し、言葉の生活を根基づけていることは、いまも、めいめいの省察によって明らかにせられる事実である。われわれが、多弁・饒舌を嫌うことにおいて潔癖であるのは、この基本的性格による美点である。われわれが、話し言葉に対する関心が乏しく、したがって、話し言葉の文化を発達させ得なかったのは、この基本的性格による欠陥である。しかし、この性格は、言論の勇者を阻み、言語文化の開拓を妨げるものではなく、雄弁の方向を規定し、言葉の文化の資質を決定する根基でなくてはならぬことは、すでに述べた如くである。（同上書　275・276ページ）

「雄弁の第一のものは、人間である。第二のものも、第三のものも、また、人間である。」

「その人間の動作がものを言うはもとより、その人間の存在がものを言うに至って、はじめて、われわれの雄弁はその極致を発揮するのである」

「われわれの雄弁は、われわれが話すことにおいて成立するのではない。真理が話し、事実が話すことにおいて、成立するそれでなくてはならぬ。」

朗読とは何であるか。読むことの一つである。精しくいえば、読みの完成である。読みといっても、事実においては、限りないほど、さまざまな読みぶりがあり、また発展の段階がある。読みぶりについては暫くおくとして、読みの発展段階に注目すると、きわめて大ざっぱにいっても、通読・精読・朗読の三段階が画される。通読は、日常新聞や雑誌を読む読みかたで、読み通しても大体の意味を把握することである。精読は、何か重大な文書なり難解な文献なりを精確に理解しようという場合の読みかたで、何回も読みかえして、言わんとしている立場はもとより、一語・一句・一句読の微に至るまで究めて、その真意を理解し尽くそうとする段階である。ところが、朗読になると、その文について通読や精読を尽くした結果、その意味も表現もすっかり体得せられ、その一語・一句がわが一語・一句として読み出され、その文律や句読が、わが声律であり、わが呼吸であるという段階に至ったものである。別な立場からこの発達を眺めると、通読から精読への発展は、理解の深化として跡づけられるが、精読から朗読への発展は、理解から表現への過程として跡づけられる。すなわち、通読・精読は理解としての読みであるが、朗読はすでに表現としての読みであるということができるであろう。いわば、いままでは自分の方に向けて読んでいた文章を、こんどは相手の方に向けて読むというのが朗読である。朗読には、こういう転換が欠くことのできない契機をなしていなくてはならぬ。したがって、わたくしが漱石の作品を朗読するといえば、わたくしがわたくしの立場を脱し、漱石の立場になって表現していることでなくてはならぬ。わたくしが源氏物語を朗読するといえば、わたくしが源氏物語作者の立場になりきって、わたくしの声音でそれを表現していくことに外ならぬ。読みにおいて、対象になりきり、対象を対象のままに生かすことが朗読である。

（同上書　278・279ページ）

かくして、朗読は理解としての読みの発展によって導かれる、表現としての読みであり、しかも音楽又は演出的な一定の技術を交えない読みであるところに、その本来の意義が見出されなくてはならぬ。朗読文学運動が詩歌の団体的合唱になったり、朗読法と称して一定の曲節を作製したりするならば、すでに朗読ではない。むしろ、それは朗吟か朗詠か朗誦かであって、大衆的音楽として行うべきものである。わたくしがいま、話し言葉の文化を発達させるために提唱しようとしているのは、かくのごとき音楽としての朗吟・朗詠・朗誦でもなければ、まして、演劇としての演出などはないことを明らかにして置かなくてはならぬ。（同上書　280ページ）

いま、学校教育において行われている話方や読方の指導は、やがて、このような雄弁を、また朗読を発達させ得るかどうか。わたくしの知っている限りにおいていえば、これまた、とてもその望みはかけられない現状である。何となれば、いま、学校教育において行われている話方にしても、読方にしても、それは、やがて一つの文化形態としての雄弁を、また朗読を成り立たせる基礎であるという見透しのもとに行われているものでないからである。また、話方にしても、読方にしても、単なる断片的方法として指導せられていて、話しかたと聞きかたとの関係、読みかたと綴りかたとの関係さえ、具体的には跡づけられていない。まして、聞きかたと読みかた、話しかたと綴りかたとの関係など、方法的にはほとんど究められていない現状だからである。

文化形態として

関係を跡づける

われわれの急務は、学校教育においては、国語科にかぎらず、あらゆる教科において、話しかたと聞きかたと、読みかたと書きかたとの相互関連を精しく究め、その分析的な方法と総合的な方法とを尽くした指導を行うことである。また、社会的教養としては、読む文化のほかに聞く文化の発達を促すために、科学者も哲学者も文芸家も、力を一にしてそれぞれの専門領域に関し、まず、朗読による発表を積み、進んでは、雄弁としての科学を、哲学を、また文芸を発達させることに力を傾けなくてはならぬ。（同上書　281ページ）

資料3　低学年における対話について

(石黒) いろいろの考え方がたくさんあるが、国語教育ではどれがいいか、それを早く決めてかかることがいい。

(輿水) どれが有効か、どの決め方が系統化に役立つかが大きい問題だ。

(佐々木) 現場は、能力を並べていくが、それでは児童の興味や関心との間にギャップがある。実際の学習のほうが別の場を作ってしまうこともある。

(輿水) 発達段階というものは、基本的には児童の必要や興味に合わせてあるものだ。でないと本当の意味の発達段階ではない。その表がいいものであったなら、そのギャップを埋めることは指導技術の問題になる。結論的にいうなら、日本では、発達段階表の研究が不足しているということだ。言語理論や実際家の作文で発達段階表を作り上げているにすぎない。現場の人と研究者とが協力して、これから研究に進むところに来ている。

(佐々木) ある目標を考えて、興味や関心がなくても、やっているうちに興味が湧いてくる場合もある。

(西尾) よく児童の言語生活を見ていると、必要や興味に系統があり必要性がある。それを発見していかなくてはならない。

(輿水) 興味は発達する。発達はより価値あるものへ向かうことであるから、その向うには教育目標がある。今、まんがを読んでいる児童が、やがて絵物語を読み、さらに、物語を読むようになる。興味や関心の発達を無視した発達も発展もない。その発達の論理を発見していかなくてはならない。

(渋谷) 国語学者、国語科学習の目ざすものを分析することでいろいろの立場がある。次に、児童や学生の求めるものから、発見するものがある。三番目に、小・中学校でどんな違いがあり、どんな関連があるか。四番目に小学校と中学校は制度上で違いがある。小学校は全科を受け持っているのに、中学校は専門的になっている。中学校の特殊性もあるのではないか。以上の四つから、この問題を考えたらどうか。

小・中の違い

（西尾）言語生活を経験させることは、基本から、やや体系的にやることが大切である。一対一から、談話、マスコミュニケーションまで秩序よくやる。このことは「場」と考えられているが、私の立場では、ことばの「機能」となる。ことばの機能はそれぞれちがう。談話の方は二種三種、書きことば、文の種類では間に合わない。このことは歴史的に言えることで、個人も歴史をくり返すことである。文学史的に見て、対話文学、談話文学、マス・コミの文学の発展を考えなければならない。文学も基本的なものからやるべきである。その上で、ジャンルや、スタイルの研究をするべきである。小学校で複雑なスタイルをやっても無理だ。小学校では、基本的な簡単なことから言語生活を経験させて、できるところで、言語体系、文法の自覚をさせるようにすべきだ。

興味や必要の指導も、一般的にやるとすれば困難である。学級全体ということでなく、先生と生徒の関係の上に、個人的な発達を求めるべきである。

（輿水）「機能」と「場」との関係で、一対一というのは場ではないか。機能はむしろ対人的とか、対社会的とか、内面的という方ではないか。それから教室の会話の場で一体一の指導をするという考えについてはどうか。

（西尾）一対一は、教室のディスカッションではできない。

（輿水）対話は外国語教育の方法としては有効であったが、母国語の教育では教室でやることが難しい。

（西尾）学習の場でそれをやると、落伍者を出してしまう。本当の意味での対話はできない。

（石黒）一学級の児童数が多過ぎることにもよらないか。

（西尾）もちろんそれもある。対話は教室外のさまざまの場でできる。基本はどこまでも対話である。

（輿水）根本的なことはわかるが、実施するとなると、教室ではできなくなるから、休み時間の仕事になる。

外国語学習のように、全然できない人の場合はいいとしても、皆が話ができる指導の実際からは困難が多い。

（西尾）日本の明治の初めにできた教室の構造が間違って出発した。教室は、指導の場であり学習の場である。

（木藤）系統化もやはりその方向に向ってなすべきか。

（西尾）そうでないと本当の学習はできない。

（輿水）話しことばの方はわくができた。書きことばはジャンルがあるといわれたが、小学校では、詩とか、物語とか形を問題にしたがる。子どもの方は、かなり機能的に受け取っているが、先生が形式的にながれやすい。そのジャンルがじゃまをしている。ジャンルよりも、やはり、その奥に機能をみるべきだ。

　これで話しことばの学習の系統については、かなりはっきりした提案ができたし、あとは読者に考えてもらうことにして、この話し合いを終りたい。


（『国語の系統学習』　日本国語教育学会・編　一九五七年十二月　東洋館出版社　244〜246ページ）

対話ということ

　このように二つの呼吸がぴたりと合って、はじめて物事が生きいきとなるのは、俳優の芸だけに限られたことではない。対話も、二人が向き合って話を交わすだけでは、意味をなさぬ。やはり話し手と聞き手と話そのもの、そういう三つの呼吸がぴたりと合ってこそ、はじめて対話らしい対話が行なわれるのである。

　話の素通りということがある。話し手と聞き手とが向き合っているきりで、どちらも話にはいり込んでいない場合がそれである。話し手と聞き手とが向き合ってはいても、二つの心はまったく結ばれ合っていないのである。

　――よくお天気がつづきますね。

　――そうですね。

これでは、ただふたりが向き合っているきりで、なんとか話が交わされてはいても、けっきょく、ただうわの空の話で、対話といえるほどの対話ではない。

ところで、話のやりとりがつぎのようになると、二つの息づかいが、忽ちぴたりと一つになる。

――よくお天気がつづきますね。

――火事が起こらないといいんですがね、あちこちで。

――それもそうですけど、これでスモッグが消えてなくなるようにしたいじゃありませんか。

――そうですよ、そうですよ。

といったふうに、おなじことが二度うまく繰りかえされてはじめて、話が素通りでなくなる。話に気合いがかかるのである。

つい先ごろ突発した三島事件にしても、ただ困ったものだ一点張りでは、事件に処することにならぬ。すくなくとも、夢から夢を追う文学精神が、動くところまで動きつくした土壇場を察する熱意あってはじめて、生き生きした対話とそれに因る判断が下されはしないか。

なべて対話政治もこの心得があってこそ意味をなす。水俣病に苦しんでいる人たちの訴えに立ち向う場合のように、真剣であるべきはずの政治問題が、コンニャク問答に終りがちだと聞く私の瞼の中には、演劇方面で行なわれる〝思い入れ〟の美しさがうかぶ。せりふをとめて心のまことをあらわす身振りの美しさがそれである。対話を超えた対話ではあるが、あの美しさがそのまま政治行動になったらと思う。

（『未知の人への手紙』　内藤濯　昭和53年9月10日　中央公論社　234・235ページ）

資料4　論理的な思考に向けて

いまの、われわれの談話・文章のありかたからいうと、そのどちらにあっても、意味構造の確立ということが眼目である。さらにいうと、主題がはっきり通り、構想が整い、叙述が的確だというような談話をし、文章を書くことに、第一に骨を折ることが肝要である。それには、よく考えをねって話し、話すことによって考えるということはもとより、話すには、書いてみて話し、書くには、話してみて書くというような用意が、もっと一般に行われなくてはならぬ。われわれは、その点で、世界の文化民族にくらべて、かなり立ちおくれているようである。話し聞く方法や、書き読む技術において、まだ、必要な苦心も工夫もしていないというに近い状態にとどまっているとさえいえるようである。フランス文化の発達におけるサロンの役割は望みがたいにしても、同学・同好のクラブをつくって、朗読や討議による、談話や文章の革新を期することも、ひとつの方法ではないかと思う。

⇩論理構成メモ

（『西尾実国語教育全集第四巻』　昭和50年4月30日　教育出版　288ページ）

われわれの談話や文章において、どういう語を選ぶかということのほかに、読む人にはっきり分るようにということ、あらゆる努力がはられなくてはならぬ。それには、句読を切り、カッコを入れ、段落を立てて書き、話すことはもとより、それを読んだり、聞いたりするにも、やはり、句読を認め、カッコを見分け、段落を立てて理解する用意がなくてはならぬ。句読やカッコや段落は、けっして、単に、文章の外形を整える符号や形式ではない。われわれの談話や文章の意味のあらわれであり、構造そのものである。別言すれば、われわれの思考そのもの、感情そのもののもっとも直接的なあらわれである言葉の表現における、われわれの思考や感情の担い手は、語であり、文法であると考えるのはまちがいで、それとともに、句読であり、カッコであり、段落であることをあらためて知らなくてはならぬ。句読やカッコや段落のない談話や文章は、まだ、表現を完結していない未成品にすぎない。少青年に限らず、成人でも、どうかすると、句読もカッコもなく、段落もない、各行尻切れトンボになった、一見、散文詩のような文章を書いている場合が少くないが、読んでみれば、詩でもなければ、散文でもない、ただ、頭のわるい思いつきの書きちらしにすぎないものである。が、それが、まだ、いかに多いか。句読やカッコや段落は、文芸家や記者のつかうもので、一般人のつかうものではないとでも思っているかのようである。が、事実は、日常、どんな職場の人が書いても、段落が立ち、句読がはっきりし、引用は引用としてわかる文章にならなくては、ほんとうには、役に立つ文章にはなり得ない。そういう文章が誰にも書けるというためには、さらに、そのどだいとして、まず、われわれの談話が、すくなくとも、対談・問答のような二人でするそれも、会議・討議のように三人以上が集ってするそれも、全体として、まとまりのあるひとつの文章になるように、句読がはっきりし、引用が引用としてわかり、段落が段落として確立するように談話することが、だいじな条件である。すこし、飛躍した言いかたをすると、われわれの言語改革の実現は、この努力から出発しなくてはならぬといっても、けっして言い過ぎではないほど、根本的、実践的な重大要件であると思う。

⇩思考・感情の担い手

⇩土台としての談話

（同上書　288・289ページ）

脆弱な日本人の段落意識

わが国の作文（綴り方）教育は、子ども（生徒）の題材を自由に選んで、みずからのことばで思うようにみずからの生活を綴っていかせることにすぐれた成果をあげてきた。子どもたち（生徒から）がみずからの生活に自由に取材し、それを実感こめて書いていくという自由作文には、ながい伝統があり、諸外国の作文教育に比べても、とりわけ独自の成果として認められる。

しかし、そうした自由作文の成果をふまえて、目的に応じて自己の考えを組み立てて述べるということになると、いまだしの感が多い。限定された条件作文になると、文章の組み立て過程にしたがって、みずからを演練していかなくてはならない。そういう訓練は決してじゅうぶんではないのである。

なかでも、段落（パラグラフ）の構築の訓練は、じゅうぶんでない。いったい日本語による文章において、総じて脆弱であって、基礎作業のしっかりしていないのは、段落の組成である。いってみれば、あまりに恣意的であり、堅固さに欠ける。段落を明確にしっかり固めようという意図・意欲が一般に乏しいのである。したがって、段落構成がしっかりしたものになりにくい。

戦後の作文教育において、文章を組み立てていくコンポジション理論があらためて移入され、文章制作過程を分節して、主題・取材・構想・記述・推敲などの文章制作の方法・手順は、ほぼ明らかにされた。分節された各活動を演練していく手順も周到にふまれるようになった。しかし、その手順をふむ仕事が作文を書こうとする子ども（生徒）の身についたものになっているかどうかは、にわかにはいえない。きれいごとに傾いてしまうおそれもあるからである。

文章を組み立てるにあたって、一つ一つの段落をどう組み立てるかは、すわなちそれがまたコンポジションそのものであって、これが軽視され、脆弱であると、文章全体の構築も論旨をじゅうぶんに展開させた堅牢なものとはなりにくいのである。

文章を組み立て展開させていく一つ一つの単位になり足場になっていく段落（パラグラフ）の問題は、みずから文章を学習し、それを仕上げさせるのに、今後のもっとも大きい課題の一つである。

国語科教育における段落の重視は、子どもたち（生徒たち）の思考を、さらには論旨を、どのように展開させ、構築させるかの問題となる。さらには、日本人の文章の体質を脆弱なものから、いっそうがっしりした統一性のあるものたらしめるであろう。

国語科教育は、子どもたち（生徒たち）の段落意識を明らかにさせ、段落構築力をきたえていくことによって、日本語による文章そのものの体質をひきしめ、いっそう整ったものにしていく。その点からも、日本語教育としての国語科教育にかけられる期待は大きいものがある。

（『国語教育原論』　野地潤家　昭和48年2月10日　共文社　57・58・59ページ）

Ⅱ　一学年における音声表現指導の実際

資料5　一年生指導の年間計画

月	単元教材	読む	書く	ことばへの関心	学習記録	生活記録
4	はしれはしれ ＊あいうえお	心で見る世界 進んで読む 好きな教材を選ぶ	あかさたなの歌 がざだばぱ きしちにひみり ぎじぢびぴ 50音習得	あいさつ ～になります ～してくだちゃいませんか 新発売のことば		光ることば お知らせノート よかったこと できたこと記録
	＊にじ おつきさま	好きな訳が言える 「　」の読み方	好きな教材とそ	自分のことばで そのわけは、～	ノートの	各人の記録 メモ

5	6
＊どうぶつえん どうぶつのあかちゃん ＊かくれんぼ1	うさぎ しっぽのやくめ ＊あさがおの本 かくれんぼ2
部分暗誦 区切って読む こう読みたい① 早く、ゆっくり 弱く、はっきり	文の骨組み まえがき 全文暗誦 文のかたまりを意識する 主体的に記しながら読む こう読みたい② ～の気持ちで
の訳 カタカナ	読んで勉強になったこと 初めて知ったこと たぬきの　☆1 心を見る
だからです 順序を表すことば 重なることば［も］ 作品発表① なぞって話す ことばの辞典（原型） くっつくことば	作品発表② 基本4コマ 新しいことば ことば集め ことばの仲間分け 反対のことば 作品の発表 4コマ意識
書き方① 出てきた人 つぶやき	文章構成の理解と再生 ノートの 書き方② ことばを抜き出す
日記指導 は・へ・を つまる〝っ〟 「　」	朝の会での口頭発表 書きたいこと 題つけ

7	9
＊てのひら文庫 ＊ほし ながれぼし ひしゃく星 ほしになったたいこ ひさの星 よだかの星 かくれんぼ3	大きなかぶ ＊ともだち しっぽのないさる ないた赤おに お手紙 バクのなみだ とりのくちばし
進んで 読んだり 聞いたりする	劇化して想像を広げる 全文暗誦 好きな本を読み、自分の考えを発表する 文章構成 まとめ
自分が思ったことを書く 感想をまとめる お話づくり	言ったことばを豊かに想像する　☆2 まとめるために書く よくわかる話し方　★1
自分の話す ことばに 気を付ける	生活記録発表 体験発表会 メモを使って 好きなところ 好きなことば 音読 よくわかる書き方
自分を書く	話の順を おさえる
日記の自己評価	自己の成長記録

12	11	10
かもとりごんべえ ＊ライオンのはなし サーカスのライオン やさしいライオン	たぬきの糸車	サラダでげんき ＊しょくぶつのちえ たねのふしぎ たねからめがでて えみちゃんのたんぽぽ
むかしばなし 音読発表会 好きな本をさがす	読み深め① ことばをふまえた想像 楽しい音読 好きな所を読みやすく書き直す	人物の心を読む 話の筋に興味をもつ 植物認識 滅びないちえ つよさ
理由を入れて 発表する★2	ノートの記録 感情を色で表現する	
重なることばを 分類する 副詞への関心をもたせる		
	課題作りの経験 ノートの書き方③ 毎時間の記録の基本を知る	
		日記の題材を 広げる

1	2
王さまはとびはねるのがすき ゴリラとたいほう *きつねのはなし きつねとつきみそう きつねとぶどう チロヌップのきつね どうぶつの赤ちゃん② どうぶつたちのねむりかた もしもしおかあさん	*ぞうのはなし ダンボ かわいそうなぞう ぞうの村のそんちょうさん *せんそうのはなし おこりじぞう ちいちゃんのかげおくり いろいろなふね
批判的な読み **動物認識** どうぶつのがんばり 強さ 文章の構成 観点をきめて比較する目	**人間認識** みんながうれしい 考え方 文章構成
図や表で比べる経験☆3	発表の仕方を考える★3 わたしの
	わたしのことばじてん（各人で） 一人ひとり違う言動でその人がわかる
自分の考えをはっきりさせて比べる 具体的な比較表現	
自分の生活 不思議に感じたことをみつめる 頑張ったことの記録	

	3
	花いっぱいになあれ
まえがき あとがき	読み深め② 人物の言動を想像しながら読む 好きな段落を楽しんで読む
調べたこと	ノート 自分を書く 変身作文　☆4 手紙形式での感想のまとめ ☆共存的に文学経験 ★相手意識
	ノートの書き方④ 話し合って課題作りができる 友達のよい意見を記録する
	一年間のまとめ

資料6　光ることばを大切に

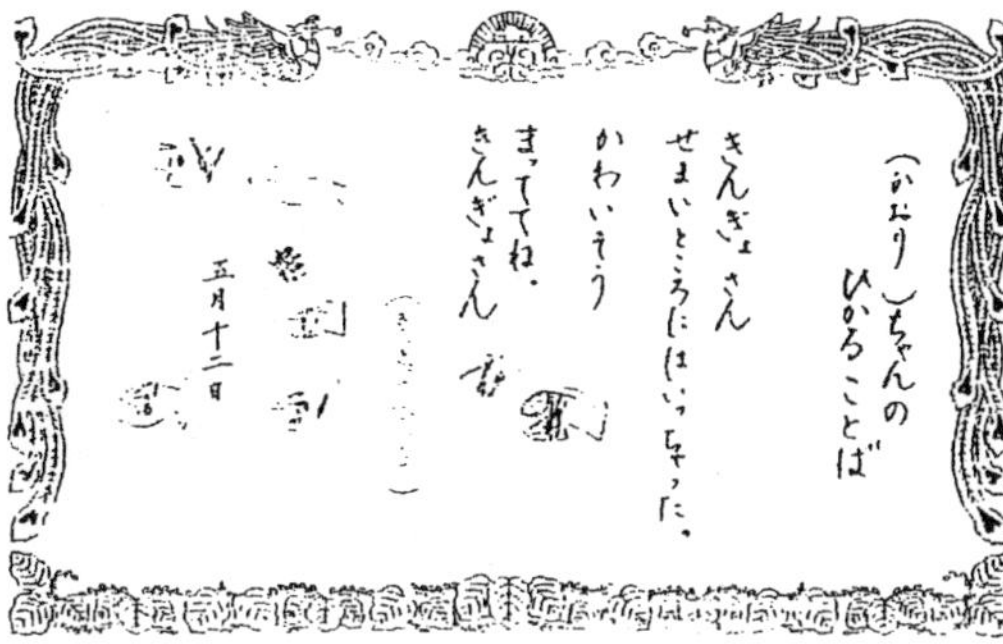

（かおり）ちゃんの
ひかることば
きんぎょさん
せまいところにはいっちゃった。
かわいそう
まっててね。
きんぎょさん
五月十二日

★1

5月12日　きんぎょのみずかえ
きんぎょさんせまいと
ころにはいっちゃった。
かわいそうね。
まっててね。きんぎょさ
ん。

（れい）ちゃんの
ひかることば
きゅうしょくの
マスクをゆると
ベットみたいだね。
五月十八日

マスクをゆるとベ
ットみたいでした。

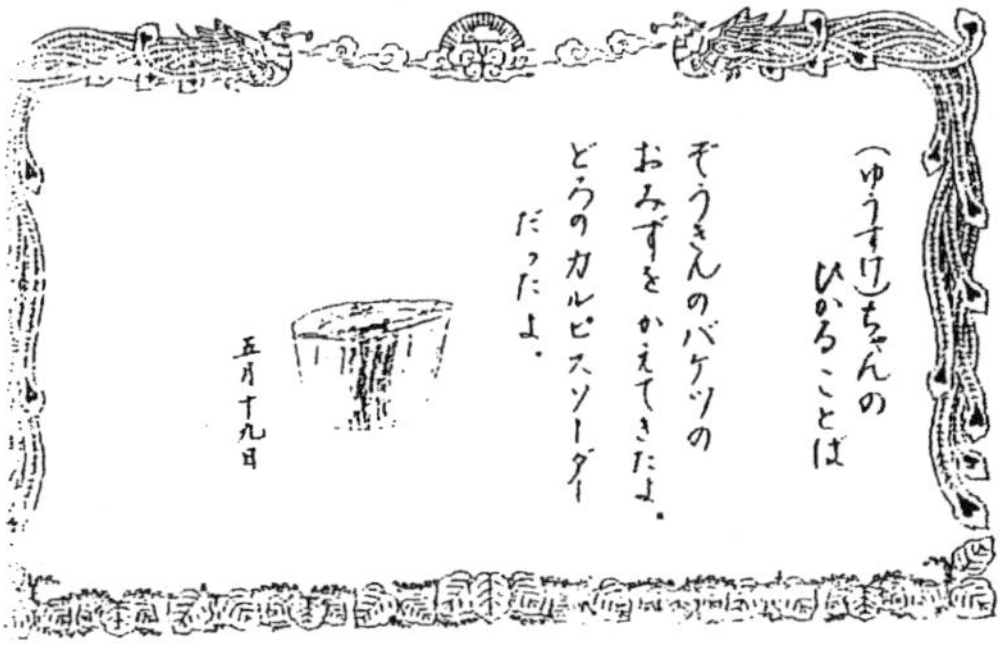

（ゆうすけ）ちゃんの
ひかることば
ぞうさんのバケツの
おみずをかえてきたよ。
どろのカルピスソーダー
だったよ。
五月十九日

★2

ぞうさんのばけつの
おみずおかえてきたよ。
どろのかるぴすそだが
できたよ。

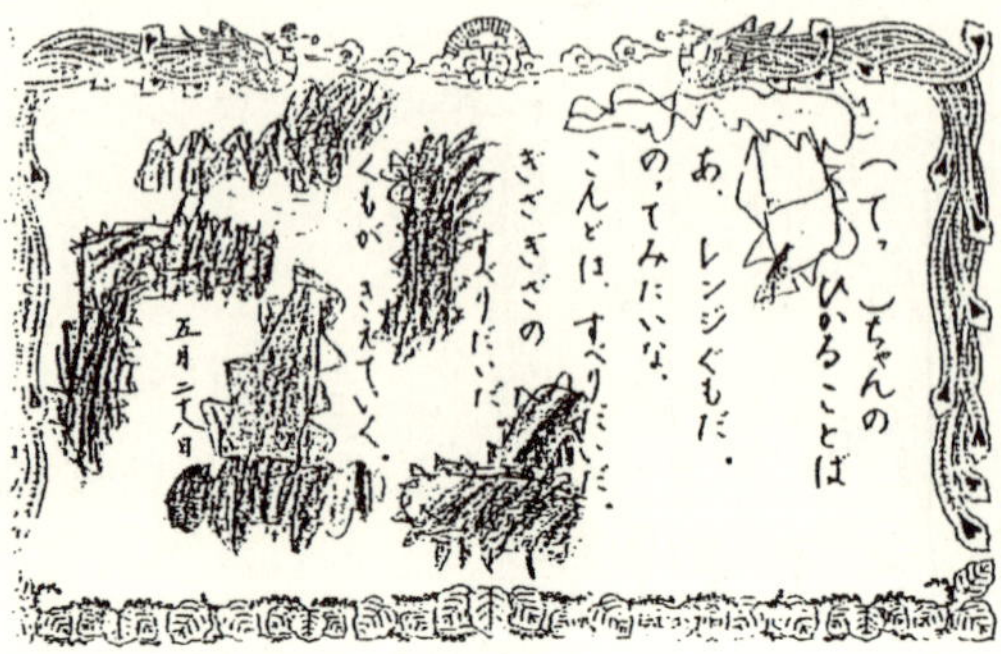

五月二十八日

れん
じぐもにのりたいくら
いだずりだいだ。ぎ
ざぎざのすべりだいだ
くもがきえてくる。

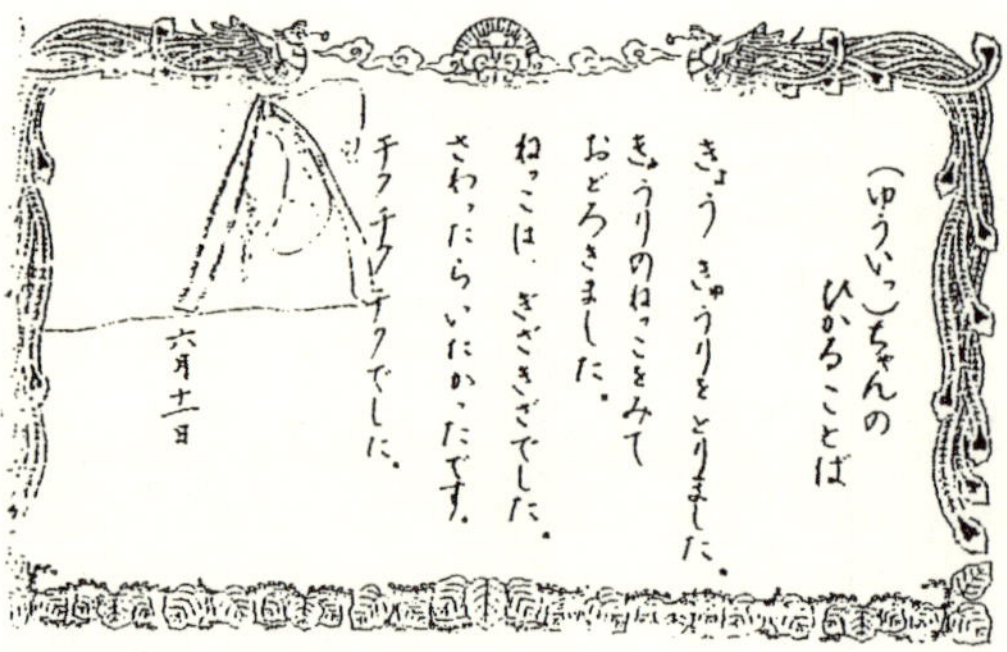

（ゆうい　）ちゃんの
ひかることば
あ、レンジぐもだ。
のってみたいな。
きょう　きゅうりをとりました。
きゅうりのねっこをみて
おどろきました。
ねっこは、ぎざぎざでした。
さわったらいたかったです。
チクチクでした。
六月十一日

きょうきゅうりをとり
ましたきゅうりのねっ
こをみておどろきまし
たっねっこはぎざぎざ
でした。

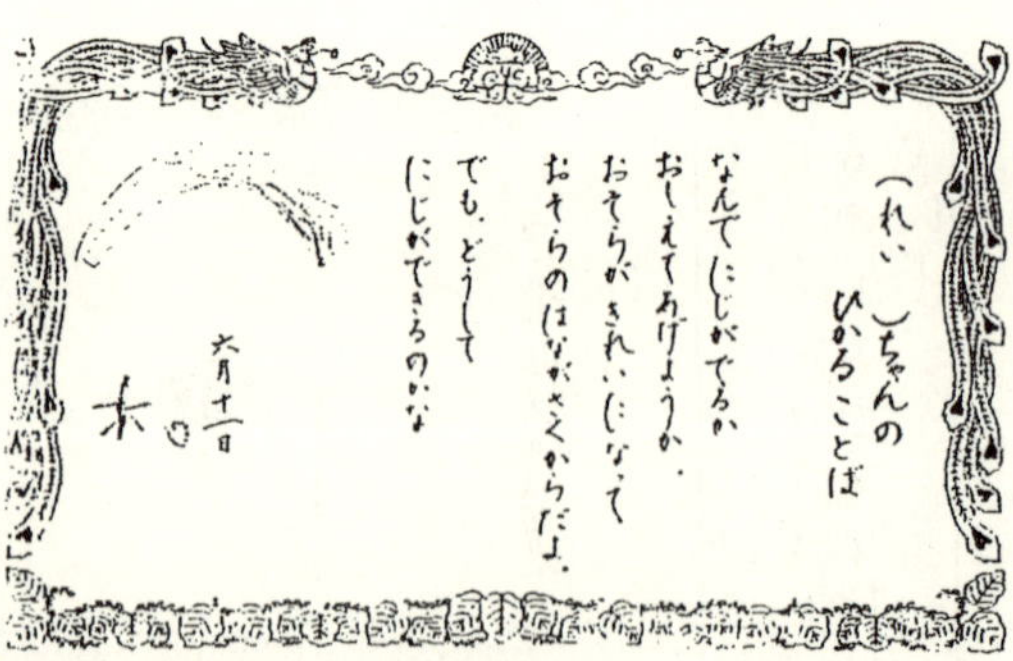

なんてにじがでるって
おしえてあげようか。
おそらがきれいになっ
てお　そらのはながさく
からだよ。でもどうし
てにじができるのかな?!

資料7　児童の捉えた自己の成長記録

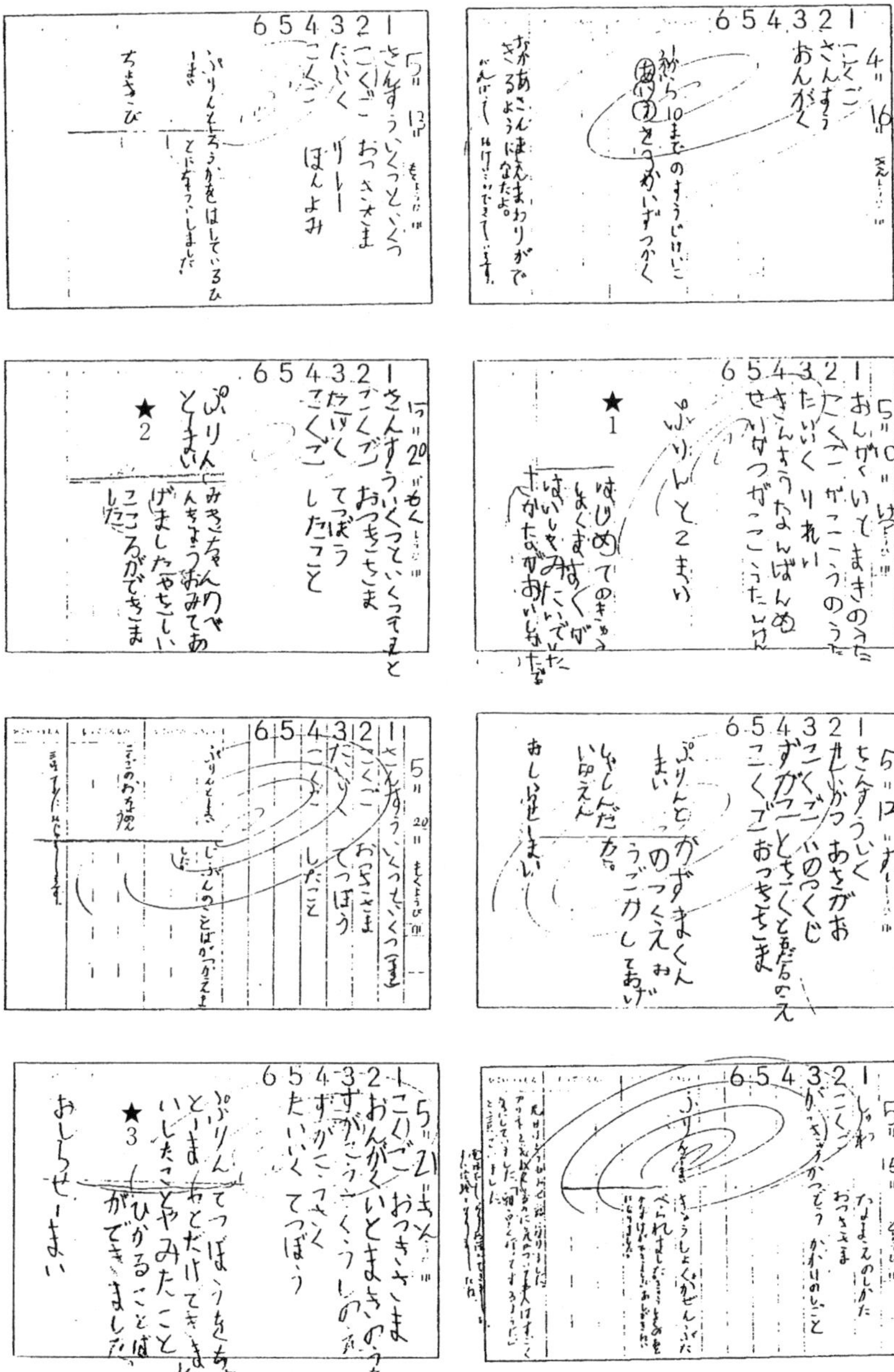

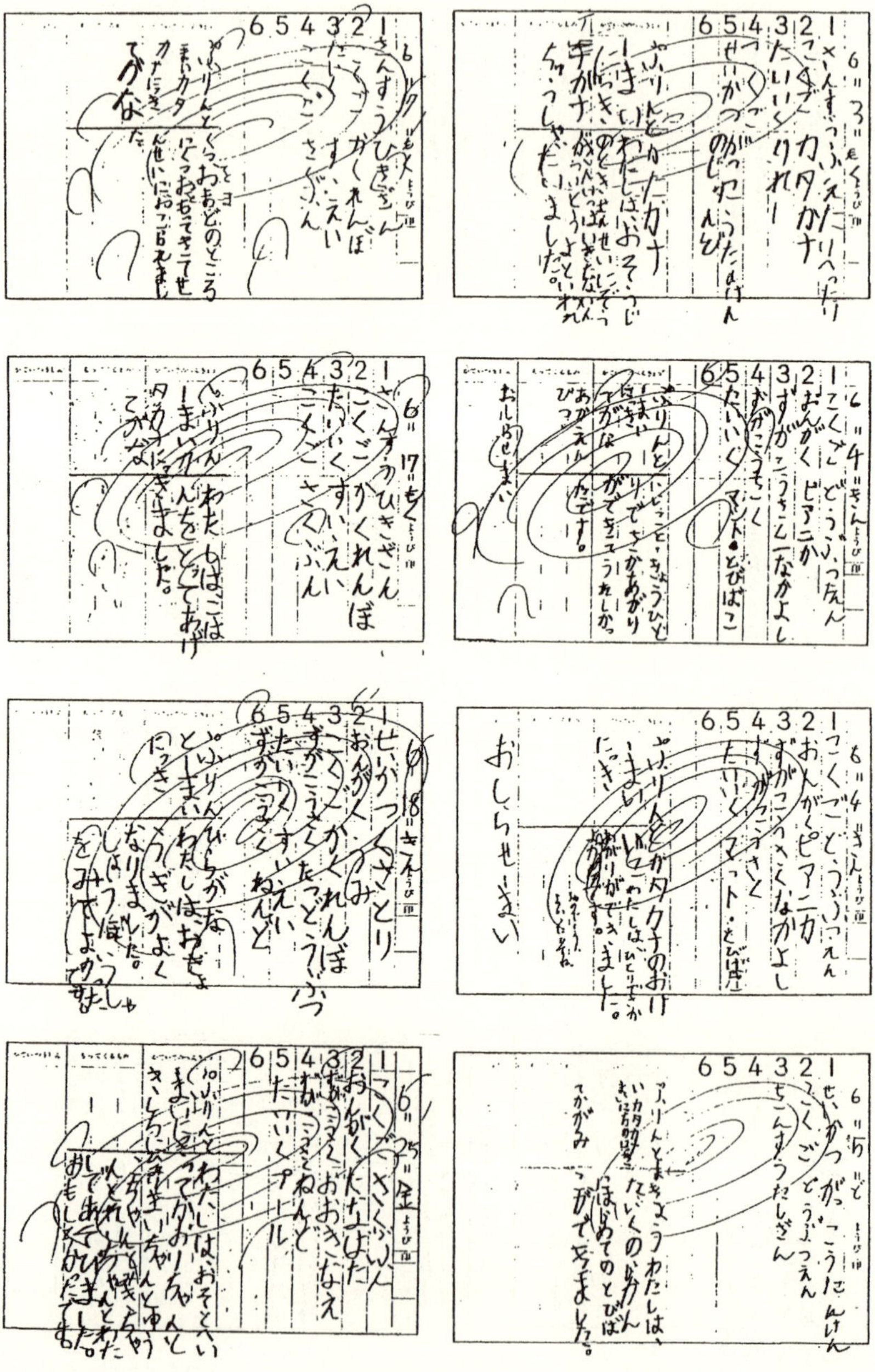

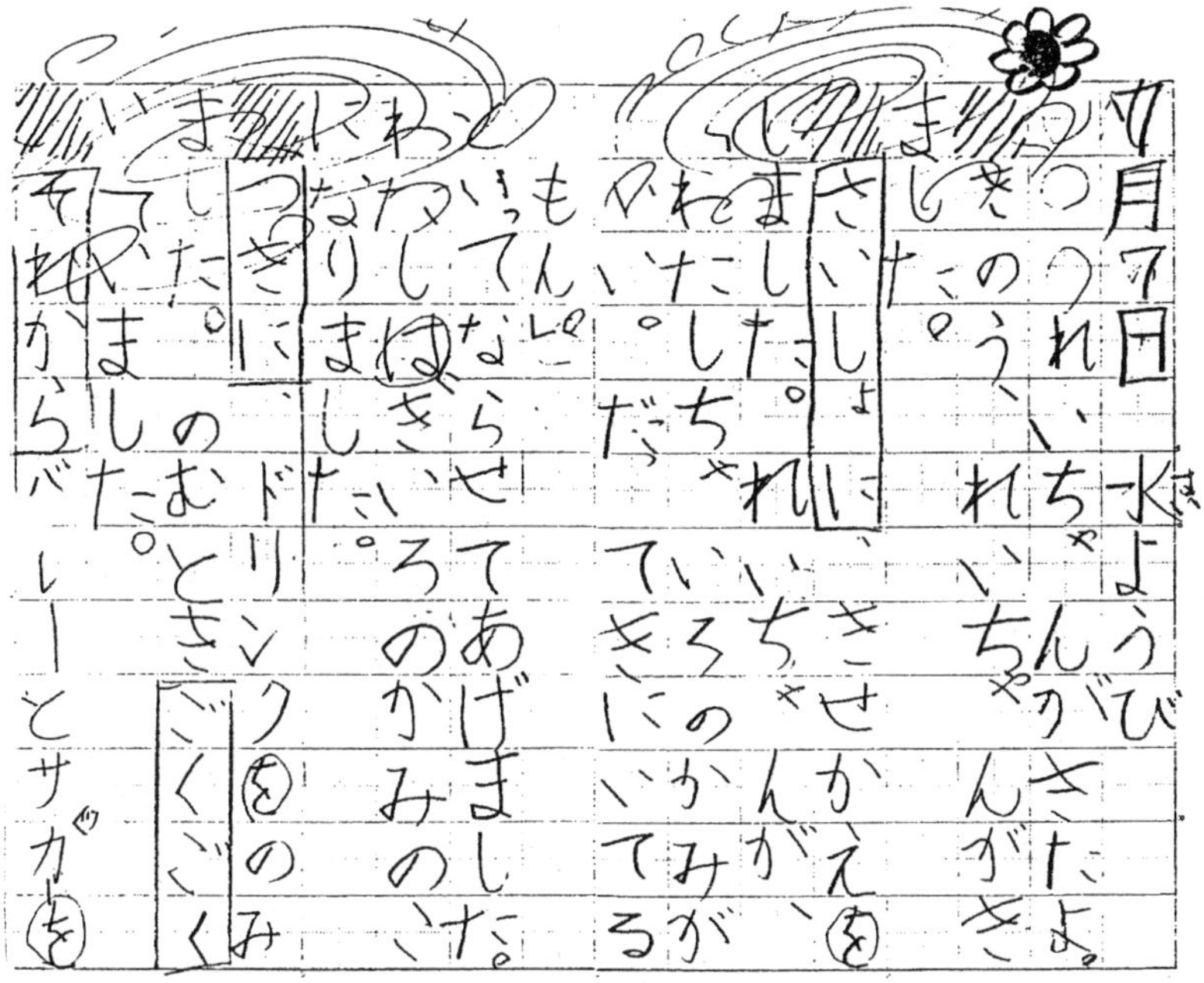

児童の生活記録の実態――七月七日――

児童の作品への評価活動

表記上の間違い捜し

助詞（は）（へ）（を）の確認

順序を表わすことばの確認

さいしょに

つぎに

おわりに

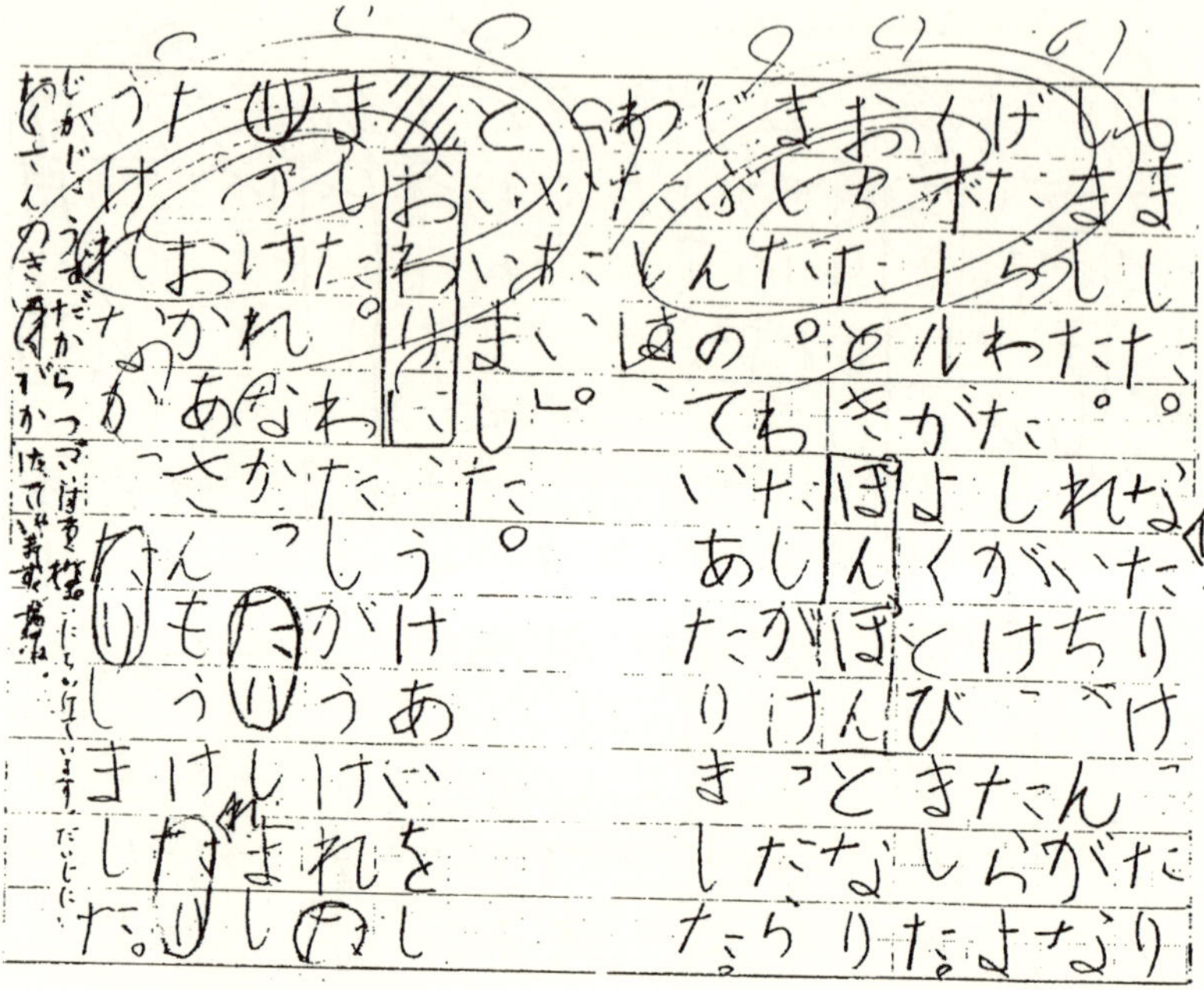

いい表現への関心・評価

ごくごく

ぽんぽん

……たり……たり

児童の自己評価のことば

じがじょうずだからつづけてね。
たくさんのきろくがかけていますね。

指導者の評価のことば

いいきろくがまいにちかけています。
だいじにとっておいてくださいね。

資料8　一年生の「ことばじてん」

一年一組ことばのじてん

もくじ

一、

じゅんじょをあらわすことば

はじめに
さいしょに
つぎに
(そして)
それから
おしまいに
おわりに

ぶんとぶんをつなぐことば

ところが
けれども
まだまだ
なかなか
とうとう
すると

二．
かさなることば

ゆらゆら
ふるふる
どきどき
ぷくぷく
ぱくぱく
ずるずる
よちよち
ぴくぴく
ちょろちょろ
ぴょんぴょん
ころころ

ぽかぽか
きりきり
ちくちく
にこにこ
かんかん
もこもこ
むくむく
ぺこぺこ
ぱんぱん
ついつい

ぴかぴか
きらきら
ぎりぎり
だんだん
すうすう
ざらざら
どろどろ
びしょびしょ

三．
あたらしいことば

もぎとる　ひやす　しゅうす

みあげて(る)　ゆびさす　もみほぐし(す)

〇〇〇〇〇のような

てのひら　やさしおくわ

そのわけは〜だからです。

四、しんはつばいのことば

たとえば　なんでも

つまり

ついに　まにあった

すると　おもいついた

なる　ほど

なんでも

さあ

五、くっつくことば

□は　○も　とか

□へ　か　―たち

□を　○と○

六、はんたいのことば

おおき㋑　↔　ちいさ㋑

ふと㋑　↔　ほそ㋑

なが㋑　↔　みじか㋑

あかる㋑　↔　くら㋑

資料９　児童の学習記録からみる学習の経過

資料９―(1)　「あいうえお」・「にじ」における感想

１ねん　くみ（　　）
ぼくは、③ばんのあいうえ
おのうたがすきです。そのわ
けは、ああああかおもしろかった
です。
③ばんめのうたは、あかい
えあおいえがおもしろいです
かきのきがくからからかおもし
ろいでした。らんらんらくち
んがおもしろかったです。はる
のひはなふるかきれいです。
やまよのかもりりかきまちわ
るかったです。ささのはささや
くがおもしろかったです。わい
わいわいたまらしかおもしろ
かったです。
まめのみまめのめがおもしろ
かったです。
あさひがあがるいがおもし
ろかったです。かえるがかあい
がったです。

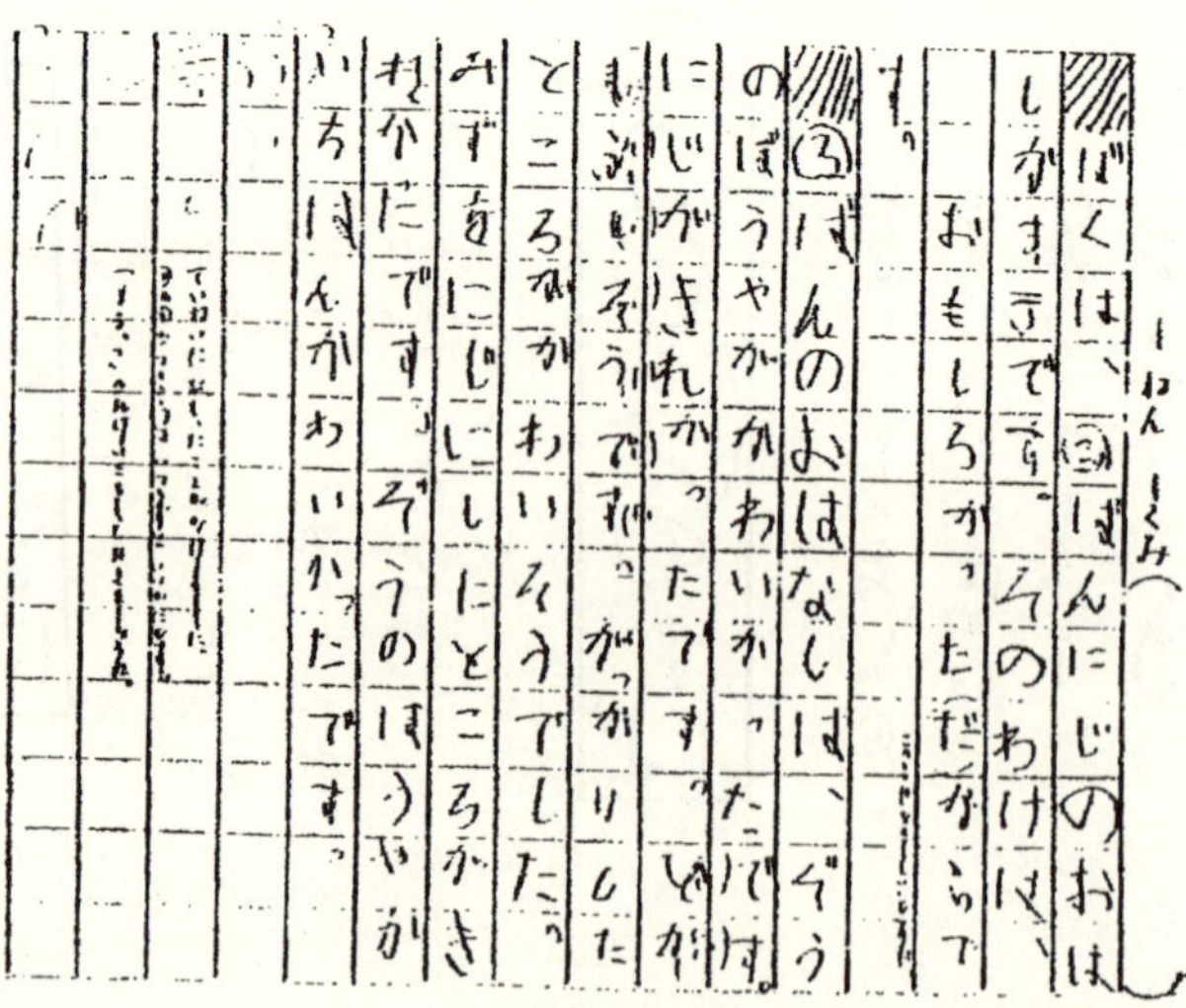
１ねん　くみ（　　）
ぼくは、③ばんにじのおは
しがすきです。そのわけは、
おもしろかったからで
す。
③ばんのおはなしは、ぞう
のぼうやがかわいかっただけ
にじがきれかったですどが
もぶいぞうでかがっかりした
ところがかわいそうでした。
みずをにじにしたところがき
れかったです。ぞうのほうが
いちばんかわいかったです。

K・U児

わたしは、1のあいうえおのうたがすきです。そのわけは、うたがすてきだったからです。
1はんめのうたは、おひるのおくびはわいうえおがかわいかったです。たぬきがたこあげたちってとのとこうがおもしろかったです。わにさんわなげだわいうえをんのところがすきです。
3ばんめのうたは、らんらんらくちんふりるれろのところがきれいです。おかいえあおいえあいうえおのところがきれいです。たたみをたたいてたちつてとのところがすきです。

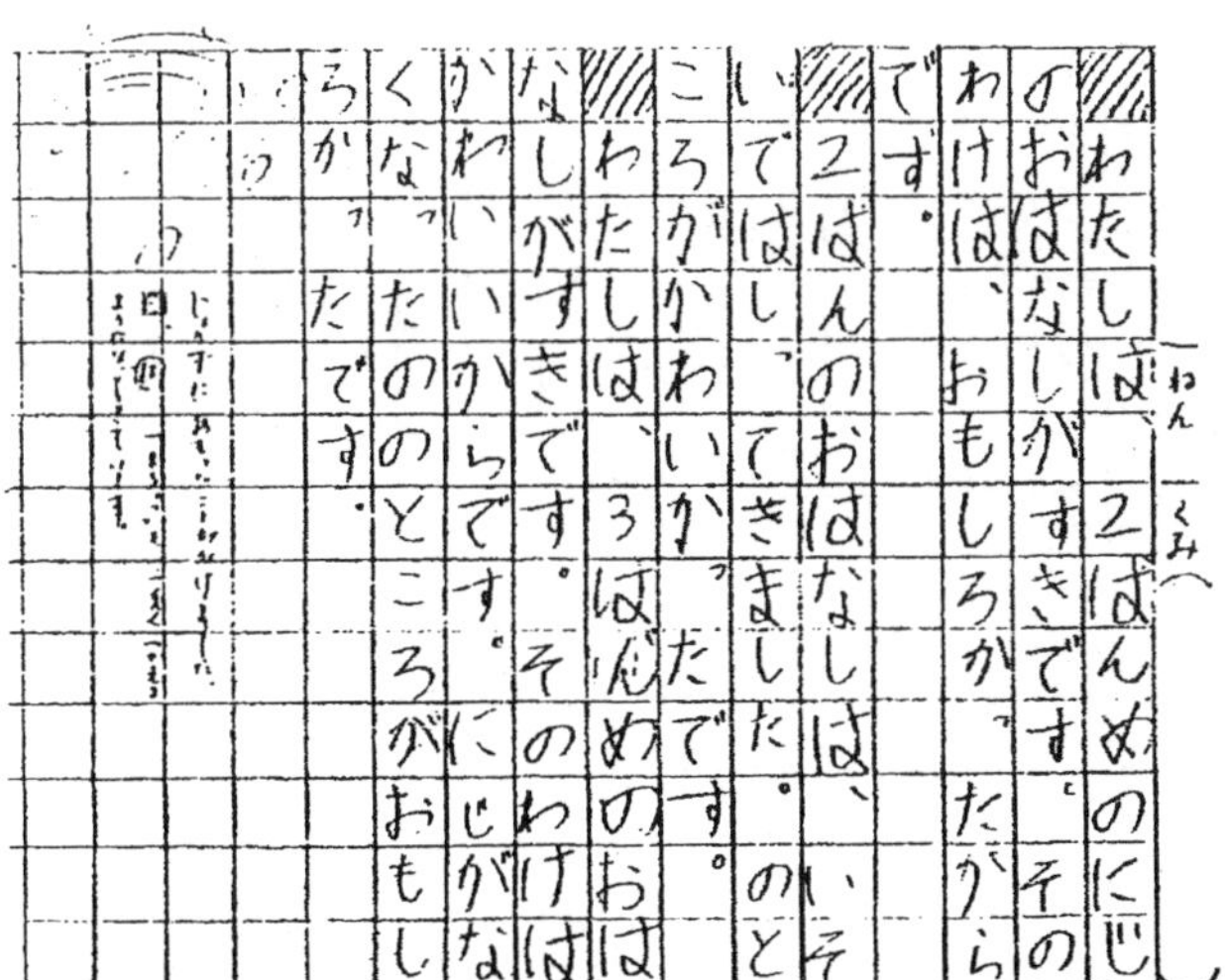
わたしは、2ばんめのにじのおはなしがすきです。そのわけは、おもしろかったからです。
2ばんのおはなしは、いそいではしってきました。のところがかわいかったです。
わたしは、3ばんめのおはなしがすきです。そのわけはかわいいからです。にじがなくなったのところがおもしろかったです。

R・O児

わたしは、1ばんのあいう
えおのうたがすきです。その
わけは、そのわけは、たのし
かったからです。
2ばんめのうたは、まりつ
きまけるたまみむめもがかわ
いいです。なまずがなかよく
なにぬねのがおもしろいです。
やぎさんゆうびんかわいいゆえよ
がすきです。あああるがかけっ
こかきくけこがきれいです。
たぬきがたこあげたちってと
がおもしろいです。
わたしは、ろばんがつぎ
にすきです。わいわいわいわ
しゃいうえをかおもしろいで
す。きさのはさとやくさしす
せそがきにいっています。た
いものなになのなにぬねのか
きれいです。やみよのやまゆ
[illegible]

わたしは、3ばんのたじのわ
おはなしがすきです。そのわ
けは、かわいいからです。
ろばんのおはなしは、ちょ
うとかわいそうです。どうし
てかというとにじがきえたか
らです。そうのおかあさんは
やさしいんだなとおもいま
した。わたしは、どうしたの
というところがかわいいとお
もいました。ころにがなくな
たのというところがすきです
つぎに2ばんやのおはなし
がすきです。さいごがかわい
そうでした。わたしは、2ば
んぬのおはなしのりすがすき
です。かわいかったです。

Y・U児

資料9―(2)　「おつきさま」の学習記録

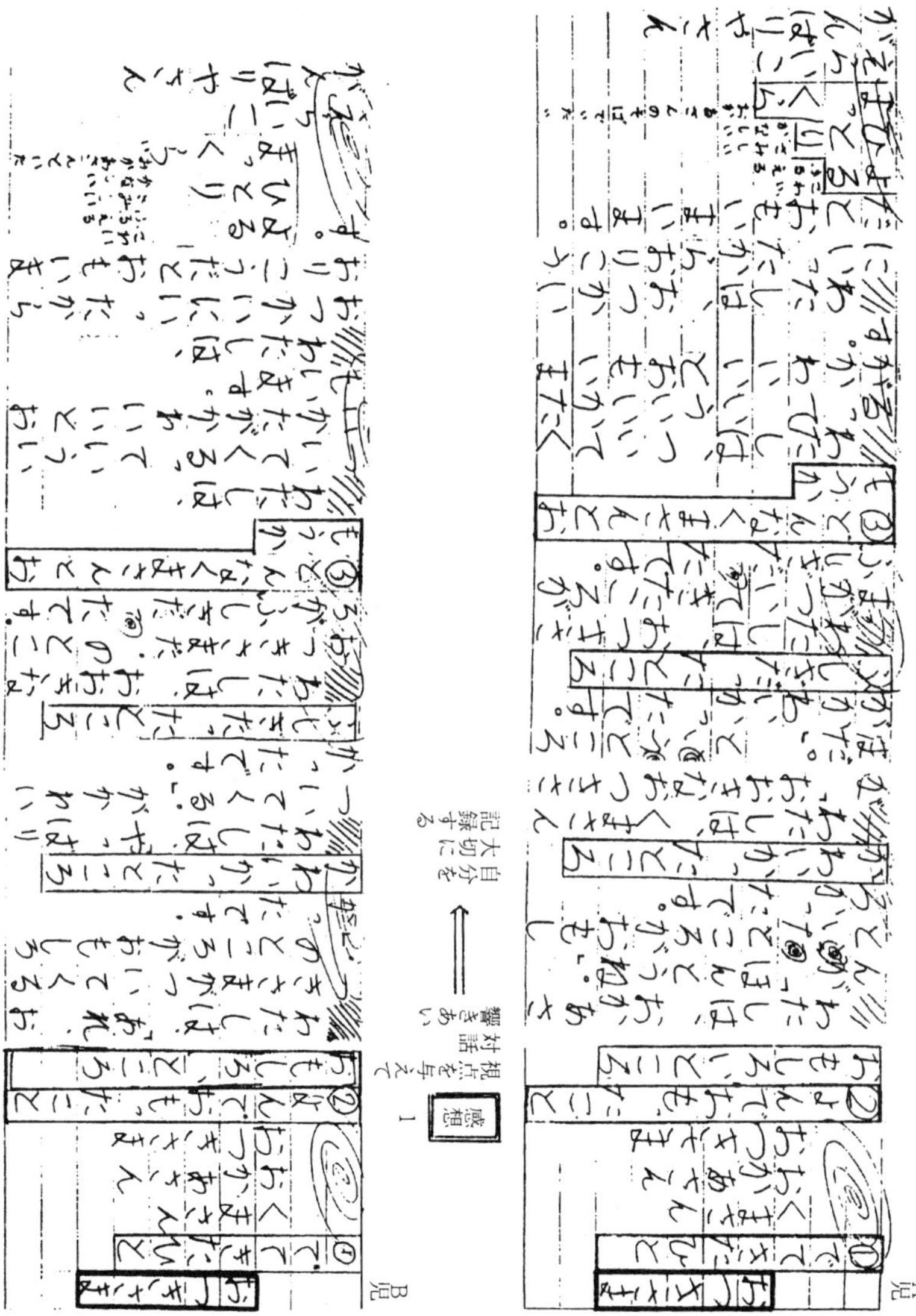

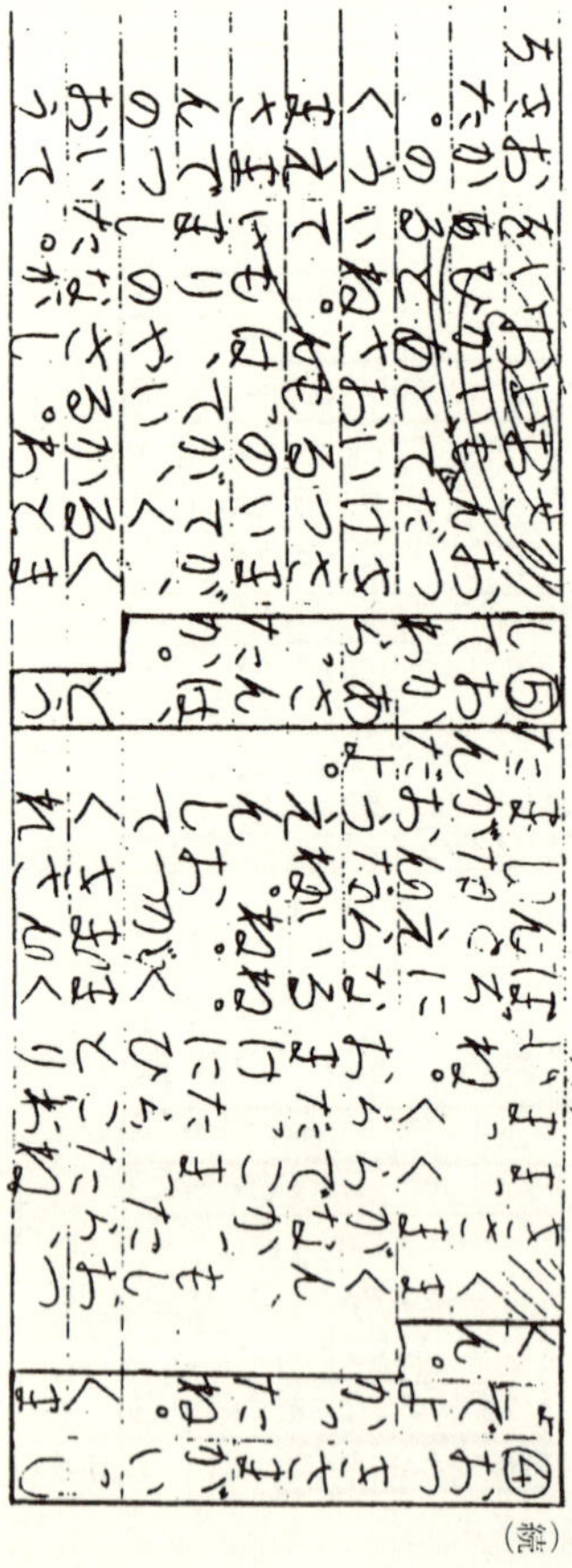

A児（続）

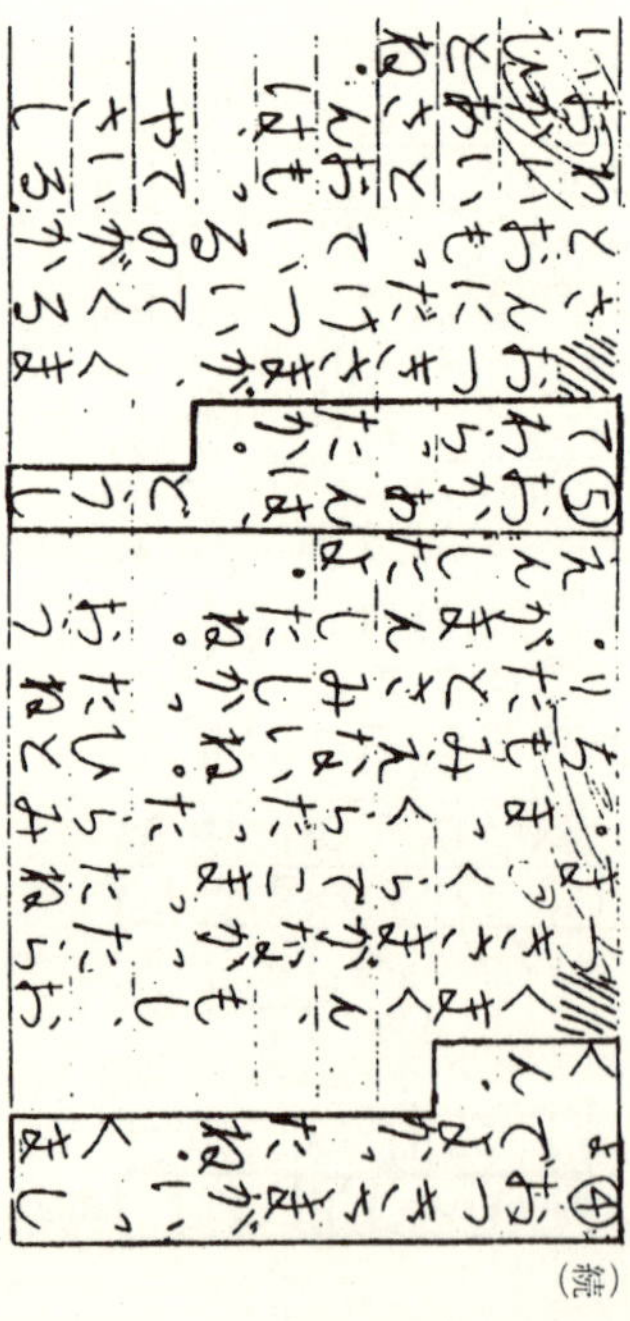

B児（続）

資料9―(3)　「うさぎ」・「しっぽのやくめ」（説明文）における記録

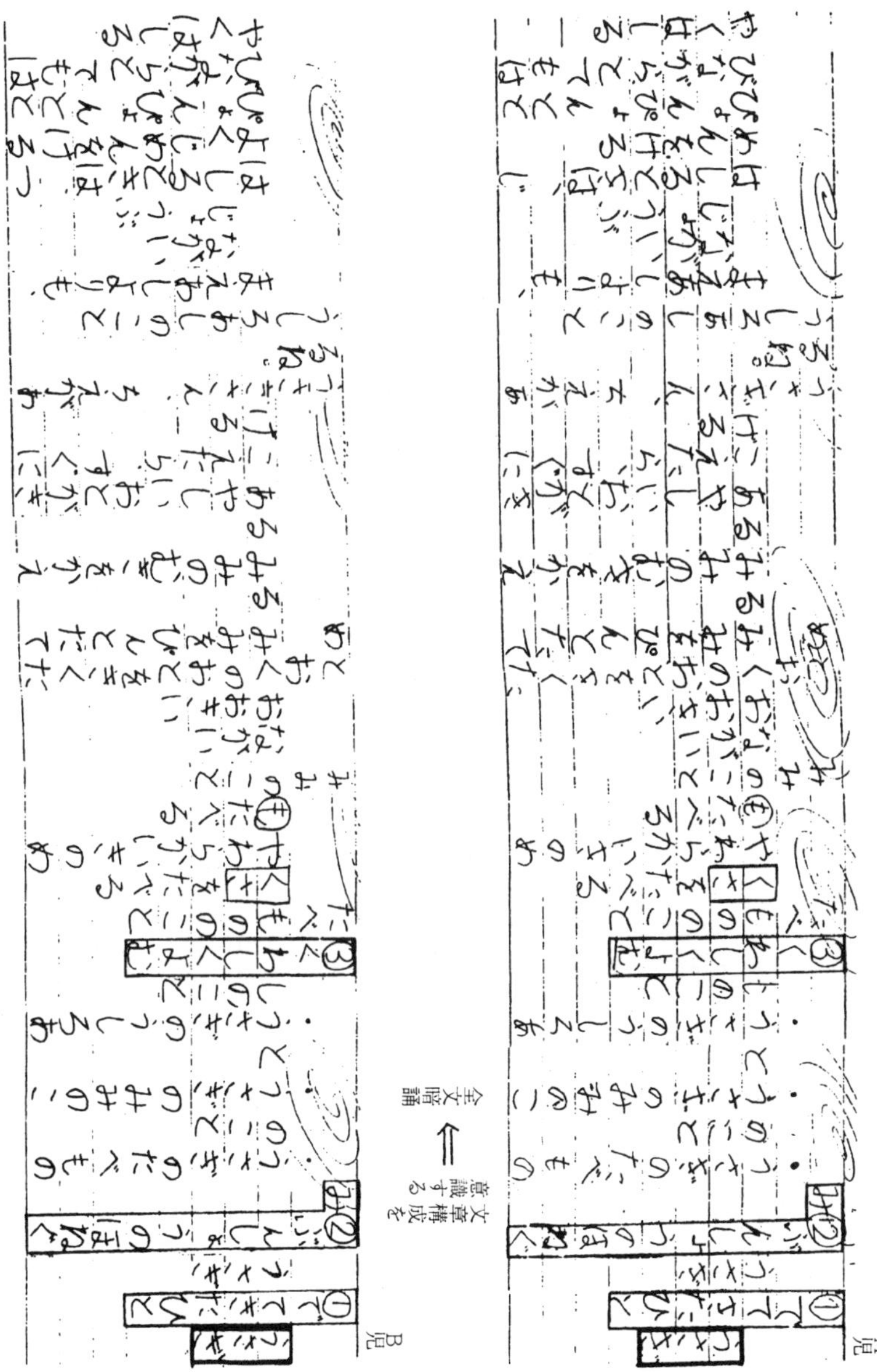

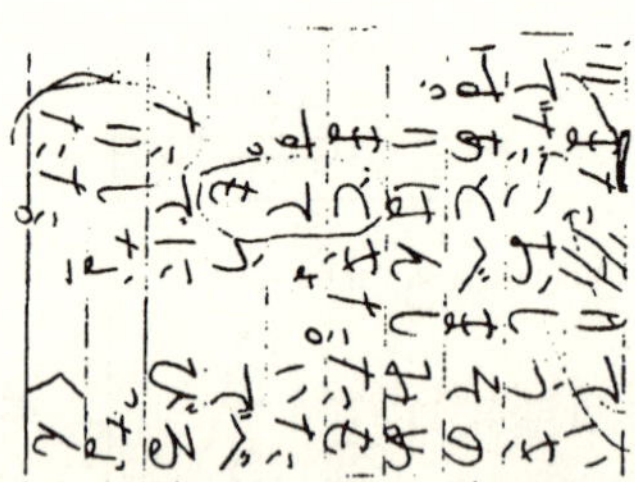

A児（続）

自分を記録する

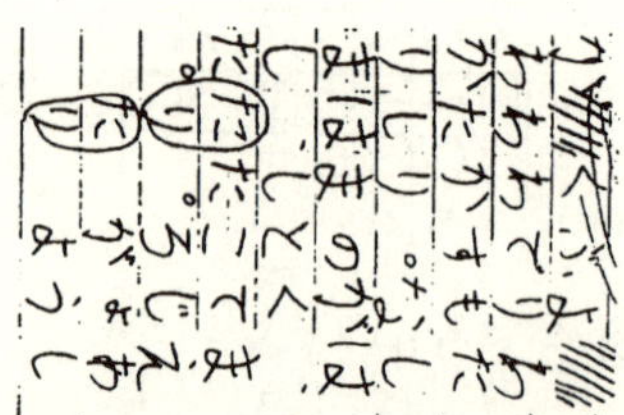

B児（続）

しっぽのやくめ

①なんのしっぽがでてきたか
くもざるのしっぽ
きつねのしっぽ
うしのしっぽ

②ぶんしょうのほねぐみ
だい
まえがき
くもざるのしっぽのこと
きつねのしっぽのこと
うしのしっぽのこと
（まとめ・あとがき）

③はじめてしったこと
わたしは、くもざるがくだものをとると
ころがめずらしかったです。
うしのしっぽがはえたたくのようすなところ
がめずらしかったです。

K・M児

しっぽのやくめ

①なんのしっぽがでてきたか
くもざるのしっぽ
きつねのしっぽ
うしのしっぽ

②ぶんしょうのほねぐみ
だい
まえがき
くもざるのしっぽのこと
きつねのしっぽのこと
うしのしっぽのこと
（まとめ・あとがき）

③はじめてしったこと
わたしは、はえやあぶがうしのせなかにき
たら、うしのしっぽでポンポンとふると、は
えやあぶがにげます。はじめてみました。
わたしは、くもざるはしっぽでたべもの
をもぎとります。めずらしかったです。

R・O児

資料9—(4)「かくれんぼ1」の学習記録

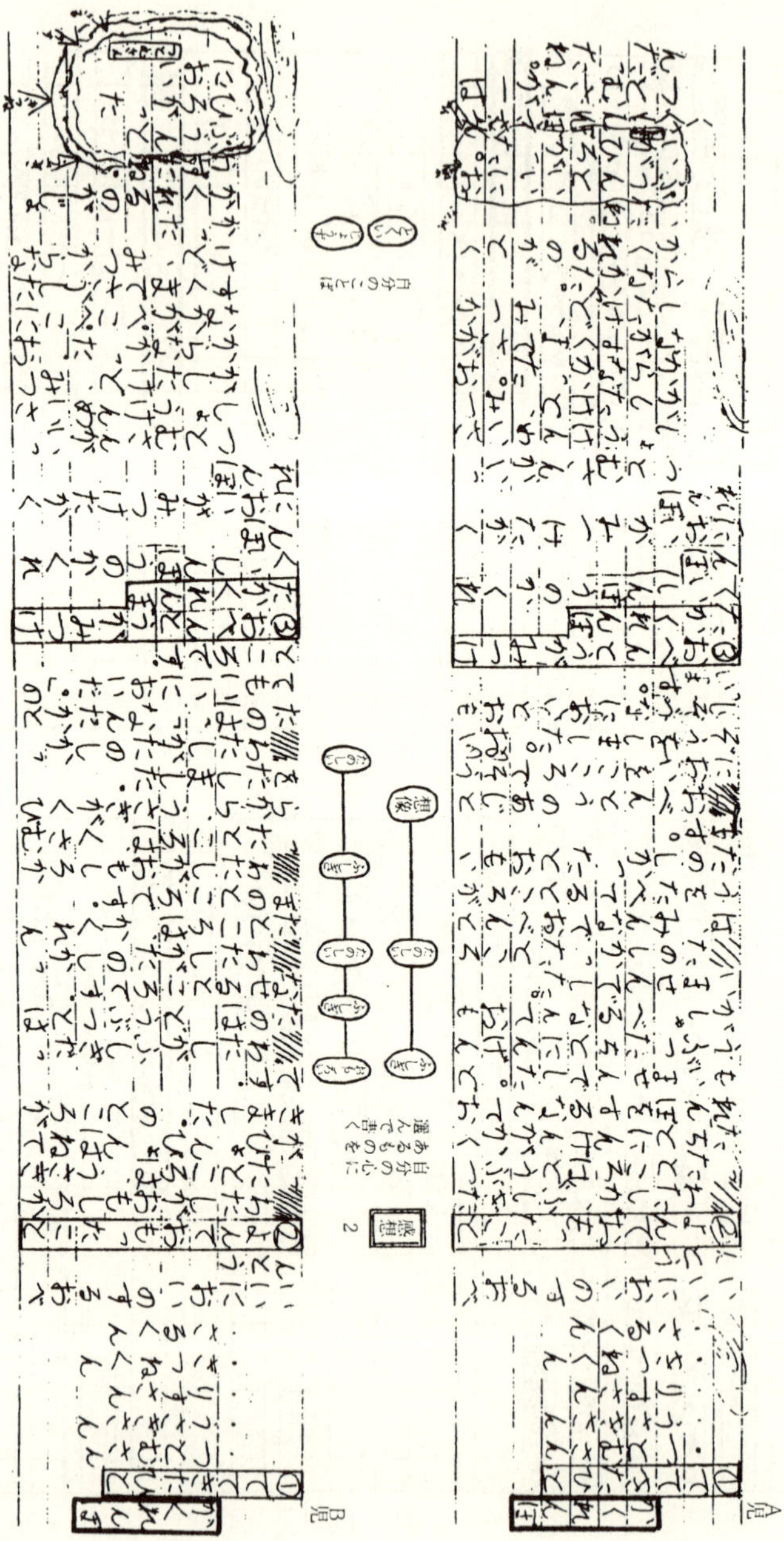

資料9―(5)　「かくれんぼ2」の学習記録

A児

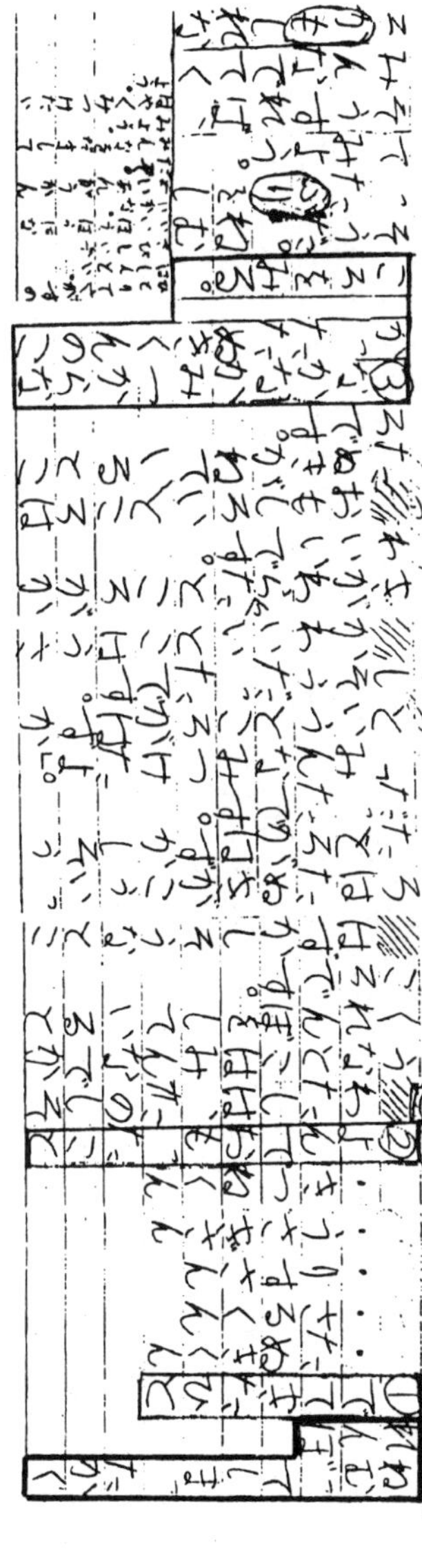

1　ことばを選び出す

書く　つぶやきを

（集めたことばを記録する）

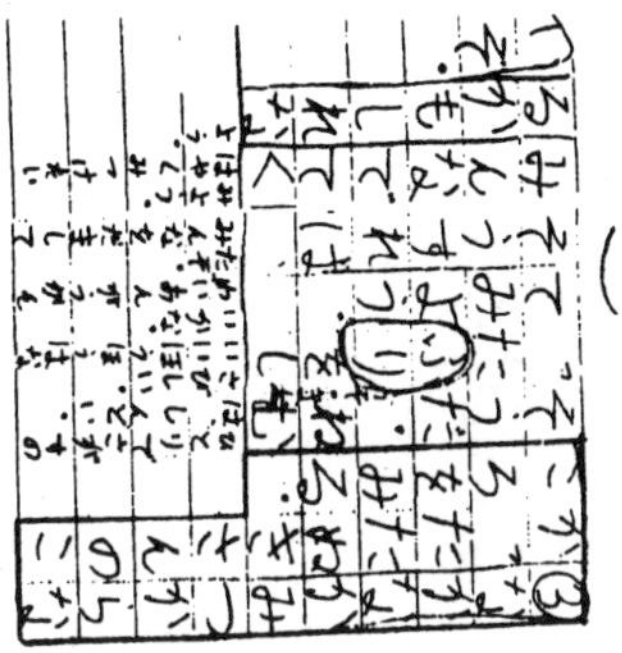

B児

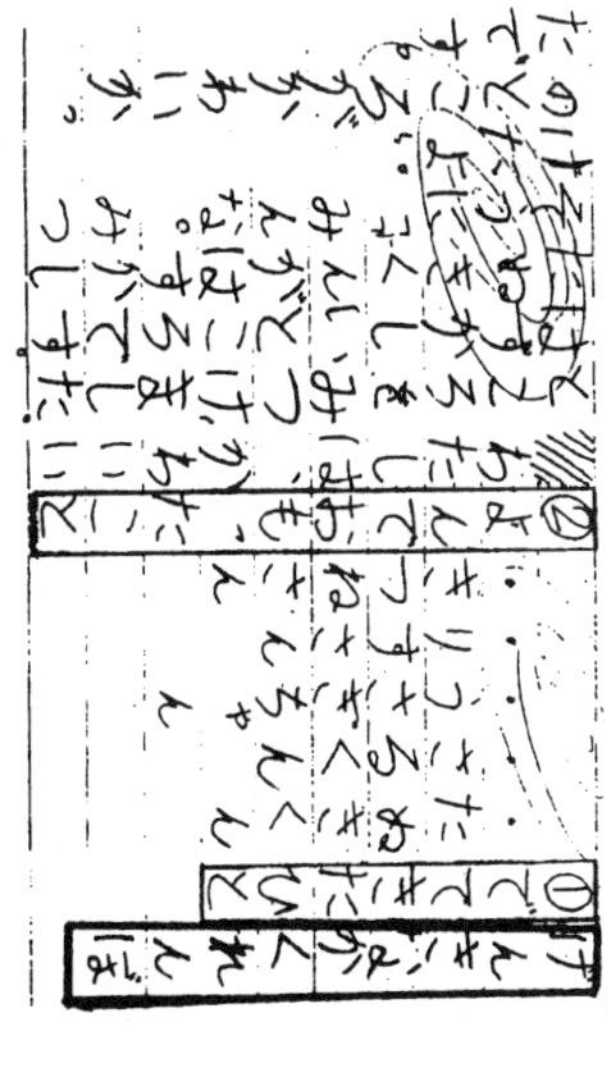

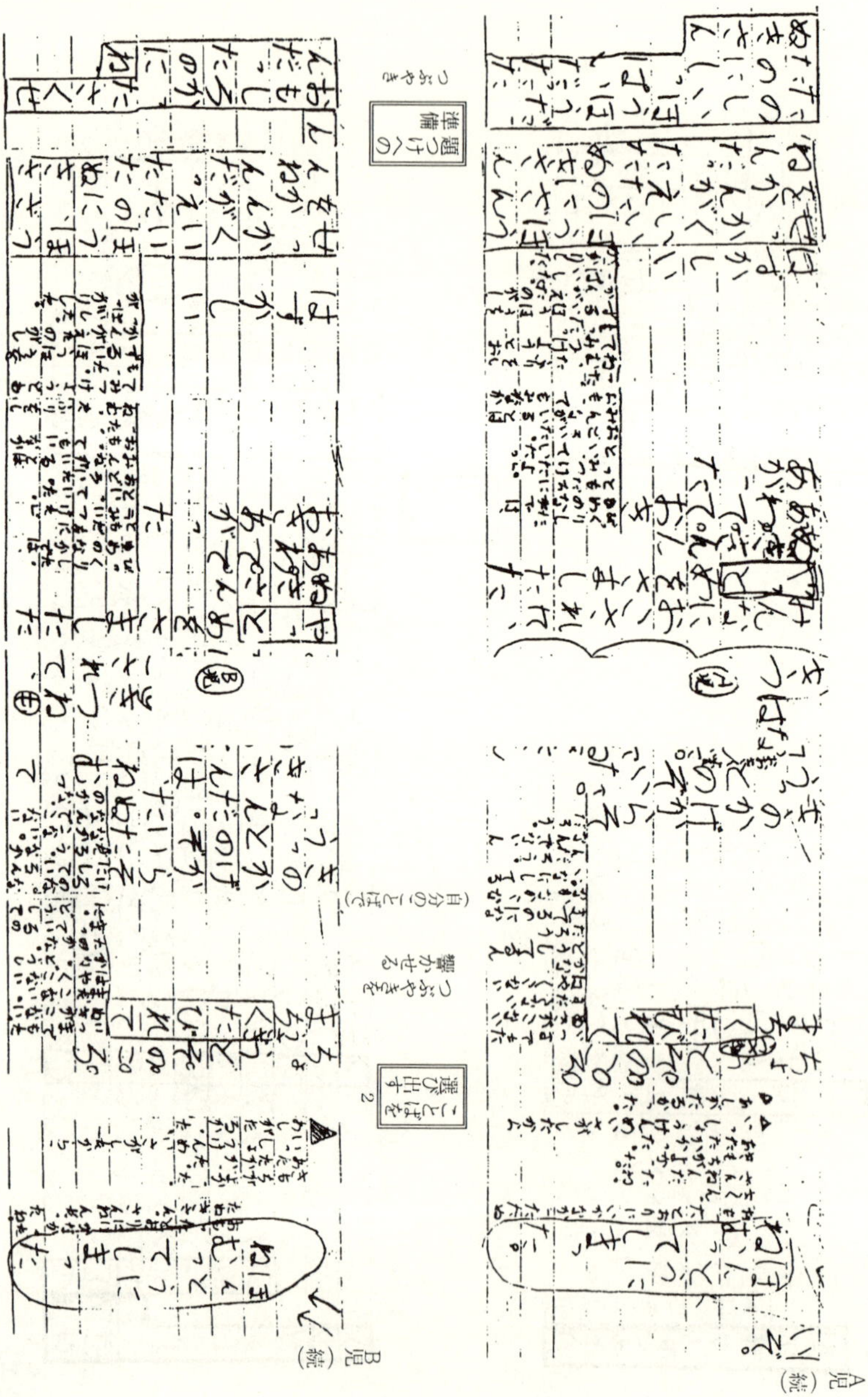
A児（続）
B児（続）
題つけへの準備
つぶやき
2 ことばを選び出す
つぶやきを響かせる
（自分のことばで）

資料10「かくれんぼ3」における実践

資料10―(1) 教材文

かくれんぼ①

つとむさんが、おべんとうを　もって、
もりへ　あそびに　いきました。
うさぎが　ぴょんぴょん
はねて　きました。
りすが　きから　おりて　きました。
きつねも　きました。
さるも　きました。

みんなで、かくれんぼを　する
ことに　なりました。

つとむさんが　おにに　なりました。
「一、二、三、四、五、六、七、
八、九、十。もう　いいかい。」
「まあだだよ。」
つとむさんは、また　十まで　かぞえました。
「もう、いいよ。」

つとむさんは　いっしょうけんめい
さがしました。

つとむさんは、あちら　こちらを
さがして　あるいたので、とても
おなかが　すいて　きました。
「おべんとう、はやく　たべたいな。
なにが　はいって　いるかな。
ちょっと　のぞいて　みよう。」
　おべんとうの　ふたを
あけると、おいしそうな
においが、ぷうんと
もりの　なかに
ひろがりました。

「あら、おいしそうな　におい。」
　くさむらから、うさぎが
くびを　だしました。
「なんだか、とても
いい　においだ。」
　いわかげから、きつねが
はなを　ぴくぴくさせて
でて　きました。
「ああ、わたしも　たべたい。」
　りすが、つとむさんの　かたに
とびおりました。
　とうとう、さるも　でてきました。
　みんな　つとむさんに
みつかって　しまいました。
　それから、みんなで　なかよく
おべんとうを　たべました。

かくれんぼ②

もりの　なかです。

うさぎたちが、かくれんぼを　して　います。

「じゃんけんぽん。」

「あいこでしょ。」

「じゃんけんぽん。」

たぬきが、おにに　なりました。

「一、二、三、四、五、六、七、八、九、十。もう　いいかい。」

「まあだだよ。」

たぬきは、　また　十まで
かぞえました。

「もう　いいかい。」

「もう　いいよ。」

たぬきは、みんなを
さがしはじめました。

なかなか　みつかりません。

「そうだ。ねむった　ふりを
して　みよう。そう　すれば、
みんな　でて　くるかも
しれないぞ。」

ところが、たぬきは、
ほんとうに　ねむって　しまいました。

たぬきが　いつまで　たっても
さがしに　こないので、
うさぎは　まちくたびれて、
きの　かげから　のぞきました。
「なんだ。たぬきさんは、
ねむって　いるよ。」

りすも、さるも、きつねも、
でて　きました。
「たぬきさん、おきてよ。おきてよ。」
「おきてよ。おきてよ。」
たぬきは、あわてて
おきあがって、
はずかしそうに　いいました。
「みんな　みつけたよ。」

かくれんぼ③

川の　なかです。
かえるが　すいすい
およいで　きました。
めだかが　ついつい
およいで　きました。
ふなも　どじょうも
およいで　きました。
かめも　ゆっくり
およいで　きました。

みんなで、かくれんぼを
する　ことに　なりました。

かめが　おにに　なりました。
「一、二、三、四、五、
六、七、八、九、十。
もう　いいかい。」
「まあだだよ。」
かめは、また　十まで
かぞえました。
「もう　いいよ。」
かめは、
ゆっくり　ゆっくり
みんなを　さがしました。

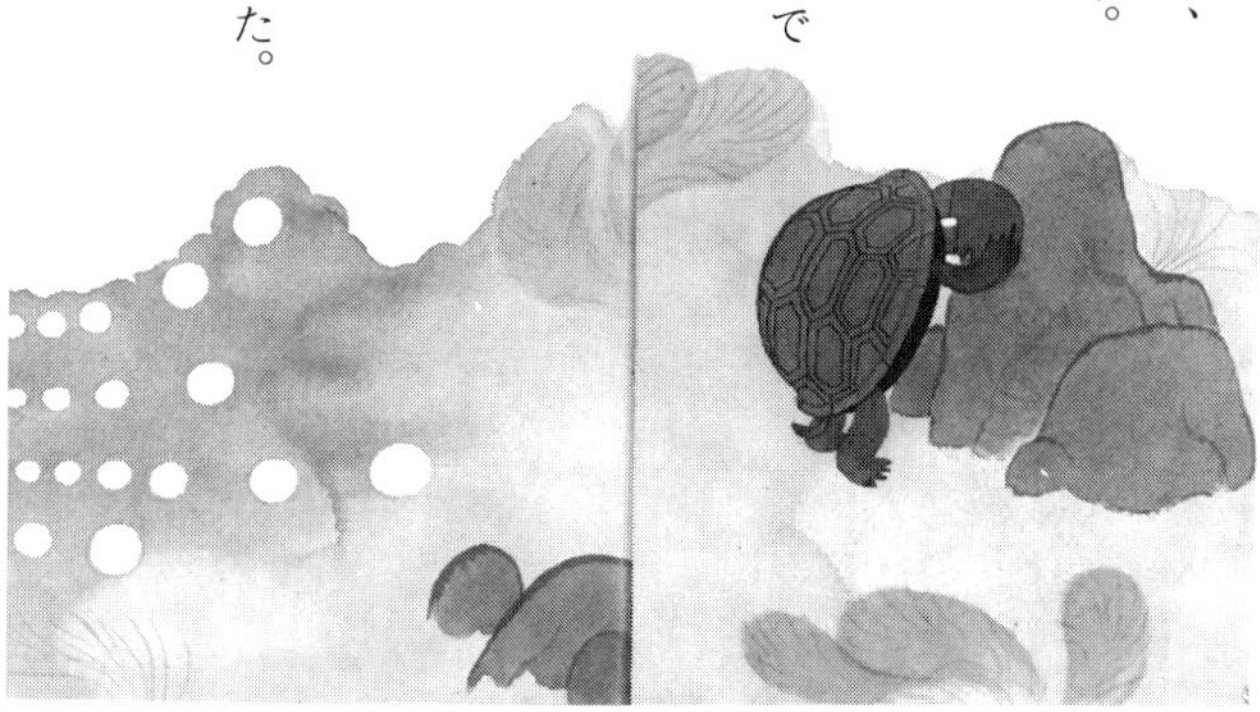

みずくさの　かげで、
めだかの　おびれが
ひらひら　ゆれて　いました。

どじょうの　しっぽが、
どろの　なかから
でて　いました。

いわの　かげに
かくれた　ふなが、
大きな　あくびを　しました。
あぶくが　三つ、
上の　ほうに
のぼって　いきました。

かえるは
どこに　かくれたのでしょう。

かえるは、
かめの　こうらの　上に、
ちょこんと
すわって　いました。

みんなは　くすりと　わらいました。

かめは、いっしょうけんめい
かえるを　さがしました。

資料10―(2)　第一学年国語科学習指導案

1993年7月22日（木）
男子4名　女子7名　計11名

1　単　元　かくれんぼ（東京書籍　昭和55年・平成元年・平成4年）

2　単元設定の理由

ひらがな習得と自己の経験を順序を考えながら友達に話すこと、読み取ったことの感想を断片的に書き記すことなど、入門期の基礎力のだいたいを身につけた一年生に、読むことの楽しさを経験させたいと考え、本単元を設定した。ことばに対する関心が育ち、声に出して読むことの楽しさを経験してきた児童に、状況の違った『かくれんぼ』の教材を重ねてさまざまな状況を想像させることは、児童の想像の世界を広げるだけでなく、読書への関心も育てることになる。また、続き話を作る経験は、読み手の視点に書き手の視点を加えることである。作者の世界に児童が自分の描いた世界を投影させながら読むことは、一方通行にならない「読むことは自己を読むこと」という主体的な読みを成り立たせると考える。

3　単元の構想

第一次　かくれんぼ1を、音声を通して読み味わう。読み聞かせから、各人の音声としての表現に関心をもたせ、つまらずに読むことができる力を養う。
（東京書籍　平成元年）――3時間

第二次　かくれんぼ2を、ノートに書くことを取り入れながら読み味わう。読みの力を、書くことで立ち止まり、考え、深まる経験をさせ、さらに、読み取ったことが音声として表現できることを感じさせる。
（東京書籍　平成4年）――4時間

第三次　かくれんぼ3を、読み味わいながら、続き話を想像する。どのような話を作りたいかを考える中で、作品の読み取りをより確かなものにさせる。一人ひとりに想像の世界があることに気づかせる。
（東京書籍　昭和55年）――1時間（本時）

4　本時の目標

「くすりと」や「いっしょうけんめい」のことばをふまえた続き話を作ることができるようにする。

5　本時の展開（8／8）

児童の活動	教師のはたらきかけ	指導したい国語としての力
①教材を区切ったり、読み方を考えたりする活動を通して、教材を読み取る。 （好きなことば、おもしろいところも）	・一人ひとりの読み方について助言する。 ・これまでの作品との違いに目をむけさせる中で、②の活動につなげるようにする。	・簡単に覚え書きをすることの再経験
②「くすり」と笑ったわけを考える。 甲羅の上に座ったかえるの賢さ 甲羅と座ったかえるの対称のおもしろさ かわいそうと感じたための笑いの遠慮 一生懸命捜す様子に笑えない心 見つからないように笑いをころす心	・一人ひとりの考えを大切にするとともに、笑いのわけを多面的にとらえることで、豊かな想像ができるようはたらきかける。	いろいろな想像のしかたの経験 ・反対のことばと対比して想像する ・かめとかえるの大きさを想像する ・経験を通して想像する
③いつまでもかくれんぼが続くのだろうかどうしたいか、自分の考えを摑む。	・「いっしょうけんめい」の姿をふまえた、想像ができるようにはたらきかける。	楽しい話しの筋への関心をもつ ・いろいろな書き出しの表現から自分らしい表現を考える
④楽しい続き話を考える。	・書き出しの例を提示する。	・考えたことを文章に表現する

資料10―(3)　題つけの実際

かくれんぼ題つけ

番号	児童氏名	かくれんぼ1	かくれんぼ2	かくれんぼ3
1	（Y・M児）	おべんとうがみつけたかくれんぼ	ねむってみつたけかくれんぼ	なかなかつみからなかったかくれんぼ
2	（T・N児）	くいしんぼうのかくれんぼ	たのしいかくれんぼ	なかなかみつからないかくれんぼ
3	（Y・F児）	おべんとうがみつけたかくれんぼ	ねむってみつけたかくれんぼ	なかなかみつからなかったかくれんぼ
4	（K・U児）	においがみつけたかくれんぼ	のうみそつかったかくれんぼ	なかなかみつからないかくれんぼ
5	（R・O児）	おべんとうがみつけたかくれんぼ	ねむってしまったかくれんぼ	なかなかみつからなかったかくれんぼ
6	（Y・K児）	おべんとうがみつけたかくれんぼ	かわいいかくれんぼ	がんばったかくれんぼ
7	（K・M児）	においがみつけたかくれんぼ	げんきなかくれんぼ	がんばったかくれんぼ
8	（A・M児）	おべんとうがみつけたかくれんぼ	ねむってしまったかくれんぼ	がんばったかくれんぼ
9	（M・M児）	おべんとうがみつけたかくれんぼ	かしこいたぬきのかくれんぼ	ころがったかめくん
10	（A・N児）	おべんとうがみつけたかくれんぼ	げんきなかくれんぼ	すぐみつからなかったかくれんぼ
11	（M・H児）	おべんとうがみつけたかくれんぼ	ねむっていったかくれんぼ	がんばったかくれんぼ
題の広がり		おべんとうがみつけた　8 においがみつけた　2 くいしんぼうの　1	ねむってみつけた　2 ねむってしまった　2 げんきな　2 ねむっていった　1 のうみそつかった　1 かしこいたぬきの　1 たのしい　1 げんきな　1	がんばった　4 なかなかみつからなかった　3 なかなかみつからない　2 すぐみつからなかった　1 ころがったかめくん　1

資料10—(4)　一人読みにおける児童の書き込みの変化

［●印は、形式的な読み方の書き込み］

番号	1	2	3	4
かくれんぼ1	やさしく ●だんだんおおきく だいじなところ ●ちょっとゆっくり ●ちいさくいってね つかれたように おなかがすいたように ●はやくね ●ゆっくりよんでね	●だんだんおおきくよむ ●ちいさくよむ ●はやくよむ ●ゆっくり	げんき たのしく ●はやく ●ゆっくり ●ゆっくりとちいさく せこそうに わくわくとうれしそうに しずかに かわいい ふつう	●ちいさく ●ゆっくり せこそうに おなかがすいたように
かくれんぼ2	●はやく ●ゆっくり げんきよく ●ちいさく やさしく あきれたように ●だんだんおおきくよむ	●おおきいこえ ●ちいさく こまったように はやくおきて	●はやく ●ゆっくり げんき あきれた ●だんだんおおきく はやくげんき	●ゆっくり ●ちいさく うそのまね ●はやく
おてがみ	やさしくよむ ちょっとたいくつそうに かなしそうに げんきよく ちょっとげんきよくよむ	かなしそうによむ ●おおきなこえでよむ	ふしぎそうに さびしそうに なきそうに	げんき かなしそう

7	6	5	
げんき やさしくたのしく ●よわく やさしく かわいく ●おおきく ●ちいさく ●ゆっくり うれしそうに ●はやく しずかに	●ゆっくり ●ちいさく はらをすかせたように ●はやく かわいく かっこよく	げんき ●だんだんおおきく たのしむように ●ゆっくり ●ちいさく わくわくのように ふしぎそうに ●はやく おいしそうに	わくわくするように ●はやく おいしそうに
やさしく ●ゆっくり ●はやい げんき ●ちいさく さがしたように こまった だますこえ あきれたように ●だんだんおおきく こまったように はずかしい	●はやい ●ちいさく ●だんだんおおきく かわいく やさしく	●はやく ●ゆっくり げんき やさしく	はずかしそうに
げんき やさしい やさしそうに かなしそうに ●ちいさく ●ゆっくり	やさしく つまんないように かなしそうに びっくりしたように しょんぼりしたように おおいそがしのように	ふしぎそう がっかりしたこえ かなしいこえ びっくりしたこえ がっかり かなしそう はやくしたいこえ	

8	9	10	11
●ゆっくり ●はやく わくわく	おもしろそうに ●ちいさく ●はやく ●ゆっくり たのしそう	げんきによむ かわいくよむ ●おおきくよむ ●ゆっくり ●ちいさく げんきよくよむ ●はやく うれしそうに ●おおきなこえでよむ	おもしろそうに かるく やさしく かわいい げんき ●ちいさくいって きもちよさそうに ●はやく ●ゆっくり やさしくよむ ふしぎそうによむ
げんきによむ ●はやくよむ ●ゆっくり	はやく ●ゆっくり こまったように あきて ●だんだん おおきく	●はやく ●ゆっくり ●ちいさく こまった あきれたように ●だんだんおおきく ●おおきく はずかしそうに	●ゆっくりよむ きれいによむ げんきによむ やさしいよむ やさしいそうによむ やさしい ●ゆっくり げんき ●はやく ●だんだんおおきく ●よわく
げんきなこえ ●ゆっくりよむ	たいくつそう いそがしそう	やさしく げんきに しずかに ●おおきく かわいく かわいそう	おもしろそうに げんきがない やさしい げんき きもちよさそうに かなしそうに やさしく

資料10―(5)　「続き話作り」に入るまでの授業記録

流れ	学習への興味を湧かせる 何の学習かがわかる
児童の発言	えー。 はーい。（一人） はーい。 なにかな。 かくれんぼの あー、かくれんぼ。 かくれんぼ――。
教師の受け止めと援助	ちょっと早いんだけど見せてあげて構わないですか。 あら、お返事くれないから きっと、なんだって言うと思うよ。
教師の指導	ちょっと早いんだけど１２３４、後四分あるんだけど、先生皆に見せてあげたくてたまらないものがあるの。 みせてあげたくてたまらないと言ったけど、本当は、皆の本なのね。先生、プチプチって止めました。
教師の評価（個人）	
教師の評価（全体に対する）	

表紙を見ながら　これまでの学習を思い出す
受け答えができる

わかります。
K・Mちゃんの。
R・Oちゃん。
Y・Kちゃん
M・Mちゃん
これはY・Kちゃん。
当たりです。
それはU・M君。
当たり。
A・Nちゃん。
A・Mちゃん。
はい、そうです。

あらら二人、誰かな。
当たりですか。

誰のか分かるかどうか
ちょっと心配です。
当たりですか。当たって
たら、当たりって
当たりですか。
はい、これは――

あら当たってる。
皆、よう知ってるね。
当たり、すごいな
あ。
皆覚えてるね。
これは――

M・Hちゃん。
はい。
T・Nちゃん。
はい、当たりです。
K・Uくん。
当たりです。
U・F君。
そうです。
はい。
はい。
すごーい。

当たりですか。
当たりですか。

当たりですか。
M・Hちゃん、
そう。これは、今までお勉強したかくれんぼですね。
これ、ずっと探すと、このかくれんぼの後ろにもう一つかくれんぼがかくれんぼしてるの。

あらすごい、先生よりよく覚えとる。
ありゃあ。じゃあ。

一人読みのしかたを思い出す
書きながら読むことができる

かめ。
眠ってしまったかくれんぼ
これー。
K・Mちゃんこれ。
ほら、あったって。
これー。これー。
あ、ほんま。
かくれんぼ。
見いつけた。
かくれんぼ、見いつけた。
見いつけた。
スイスイ
緑がいるかも知れん。
ツイツイ引こう。
も。
スイスイ

ある？
かくれんぼ、見つけた？
ん、何かも知れん？
大丈夫ね。じゃあ、ちょっとこれのお仕事をしていてください。

ほな、かくれんぼ、見いつけたって言ってみよう。
じゃあ、鉛筆さんを持ってね。
もう読めると思うから自分で読んでみてください。

M・Mちゃん賢い。緑（鉛筆）がいるかも知れん。

一人読みの作業に意欲をもたせる

声を出しながら一人読みをする
つまらずに読むことができる

ツイツイほら
も——、も——。
先生も——。
こいもどじょうも。
ひらひら。
あった——。
スイスイ
かめも。
スイスイ。
緑だ。緑。
かくれんぼ
二つあった。
一二三もあったぞ。

もがあったん。背中もきれい。
もが二つもあったね。
スイスイもあった。そう。
そう。
そう。

でも、皆のお声がね、先生の所へ届いてこない。

A・Nちゃん、後ろの先生が鉛筆の持ち方を応援してくれようよ。
A・Mちゃん覚えたね。
それよかったね。
足がきれいですね。

声に出して読ませる

自分の速さで終りまで読む
一人でも最後まで読むことができる

［声を出して読む］
かめも。
［印を入れながらそれぞれが読む］
読めました。
終わりました。

終わりました。
題探っしようかな。

終わりましたか。じゃあ、もうちょっとしてお友達皆が読めたらストップ言うわね。もう一度K・Mちゃん元気な声で読んでいてください。

題探っしょる。そう。

うーん

お声出してください。応援してあげたいなっておる友達もおると思う。

ちょっと、ごめんなさいね。こっちを向いてくれる。先生ね、仮名つけてもらわないかん漢字が出

もあった？　まだかな？
M・Mちゃん上手に読めるよ。お声しっかり届けてね。
［個別指導］
A・Mちゃんお声がよう届いて上手になったね。

学習のめあてをつかませる

うえ。

上と川と――。

大と。

下も。

はい。

はい。

あ、習った。この上と下、書いたね、いつか。はい、

うーん、こっちも書きたいね。ちょっと置いてもらっていいかな。

じゃあ、できた人はいい姿勢をしてください。お勉強始めていいですか。

てきた。途中でわかりにくいけど。

［板書］

書けてない子もいるようだけど

じゃあ、まだ書きたいお友達もおると思うけど、始めたいと思います。鉛筆さん揃えてください。

当たってる。これうえってね。

U・Fちゃんもいいですか。

K・Uちゃんも○がきたら置いてくれる。

読みのめあてをもつ

はい。

たぬき？

かめ。

かえるが見つからなかった。

続きのお話をつくる。

これから続きのお話を作るお勉強を始めましょう。

はい。

たぬきかなー。

かめかなー。

どっちでしょう。

かえるが見つからなかったね。

じゃあ、ここ書くのをおいといて、

[板書]

始めましょう。

お耳こっちへください。

きょうのお勉強の目あては、

続きのお話なんだけど何の続きのお話か分る？

助けてくださいね。

今、読みかけですが、自分の速さでいいですから、もう一ペン読んで

T・Nちゃんね、これ読

個別指導により読む意欲をもたせる

声を出して読む
一人でも最後まで読むことができる

おもしろいお話。

読めました。

先生、題はどうするんですか。

私一生懸命さがしたかくれんぼ。

じゃあ、読みましょう。

さあどうぞ。

最後までかまわんから読んでください。大事なことです。

このお話って楽しいお話なのか、うれしいお話だったのか、悲しいお話だったのかって、聞きますからね、そんなこと考えながら読んでください。お声しっかり前へ届けてください。

んで、後ね。

U・Kちゃん読むよ。

M・Mちゃんよく届いていますよ。

［個別指導］

題を考える
意見をメモすることができる

私も。

私もー。

うん。

はーい。

私まだ全然浮かんでこん。

もう題先に考えちゃったの？

そう。ちょっと言ってもらってみようかな。

じゃあ、それ忘れないようにメモしといてください。後で書くときがあったらそれも思い出してもらうから。

書けましたか。

自分は何にしようかなって題が心にある人、手を挙げてみてください。

まだの人もおるのね。

まだの人はいいんよ。お勉強しよるうちにどんな題にしようかなって浮かんでくるからね。

それでいいんよ。お勉強

ここに書くん。あくび

うふふふふ。
かえるが上にのったかく
れんぼ。

はい。

かくれんぼ
［読む］
かめも……ゆっくり泳いでき
ました。

あくびをしたかくれんぼ？

じゃ、いきますよ。

最初にかくれんぼから読んいき
ましょうね。

じゃあちょっとストップしてみ
ましょうか。

じゃあね。後でお話を作
るでしょう。だから短く
切りながら、どんな所か
なーって、お話をしてい
きましょう。

しよるうちに来たら書い
たらいいん。

出てきた生き物の様子を想像させる

ことばを楽しみながら読む
反対のことばや言いかえや動作化を通して　イメージを広げることができる

楽しく。

はい。

はい、かえる。

スイスイ
スーイスーイ
広
スーイスーイ
スイスイ

ツイツイ。

ツイツイっていうのはツイツイ。ツイツイ。

不思議なことがあったよね。
皆泳ぎ方が違うのね。

かえるは――

スイスイ泳いできた。

じゃあ次、めだかは――

どんなに泳ぐんだろうね、ツイツイっていうのは？

これは、みんなが――

そう、集まって来た所ですね。

こう泳ぐのと似てるのかな。それとも、ツイツイっていうからかわいいのかな。

ツイツイ。
［動作化］
ツイツイ、ツイツイ。
ツイツイツイ。
メダカの学校は……
［皆歌い出す］
おいといて。
ツイツイ。
ツイツイ。
ふなも、どじょうも、
どじょうは、にょりにょ

じゃあ皆自分でやってみる。
ちょっとおいといて。
ツイツイって泳ぐのね。
泳いできましたって書いてあるね。

ツイツイっとどんなの。
そうね、あのめだかさん思い出したから、
そのめだかさんやからこんなかわいいのね。じゃあ、かわいいのがツイツイしてみるよ。さんはい。
じゃあ、次に出てきた生き物は、何かな。

り。

にょろにょろ

どじょう。にゅるにゅる。

はい。

皆でかくれんぼをすることになりました。

［読む］

かめはまた十まで数えました。

一、二、三、四、……

もういいかーい。

まあだだよー。

ぬるぬるかもわからんね。

ねえ、

次、かめもゆっくり泳いできました。さあ、お友達が皆集まりましたよ。

数えてみようね。

［具象化の読み］

って返ってきたと思う？

ふなはどんなんかな。

ところが今度はね、

じゃあ、Y・Fちゃん次一緒に読みましょう。

感想を話し合いながら様子を想像させる

ことばを楽しみながら読む

もういいよー。

めだかのおびれがひらひら揺れています。

めだかちゃん、見いつけた。

どじょうのしっぽが、

うふふふん。

ふふふふ。

どじょう君、見つけたよ。

柳の中に隠れたのかな

って返ってきました。さあ捜しに行きますよ。かめはでも、ゆっくりゆっくり、かめさんらしく泳いでいったんよ。水草のかげで

あ、

ここで見つけたんやね。

次もっと進んでみましょう。

どじょうのしっぽが、泥の中から出ていました。かわいいしっぽが出ていた。

★

見ーつけた。

ここ、ひらひらが出てきたねえ。

ことばを経験を通して具象化することができる

岩の中。
陰に隠れたふなが、大きなあくびをしました。
大きい。
上の仲間。
大きいあくび。
あぶく。
あぶくって、こんなぷくぷくって。
なんかぷかぷかって、
三つ。
ふふふ。

そうね。岩の
眠いのかなあ。そうすると
うん、なんかぷかぷかぷかってお風呂に入ったら出る時もあるね。お水の中で何かが出てくる、
そうね。そうね。そのあぶくが何個出てきたの。
あ　ぶ　くが出てきたね。

柳かな、次ちょっと読んでみよう。
あくびをしたんですね。
何が出てきたんでしょう。
あぶくって分かりますか。

感想を話し合いながら様子を想像させる

文章にそいながら読むことができる

あくびで。
はははは。
上っていきました。
見ーいつけた。
ふなくん。
どこに隠れたのでしょう。
かえるの上。
ふふふふふ。
かえるは、どこに隠れたのでしょう。かえるは、かめのこうらの上にちょ

あ　く　び　であ　ぶ　くが出てきたね。
そうじゃね。だからそのあぶくが三つ上のほうに、
★
そう、見ーつけた。誰見つけのかな。
じゃあ、ふなくん、見ーつけた、ってかめさんが言ったんですね。
かえるは、
★
大変ね、ちょっと困ったねえ。
★

次のページにいきますよ。
Y・Fちゃん。

ことばを楽しみながら読む

こんと座っていました。

ちょこんってこうやって
（動作化）

ちょこんってな、ちょっと座る

ゆっくり座った。

急いで座った。

ゆっくり座らなんだら気がついてしまう。

さっさと座る。

はやく
さっさと
さっと
早く座る

ちょこんってわかりますか。

どうなんかな。

ちょっと座る。他にはないかな。

ゆっくり座った。

急いで座った。そうかな。

そうね。じゃあ、ちょこんの反対どうなんだろう。

ちょこんと座る反対は？

本当は、ちょこんと座ると言うのはね、

反対のことばからイメージをつかむ

先生、かめがかえるの上に乗ったら、

（笑い）

重たいよう。

ドスン。

（笑い）

かめの背中に乗ったかえるの絵提示

いつもの反対じゃね。何て言えばいいのかな。重たいなあ。あ、ドスンと座るになるかわからんね。

そうするとドスンの反対で

ちょっとちょこんというのを見ておきましょう。かめさんは大きいでしょう。その上にかわいいのがちょっと乗っているのよ。

ちょっと乗る、さっと乗る、動作をゆっくりよりは早く乗る。

さっきK・Mちゃんが言ったね。

ことばを楽しみながら読ませる

ことばを豊かにとらえて　発想を転換させることができる

バカーン。
ドスン、バカーン。
ドカーン。
ちょこんと座る。
ちょこーんと座る。
くすり、
くすりと笑った。
フフフ。くすり。
アハ
ウアッハッハ
きげんがいい。
賑やかに笑う。
（皆で笑う）
賑やか

そうね。それで見えないのね。

ハハハって笑わなかった。

アッハッハって笑ったん。

じゃあ、賑やかに笑ってみましょうよ。

じゃあその後、恥ずかしかった

じゃあ、次いってみましょう。それを見たみんなは？

くすりって、ちょっと笑ってみてください。

くすりの反対は、何て言えばいいのかなあ。

おいといて、
（静かに笑う）

な、な、な、
皆がくすりっていうたらな、

おもしろいから。

先生、このしっぽちゃん。
かわいいから？

りすると……

おいといて、じゃあ、くすりに戻ろうね。
くすりといっぺん笑ってみて。
分かるね。
じゃあみんなはね、アハハって笑わなかったね。

お薬のくすりと間違うたっていうの。そうかなあ。そんな時もあるかも知れんね。これ、くすりと笑ったどうしてやろうね。

ああ、おもしろいからだと思いますっていうお友達もいますよ。

かわいいからかな。そうかも知れんね。

でも、もし、ゲラゲラって笑ったらどうでしょ

くすりと笑った様子を読みとらせる
なかなか見つからない場面の様子が想像できる
ゲラゲラ アハハ あ、先生、滑り台になる。 ピユーン ほんで下にいたらかめさんが気がついて。 僕に何かついてるって言うかも知れん。 笑ったら 皆が笑ったら 重たいなあ。 変だなあ。
滑り台になる？ 見つかるかもしれんね。 僕に何かついてるって？ だって、変なんだけど知らないんだものね。
うね。 ここ隠れんぼしよる時にアハハって笑ったら？ A・Mちゃんがね、皆が笑ったら、僕に何かついてるっての心になるって、 そうじゃねえ。

僕に何か乗ってる

不思議だなあ。

かめが隠れとったら上むいて
私自分で思うた。

何か重いなあ。

笑わんかった。

そう、何か乗ってる見たい。

知ってたらかえるさん見つけたよって言えるけど、

不思議だなあって思いよるわね。

重いなあと思うたん、
先生このクスリと思った時にね、もう一つ次のことば思い出したん、

笑わなんだねえ。かめは、一生懸命かえるを捜しましたって書いてあるでしょう。

だからね、楽しいもあるけど、一生懸命のかめさん、

A・Mちゃん自分で思ったことを言ったのね。

かわいそうじゃ。

かわいそうじゃし、笑ったら泣くかもしれん

もう、泣きかけ。

（笑い）

あ、かえるが分かった。

あ、見えた。

そんな心もあったかもしれん。

はい、じゃあ、一生懸命捜しているかめさん、目をつむって心で思ってください。

岩見えるかな。

じゃ岩が見えた子は、先生の見

笑うとかわいそうかなって思ったんかもしれない。

どじょうさんとかふなさん、出てきたでしょう。水草があったでしょう岩もあったでしょう。それから、どじょうさんの可愛い尻尾が見えるものがあったでしょう。それ心でちょっと描いて見てください。

泣くかもしれん、それ優しい心じゃ。

絵を見て場面の様子を想像させる

全体の場面を想像する

ウオー。
あーあーあーすごい。
川。
中。
きれいなあ。
先生、それ、わかめですか。
（笑い）
水ー。
水草。
水草。
書いとこう。
家に比べたらごっついでかい。

たのを見てくれる。
こんな風にね、
これ、どこの中だったですか。
川の
じゃあ今からね、
うん、あ、御免ね、
でもね、川の中だから、そう水草って言うの。ちょっと名前覚えて。

そう、わかめに似てるね。
わかめなのよ。

新しいことばをメモすることができる

水草って書いとこう。

私、続きのお話作るん好き。

楽しいお話。
うれしいお話。

先生、かめ、降りるん嫌

あら、メモしておく。

他の人メモしてるのかな。じゃあ、ちょっと待ちましょうか。

好き、どんなお話にしたいかな。

今から、この一生懸命捜していているかめさん

一生懸命捜しているかめさんの続きのお話を作るんですね。

じゃあ、今からまず、かめさんが一生懸命捜しているところから書いていこうと思います。何て書こうかな。
かめは一生懸命捜しましたって書こうかな。

A・Mちゃん、今日いいお勉強ができた。

続き話を楽しんで書かせる

書き出しのことばを見つける

いなん。

どこにいるのかな。
かめ、降りるん。

楽しいところ
嬉しいところ
おもしろいところ
良かったところ

机の中に入れとこう。

はい。

降りるん嫌いなんかな。

本は横で待っとってねって本出さんでも大丈夫ね。

一生懸命捜しているところを書きますよで始めよう。

じゃあ、書きますよを書いてください。

じゃあ、かめは一生懸命捜しましたから書き出してみようか。

Y・Fちゃん、書きますよできたかな。

いけますか。

書きますよ、もういけましたか。

自分なりの続き話を構想させる

進んで続き話を書く
聞きながら自分の文章を書き記すことができる

かめは、点
先生ぴったんこ。
私は、
私は岩かげ、
私、水草。

じゃあ、先生もいきますか一緒に書こうね。
一生懸命捜しました。
そう、じゃあかめはどこを捜したのにしたいですか。
水草の中から捜そうかな。
私は、
岩かげへ行きたいん。じゃあ、岩かげをそっと覗きました。
じゃあ、私は水草の中をっていきましょう。

指大丈夫かな。
背中大丈夫かな。
かめは、がきたよ、T・Nちゃん。
A・Nちゃん今日、指がきれいになってよかったね。

岩の中。
僕は岩の中。
私も。
あ、土の中。
僕も土の中。

後のお友達は、どうですか。
じゃあ、出発して。
はい、じゃあ、次書いていこう。

資料10—(6)　続き話の実際

［傍線は、その子どもらしい表現］

1（Y・M児）

▨かめは、いっしょうけんめいさがしました。

「いわかげにいるかな。」

とかめくんは、いわかげにいってさがしました。

▨つぎに、つちのなかにいってもみつかりませんでした。

▨おわりに、かめくんはいわにぶつかってこけてしまいました。でもかめくんは、かえるくんをみつけました。かめくんは、

「かえるくんみつけたよ。」

といって、かえるくんがおにになりました。でもかえるくんはあっというまにみんなをみつけて、こんどは、ふなくんがおにになりました。

「一、二、三、四、五、六、七、八、九、十。」

「もういいかい。」

「まだだよ。」

ふなくんは、また十までかぞえました。

「もういいかい。」

「もういいよ。」

▨はじめにどじょうくんがみつかりました。

▨つぎにかめくんがみつかりました。

▨おわりにかえるくんがみつかりました。

▨こんどは、どじょうくんがおにになりました。

「1、2、3、4、5、6、7、8、9、10。」（ママ）

「もういいかい。」

「まだだよ。」

どじょうくんは、また10までかぞえました。

「もういいかい。」

「もういいよ。」

どじょうくんは、さっそくさがしはじめました。どじょうくんが、

「あ、かめくんみつけた。」

かめくんが、

「みつかっちゃった。」

といいました。かえるくんもみつかりました。あとは、ふなくんです。なかなかみつかりません。みずくさをさがしてもいません。ふなくんは、ちっちゃいからみつかりません。でもどじょうくんは、ふなくんをみつけました。かめくんが、

「もうひがくれているよ。もうかえろうよ。」

みんなが、

「そうだね。かえろう。」

「じゃあね。ばいばい。あしたもやろうね。みんな。」

2（T・N児）

▨かめは、いっしょうけんめいさがしました。かめは、つちのなかをのぞきました。

▨つぎに、みずくさにはいってもつちのなかにはいってもみつかりませんでした。こまってしまいました。さあかめは、

「ほかのやつをみつけよう。」

といいました。ふしぎだなあ。かえるくんいないなあとぼくがいったら、ぼくのこうらのうえにいたとぼくがいった。かえるくんは、みつかってしまいました。とうとうほんとうにみつかってしまいました。みんなは、ちいさいこえでわらいました。みんなもいっしょにかえるくんと、でてきました。かめくんもわらいました。

▨かめくんがみつからなかったかくれんぼです。

じゃんけんぽんをしたらかめくんがまけました。かめくんは、十かぞえはじめました。

「もういいかい。」

「もういいよ。」

ってみんながいいました。★かめくんは、みんなをさがしにいきました。1ばんにみつかったのは、どじょうとかえるでした。かえるくんとどじょうは、じゃんけんぽんをしました。どじょうは、まけました。さかなくんとふなは、どこにかくれているんだろうってかめくんは、いいました。さかなくんは、みつかりそうになりました。さかなは、もうスピードでにげました。かめくんは、いいました。さかなくんがにげたのをしらなかったのです。かめくんは、がっかりしました。

3（Y・F児）

▨かめはいっしょうけんめいさがしました。いわかげをのぞきました。

「なかなかみつからないな。」

とかめくんがいいました。かめくんはこうらをのぞきました。でもかえるくんはいませんでした。こんどはつちのなかをみました。でもいませんでした。

▨こんどはみずくさをいっしょうけんめいさがしました。そうするとかえるくんがねむっていました。

「ああかえるくんみつけた。」

とかめくんがいいました。

▨「こんどはめだかくんだよ。」

「かぞえるよ。」

「いいよ。」

「一、二、三、四、五、六、七、八、九、十。」

「もういいかい。」

「もういいよ。」

とみんながいいました。

「よしぜったいみつけてやる。」

めだかはいろいろなところをすいすいおよいでさがしました。

「どこへかくれたのかな。」

みずくさにみんながかくれていました。

「みんなみつけた。」

とめだかくんがいいました。

4（K・U児）

▨かめは、いっしょうけんめいさがしました。いわかげをのぞきました。

「かえるくんどこかな。」

「ここにもいないなあ。」

「みずくさのところにもどこにもいないなあ。いったいどこにいるんだろう。」

▨かめくんは、うしろをのぞきました。こうらにのっていました。

「なんだかえるくんみつけた。そんなところにいたの。かえるくんきみいいところにかくれたね。」

▨つぎのおには、めだかくんです。さっそくめだかくんは、みんなをさがしはじめました。

「ようしみんなをみつけるぞ。」

とめだかくんがいいました。めだかくんがみると、みずくさのところにかえるくんがかくれるとちゅうでした。そのときめだかくんが、

「かえるくんみつけた。」

といいました。やっとみんなをみつけました。つぎは、なまずくんのおにです。なまずくんは、いっぷんもたたないうちにさがしました。みんなが、

「すっごい。」

といいました。つぎのおには、ふなくんです。みんなはいしのうしろにかこまって（ママ）なかなかみつかりません。

「あ、みんなみつけたよ。」

でもちがいます。

「あ、ここだ。みんなみつけたよ。」

「とうとうみつかっちゃった。」

めでたしめでたし。

5（R・O児）

▨かめは、いっしょうけんめいさがしました。かめは、みずくさをさがしました。

「さがしてもさがしてもこないなあ。あきらめたのかなあ。でてこないから、いないんだろうなあ。」

とかめはいいました。

▨すると、かめくんのこうらにかえるくんがのっていました。

「なにかいるぞ。きのせいかなあ。」

かめは、とことこあるいていきました。かえるくんにあいました。

「ああ、かえるくんだ。どこにいたの。」

かめくんは、いいました。

「ぼくは、かめくんのこうらにいたんだよ。」

かえるくんがいいました。

「なかなかさがしてくれなかったからくたびれたんだよ。だからこなかったんだよ。」

かめくんが、

「なんだ。」

といいました。

▨こんどは、かえるくんが、おにになりました。かえるくんがかぞえました。

「一、二、三、四、五、六、七、八、九、十。」

「もう、いいかい。」

「もう、いいよ。」

とかめがいいました。かえるくんが、さがしはじめました。

「なかなかみつからないなあ。」

「よくそんなみつからないところにかくれるよ。」

とかえるくんがいいました。

「はやくさがさなくちゃひがくれるよ。」

また、かえるくんがいいました。

「せこいなあ。」

といいました。

「ああ、みつけたよ。」

といっていっしょにかえりました。

6（Y・K児）

▨かめは、いっしょうけんめいさがしました。かめはつちのなかをのぞきこみました。

「いないや。」

とかめがいうと、みんながくすりとわらいました。

▨つぎはにかめはいわかげをさがしました。でもみつかりません。

▨そのつぎにかめくんはあたりをみまわしました。そんでもみつかりません。かめがずっとうしろをみているとかめがこそっとのぞきました。かめくんが、

「かえるくんみつけた。」

といいました。かめくんはわらいました。かえるくんが、

「ぼくきみのこうらにずっとずっとちょこんとのっていたんだよ。」

というと、かめくんは、

「なんだ。」

といいました。かめくんがかえるくんに、

「きみおににならない。」

といいました。かえるくんは、

「いいよ。」

といいました。

▨つぎの日のあさ、かえるくんがおにになってさがしたらすぐみつかりました。

▨つぎの日かめがおにになりましたがまたじかんがかかってしまいました。みんながまた、くすりとわらいました。かめくんが、うしろをみました。でも、かめくんはいませんでした。

▨つぎのひもかめがおにになりました。かえるくんがうしろにいるかとさがしてみましたが、やっぱりうしろにはいませんでした。かめはがっかりしましたがみつかりました。かめくんはおもわず、

「かえるくんみつけた。」

といいました。かえるくんは、

「だいぶじょうずになったね。」

といいました。

▨つぎの日もかめがおにになりました。

「一、二、三、四、五、六、七、八、九、十。」

とかめがかぞえると、

「もういいよ。」

といいました。かめはさがしにいきました。こんどはすぐみつかりました。

かえるくんが、

「よかったね。」

といいました。

7（K・M児）

▨かめは、いっしょうけんめいさがしました。つちのなかをのぞきました。かめは、

「いるかな。でもいないか。でもあきらめないぞ。」

といって、いわのうしろもさがしました。かめが、

「またいないか。いわのうえもさがしたのに。」

といいました。みずくさもさがしたけどいなかったのです。

▨かめは、

「ぼくのせなかにのってる。」

といったら、ふなとどじょうとめだかが、

「うん。うしろに。」

といいました。かめはうしろをのぞきました。かめはわっとびっくりしました。かえるが、

「あああばれちゃった。いいところだったのに。」

といいました。またみんながくすりとわらいました。

▨つぎの日かえるがおにになりました。

「一、二、三、四、五、六、七、八、九、十。」

「もういいかい。」

「もういいよ。」

かえるはいっしょうけんめいさがしはじめました。かえるはいわにすわりました。いわのうしろをみました。めだかがいました。かえるは、

「みつけた。」

といいました。みずくさのところをみるとふながいました。つちのなかをのぞくとかめのこうらがみえていました。どじょうがどろのなかにいました。かえるは、

「みんなみつけた。」

といいました。みんなは、

「みつかったか。」

といいました。みんなはくすりとわらいました。

▨つぎにめだかがおにになりました。さいしょにみつかったのは、どじょうです。つぎにみつかったのはかえるです。そのつぎにみつかったのはふなです。さいごにみつかったのはかめです。いつもみんなはかくれんぼをしているよ。

8（A・M児）

▨かめは、いっしょうけんめいさがしました。かめは、いわかげをみてもかえるくんはいなかった。こんどは、みずのなかをみてもかえるくんは、いませんでした。

▨つぎは、つちのなかをみてもいませんでした。

▨ふなやどじょうが、

「かめくんにかえるくんがのってるよ。」

といいました。かめくんは、

「やっとかえるくんをみつけたよ。」

といいました。

▨つぎは、めだかくんがおにになりました。めだかくんは、じゅうをかぞえて、みんなをさがしはじめました。いちばんさいしょにみつたけのは、ふなでした。

▨そのつぎにみつけたのは、どじょうでした。

▨そのつぎにみつけたのは、かえるでした。★またかめがおにになりました。かえるくんがもうおにやなりたくないよ。

かめくんは、

「そんなことぜったいにぜったいにしないよ。」

といいました。

▨こんどは、またかえるくんがおにになりました。かえるくんは、

「もういやだ。」

といいました。かんかんになりました。ふたりがなかよくしないので、めだかくんがしょんぼりしたので、なかなおりをしました。

9（M・M児）

▨かめは、いっしょうけんめいさがしました。かめは、みずかげのなかをさがしました。さがしてもみつかりません。

「かめくんはどうしたのかなあ。」

とおもいました。かめくんは、いわかげのところにいってみたらみんないました。

「こんなところにいたの。」

というとこんどは、かえるくんのおにだよといいました。かえるくんは、きみがおにだよといいました。かめくんは、

「かえるくん、みつけた。」

といいました。かえるくんがおにでした。かえるくんは、

「一、二、三、四、五、六、七、八、九、十。」

といって、

「もういいか。」

といいました。

「まだだよ。」

といいました。どじょうくんは、

「もういいよ。」

といいました。

10（A・N児）

▨かめは、いっしょうけんめいさがしました。かめは、つちの中をさがしました。でも、かめは、いっしょうけんめいさがしました。かめは、

「はやくみつけたいなあ。」

といいました。でもみつかりません。かめは、

「いやだなあ。」

といいました。どじょうが、

「きっとみつかるよ。」

といいました。かめは、こんどいわのかげのところへいってさがしました。まだみつかりません。▨つぎ（ママ）にみずくさのところへいってさがしました。そこには、かえるくんがかくれていました。かめは、

「みいつけた。」

といいました。かえるは、

「みつかっちゃった。」

といいました。▨〔ママ〕つぎにめだかがおにになりました。めだかくんは、すぐみつけてしまいました。みんなは、
★「はやいね。」
といいました。めだかくんが、

「そう。」

といいました。ふなは、

「めだかくんすごいね。」

といいました。めだかは、

「ほんとう。」

といいました。ふなは、

「ほんとうだよ。」

といいました。かめは、

「ほんとうにほんとうさ。」

といいました。めだかは、

「ありがとう。」

といいました。つぎは、ふながおにになりました。▨〔ママ〕はじめにめだかをみつけました。

▨つぎにかめをみつけました。

▨おわりにかえるをみつけました。かえるとめだかとかめくんは、

「すぐみつけちゃったね。」

といいました。めだかくんは、

「すごいね。」

といいました。かえるくんは、

「おめでとう。」

といいました。

11（M・H児）

▨かめは、いっしょうけんめいさがしました。みずくさのなかをさがしました。でもかえるくんは（ママ）

「みつからなかったね。」

とかめくんがいいました。いわかげにもみつからなかった。こんどは、かめくんは、こうらをさがしました。

▨「あ、かえるくんみつけたよ。」

とかめくんがいいました。こんどもかくれんぼをすることになりました。

「じゃんけんでほい。」

といいました。

「あいこでしょう。」

とみんながいいました。こんどは、かえるくんがおにになりました。一、二、三、四、五、六、七、八、九、十。（ママ）といいました。

「もういいかい。」

「まだだよ。」

「もういいかい。」

「もういいよ。」

といいました。かえるくんは、みんなをさがしはじめました。

「あ、どじょうくんみっけた。」

とかえるくんがいいました。こんどは、うんどうかいをすることになりました。

「よういどーん。」

となりました。かえるくんとめだかくんがひっしになってはしりました。めだかくんがゴールまできました。そろそろめだかくんがごーるにはいりました。

「やった。」

とめだかくんがいいました。

「かえるくんにかったぞ。」

とめだかくんがいいました。かえるくんが、

「まけたー。」

といいました。きょう、かくれんぼしよう、といいました。

資料11　「たぬきの糸車」における実践――ことばを響かせる学習――

一　単元設定の理由

校区の自然を土台として作品を読み解いていくことを試みた。児童の生活を踏まえた想像の世界を構築することが、音声言語としての表現を生かすことになると考え、実物を使った理解よりも、ことばを通して各児童が感得していくものを重視した。ただ、発達段階から考えて、一年生は、ことば遊びの段階に止まると考えている。

二　単元の目標

情景を音声を通して表現する経験、児童が考えたことを教室に響かせ、そこに広がる世界を記録したり、音声表現したりする体験を通して、ことばのひびきに関心をもたせる。

三　学習の流れ

1　月を鑑賞した記録を響かせながら、静かな日開谷の月の夜を音声表現する。
（アナウンサーが紹介する場面を想定して、相手意識をもたせる。）

2　月を取り上げたお話を読む。

3　「たぬきの糸車」を紹介し、これまでの学習を生かした一人読みの活動に入る。（二時間）

ア　誰になったつもりで読むか。（アナウンサー・保母さん・役者）

イ　指を押さえないで読む。

ウ　読み方を考えて読む。

エ　自分の声を聞いて読む。

オ　テープを聞いて練習する。

一ページ目

F君　キーカラカラ　段々大きくなる
Hさん　糸車見た経験　糸車の大きさ
Mさん　きれいな音　他の音と比べる

→ 読み方の工夫

二ページ目
（範読）

オーバーに読む楽しさ
柔らかい声への関心
アクセントの移動

→ 工夫を重ねる楽しさ
主体的な表現への意欲

4　感想を整理し、感想発表の中で課題を作る経験をする。（二時間）
課題1　ぽんちゃんがどんなに変わったか。

2　おかみさんはどんな人か。
3　色や音や様子を想像する。
4　楽しくなるように、本読みの仕方を考える。

5　課題1では、どんなぽんちゃんであったか。　冬の寂しさと春の喜びしたこと　情景　二人の出会いと心の通い合い　（五時間）

課題を解決しながら、話の筋に自然に学習者を誘った。冬の間の寂しさ、訪れた春の喜び、続き話し作りへと導く。課題2・3は、この活動に包括される。途中、題への関心を誘い、二人の出会いと冬の暮らしに占める糸車の重要性から題の大切さを意識づけた。ここまでの学習で児童は、教材を暗誦することに意欲を示した。

課題4は、家の人に聞いてもらうことをめざし、各人が分担場所を学習を生かしながら読む。表現することの楽しさを経験させる。

6　ぽんちゃんへの手紙と続き話作り　（二時間）

たぬきの糸車

①よんで、おもったこと

わたしは、たぬきがわなにかかってかわいそうだったです・じぶんだったらいたいとおもいます。そのわけは、しっぽをはさまれたからです。おかみさんは、たぬきが、「キャー」。といって、おかみさんはびっくりしたとおもいます。目をまんまるでいったとおもいます。たぬきがわなにかかってしっぽからちがでていたそうだったです。じぶんだったらないているかもしれませんでした。

わたしは、さいごにたぬきがおと、てかえったところがおもしろかったです。そのわけは、じごんだったらはずかしいからです。たぬきもはずかしそうにおどったとおもいます。おかみさんは、わらいだしそうになったとおもいます。まんまる目だきもおもしろいです。そのわけは、まんまる目だまだからです。おかみさんは、わらいだしそうになったとおもいます。わたしもおかしくなりました。たぬきは、おかみさんじろとみておもしろいです。

わたしは、たぬきとおかみさんがであ、たとき、おかみさんはびっくりしたとおもいます。たぬきはまいばんおかみさんの糸車でまあすまねをしておかみさんをまっているとおもいます。おかみさんは目をまんまるにしたとおもいます。たぬきは、おかみさんのいえ

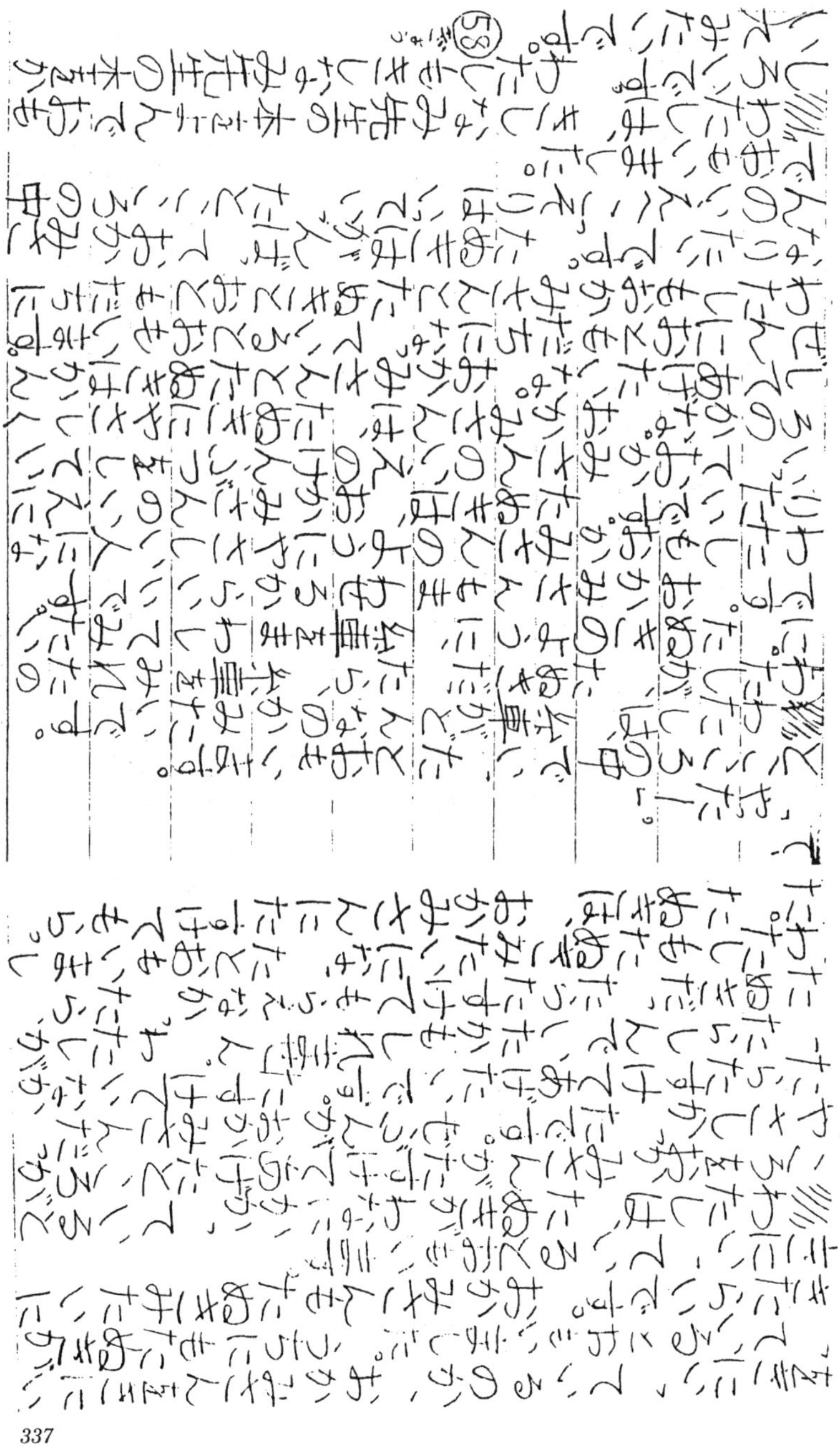

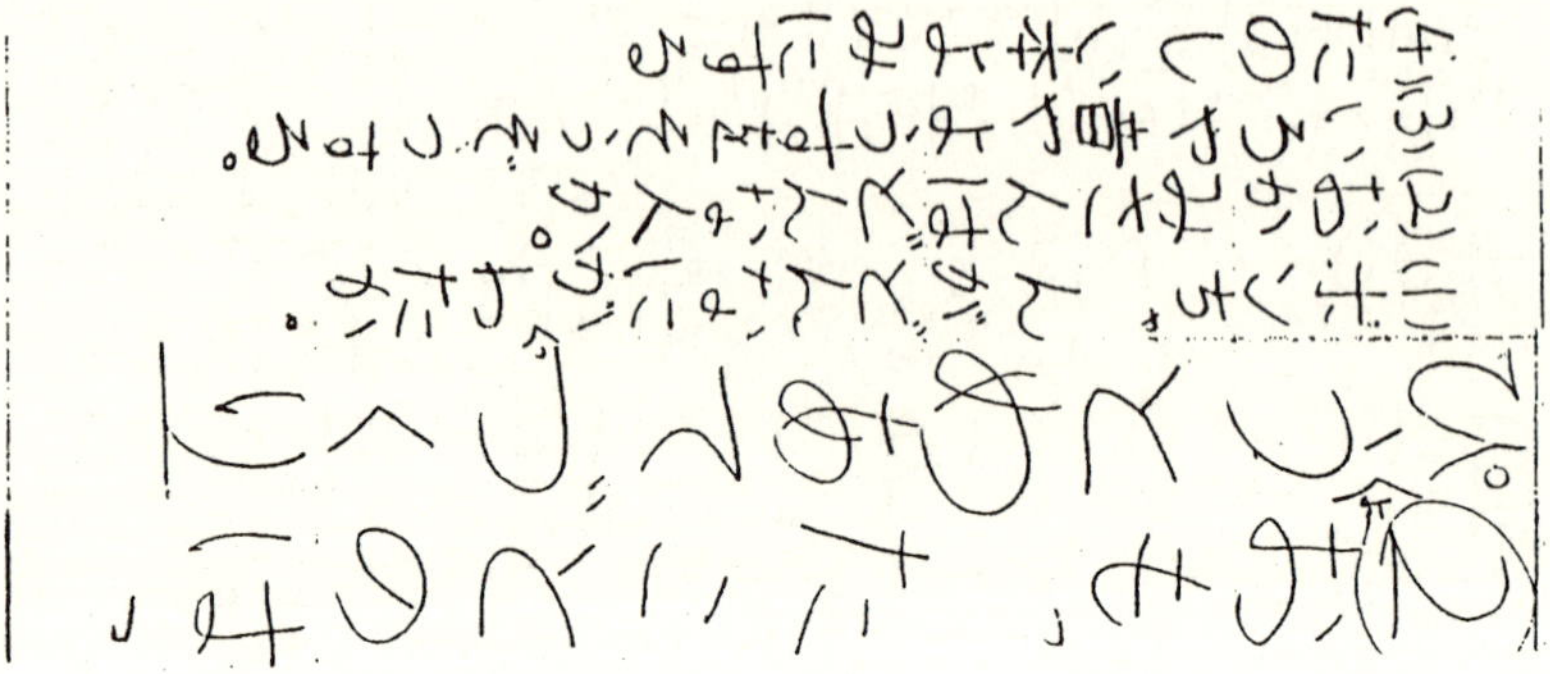

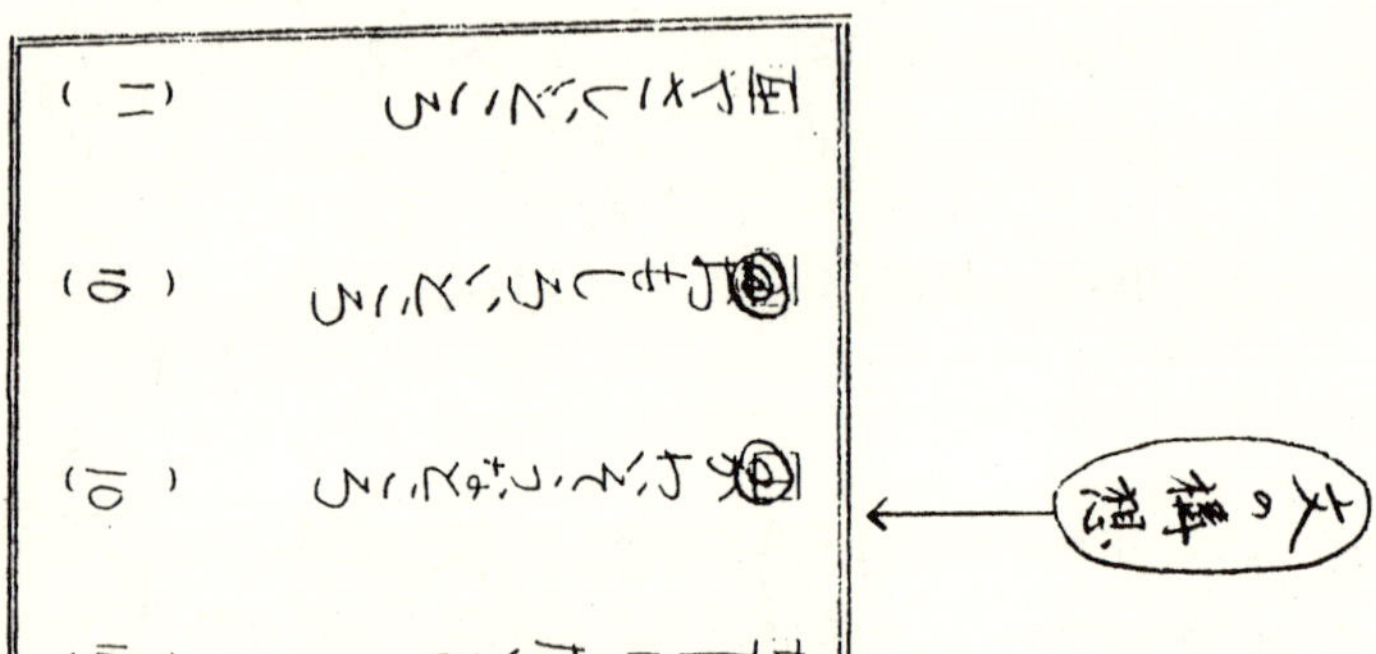
文の構想

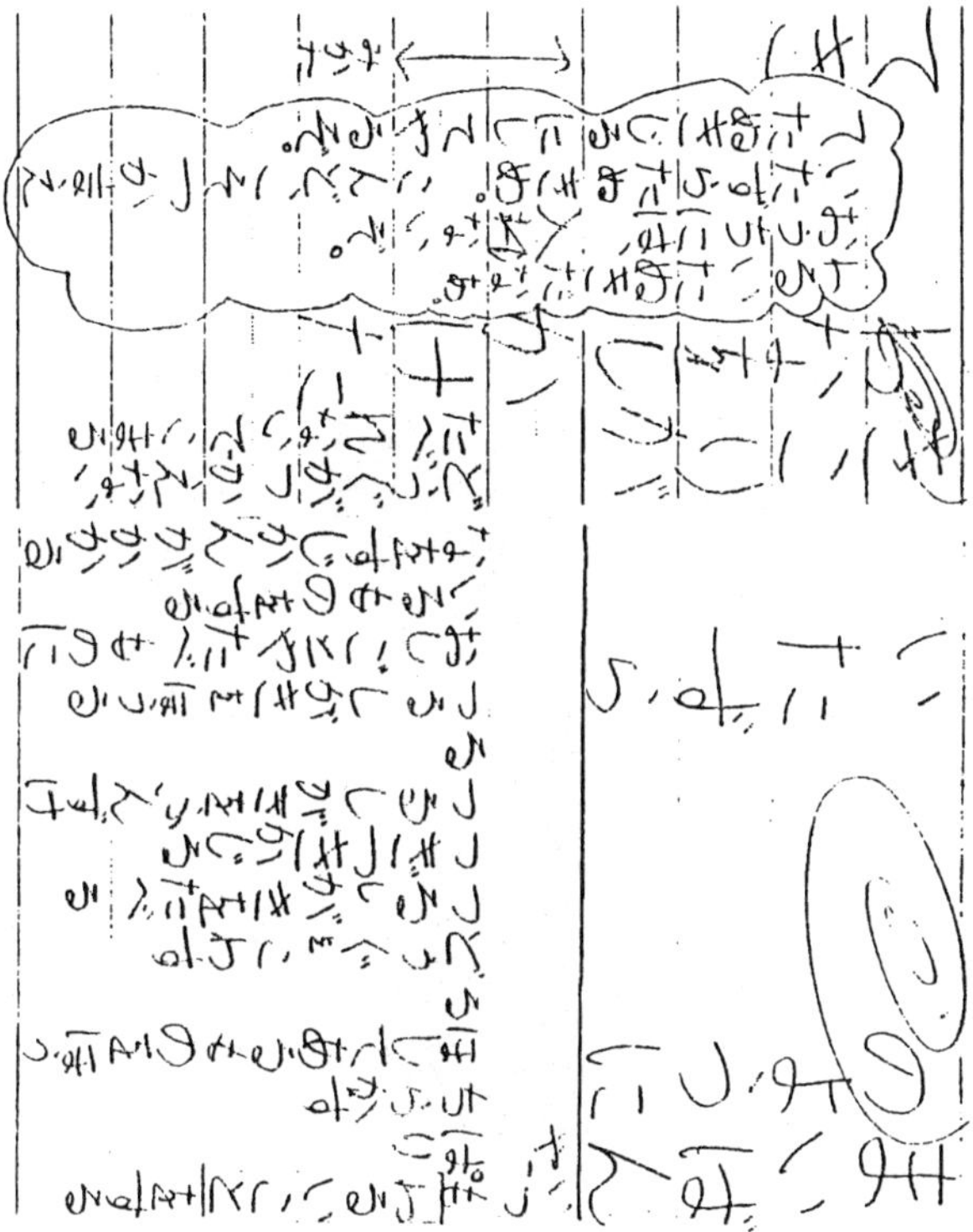

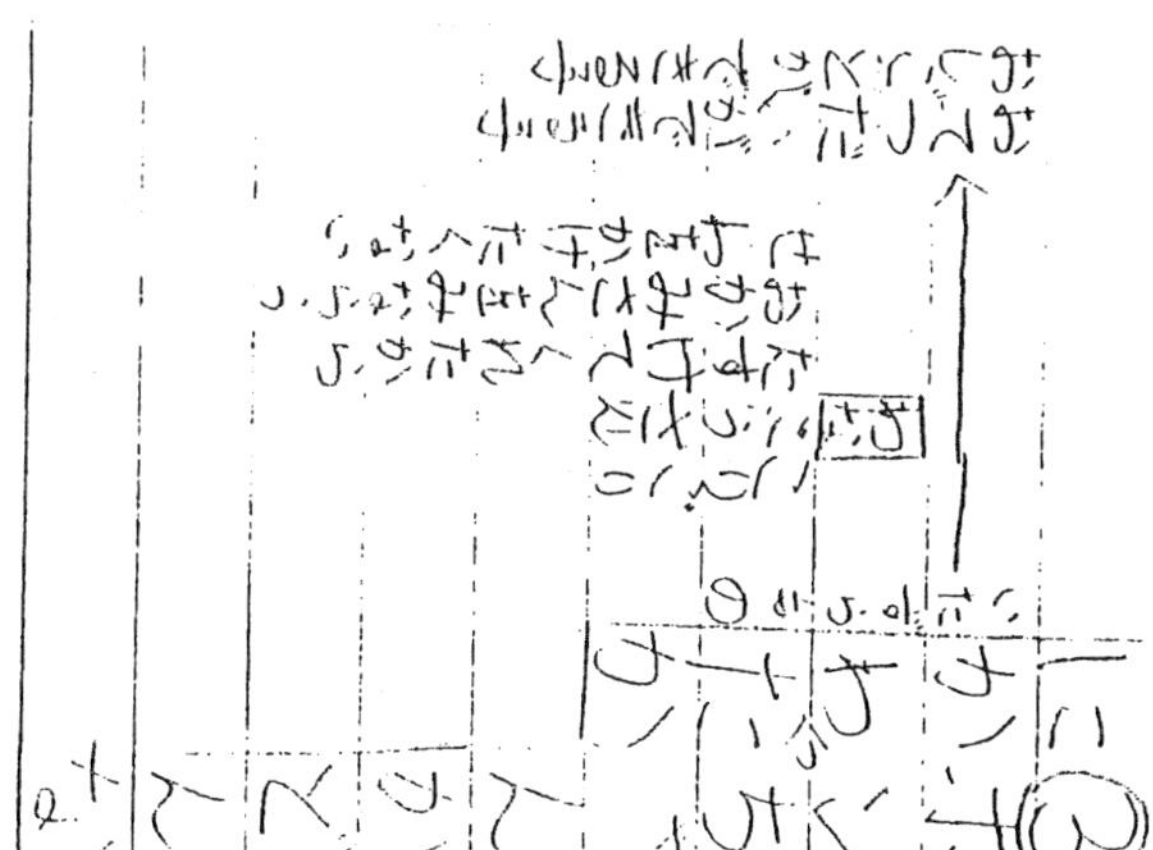

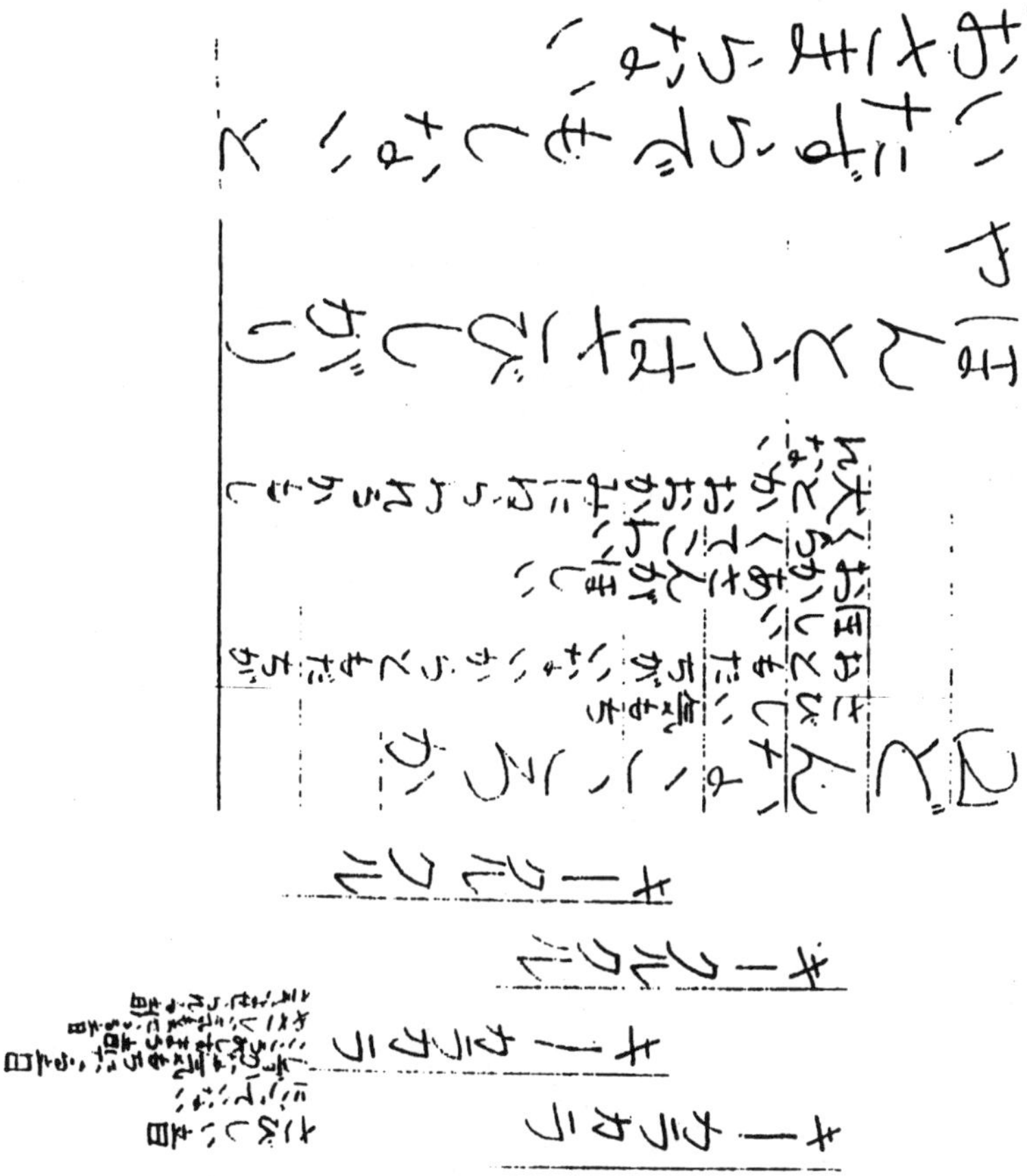

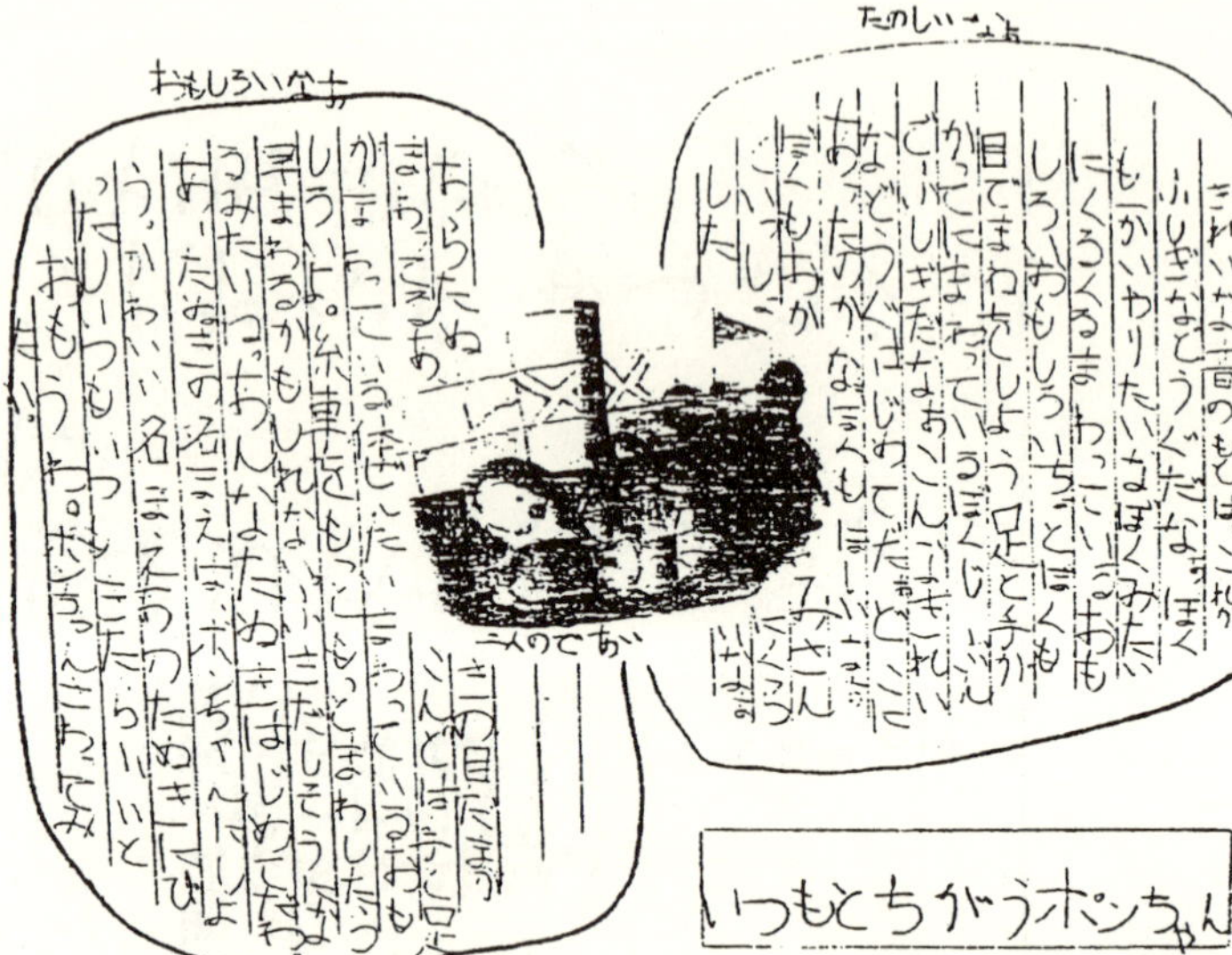

Y・M児

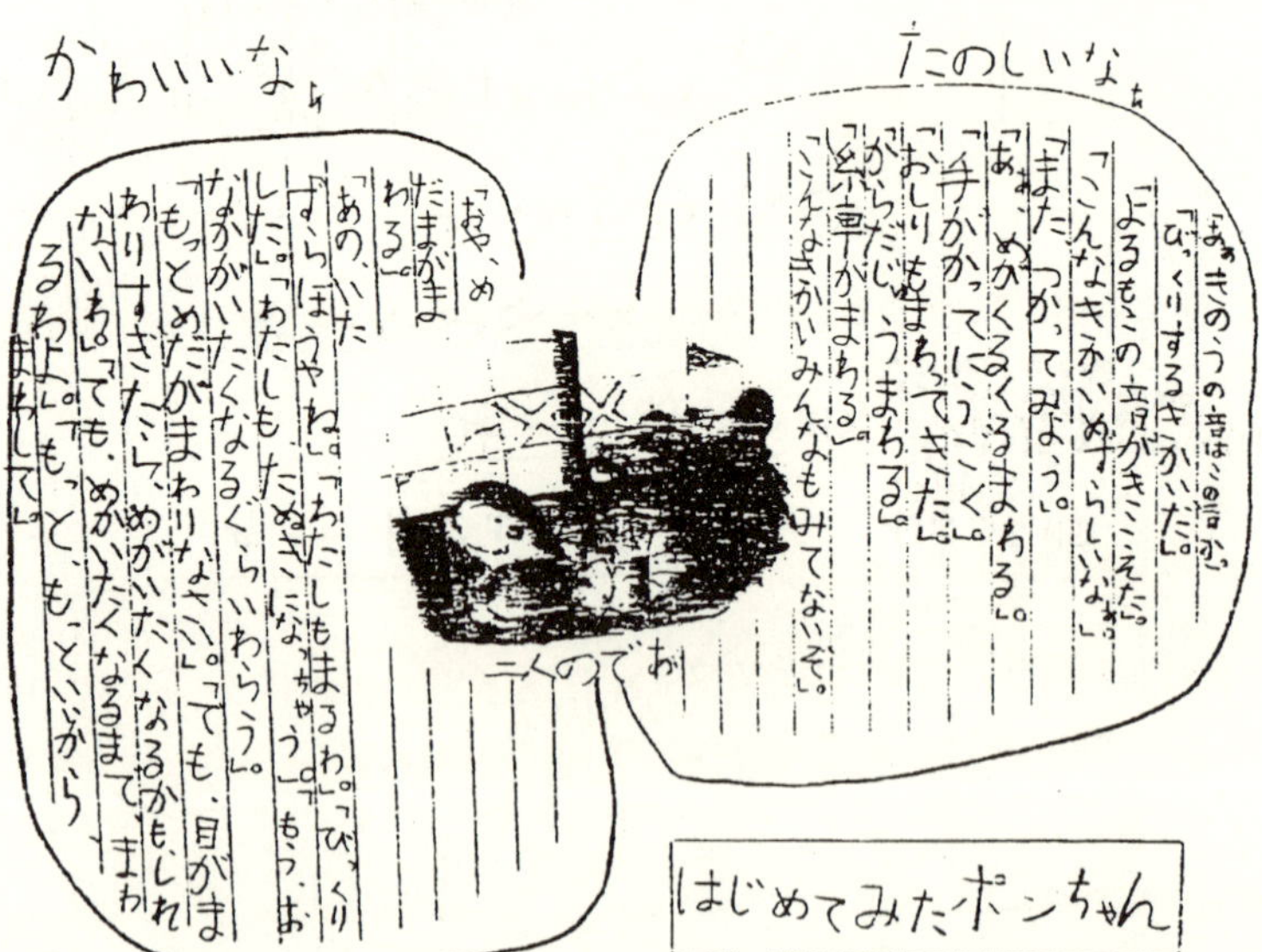

R・O児

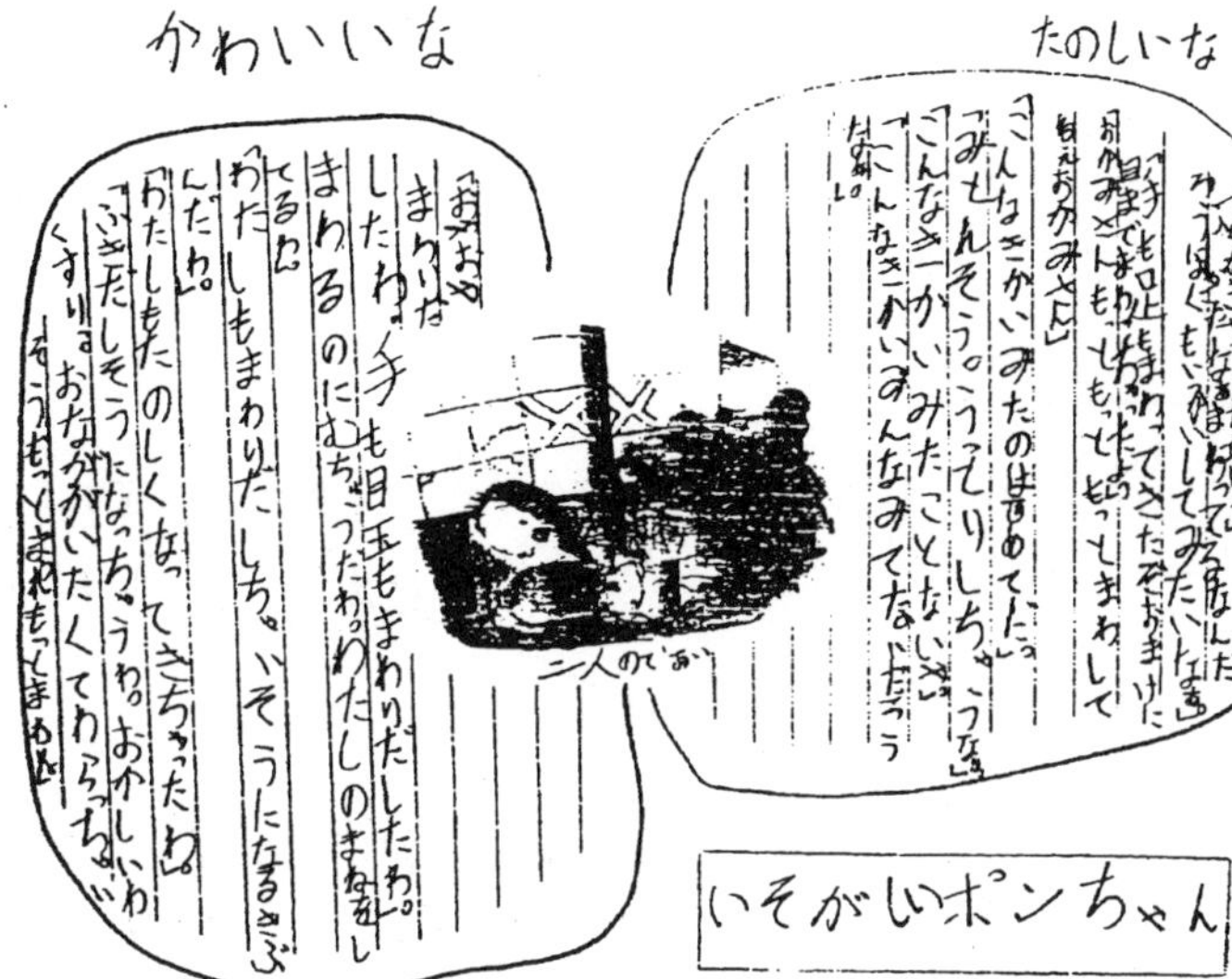
かわいいな
たのしいな
二人のであい
いそがしいポンちゃん

Y・S児

かわいいな
うれしいな
二人のであい
とまらないたのしさ

K・M児

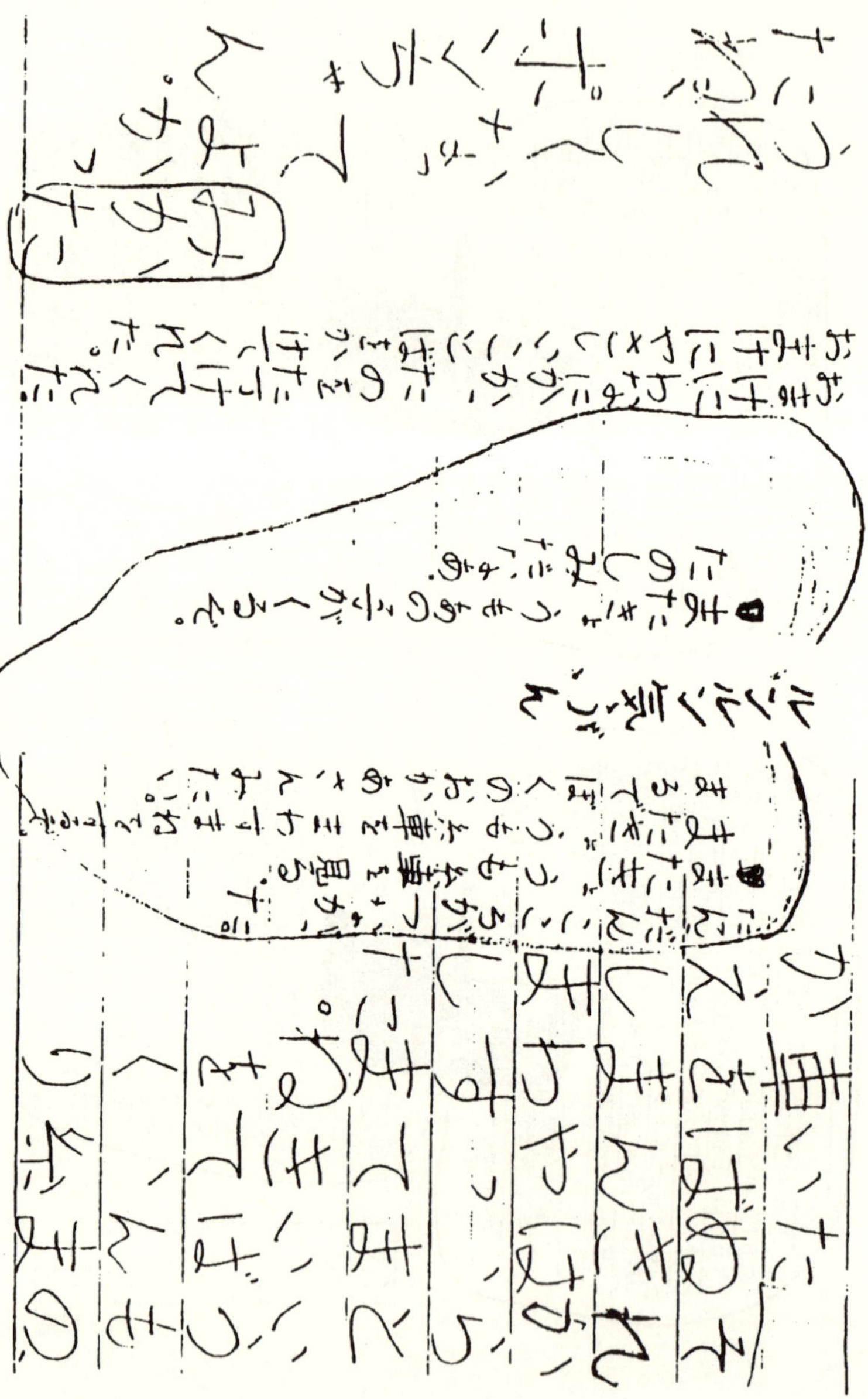
それから、とういうもの、
たぬきは、まいばんま
いばんやってきて、糸
車をまわすまねをくり
かえしました。
だんだんこころがつながった。
●またきょうも糸車を見る。
またきょうも糸車をまわすまねをするぞ
まるでぼくのおかあさんみたい。
ルンルン気ぶん
●またきょうもあの子がくるぞ。
たのしみだなあ。
おまけにわなにかかったのをたすけてくれた。
おまけにやさしいことばをかけてくれた。
みかた
うれしくなってよかっ
たね、ポンちゃん。

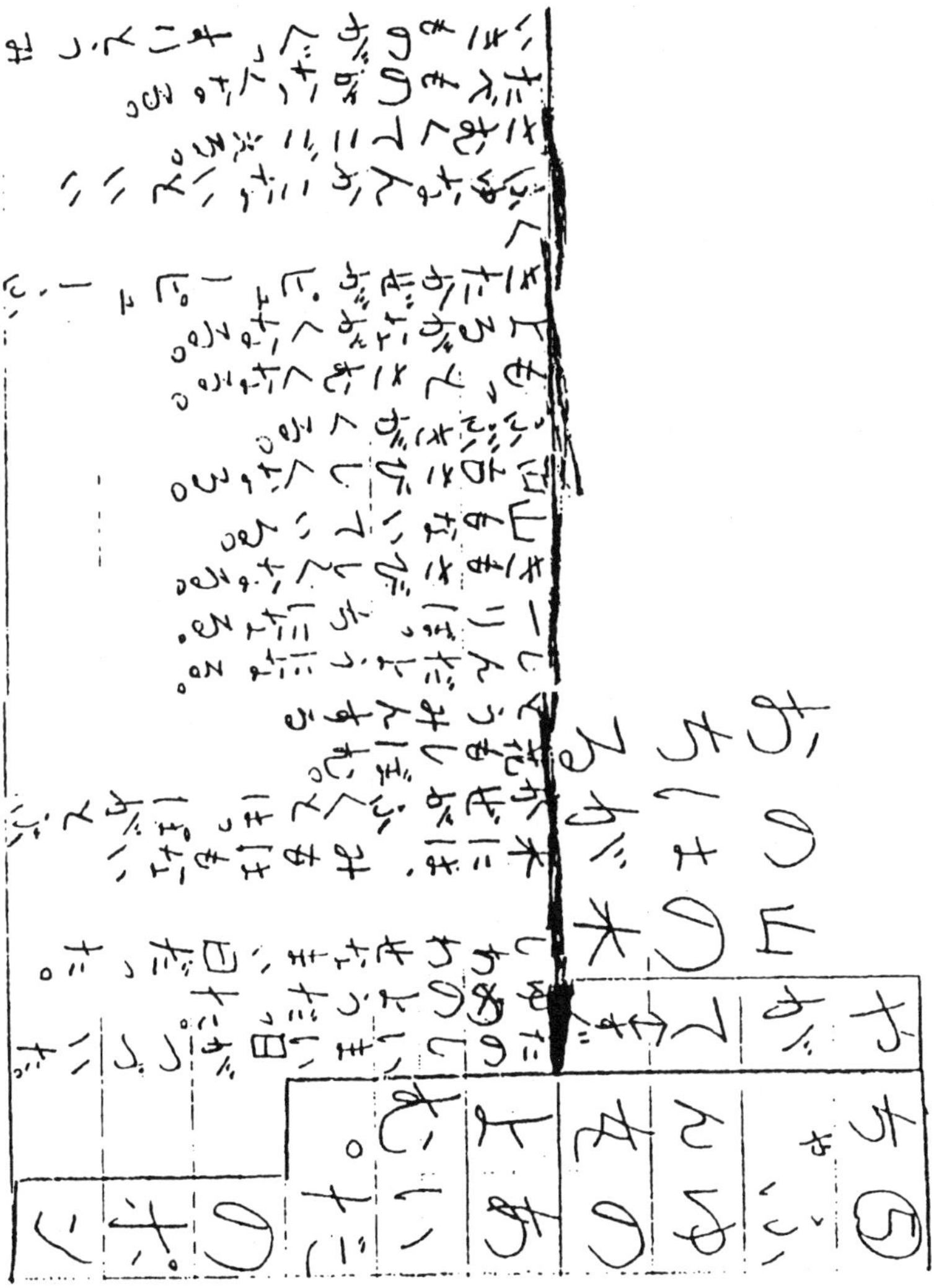

ふゆ

ゆき

きこりの
ふうふは
村へおり
ていった。

んする。
みんなきっ音
音がきこえなくなる。
さみしい
ほんとうの人りぼっち
ゆきがふってさむい
ひとりでしんぼうしなくても
いけない
かなしいぼんちゃん
またひとりぼっちになった
ぼんちゃんさみしいね。
一りでおるすばんをしてえ
らいね。
きれいな青空がみえない。
山につもったゆきは、なか
なかとけない。
空からは、ゆきがふってく
るばかり
だれこえもしずかできこえ
ない。

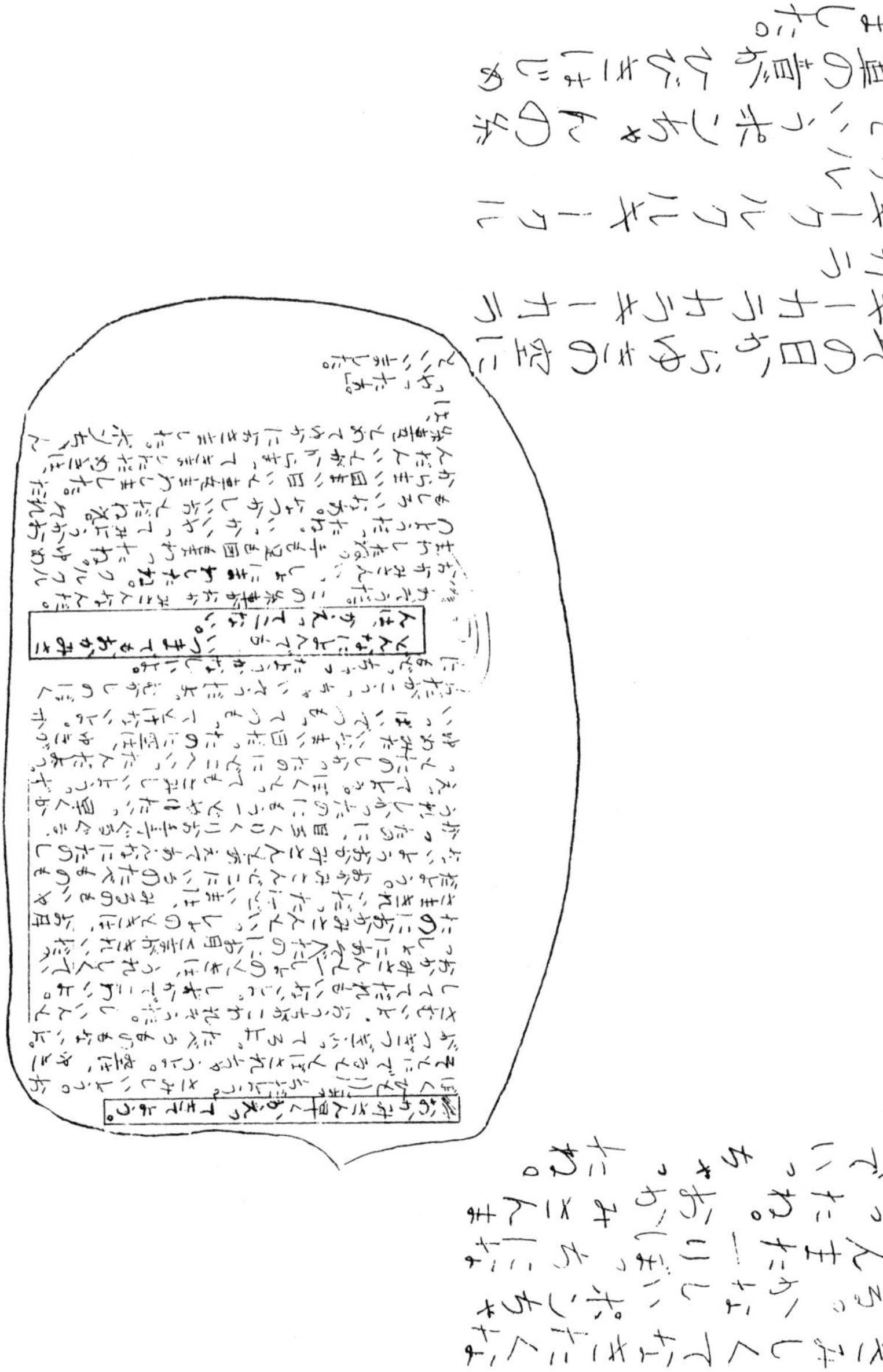
さみしくてなきたくなる。かなしいポンちゃんまた一りぼっちになったね。おかみさんまでいっちゃったね。
その日からゆきの空にキーカラカラキーカラカラキークルクルキークルクルというポンちゃんの糸車の音がひびきはじめました。
おかみさん早くかえってきてよう。
ぼくひとりぼっちだよう。さみしいようっお
そとにでるとふぼされちゃうよ。空に、ゆき
がつぎつぎふってくるよ。たべるものもないよ。
さむいよ。おうちがこわれそうだ。しいんと
してだれもいないんだ。しずかでこわいよ。
おかみさんといっしょのときは、うれしくてい
っしょにあそべたのにお月さまがきれいだった
たのにおかみさんといっしょのときは、お月
さまきれいだったたにこいまは、みるのもいや
だよう。おかみさんどこにいるのたべものも
ないようおかみさんとあそんであんなにたのし
かったのに、目をくりくりお手ぐるぐる
うれしかったのにもうどやけたっ早くか
えってよう。ぼくとってもさみしいようっず
っとたのしかったのにどこへいったんだよう。
ゆめみたいなまい日だったのに空は、ゆきが
いっぱいでつもってつもっていけないよ。ポ
ンたがこうっちゃいそうだよ。むかしのぼく
にもどっちゃったようかなしいよ。
どんなによんでもいつまでもおかみさんは、かえってこない。
おそうだ。この糸車がおかみさんなんだ。
おかみさん、いっしょにまわしたね。クルクル
まわしたねっ手も足も回まわったね。ゆめ
のようだったね。なつかしいやってみようか
もしろいなあ。なつかしいおもだね、それ
からまい日まい日と車をまわしました。だれ
んだんいとがからまってきましただめきは、
糸車をとめてゆかにおきました。ポンちゃん
は、
「やったあ。」
といいました。

Ⅳ　読むことの学習指導の充実を求めて

一　私たち実践者に求められるもの

（一）言語・国語科教育の構造

幅広い分野から、人間教育の重要性が叫ばれている今日、国語教育の果たす役割は大きい。道具としての国語科のみならず、ことばによる人間形成・社会形成・文化形成に占める国語教育の役割に心した教育実践を重ねる努力が実践者には求められている。

また、現場実践においては、主体が児童にあることを十分理解しながらも、指導の場面では、教材の論理に重心がかかりやすく、児童の多様性や学習者の論理に添うことは非常な困難をもっている。そのことの解決に活路を見い出すためには、より学習の目標を達成させることができる教材の探究や、児童能力の発達についての把握が必要となる。しかもこのことは、指導者自らの主体的な研修に負うところが多い。一人ひとりの真摯な教育実践を合わせてはじめて一つの実践土台が誕生することを思う時、はるかな道程の一歩に、小さくとも自らの実践が位置づくことを祈らずにはいられない。

次の四点を柱としながら、児童が育っていく国語学習のありかたを求めつづけている。

①　一人ひとりの児童が個性的に生きる学習の探究

一人ひとりの興味や関心にそうために、活動形態の複線化や教材の複数化に努めたい。複数教材を求める努力をすることは、個性にそう方向でもある。また、教材を重ねることは、思考力・想像力の育成とも関わるものである。また、活動の複線化に関しては、読みの方法の多様な経験をさせる努力をし、その自立と選択に関わる能力も加えて、個性読みを育て、さらに、交流させることにより、国語学習に確かさと豊かさをもたせたいと願っている。

②　主体的に学習に取り組む児童の育成

教材との出会いを主体的なものとするために、教材への意欲・関心を高める努力をしたい。また、主体的に学習と取り組む姿勢を育てるために、課題のもたせ方や個の課題を育てる指導をしたい。読書生活への関心や読書の方法について個性的な学習を仕組み、児童に学習軌道をどう発見させるかが、指導者側からの課題である。

③　国語の力を身につける学習の探究

身につけさせる国語の力を学習指導の中に位置づけることが必要となる。単元構想における能力の関連と発展を摑み、各人の指導をより確かにするために、その積み重ねをしたい。自律的な学習を求める限り、何を指導するかではなく、能力が学習経験の場を経て児童の中でどう形成され習得されるかを明らかにしていかねばならない。

④　生涯にわたって学ぶ姿勢を育てる国語学習

児童が見い出した課題を解決するためには、図書館利用と関わらせた学習経験と複数教材（資料）を重ねる学習経験が大切である。しかし、このことは学校図書館の充実と切り離せない問題であり、公共図書館や指導者の個人的な努力にも負うものである。

国語教育における言語活動・言語生活の自覚化に関しては、感性に頼るところのものであり、また、指導者自らの重要性の確認度合いによって異なる。このことは、単に児童の側の成長にとどまらず、教師の側の専門職と

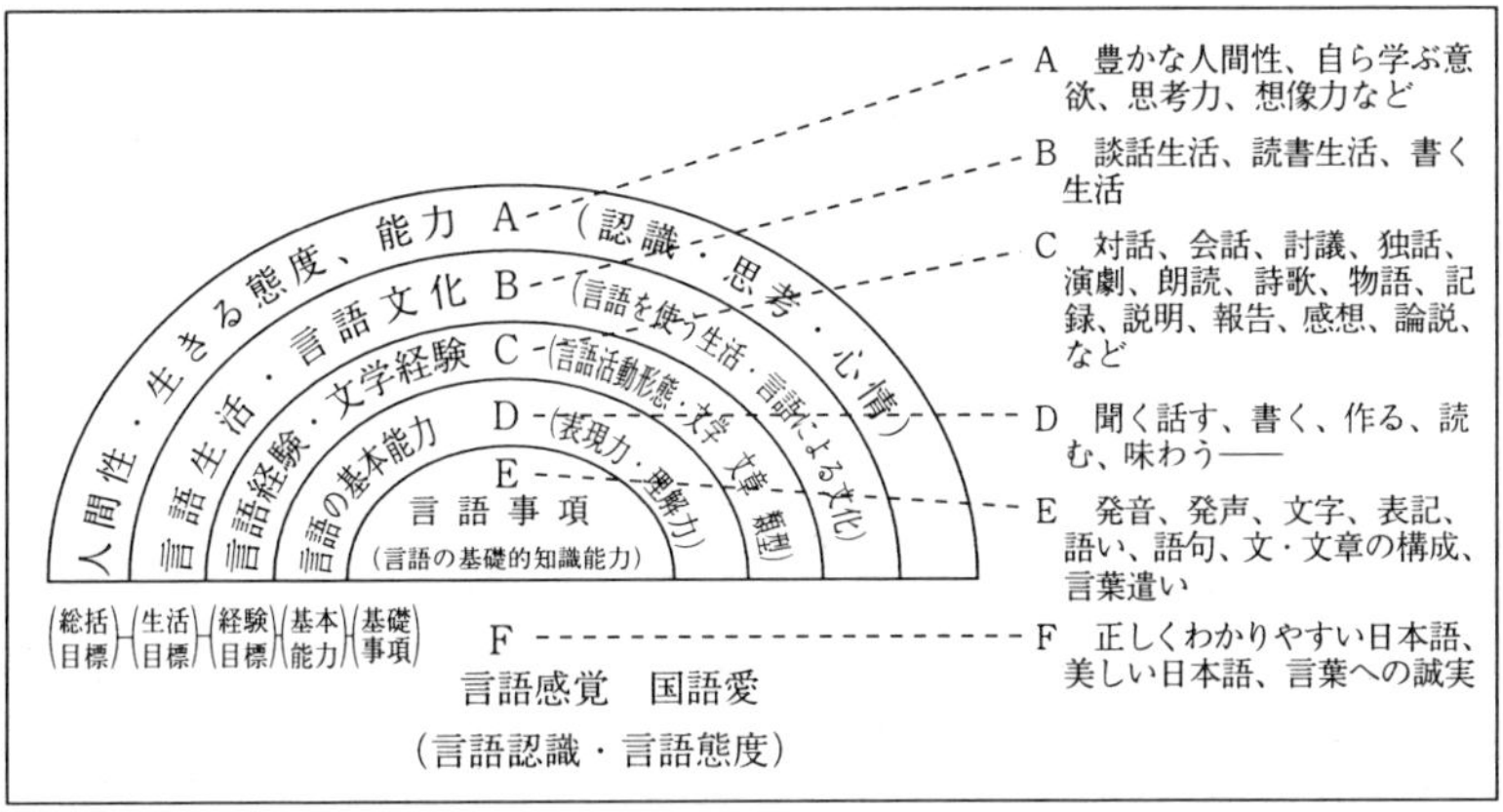

言語・国語科教育の構造

しての力量充実に深く関わっている。その点に留意し、今後、研修内容を確かに把握しながら実践を深めていきたいと考えている。

（二）国語科教育の土台

一人ひとりの指導者の言語（ことば）を通しての人間形成が、国語科教育の土台である。一人ひとりがその自覚に立ち、ことばへの誠実さをもって国語の力を育てていくことをふまえたい。そのことは、上の図を全体像とすることでもある。国語愛・教育愛をもって、D（言語の基本能力）およびE（言語事項）を活動目標としながら、C（言語経験・文学経験）を重ねる。そのことが、同時にB（言語生活・言語文化）に対する関心を高め、ことば養いやことばと心の統一への努力をすることに繋がる。諸々の活動を通して、Aを求めていく。そのことが、人間としての言語の行く道筋であると考えたい。

「思慮深く、血の通った、人間的なことばの所有者として、生涯を通じて自らの母国語（日本語）を愛護していく児童生徒の育成こそ国語教育（国語科教育）の永遠の課題である。」（『日本大百科全書9』小学館　135ページ）という野地潤家先生のことばに向かって、実践を少しでも確かにしたいと願っている。

二　重ね読みと書く活動を通した読みの学習
――「かくれんぼ」（一年生）における実践――

（一）児童の実態

本校児童は、明るく素直に育った子ども達です。休み時間を待って元気に外に飛び出す子ども達です。少人数の中で仲よく学習する子ども達です。しかし、主体的に考えて行動することは苦手で、一人ひとりに問いが向けられると、はっきりとした返答を堂々とした態度で返すことには、照れを感じています。そのような児童に、読むことによって得られる触発を土台として考える態度を身につけさせたい、読書生活を活発にして、地域や少人数の生活に新たな刺激を与え、成長することの喜びを大切にする生活をさせたい、そう考えた時、ことば自覚を土台とした読むことの指導が、本校の国語科指導にとって、最優先課題であると考えました。

（二）国語科の学習指導として何を大切にしたいか

良くも悪くも、〝個〟が見え過ぎて、自然発達に流してしまいがちな児童の成長を段階的にはっきりさせていくことが必要であると考えました。国語の力を育てる最初の経験を段階的に捉らえた実践を試みました。その後、その力を定着させる場面では、個人差をしっかり見極めた指導をしたいと考えました。児童に課題をはっきり認識させ、少しずつ目標を達成させるように指導してきました。

　ことばに対する関心を誘うために、学習や生活の中で、ことば集めをしたり、ことば選びをしたり、新しく得たことばを記録したりしました。

　一方、生活の中では、成長したことの記録やメモを大切にさせて、立ち止まり、考え、さらに、長期的な目で、自分を見つめる姿勢を育てるように心掛けてきました。

　国語科の学習では、まず、一人ひとりが個性的な存在であることに気づかせたいと考え、心に自分の考えがあるかを確かめさせ、意見を素直に自分のことばで言うことを指導しました。また、言いながら大事なことは覚え書きしたり、書いて考えたりすることの大切さに気づかせました。学習記録の一つとして、一年生からノートを使って自分を書きとめるように指導しています。

　読むことの教材を広く求め、学習を個人差に応じた教材からの探究にしたり、教材を重ねてものごとを見る姿勢をめざしたりしました。後者は、物事を見る目を広くすることに繋がり、この経験を重ねることは、思考を確かなものにしていくのに効果的でした。また、そこには、これからの年月の中で、多くの資料との出会いによって確かな認識を養う余裕も存在させることができることに気づきました。一辺倒な答えへと導かないで、各人の今の思索を記録し、その思索を持続させる工夫をすることが指導者には大切であると考えました。

(三)　授業の構想

　教室の後ろに一年間の指導の構想を提示しました。各単元指導を重ねながら、国語の力を蓄えていくようにしました。その経験を国語の力として児童の身につけさせたいと願って、実践を重ねています。

低学年では、同一の登場人物や題材を集めて単元を構成することを心掛けました。それは、時には、児童の能力差を配慮にいれた、個人に選ばせる教材群となります。また、時には、どの教材にも全員が触れることで、視点を豊かにする手助けともなります。本時は、後者からの実践授業になります。すなわち、

つまらずに読む
話ながら想像する　　音声として楽しむ
基礎力として

考えるために書くこと
立ち止まって想像する　　想像しながら書く
初歩的に経験する

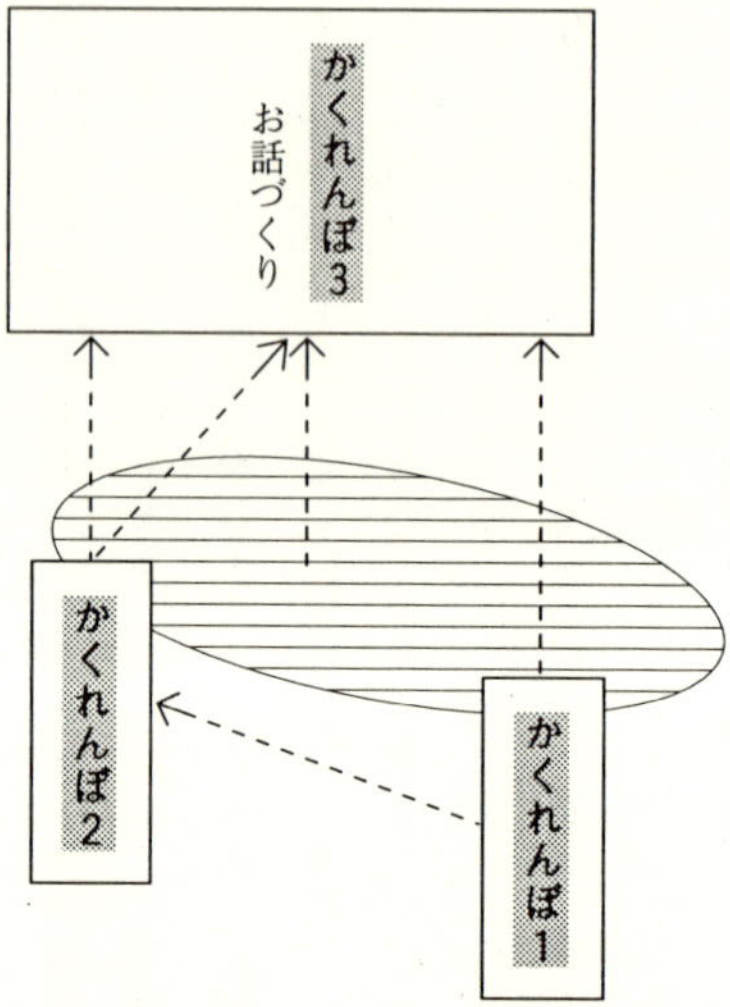

「かくれんぼ1」「かくれんぼ2」において想像の世界の経験した上に、新しく続き話を作るという学習を構想しました。「かくれんぼ3」の学習は、それぞれの「かくれんぼ」の学習が生かされるだけでなく、二つの読みの対比から生まれる想像や創造（発見）の目が働いたものになります。この単元では、そのことに期待をおいています。さらに、続き話を書くことによって経験する書き手としての視点は、これまで読み手として作者の想像の世界に遊んでいた学習者に、主体的な読み手としてのありかたを示唆しています。単に理解に終わらず、自己

の描く想像の世界を投影しながら読むことが可能になると考えられます。

また、別な単元では、いくつかの教材群から、自分の興味に合うものを選ぶ経験をさせます。そこでは、選ぶまでに全作品に触れる場所があり、自然体で多くの教材を読む機会が保障されます。とくに、低学年の児童にとっては、読む力を育てる場とすることができます。

一方、指導者にとって重ねて教材を見ることが、教材内容について深く考える姿勢を作ってくれます。それぞれの教材のもつ難易度や質的な違いは、児童の個性に対応する学習指導を可能にします。同じテーマの作品を多く重ねることの意味を、ここにも見い出すことができます。学習者にとっても、指導者にとっても、開拓していくべき視点であると考えます。

高学年では、読書生活に焦点を当ててみました。じっくりと思索する生活は、本校児童の得意としない部分でもあります。楽しむための読書に終始しがちな児童を、主体的に、進んで読む生活に向かわせて、考える場を学習の中で位置づける必要があります。考えて行動する生活の出発点を、「問いかけていく心」におきました。

あまんきみこ作品に焦点を当てて、児童の興味を誘いました。読書に親しみながら、読書量に目を向けて、図書室の利用を勧めました。町立図書館も利用し、作品を集める経験をさせました。読書会が、本の紹介の場となり、読書が児童の身近かなくらしとなりました。

「春先のひょう」の学習の発展とし、作家・杉みき子の資料集めをし、一方、戦争をテーマにした作品の読書会を計画しました。それは、さらに、母親・女性の生き方、父親・男性の生き方、老人、子ども、障害を克服していく人たちの生き方に発展します。人として大切にしたいものを発見するために、登場人物の苦しみや喜びをともに経験し、人生に向かって厳粛に立ち向かう心の土台を育てたいと考えています。それは、伝記・サリバン先生に結んでいきます。

また、読書会を勧めることは、書くことを通して自らの考えを相手に伝えることであり、口頭で発表することは、音声言語としての充実も児童の課題として上ります。自己を確かにもつために書き、考えたことを整理し、相手に理解されるものにしようと心を張り詰めることは、本校児童にとっては重大な経験です。さらに、相手の発表をメモによって確かに受け止めようとすることは、コミュニケーションを確かなものにしていきます。

一人ひとりが主体的な生活をするために、読むことから触発を受けたことがらを思索的に受け止め、意識して伝えようとする経験を重ねることが必要であると捉えています。

このように、高学年では、教科書教材を繋ぐ読書生活を通して主体的な読み手を育てること、読書目標を確かにもつことで豊かな読書生活を指導していくことをめざしています。教材を通して、確かな国語としての力をどうつけていくかを明らかにすることで、読書の単元が、さらに、充実してくると考えます。

以上、未熟な部分を多く残しての教育実践ですが、本校児童が読むことを通して、思慮深い人間形成に向かうことをめざした報告を致します。ご教示をいただいて、さらに日々の実践を実りあるものにしていきたいと考えております。本日は、ありがとうございました。

（四）研究協議

(1) 授業説明 ［素水］

日開谷小学校では、「一人ひとりに個性的な書く力を」という流れのなかで、読書生活から触発を受けなければ子ども達自身が書くことの内容を十分まだもちえていないという児童の実態を踏まえて研究テーマを決めた。最終的には、人間が生きていくときに読書生活というのが大きな意味をもってくるが、私たちの子どもはとても元気で、青空ときれいな緑といつも一緒に元気に戯れている。少ない仲間と生活し、あるいは、地域という場所から刺激の少ない中で生きている子ども達の中に、どこかで立ち止まったり何かについて考えたり、あるいはこれから先の未来について、刺激となり触発の土台となるようにという思いが国語教室を営むに当たっていつも心の底にある。このようなことから、生活自身が読書ということを一本の柱として、進んでいく子ども達をつくりたいという思いの国語教室である。

低学年の場合は、たくさんの教材を集めること、集めてそれを重ねることが、もう少し違った内容のものにとか、もっと違った本を読みたいという心につながっていくと思う。毎日の国語学習の中では、教科書に添ってばかりいくのではなく、新しい教材に目を見開いたり、あるいは、教材を重ねるときに見えてくるものを大事にしたいという思いで、低学年ではできるだけたくさんの教材を重ねること、そしてその重ねたことが、時には、小さいなりにも知覚的な考える生活に導いていけるように心がけている。立ち止まって、友達や自分や、あるいはそれ以外の人に目を向けるということを考えてみると、読書生活というのは日開谷の子ども達にとって、離すことができない。

今日、低学年では、教材を重ねるということで「かくれんぼ」の授業をさせてもらった。今、十分にまとまっていない状態で述べることは、当を得ていない部分もあるかと思うが、私自身が今日の授業で、今までの「かくれんぼ」が、子ども達の生活の中のどこかに沈んでいるだろうか、学んだことが沈んでいるだろうかという思いで考えてみた。一年生であるから、「かくれんぼ」という題材を聞いたときには、これまでの「かくれんぼ」か浮かんでくるのだが、想像する世界では今まで学んだ教材が必ずしも入っていない。私自身が二つの教材を通して何かが見えることと、今日の「かくれんぼ」の中に生きてくるかなという思いで進めたが、「一年生というのはまだ十分にそういう方向には行かないな、もう少し積み重ねていく中でいろんな教材が重なって生かされてくるときが来るのではないかな。」という感想をもった。ことばとして、「くすり」と「いっしょうけんめい」ということばをふまえて何かを書かせたい。それは書くことの方向づけを友達どうしのできあがった作品を比べる段階で生きてくると思ったが、「水草の所から見つけてくる」というユニークな子もいたので、一年生は想像力というところから行くとことばを押さえてその上にもう一つ続き話を規制するというのは緩やかであっていいのかなと考えさせられた。一年間あるいは二年生三年生と進んで行く中で、もう一回読みたくなる、あるいは、前の段階をもう一回確認したくなるためには、ことばを押さえるというのはとても大事なことだと思うが、今の一学期というところで教師側が目ざしたことは、子ども達はそういうことにはとらわれないでもっともっと自由なところで書くことを楽しんでみるということである。

［中略］

(2)　**質疑応答**

・子ども達がよく書いているのを見て、感心した。書けるようにして書かせるという、その書けるようにする指導が、先の読み取りを深めていくところでなされていたと感じた。今年作文を重点的にやっていて、もうすでに二十回ぐらい書いている。担任が四年であるから、子どもが書いているときは前でにこにこと座っている。記述に入る前の指導にはずいぶん力を入れているつもりだが、書いているときの指導がいまだにできていない。どこの会に行ってもそのことを質問して、子どもが書いているときは書く時間と場所とを保障してやるのがいいのではないかとずっと言ってきたが、大村はま先生は書いているときにこそ指導がいると言われていて、それが私のなかではいつも問題だった。今日素水先生の授業を見て、一年生だからかもわからないが、最初の段階からあいうふうに子どもと関わっていけば、「原稿用紙に爪を立てるように子どもの作品を見て回る」ということにはならないのかなと感じた。それは、一人ひとりの思考、想像がどういうふうに行われているのかということを素水先生がかなりつかまれていて、一人ひとりにあった適切な指導助言がなされているからだろうと思った。違和感が全くなくて、普段の授業も多分こんなふうではないかという、大変自然な感じでなされているのを見て、日頃の指導の緻密さを伺わせていただいて勉強になった。

教科書には載っていない教材を選ばれて単元を組まれたと思うが、私はあまりやったことがないので、どのくらいの本をどういう方向で、この教材を選ぶ前に捜されたかということをお伺いしたい。

それから指導案で、「くすりと」や「いっしょうけんめい」のことばをふまえた続き話を作ることができるようにするというのが本時の目標になっているが、「いっしょうけんめい」をふまえるというのは、かめが捜すところを子どもがたくさん想像できるためかなと思う。「くすりと」というのは、子どもの想像の世界にどういうことをさせようと先生がねらわれて入れられたのか、「くすりと」というのが子どもの作文に、今日書いたことに入っていたのかなと少し疑問に思うのだが……。

＊　お配りしたレジメのいちばん後に、タイトルは大きくなるが、総合的に言語能力を育てる、育てたいという心であるが、国語科学習の試みというところに教材文を載せさせてもらった。私がいろんなところで出会った中で、この教材を大切にしたいなとか、好きだなという思いを込めたり、子ども達と楽しかったなという経験を含めた教材を残してきたものをどこかでつなげると、学習が教科書や学校に片寄らないで楽しくできるのではない

かという思いから、教科書以外の教材を選んできた。ただ自分の立てた一つの年間計画というものが充実していききるまでに、いききることはないと思うが、いくためには、各学校での取り組みとか、来年さ来年という大きな流れがいると思う。だが、教科書教材として、その学年にあった長さのなかでいろんな教材があるということは、三年毎の教科書の出会いではなくて、十年二十年も教科書が出されてきたその長い積重ねがある。それをどうにかした形で生かしたい、個人的な経験とかそういうものであっても生かしたいという思いで取り上げている。この「かくれんぼ」は、六月の教材のところでは今の教科書を使った。その前の「かくれんぼ1」では、もう少しかわいい、資料集のいちばん上に載せてある読み聞かせに使えるような教材を使った。その後「かくれんぼ」という二番目のところでは、ノート指導と兼ねながらことばに少し目を向けていく指導を考えた。三番目には、自分がお話を書くという自由な立場から見ることが、今度活字を読むときに読み取るというのではなくて、作者と一緒に読むということにつながるのかなという思いでしている。教科書に載っている資料はできるだけ網羅し、その上に、他の教材を、できるだけ変わってるものあるいは広げるものをと考えて使用している。

「くすり」ということばをどのような意図で大事にしようとしたか、あるいはそれがどんなふうに生きたかというご質問があったが、今日「くすりと」という笑い方を、ことばの獲得の時間として位置づけたいなと考えた。「くすり」というのは、見つからない、その情景のおかしさをふまえていて、どこかその「くすり」とちょっと笑う笑いの中に「いっしょうけんめい」ということばがひっかかるのではないか、その「くすり」にこだわることで、「くすり」ということばと「いっしょうけんめい」ということばをつなぐことで、単に自分たちが聞いて楽しい「かくれんぼ」ではなくて、かめさんの側に立った「かくれんぼ」、その次に代わりっこしあうようにできたらつなげたいという思い、やっと見つかって良かったねじゃなくて、次のお話が次の代わりっこするにつながって、「暖かいね」という思いで「くすり」を取り上げたいと思った。ただ、児童の実態はそこまではいかなかったように思う。

・　日開谷小学校の取り組みのレジメの図（三五六ページ）についてですが、下の説明はよくわかる。つまらずに読めていたし音声として楽しめてもいただろうし話しながら想像もよくできていたと思う。基礎力というのはよくついていたなと思う。その横のほうも今日授業の中でこれをつけていこうとなされていることもよくわかったが、その上の図の説明をしていただきたい。

＊　授業実践としては十分でなかったとは思うが、目ざしたところは、一つの作品を深く深く読ませる。読むことは自己を読むこと、そのことを確立していくためにはやはり何冊かの教材を通しながら、できればその一つ一つの教材で何かの力を、あるいは何かの経験をさせるという思いを図にしたつもりだ。「かくれんぼ1」から2、3というふうに続いていくわけだが、続きながらその中に残っていくもの、本当は1、2はそのまんま次の教材がくるときに見えていくと思うが、それと関係なくもう一つ読書という本を読むこと、自分として読むことは、三角に向かっていくのではなくてまっすぐに向かった、あのときのどこかの場面どこかの場面を思い浮かべながらするようなこと、あるいはこっちとこっちを対比したときに新たなものが何か見えること、何かそういう思いがあって教材というものを重ねたい、重ねることで何かが見えるそのことを理解して指導を進めたいという思いがこの図なのです。

・　この斜線のまるの部分はどういう……。

＊　これも1と2というのは、作者の描いた世界があってそれを最後まで読み込むという意味では同質なんだが、その中の人物がすることが、一方はそのまま何気なくおべんとうを開いて見つかるのであり、片一方は眠ってみようと作為したときにそれがうまくいかなかったおかしさやかわいさがある。だから、形としては同質な底辺である。斜めにはなるけれど同質な底辺、それの上に今日の書くことが加わった段階があり、そういう意味で3を上にあげた。その3の、今日の授業を支える柱としたときに「かくれんぼ1、2」ときたのと同時に、この1からの支えがあるかもしれない、あるいは2からの支えがあるかもしれない、その真ん中の点々は1、2を見たときに、全然違う子どもらしい発想が、1、2があったら3があるはずだと思うので、そういう発想があるのではないかというものである。だから、論理的というよりはとても初歩的なもので、間の点々の方を私は今大事にという思いです。この図がもう少し加わったらいいなというようなご指導をしていただけることがあったら、お聞きしたいなという思いがあります。

・　子ども達が「は」のところに丸を付けたり「も」のところに丸を付けたり、形容詞に丸を付けたりしていったが、その読み方の指導というのはどのようになさったのか、それと、授業が始まってから題をつける活動を子ども達がしたが、その題をつける活動はこの時間に計画をされていたのか、また次のときに題をつけるのか、子ども達のプリントを見てみたら、かくがあって、上に三角が三つ書いてあってそこまではわかったのだけれども、右側のかくには子ども達が自分で題をつけるのだろうか。

＊　基本的な書く能力をどのようにして今まで目ざしてきたかということになると思うが、それは一日一日の記録と結んでいつもそういう訓練をしている。それともう一つは後ろのほうに掲示したように、ことば辞典という

のを、辞典ではありませんが、ことばを分ける意味で、授業の中で、生活の中で出てきたらそれをさっとつかまえてメモをして、それを位置づけるということをしている。だから、日記を書いていても重なることばが学習に出てきたら、その後「重なることばも入れたいね。」と話して、できたら、今日は重なることばが入ったとか、あるいは「はじめに」「次に」「終わりに」というのを勉強したら、それが入っているから赤いかくですとか、とても大事なことがあるものに重なるから赤いまる、「は」「へ」「を」は間違ってはいけないから黒まるでというふうに、生活の書く中で、あるいは授業中の書く中で、ことばに対する気持ちというか、同じことばであっても、重なることばであっても違うことばが使えたとか数多く使えたとか、そういう関心と一緒に書いたら書くことって楽しいのではないか、子どもの側からは楽しいかどうかはわからないが、きっと楽しいのではないだろうか。「先生ぼく今日はじめに、次にが使えたよ。」とか「重なることばが使えた。」とか、それから新発売のことばと言っているが、今まで使ったことのないことば、勉強で習った新しいことばが使えたとか、そういう目線をもっていれば書くことが楽しいのではないかと思ってずっと重ねてきた。日記も夏休みに入ったので、自分で書いた後、先生になって色をつけてみようということにしている。学校で休み時間に二度ほど練習して、夏休み中は、書いた後お母さんに見てもらわないで、自分が先生になって見直ししようということでしている。少しずつ子どもはそういう力をつけていて、今日は三人ほどの日記はそれがつけれていなかったが、後の子どもは少し覚えているので、また少しずつ指導を重ねたら、自分で読むということ、一人でまず教材に出会ったときの読みがもう少し進んで行くのではないかなと思っている。また読み方をゆっくりとかはやくとかあきれたようにとか書き込みながら読み。それは読みながら主体的に読みを深いものにしていくということにつながると考えて実践している。

題つけのことだが、続き話を書くということは初めてやるので、それのために事前授業を「お手がみ」でやった。その時に子ども達は「先生、このかく題を書くのかなあ、書きたいなあ。」と言ってくれた。だから今日も「かくれんぼ」を配った時点で、もう子ども達は題という意識があったんだが、私がそこへいってどうだこうだというと時間の関係があるので、それをおく形にした。今まで日記でも必ず題をつけているのでしたいという心が子どもにある。もし途中で題が浮かんだ人は書こうという形に普段の時間ならなるのだが、今日は普通五、六時間かける教材を一時間のなかでやろうとしたので、子ども達にその余裕を与えないで読むことを早く、次に続き話がという意識で私のほうが流した。子どもは題をつけたいと思っている。題を言ったときに三人ぐらいが今日の授業で目ざしている題とは違う、きっとその子どもも続き話を書いた後にそうではないと思いつつ言っているものがあったので、もうそれは切った方がよいと思って青い表紙に書くほうは切った。

〔以下略〕

三　国語科授業の有機的な構築を求めて

――「たぬきの糸車」（一年生）における実践――

はじめに

今では、出典さえ見い出し得ないが、くりかえし思い起こす西尾実先生のことばがある。「どの発達段階を切っても国語教育が見える必要がある」という意味合いのことばである。芦田恵之助氏の「安心の境地」と重ねる時、ここに、本物の学習があるのではないか。今というかけがえのない時の中に繰り広げられる学習の充実を求めて、実践を重ねたいと考えてきた。谷口廣保氏によつて図示される（実質国語教育別冊　一九九五　№一五二〔言語の基礎的事項にもっと力を〕）「言語および国語科教育の構造」を授業構築のイメージとした。

学習者に視点を当て、その成長を一人ひとりの学習者の上に求めていくことの重要性はいつの時代にも求められてきた。その具体的なイメージが、一実践者である私の中にやっと見え始めている。それは、学習と読書生活、そして、言語の自覚化（ことば自覚）、言語文化の享受と創造を絡ませていく国語科学習

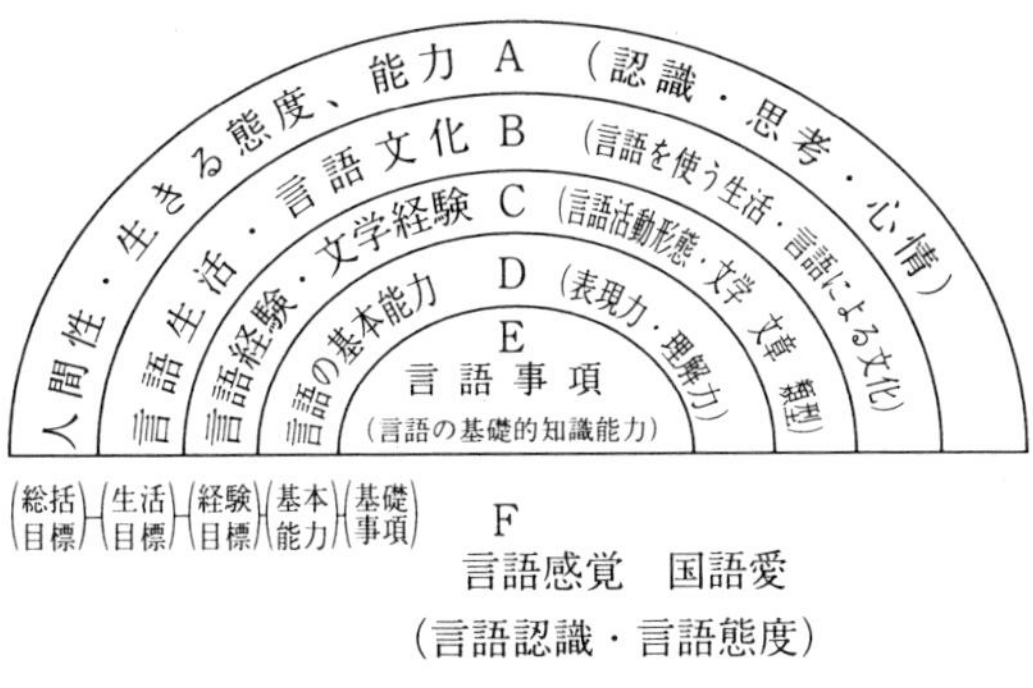

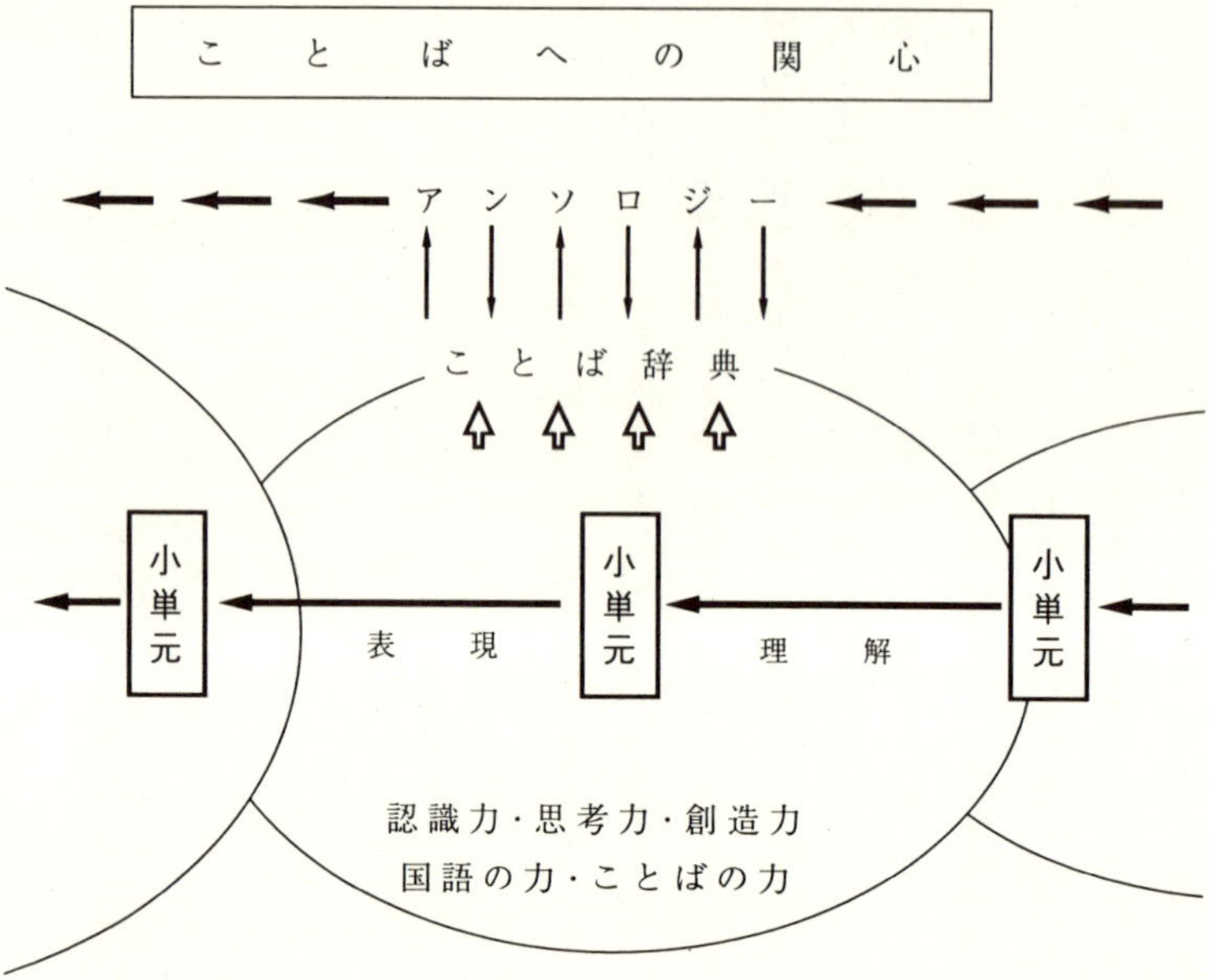

である。これまで、活動領域を関連させて指導者の立場から学習を進めることが多かった私である。今、学習者の主体性・意欲・関心・課題意識といった学習者サイドからの事項の関連と系統が把握でき始めた。学習の有機的な構築を求めて実践を重ねている。

（一）国語科学習の構造

先の視点を踏まえて、一学年の国語科学習を次のように構築した。

(1) 横のつながり

一年生では、単元を構想する時の基本を、読書→中心教材→（読書）テーマの継続と発見として実践を重ねている。読むことを中心に国語の力を、生活経験や読書生活とつなぎながら集団思考をする場を経て、読書生活へとつないでいる。これを繰り返すうちに、学習者は学習方法を習得し、新しい工夫を加え、集団で思考する喜びを体得することができる。一方、指導者は一人ひとりをのびやかに生かす方法の探究や発見ができる。

一学期、ことばのまとまりに注意して文章を読む力を育てるために、他社や古い教科書に出ている短編を複数取り上げた。加えて、二学期には、テーマをもって資料を集める経験をさせた。児童の側からは、情報の収集、国語の基礎的な力の獲得、自己の興味・関心の把握をめざし、指導者の側からは、できるだけ個にそって、意欲的に学習と取り組ませるための支援のあり方を工夫することを考えた。アンソロジー作りの土台として、様々な形態の短文を用意し、ことばへの関心を誘った。

さらに、学習者一人ひとりが興味のある作品を選ぶために前年度の児童が書いた読書紹介を読んだり、視点を増やす場面で、これまでの一年生の記録を活用したりして、学習財（先輩の学習記録）を生かすことを心掛けている。学習財の利用は、学習記録の大切さを児童に気づかせ、自分の発達段階への関心をもたせる。

(2)　単元内の関連

児童を学習に集中させるには、一人ひとりにかけがえのない分担場所を与え、手引きに支えられた個別学習、能力に応じた個別習得などが必要である。教材の複数化、学習方法の多様化、能力の系統化など単元構想を支える条件を整備しながら、学習場面では「準達成」を「達成」とする考え方に立って形成的な評価で意欲を喚起している。基礎となる国語の力を学習者が目標をもって努力し習得していくよう設定している。

好きな作品を読んで友達に知らせたり、お話のある場面を詳しくしたりする作業は、一年生を進んで学習に向かわせる。表現する場所を友達と分担し合うことで、優劣を意識せずに想像したことを文章表現する学習ができる。できあがった作品を学級全体で音声表現することは、一つのものをしあげる成就感を味わわせることになると考えた。

これらの経験を重ねることによって、学習者は学習の方法を身に付けることができるようになる。分担したり合わせたり友達と生かし合って基本的な国語の力を身に付けながら、一年生なりの学習への主体的な姿勢が育つと考える。

(二)「たぬきの糸車」における実際

(1) 単元の目標

○ 身近な自然である月に関心をもち、月が出てくる作品を楽しんで読むことができる。
○ 読書紹介文を書く活動によって、読んだ本の大体がわかり、また、吹き出しや変身作文によって、人物の心情を想像することができる。
○ 読み取った情景や心情を文章表現する活動を通して、順序よく書く力を養う。
○ 「……そうに」「……につれて」などのような意味をそえることばへの関心をもつことができる。

(2) 単元の構想

本学級の児童は、これまで、音読集「ひばり」で音声表現を楽しんできた。子どもたちは、ことばのリズムを身に付けてきており、詩ややさしい読み物を進んで読むことができる。また、想像する場面では、ことばを自在に思い浮かべて表現を楽しんでいる。この状態の子ども達に、理解や表現の基本的な力を意識させ、暗誦をする楽しさを経験させることによって、ことばのひびきに興味をもつ学習者を育てることができる。

また、身近な自然である月に関心をもち、生活や作品の中で月と関わって生きていくことは、古来からの月の叙情にふれ、日本人の言語文化に親しむ契機ともなる。夏から秋の生活や年中行事と「たぬきの糸車」を関連づけて学習させるなら、生きたことばの学習場面を設定することができる。さらに、月への興味や関心があれば、学年が進んでも主体的な学習課題が発見できる単元である。

(3)　単元の流れ

〔◎意欲・関心・態度面　◇能力面〕

学習の流れ	身に付けさせたい態度・力
月を見た経験を詩にする	◇月を見た時の詩を作る
月が出てくる作品を集める	◎題に月がついている作品を集める
第一次　単元への関心をもつ（1時間）	
①　月を見た記録を書く	◇好きな歌を暗誦する ◇月の様子を記録する ◇昨年度児童の読書紹介を読み、読みたい本を選ぶ
第二次　いろいろな作品を進んで読む（3時間）	◎いろいろなお話を進んで読もうとする
①②本を読んで、登場人物や話のおもしろいところを絵や文章で表現する	◇本のあらすじがわかり、好きなところを見つける ◎意欲的に中心教材と出会う

③ 読んだ本の紹介をする 第三次　「たぬきの糸車」を読む　（10時間） ①②教材を読んで、あらすじをつかみ、感想を話し合う ③④出来事にそって、たぬきの心情を想像し、詳しく書く場面をつかむ ⑤ 吹き出しを通して、たぬきが糸車と出会う場面を詳しく想像する ⑥⑦⑧冬の場面を詳しく想像し、文章表現する （本時6／10） ⑨⑩好きな場面に分かれて、出来上がった作品の音読練習をし、読み合う	◇教材をことばのまとまりで読む ◇新出漢字やことばの意味を確かめる ◇あらすじや感想を発表することができる ◎完成させる絵本のイメージをもつ ◇情景を文章に表現する ◇吹き出しを使って心情表現をする ◇会話文交じりの文章を書く ◇文のねじれを直し、詳しくする ◇好きな場面で友達の意見も聞きながら、読み方を工夫する

1　複数教材

「おつきさま」（東書一年上）、単行本三九冊

2　アンソロジーの土台

「お月さまのうた」として印刷これまでのものに追加

俳句九、児童俳句四（新聞切り抜き）、詩二

(4) **本時の学習**（10／14時）

本時は、おかみさんとの思い出によって厳しい冬の寒さを耐えるたぬきの姿を想像する学習である。想像する視点を増やす場面で、友達とよさを認め合いながら話し合い、想像したことを文章に書き替える活動を通して、作品を豊かに読む喜びを体得させたいと考えた。

(1) **学習課題**　ふゆのあいだのたぬきのようすをくわしくかこう。

指導目標　想像したことを吹き出しや文章で表現し、分担した場面をつなぐことによって、冬の間のたぬきの心情を豊かに想像することができる。

(2) **展開**（60分授業）

〔◎意欲・関心・態度　◇能力　（▼既習　☆本時　▽初出）〕

学習者の活動	身に付けさせたい態度・力	指導者の支援・はたらきかけ
1　ひとりぼっちになったたぬきを確認し、本時学習への意欲をもつ	◇▼文章をことばのまとまりで読む 助詞「も」	○　児童作文から期待が外れがっかりしているたぬきの様子を浮かび上がらせる
ふゆのあいだのたぬきのようすを　くわしくかこう		

2　冬の間のたぬきの言動を想像しながら、どんな場面があるかをつかむ	◇▼自分が想像したことをはきはきと伝える ◇▼友達の意見を書くことがらとして組み入れる	○厳しい冬の様子から出発し、たぬきの様子を想像することに気づかせる ○これまでの学習財も提示し、書くことがらを見つけさせる ○たぬきが糸車を心のささえとして見い出すまでを順序に添ってまとめる ○友達の意見によって書くことがらが増えていることに気づかせたい
3　自分が選んだ場面で、想像したことを吹き出しや文章に表現し、みんなで読み合う	◇▼心情や情景を想像して書く ◎▽友達の表現に学ぼうとする ◎☆各自の想像をグループで読み合う 助詞「の」	○吹き出しによって心情をつかめるようにする ○できるだけ個に添うための手引きを用意する ○会話の中の文章をとらえ、記録できるように助言する ○順序よく表現を聞き合うことで、表現への意欲を育てたい
4　表現されたことばや文章を通し	◎▽自分の分担場所の読み方を工	○みんなの力を合わせて読み方を

て冬の間のたぬきの心情を想像し、次時の音声表現への期待をもつ	夫できる ◎▽表現を考えたり群読したりすることへの興味をもつ	考えたり、音や擬声語を加えたりして、音読をたのしむ心を育てる

（3）本時の評価

○　冬の場面の想像を楽しんでしようとしたか。（視察）

○　想像したことを吹き出しや文章に表現しているか。その的確さが向上しつつあるか。（児童作文）

○　友達の表現を聞いて、冬の間のたぬきの心情を豊かに想像し得たか。（視察）

(5)　本時の展開

（1）学習時の言語環境

①指導しようとしたことば

ここでは、冬の厳しさを耐えて生きるたぬきの姿に、［出会い］と［思い出］、［まちかねる心］などのことばを重ねて、文学的な体験の場を設定しようとした。冬の間のたぬきの様子を音声表現する学習中、指導者の感想という形で繰り返し使った。［も］［きびしいふゆ］［月が上る］［こわごわ］［の］などのことばにも立ち止まらせたいと考えた。

②話し合いの中で

教育話法として、つぶやきの場面では自在に表現し、話し合いの場面では文末まで友達に伝える方向をとっている。また、つねに聞く立場を重視し、「ありがとう、いいことばをもらった。」という心で、友達の意見を聞き入れようとする時、自己主張でない自他の共同学習を成立させることができる。

自分の考えを書いた後は、読み合う中で友達の意見を聞く。同じ場面を取り上げたもの同士が集まって読み合う。聞くことで、場面を豊かに想像することができる。さらに、順序よく音声表現することで、自分を確かに位置づけることができる。

くわえて、前年度の児童作品（学習財）を参考のために与えた。参考にしたというのが三グループあった。自分だけの意見の発表に終わりがちな一年生にとって、聞く（受け入れる）という学習を自然に位置づけることが、学習に集中させ、集団思考を成立させる土台となると考えている。

（2）アンソロジーとの関わり

学習の中で、これまで出会ったことばが飛び出してくる。「寒さも涙も堪えて」ということばに触れて、「宮沢賢治みたい」ということばがこぼれ、「厳しい冬とか厳しい寒さといいます。」と説明していると、「梅雨の月きびしく光り去りがたし」を思い出す。「お月様見ると心は和むけど、あの高窓と一緒なのよ。」とつぶやくと、「病める子が」と続く。そこで「空だけが見ゆる高窓病める子が待ちし鋭鎌の月渡り行く」と全員がコーラスをする。ことばへの理解度とは違う、学習者が再度ことばと出会い意味を深めていく暗誦である。記憶の中に沈んだことばが生活に湧きだして心を導く実際に、野地潤家先生が示された全文暗誦の重要性を知る昨今である。

（3）**学習活動への期待**

学習の中で、これまでの学習方法が学習者の心に浮かんでくる。それは、学習者の主体性にかかわっていく重要な意識である。本時では、「日記を書きたい」、「二人に分かれてして、合わせたい」、「皆でお月様の絵を書いてみませんか。」、「おかみさんのお面を作りましょう。」などの声が上がった。

(6) 発展としての学習活動

(1) 学習状況の持続

統一大会も終わり、児童も授業を忘れ果てていると思っていた頃、M君が、「ぼく、『今はどんぞこ』と書きたかった。」といってきた。「おかみさんやさしかったのに。おかみさんはいい人だったのに。夢のような毎日だなあ。」と音声表現し、指導者側からは、「夢のような毎日だったなあ。」か、「悪夢のような毎日だなあ。」と表現指導をすべきだったと反省していた児童である。表現への工夫が深く続いていて、選ばれたことばが給食準備中に浮かび上がってきたのであろう。一年生という発達段階がもっている持続時間の長さに驚かされた。このことは、自分のことばをよいものにしようとする言語自覚の問題でもあり、指導者が興味や関心とともに、「ことば養い」の姿勢を教室に位置づける必要性を教えている。

(2) 学習成果の発表

学習発表会で、「いのちのうた」と題して、音読・呼び掛けを行なった。「お月さまのうた」として、俳句九、児童俳句四（新聞切り抜き）、詩二、学級児童短詩六、短歌一、漢詩一、計二十三の歌と出会っていたが、選ばれたものは、「空だけが見ゆる高窓病める子が待ちし鋭鎌の月渡り行く」であった。学習を進めている時には、他の好きな歌が多かった児童たちであるが、三学期当初に好きな歌を自由に選んだ時には、「お月さまのうた」の中ではこの歌が残った。かわいそうな子だからという理由であった。関心が動くのが一年生の特徴であるが、記憶に残る歌の決定に、そういった理由があることを初めて知った。私は、鋭鎌の絵を黒板に描いた。月齢二・三日目の月を想定して歌の説明をし、病床の子が月の姿を待ちわびる心情を児童たちと味わった。思いもかけない歌との再会であった。

(3) 好きな本を求めて図書室へ、図書館へ

放課後、一番読むことから縁遠いS君から、図書館へいきたいという申し出があった。私は十分理解できないまま、「賢くなってきたもんね。」と受けた。しばらくして下校したはずのS君が、二年生三人と十五冊の宮沢賢治に関する本を持って教室に帰ってきた。事情が判って、驚いたり喜んだりであったが、S君はそれから三日間、放課後を本と過ごした。友達のことばを借りれば、「S君、難しくて分からない所をやっぱりめくっている。」状態であった。

二人の児童は、市立図書館へ出かけた。芭蕉と一茶の俳句を整理した時のことである。F君は芭蕉を、H君は一茶を調べて、それぞれの一生と俳句をメモしてきた。図書館の人に助けてもらったということで、次の日の約束もしてきていた。次の日は、Kさんも加えて、三人で出かけた。ノートに口取紙を付けて。

これらは、この単元の直接の成果ではないが、一年間という広がりの中で単元を構想し、アンソロジーの土台作りとしての詩歌を挿入し、学習や生活でのことば自覚を［ことば辞典］としてつないできた、つまり、各単元の学習を有機的なものに仕組んできたことの成果であると捉えたい。一年生という発達段階の児童の中にも、自主学習の根が育ち始めている。

(7) 考察

国語科授業の構造化という課題を意識しつづけてきた私にとって、本単元「たぬきの糸車」の実践は、これまでの国語科学習の集積であり、反省である。また、その再構築でもある。

国語科学習を四活動領域の関連のもとで豊かに展開させたいと考えてきた。それは、学習の楽しさとも関わるからである。その中で、生きた国語の力を習得し、児童用『こくごの力』で自己評価を加えることは、学習中の友達や指導者からの準達成の評価を目標化する効果をもっている。つまり、学習の中で「～は、こうすればできるよ」と形成的に示された事柄は、一年生なりの持続力でひそかに継続練習される。その努力の様子は、児童の「ぼく、もう○○ができるようになった」とか「私は、○○のおけいこがんばってみます」などの会話に表現される。そして、いつか必ずといってよいほど成就の時を迎える。そこでは、一回の学習経験での結果を求めない、作業の遅速という個性差の位置づけがある。緩やかでそしてたゆみない努力をこそ期待し、一年生の学習軌道を発展させたい。学習を支える単元目標であるが、「絵本を作ろう」とした。ここでは、納得のいく文章を丁寧に書く意識が形成された。絵本を読む相手を位置づけることで、煩わしく考えがちな清書が緊張のある作業となった。ただ、国語科の基礎的な力を習得する段階の一年生に、単元を貫く目標意識は必要でなかったように思われる。ことばに楽しく揺られながら、ことばの操作や適否に関心をもち、意欲的な態度を育てることが重要であると感じた。

言語文化との関わりについては、月に関わる学習材を幅広く取り上げ、指導をあまり加えないで、個性差による好みの違いや一年生なりの各人の感性を大切にした。それは、一年生における言語文化との関わりを、いつかどこかで親しみをもって出会うための興味・関心への種蒔きと捉えるからである。児童の感性の広がりは、個性的である。本単元でも、暗誦に選ばれた作品は内容の難易とは関わらず、さまざまであった。好きな歌を選ぶ活動は、自らのことばを見つめることにも発展する。よき指導をなし得て、はじめて言語教育を豊かにし得るのだと襟を正して児童を見つめている。

一方、各単位時間の学習では、表現と理解における基礎・基本の能力が身に付くように小刻みに指導した。本時は、各人に冬の間のたぬきの様子を想像させた上で、寄せ合い、想像をさらに広げ、会話文混じりの文章を書かせた。意見を出し合い聞き合ったことがよい刺激となり、学習は確かなものになった。個を見つめながらも、個の考えをさらに豊かに確かにするためには、集団思考の場が必要である。そこでは、聞き合うという行為によって、自制の効いた学習の高まりが約束される。

おわりに

「本物の国語学習とはどんなものだろう」。日々の生活に追われながら、いつも考える。

① 一人ひとりの児童が自他と個性的に生きる学習
② 継続的に人間形成に向かう学習
③ 国語の力を主体的に身につける学習
④ 生涯にわたることばへの関心が育つ学習

今、私が見い出し得ているのは、この四点である。さらに国語教育の柱を明らかにし、それらを有機的に結んだ国語学習の充実をめざして、教育実践を重ねていきたい。国語教育の領域は広く全体像を見い出すことは容易ではないが、実践を踏まえ、先達に学んだことを心して生かしなから、自らの血や肉で明かす豊かで確かな国語学習を求めていきたい。

四　国語科の主体的な学習を求めて

はじめに

大正・昭和時代において、国語教育のみならず、教育をリードしてきた偉大な実践家である、芦田恵之助・山路兵一の両氏は、「発動性」「自己充実の希求」ということばを用いて、学習者の主体性を伸ばす教育を強く提唱しています。しかも、小学校一年生の段階から、主体的な学習者を育てる意欲的な実践を行なっています。

私たちがこの世の中を生き、そして、成長していく過程の中で、主体的に生きることほど、難しく、重要なことはありません。国語科の読むことの指導において、指導者は、主体性をどのようにとらえ、学習者の成長・発達に応じて、どのような指導をしていけばよいのでしょうか。

この課題を解決するための一つの方法を、次の二点から述べてみたいと思います。

①　自他が生き合う授業を創造すること。

②　学習者が進める読みの学習をめざすこと。

ここに①を取り上げたのは、主体的に読む力を学習者に育てるためには、その土台として、自他が生き合う授業が保障されている必要があるからです。

以下、私が、小学校一年生を対象に実践したことをふまえて、学習者が主体的に読む指導のあり方について述べていきたいと思います。これらのことは、上級学年においても、あてはまることです。

（一）自他が生き合う授業を創造する

(1) 自己表現ができるようにする

おしゃべりは得意なのに、授業の中で声のでない学習者が多くいます。自分の考えを話したり、書いたりする力を一つ一つの教材の学習の中でつけていくようにすることが大切です。読んで……と思いましたという形で、全学習者が自己表現できる力を育てていきたいものです。この時の指導者の態度としては、個々の成長を、たとえそれがどんなに小さいことでも学級全員が認めるようにすること、どの意見もそれぞれにとって大事な意見であることを感じとらせることが求められます。

(2) 自他が生き合う授業を創造する

自分のことしか見えない小学一年生に、聞く耳をもたせることはなかなか大変ですが、学習者（人間）のエチケットとして、「聞いてもらった後は聞く番」と心得させることが大切です。毎日の授業の中で、私は、学習者の意見を似ているものと違っているものとに分け、学習者にそれまでの発表回数を意識させて、今、ここで発表すべき人は誰か、また発表順はどうあるべきかを、学習者自身に決めさせる形をとっています。

指導者が授業を進めるのに都合のよい意見だけを取り上げて、授業を組織することがありますが、学習は、学習者一人ひとりが学び方を身につけたり、集団思考することで新たな発見や読む楽しさを味わったりするためのものであることに、心を潜ませておきたいと考えます。

低学年では指導者の姿勢が学習者によく反映します。どの学習者に対しても、一人ひとりを尊重することを忘れず、とくに、間違った意見を出した学習者を、どのように授業の中で生かし得ているかを、指導者として反省することが必要です。指導者は、学習者に作品の読みとり方を教えるというのではなく、教えながらも、学習者から学んでいく姿勢が大切であると考えます。

そこには読むことだけではなく、聞くことや話すことのあり方も求められます。読むことの学習は、単なる読みの力としてだけでなく、総合的な国語力を育てる学習として存在しなければなりません。

芦田恵之助氏のいう「学校が作った劣等児」を、無意識のうちに、また、学習者の将来のためという美名のもとに作り出さないように、指導者は学習者の成長しつつある姿を尊重していく姿勢が必要です。

指導者は判定者ではなく、日々の営みの中で学習者を成長させる補佐役にならなければなりません。学習者を成長させるのは、学習者自身であり、指導者ではありません。そのことを忘れた教育は、一時はよく見えても、長期的には学習者の成長を促し得ないと考えます。自己の成長を信じて、学習者一人ひとりが自己実現をはかるために、伸びやかに挑戦を繰り返す態度を身につけることをめざして、一時間一時間の授業を生み出していきたいと思います。

とくに、低学年の指導者は、このことを十分に心したいものです。小学校に入学してきたばかりの学習者は、それまでに育った環境の違いによって、実に多様な姿をしています。現象面にとらわれないで、学習者一人ひとりの真実の姿を見抜く指導者でありたいと思います。かりに能力差があるとしても、劣った学習者が萎縮することがないように、授業実践や学級経営を、絶えず自己点検していたいものです。

（二）学習者が進める読みの学習をめざす

(1) 他者との関わりの中で自己を磨く

読むことは、自己を読むことであるといわれます。究極的には、自己を離れた読みはありません。人間観や世界観によって、自己形成のめざすところは違ってきますが、自分を大切にするとともに、他者とともに生きるということが、教育の前提として必要です。他者とのかかわりの中で、個のものである読みを高めていく過程が、読むことの指導の基底に据えられなければならないと考えます。

国語教室における読むことの指導では、学習者一人ひとりが他の学習者の考え方と出会うことにより、自らの読みを磨いていき、究極的には、自己の読みが確立されるように、さまざまな指導上の工夫をしていきたいものです。

(2) 学習の流れを身につけさせる

私たちが、生活の中で、ものごとを深く認識する時のプロセスを振り返ってみると、

① 自分なりの考えをもつ
② 他者（人・物・事柄）と照らし合わせる
③ 自己の考えを深めていく

という基本型があると考えられます。その認識の基本型を読むことの指導に適用して、読みの基本過程としました。

	認識の深まる過程	読みの基本過程	学習形態
個	①　自分なりの考えをもつ	①　教材を読む ②　感想を書く	個別学習
集団・共同	②　他者と照らして深化をはかる	③　感想発表と課題設定 ④　課題追求	一斉共同学習
個・変容	③　自分の考えをもつ　深く　確かに　豊かに	⑤　まとめ（自己評価）	個別学習

ここでは、学習の流れを自然なものにすることを心掛けています。自然に授業をすすめながら、この基本型を学習者の身につけさせることによって、学習者が次の学習を予測するようになり、ひいては、学習者が学習方法の工夫をするようにもなると思います。このような、読みの基本的な指導過程にしたがって学習させることによって、学習者の学習意欲を高め、主体的に読む態度を育てていくことができるようになります。

学習者に主体性をもたせた自由な雰囲気の中で、読むことに対する学習者の喜びや意欲、また、創意や工夫は育つのではないでしょうか。より自然な形で、学習を深めていける学習の流れを求めていきたいと考えています。

(3)　学習課題の発見とその解決学習

一方、読むことの指導においては、学習課題を感想の話し合いから、自然に導くことも大切なことだと考えています。現在の課題解決学習における課題は、教材の論理にしたがって、また、指導者の考えにしたがって、提示されることが多く見受けられます。しかし、これでは、学習者の主体性を育てることはなかなか容易ではありません。

低学年の、学習者にとっても易しい教材の段階から、学習者の興味・関心に沿った読みの学習を成り立たせたいものです。好きなところや興味をもったところから読みをすすめ、指導者の指摘や読み味わう中で出てくる課題を加えていきます。

次に、どのように学習課題をつくっていくかにうつります。感想の話し合いは、初期の段階では、自分の思ったことが中心で、どこが、どうだったとはっきり言えるように指導していきます。学習者の感想をまとめてその部分を読んだり、絵や劇にしたりして楽しみます。いろいろな活動と結びながら、読むことの楽しさを身につけさせていきたいと考えています。これらの活動の中に、書く活動を取り入れ、教材文から出て、また、教材文にかえるという読む活動を展開していきます。

話し合いの活動は、指導者を中心に展開していきます。学習者の意見をよく聞き、それを整理する形をとっていると、意見の違いが学習課題として浮かんできます。もっと進んだ段階になると、教材を読む過程で、登場人物間の対立とか、変容といったものにも、学習者の目が向くようになります。この頃、課題の取り上げ順を考えさせていくと、教材の全体を見る目が育ちます。これらを通して初めて、教材を最初から読み進める方法が、学習者にとって自然なものになるといえます。学習者の目の位置に立って、学習の在り方を問うことも、指導者の大事な仕事であるといえます。

課題の内容についても、考えておきたいものです。私たちは、指導者の側から、完璧なものを課題として求めがちですが、学習者の主体性や意欲を損なわせないように配慮しなければなりません。私は、学習課題を設定する時、学習者の読みに応じた、学習者自身の疑問・課題から出発します。学習課題は、読みの過程で変わっていきます。学習課題が読みの深化とともに変わることが、学習者の読みの高揚を示していると考えたいのです。読み自身を学習者のものとしたいのです。誤解も理解も、学習の過程で、修正され、深められていきます。それを、学習者の読む力をつけながら行なうことが大切です。

課題を解決していく力は、いろいろな方法を経験させることを通して身につきます。教材をよく選んで、いろいろな課題解決の方法を指導しておくことによって、学習者が学習方法を自然に工夫するようになります。主体的に読むということは、自分の読み方を発見していくことができるということです。一斉授業の中で課題を解決する学習法を身につけさせると、やがて、個別学習やグループ学習の中でも課題学習が展開できるようになります。このような学習を経てはじめて、読むことにおける課題解決学習が、生活の中に生きていく学習となっていきます。

(4)　書くことを大事にする

読むことの一連の流れの中で、自己表現のために書くという活動は、とても大切なことです。低学年の段階から、読むことの指導の中に、ノートに書くことをしっかり位置づけたいと考えます。書くことで自己の考えがはっきりとするばかりでなく、学習の進め方も分かります。自己の成長の跡もみることができます。このようにノートに学習を記録することは、自らの学習の積み重ねがよくつかめ、自己の成長の過程をとらえることができます。自らがだんだんと賢くなっていると自己評価できることは、次への意欲的な学習を呼び起こします。それは、他者との比較ではなく、伸び行く自己への認識であり、これから自らが伸びていくことへの確信でもあります。自己を信じることをノートは教えてくれます。

主体的な読みの態度は、先に述べた土台に立って、読みの内実を豊かにする中で確立されてきます。書くことへの興味・自信・意欲を支え続けるために、指導者は授業構築への努力をたゆまず続けていたいものです。

おわりに

私自身の実践はまだ十分なものではありませんが、低学年から、学習者の主体性を育てようと意識して取り組み、さまざまな指導上の創意工夫をするならば、読むことの学習は、まだまだ楽しいものになると思われます。私にとって、真実なことばの中に身をおくことができる時ほど、幸せな時はありません。楽しい雰囲気の中で、真実のことばの教育を、伸びやかに学習者が活動する国語教室を、創造していきたいと考えています。

この道は遥かな道ですが、数多くの先人が、日々自己修養を重ねながら、琴線にふれる国語教育をめざして歩いた道です。真実のことばをいとおしむ国語教室をめざして、指導者自身も成長していきたいものだと考えています。

五　絵本作りを通して書くことの力と結んだ読みの学習を
――「たぬきの糸車」（一年生）における実践――

はじめに

入門期の児童にとって、国語科学習のほとんどは、聞くこと・話すことの活動領域での経験と、文字の獲得およびその音声表現になる。一学年における学習の特異性や大きな能力差を考えると、読むことの教材は多様なものである必要がある。また、これまでの実践で、読みにおける感想を育てる視点からも、複数教材から選ぶ活動が有効であることを学んできた。

本年度、一年生における単元学習導入の基本を、次の三点において実践を重ねた。

① 教材を複数用意すること。入門期、複数教材を集め、読む活動の中で読み書きになれ、文字を習得させる。複数教材を読むことによって各自の興味にそったものを選び、その選択理由に感想が表出することを気づかせる。同時に、読書生活の土台として、求めて読む態度を育てることに結ぶ。次に、この複数読書を、思考力・想像力をつける視点に転移させ、以後の学習でも生かすよう配慮する。

② 国語能力の初歩性に則り、一単元に四つの活動を取り入れること。つまり、読んだり、書いたり、話したり、聞いたりする活動として学習を展開し、その繰り返しの中で学習活動への慣れ、および創意工夫の生成を期す

る。同時に、これが生きたことばの学び方につながることを指導者は自覚し、その有機的な系統・関連を図る。

③ 単元を重ねながら、能力の高まりに気づかせ、言語事項および、国語の能力を獲得していく喜びを体験させること。すなわち、準達成を指導者の満足目標とし、できるだけプラス評価を志す。そこでは、達成はしなくても児童の目的意識が刺激され、達成のための努力が続けられる。評価の観点が主体的に目標化される。

本稿では、十一月段階における単元「たぬきの糸車」での実践をとおして、書くことの活動領域で、国語の力がどのように求められ、定着をみていくかについて報告する。

(一)〈お月さまってきれいね「たぬきの糸車」〉の単元構想のあらまし

(1) 単元の目標

1　身近かな自然である月へ関心をもち、多くの作品との出会いを表現・理解の活動を通して楽しむ。
2　読み取ったことの話し合いから、課題を見つけたり、課題解決したりする初歩的な経験をする。
3　教材「たぬきの糸車」を、たぬきの心情を中心に捉え、書きながら読むことができる。
4　……ように、……につれて、……そうに、……はじめる、……ながらなどの意味を添えることばへの関心をもつことができる。

(2) 単元構想のあらまし

学習活動・学習者の意識の流れ	身に付けさせたい態度・力	教師の支援
第一次〈興味を育てる〉――1時間		
○日記・朝の会 お月さま見たよ、きれいだった。 ↓ ○月を見た時の詩をつくる。 名月の頃の月の様子を記録する。	・短く見聞きしたことを書く力 ・日記やメモの形で記録する力	○日常話題の中から、生活の月に関心を誘う。 ○対話形式の手引きにより、見た経験を詩に作らせる。
第二次〈いろいろな作品を集め、楽しんで読む〉――2時間		
○お月さまの歌もあるよ。集めよう。 ↓ ○既成の作品を読んだり歌ったりして表現を楽しむ。	・聞いたり読んだりして資料を集める力 ・ことばのまとまりで文を読む力 ・好きな歌を選ぶ力	○音楽で学習する歌をはじめとして取り上げた歌を読んだり歌ったりして楽しませる。
○きれいなお月さまが出てくる話を集めてみよう。 ↓ ○作品の概要をつかむ。 ↓ ○いっぱいあるから、一組の友達に知ら	・家庭や図書館で月の話をさがす力 ・出てきた人・あらすじ・感想などを書く力 （月の様子を絵や文の形で記録し	○本の題を紹介し興味を育てる。 掲示を通して、読む意欲や興味を育てる。

せてあげたい。	ておく。）	

お月さまが出てくる話ってどんな話かな ——— おもしろい、静か、寂しい、不思議、どきどきする、わくわくする、楽しい、きれい、心がしずまる、ロマンチック

第三次〈中心教材「たぬきの糸車」との出会いと課題解決学習〉—— 13時間

感想を書く 新教科書に出ている月に気付く。 楽しんで音読する。（1時間） 読んで思ったことを記録しておこう。（1時間） みんなで話し合って一緒に読んでいこう。	・段落に分けて思ったことを書く力	○メモを使い感想を書くことができるように支援する。
感想の発表と課題決め **感想を話し合いながら、課題と学習の順番を決める。**（1時間）	・感想をみんなに聞こえる声で、発表する力	○感想発表の中から、教師と、学習課題を作る。
課題解決学習 1　罠を仕掛けたわけとたぬきのいたずら（1時間） 2　たぬきの心の変化（4時間） あらすじとたぬきの変容の予想（1時間） 美しい月の夜（1時間・本時9／18） 糸車を介した二人の出会い（1時間）	・解決のための読みの範囲 ・ことばを選びだす力 ・情景や心情を想像する力①（吹き出しにによって） ・ノートの近い方に関心をもつ ・情景や心情を想像する力②	○様々な学習形態をとりながら、情景や心情に迫ることができるように工夫する。 ○教材文に添ってこ

罠からの解放と楽しい日々（1時間） 3　冬の間のたぬき（2時間） 4　春の喜び（1時間） 5　きれいなところを読む（1時間） 6　まとめ（1時間）	（吹き出しと地の文によって） ・ことばづかいへの関心 …はじめる、たぬきの糸車、…だらけ、…はずの、…ながら、…ように、…そうに、…つれて ・自分の好きなところを選び出し音声表現を楽しむ力 ・漢字やことばのドリル方法を身に付けようとする態度	とばを大切に取り上げる。 ○一人ひとりが教材と出会うことができるように、手引きを工夫する。 ○家族に聞かせるという読みの目的 ○筆順への予想と文中での使用経験
第四次〈民話・月・たぬきの本を図書室で読む〉――2時間	興味が持続できるように助言する。	

(3)　**評価について**

○　読書生活で、本単元で取り扱った系列の本を読んだり、新たに「○○の本」という意識で読書をしたりするようになる。

○　「たぬきの糸車」に出てきたことばが、日記や作文、あるいは、会話の中に使われるようになる。

○　見たり、読んだりしたことをメモ・記録にしたり、友達や教師に伝えたりする光景が見られる。

(一二)　国語科学習指導案

日　時　'95年10月19日（木）第5校時
学習者　一年一組（男子12名女子17名　計29名）

(1)　**単元**　お月さまってきれいね「たぬきの糸車」

(2)　**指導にあたって**

本学級の児童は、これまで、本に親しんではきたが、深く読んだり集団思考をしたりすることは、発達段階から経験させることができていない。これまで養ってきた一人読みの力は、生活経験や読書生活につなぎながら、集団思考をする場を経て、読書への関心を確かに育て得ると考える。また、身近な自然である月に関心をもち、生活や作品の中でかかわって生きていくことは、古来からの月の叙情に触れていくことでもある豊かな生活のためにも、三学期教材である「たぬきの糸車」を夏から秋の本物の月とつないで学習させたいと考え、本単元を構成した。

一学期、入門期のたどり読みからかたまり読みへ導くために、主に教科書に取り上げられた短編から複数教材を集めたのに対して、今回、きれいな月が出てくる本を集める経験を通して、情報収集の初歩的経験をさせようと考えた。さらに、その読書経験が、読み方を学ぶ、「たぬきの糸車」の学習の中に生かされることがあれば幸いだと考えている。

本時は、美しい月に照らし出されたたぬきが、聞こえてくる糸車の回る音に誘われて、おかみさんの回す糸車に出会うまでを取り上げる。これまでの月とのかかわりを思い出しながら、たぬきの心情を想像することによって糸車と出会っていくたぬきの期待を読み味わわせたい。今後、立ち止まりながら読むことや読み取ったことを文字に書きとめる経験を通して、友達とつなぎあい響き合って作品を読み深める喜びに結んでいきたいと考えている。

(3) 単元の目標　単元構想のあらまし（三九一ページ参照）

(4) 学習計画　全18時間

(5) 本時の学習（9／18）

（1）学習課題　月のきれいな夜、たぬきさんの心はかわるかな。

指導目標　月の様子や糸車の音が示す情景とたぬきの心情を、分担した場面をつなぐことによって、豊かに想像することができる。

（2）展開　［学習の力（★既習　◎本時　○初出）］

学習活動	身に付けさせたい態度・力	教師の働きかけ・支援
1　学習課題への意見を発表する中で、本時学習への意欲をもつ。		○各人の考えを書かせて自分の意見を大切にする姿勢を育てる。
2　読み取ったことばに生活や読書の経験を重ねながら、情景や心情	★読みの範囲を抽出する力 ○ことばのまとまりで文章を読む力	○読み取ったことばを、たぬきの側からの状況に置き換えることによって、

を読み取る場面をつかむ。		場面をつかませる。 ○一次での生活経験や読書経験も想起させたい。
3　選んだ場面で各人がたぬきの心情を想像し、読み合わせる。	◎吹き出しに想像したことを書く力 （書けない子――複写・例文を読む力） （視点を広げていこうとする意識） ★友達の表現を聞く力	○できるだけ個に添うための手引きを用意する。 ○各人の想像を音声表現し、つなぐおもしろさを経験させる。
4　静かな月の光の中で糸車の音に誘われ、糸車に夢中になっていくたぬきの心情をつかみ、本時のまとめをする。	○学習のまとめとしての題をつける力	○次時への興味を喚起するために、たぬきへ目を向けた題つけをさせたい。

(6)　**評価**（観察）

吹き出しを通して、表現を楽しんだか。

友達の表現を聞き、想像が広がったか。

(7)　手引き

たぬきは、すから 出かけます。
きれいな 月が 出ています。

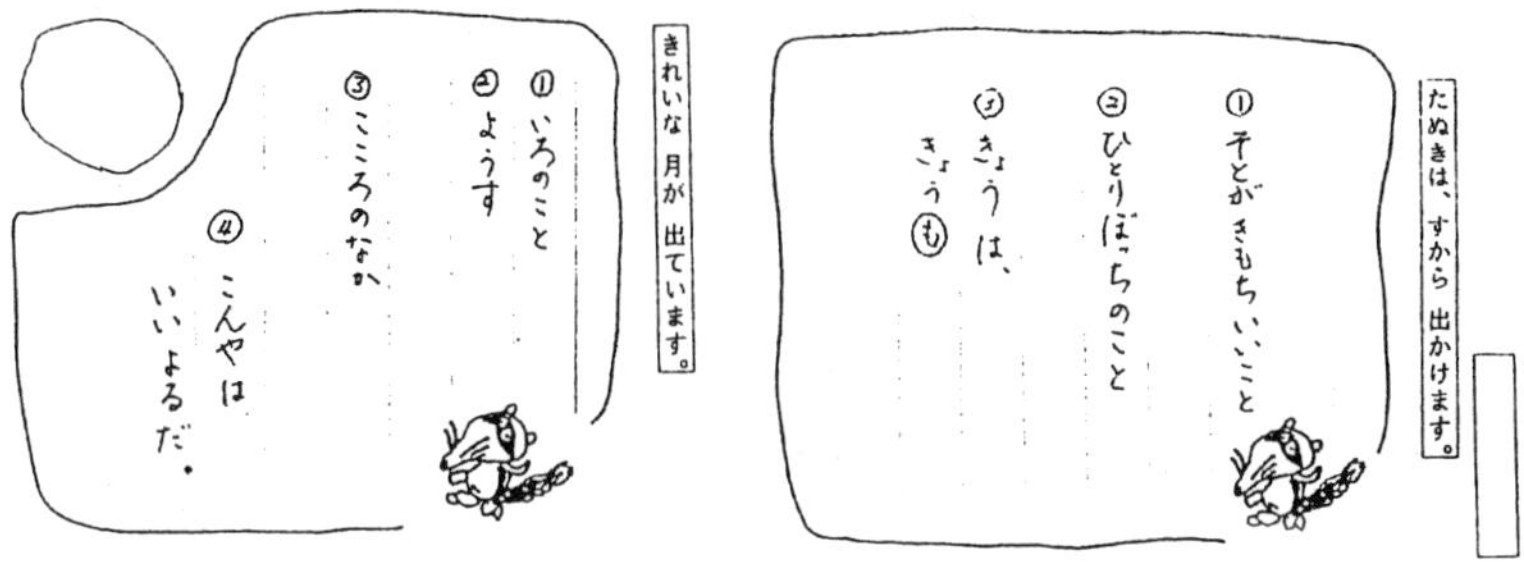

たぬきは、すから 出かけます。
① そとが きもち いいこと
② ひとりぼっちのこと
③ きょうは、
きょう も
きれいな 月が 出ています。
① いろのこと
② ようす
③ こころのなか
④ こんやは
いいよるだ。

A　かくことがら

たぬきは、すから 出かけます。
そとのくうきは、おいしいな。
ひとりぼっちは、つまらないな。
きょうは、なにをしようか。
きょうも いたずらに いこうかな。
きれいな 月が 出ています。
あかるくて、いいいろだなあ。
お月さんと おはなししよう。
こころまでしずまるなあ。
こんやは、いいことに
であうかも。

B　ことば

どこからか 音が きこえて きます。

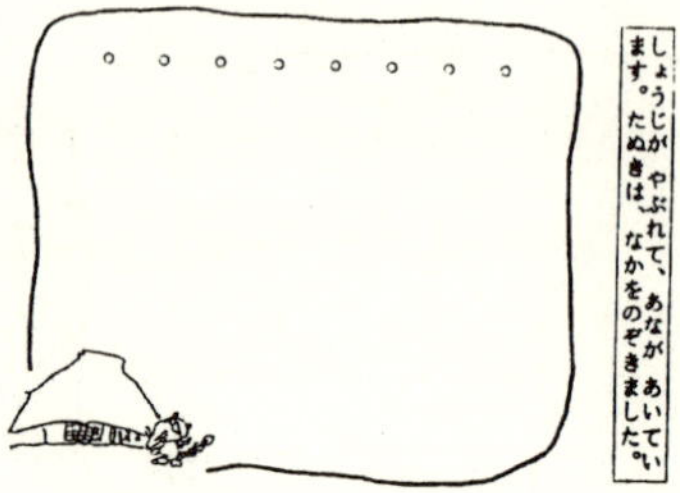
しょうじが やぶれて、あなが あいて います。たぬきは、なかを のぞきました。

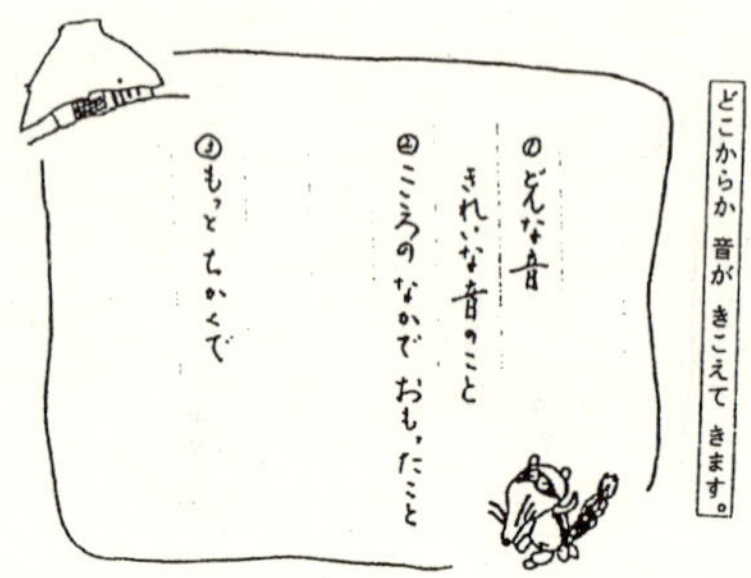
どこからか 音が きこえて きます。
①どんな音
きれいな音のこと
②こころのなかで おもったこと
③もっとちかくで

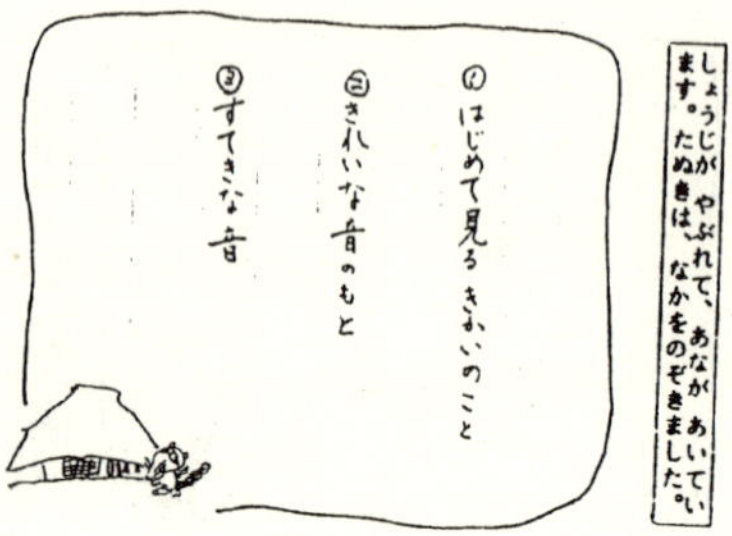
しょうじが やぶれて、あなが あいて います。たぬきは、なかを のぞきました。
①はじめて見る きかいのこと
②きれいな音のもと
③すてきな音

どこからか 音が きこえて きます。
○しずかだなあ。
○すんだ音だなあ。
○もっともっときいていたいな。
うっとりするよ。
○もっと音にちかづいていこう。

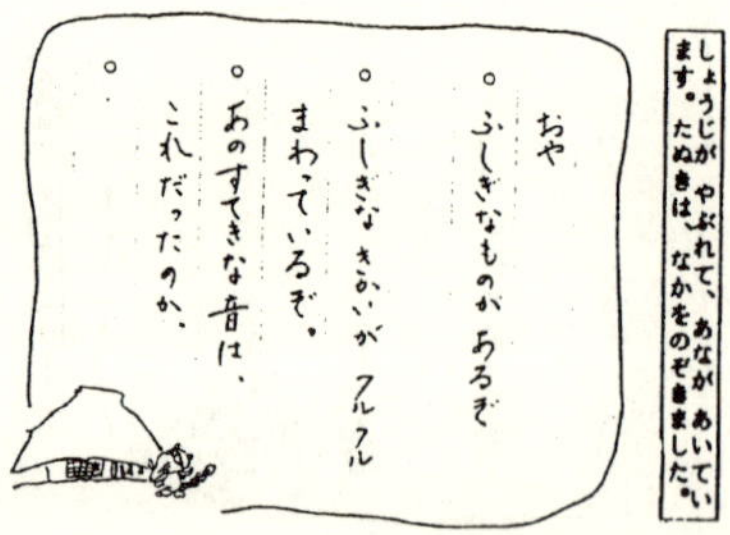
しょうじが やぶれて、あなが あいて います。たぬきは、なかを のぞきました。
おや
○ふしぎなものが あるぞ
○ふしぎなきかいが クルクル
まわっているぞ。
○あのすてきな音は、
これだったのか。

（三）研究授業記録

本授業では、個に添うことを心掛けた。吹き出しを四場面とし、一番関心のある場面を選んでたぬきの心情を想像させた。

指導者側からは、本時でたぬきの心情変化（8／18・あらすじとたぬきの変容の予想）があると考えた児童には、その場面を選ぶように勧める吹き出しを用意した。また、自由に選ぶ場合、自由に心情を書けない児童には幾つかの例文を用意し、ヒントの必要な児童には幾つかの視点を用意した。吹き出しの種類は、例文四場面、事柄の提示四場面、無地四の十二種類である。場面推奨の児童には、あらかじめその場面に貼っておき、授業では、場面を選びにくい児童の支援にまわった。

ところが、自在な活動をする一年生に、必ずしも事前の認識は持続しておらず、指導者の予測や準備は、もっと違った方向にも進めるべきであったと反省させられた。

また、四〇三ページ★印で見るように、準備を複雑にした指導者は、複線化する学習者の要望に答えかねる場面を迎えている。発表場面での混乱を恐れたためである。柔軟な対応を支えるためには、豊かで多岐にわたる支援準備が必要であることを知らされた。

No.1　10月19日(木)　大研　1の2　素K教諭　14:00～14:45

〈お月さまってきれいね「たぬきの糸車」〉	
	今から「月のきれいなよる、たぬきさんの
	こころはかわるかな。」の勉強を始めます。
始めます。	
どんなたぬきさん	わるいたぬきさん　ひとりぼっちの
	わんぱく　〃　ワンツーたぬきさん
	すごい　〃　ガンバレ　〃
	さびしい　〃
	いたずら…　〃
そのもとはなんだったのかな？	
みんなのつけた題を教えて下さい。	(口々に…)
「です」まで言えましたか。	
みんなはそれぞれ違いましたね。	
きょうは［めあて］でしたね。	
おかみさんの家をのぞくところま	
でで、かわったかなということを	
見ていきましょう。意見	ぼくは　かわらないとしました。どうですか。
	いっしょです。
	ぼくの意見は　月を見て　ちょっぴり　かわったとしました。どうですか。いっしょです。
かわる人　手をあげて下さい	挙手
かわらない人　〃	〃

どこまででしょう。	
最初は	43ページの前から2行目から
どこまでだろう。	先生、あのね　43ページのうしろ
	から4行目と思います。
キークルクルいれますか。	はい　キーカラカラを入れる。
43ページのうしろから2行目	
みんなでいっしょに	
いつものように、一人が読ん	
だら、みんなで読みますよ。	
もう一回みんなで読みましょう。	
糸をつむいでいたのは誰ですか	おかみさん
たぬきさんには見えませんね。	
読んでください。	「たぬきさんはすから出かけます。」
たぬきさんをおっていきますよ。	
たぬきさんどうなりましたか	たぬきはきれいな月を見て、音をきい
	て、のぞきました。
	よしと君の意見を半分こ
	あのね、きれいな月で、音をきいて
	音もきれい。
あーよくわかります。	
	わたしはたぬきさんはすからでて、音をきいて

	やさしい人かなと思って こそこそ行ったと思い
メモしておきましょう。	ます。
	あのね。たぬきは すから出てきたしゅん
	間ね、家のにおいがしたと思います。
人のにおいかな。1人ぼっちの	
たぬきさんには。いいにおいだね	月と音と どっちに いこうかなと思って
	月は音がしないから。糸車の方へ行った
両方に心が ひかれたんだね	と思います。
	どんないたずらをしたかわかりません。
みんなで かんがえると こんなふう	
に4つが出てきたね。	・たぬきはすから出かけます。
	・きれいな月が出ています。
	・どこからか 音が きこえてきます。
	・しょうじがやぶれて、あなかあいています。たぬきは なかをのぞいています。
この音をよんでね 上手に	キーカラカラ ---
今日は この4つの中から	
仕事をわけます。	
この中のどの色にしたいか選	
んで、たぬきさんの気持ちに	かわいいたぬきさんのお面をかぶり
なりましょう。	ましょう。
たぬきさんになれるかな。	なれるよ。

	★	みんな書いてもいいですか。
2:20〜	ごめんね。一つだけ選んでね	
		（書く活動）
	お約束の時間に近づいたのでね。	
	書けた人がたくさんできてきたのでね。	
	1か2の声で、読んでみましょう。	
	2こか3こを選んで読んでみて下さい。	
	今書いている○のところでおいて下さい。	
	たぬきさんになって読んでみて下さい。	（口々に）
	先生に聞こえるぐらいの声で読んで下さい。	（口々に）
	今から、先生がここを読んだら、	
	このお友達が上手に読んで下さい。	
	たしかめましょう。緑の人手をあげてください。	
	緑さん立ってください。	
	たぬきはすから出かけます。	ごはんがほしいなあ　さびしいなあ
		友だちほしいなあ
		どこかにでかけて、…　心がおちつくまで
		おどかしてやるぞ。
	《紙をひろげて　手でおさえながら》	やさしい人にあいたいなあ。
	見ててね	今日は、きこりさんの家をちらかそう
		何かいたずらしたいなあ

	ねられないなー。（いっしょです。）
	いたずらいっぱいできるぞ
	すばっかりいやだな
	一人ぼっちはさびしいな
とかけていくときれいな月がでて	いい満月だなあー
います。	いろがきれいだなあー。
	いい気持ちだなあー。
	いいことがありそう。あるかも。
しばらく行くと音が聞こえ	
てきました。読んでみましょう。	洞くつから、きこえてくる。もっともっと
	きいていたいなあ…　うっとりするよ。
	おもしろいことないかな。村へ行きた
	いなあ。おもしろい音がきこえてくるなあ
	どこからか。聞こえてくる。
	もっと近くできき たいなあ。行ってみよう。
	なんだろう。横の家から聞こえるよ。
ここにも	ここにも人がいるのかなー。
	きれいな音がきこえてくる。
しょうじがやぶれて……	
―　―　――――	
こんどはピンクの子に言ってもらおう	でん気がついている。あれは……。

2:40

今日のたぬきさんはどうでしょう。	やさしいたぬきさん。ちょっとわんぱく
今日の勉強して　どんな題を	やっぱりごんただね
つけましょうか。	
先生もいい題つけました。	
やっぱりごんたのたぬきさん	
もいいわね。自分のすきないい	
題をつけてごらんなさい。	
つけた人　先生に読んで下さい	
今日の題を大きな声で読んで	
ください。	（口々に）
いたずらが大すきなたぬきさんか	
ら、いいもの見つけたたぬきさ	
ん、ちょっとかわったかな。どうでしょう	
次は、糸車を見たたぬきさん	
を　お勉強していきましょう。	
これで　終わります。	

（四）授業研究会記録

一年二組　素　水
10月19日（木）

(1)　授業者より授業説明

・どのように授業を流すか把握しながら、足を踏みしめながらと思ったが、足元がおぼつかないといったような授業で問題点があったように思う。
・子どもの学習課題が「たぬきの心は変わるかな。」という風にして、何かほねっぽい（堅い）授業になったのでは？
・単元学習として、どこの一時間をとれば単元学習の授業になるのか悩みである。

(2)　協　議

素水（手引きについて）
・先に手引きとしてのメモを渡していたのは、十四名の子どもたちがどの場面を選ぶか分からなかったし、場面が四つに分かれていて、また人数が多かったので、おすすめという形で初めから手引きをプリントにつけて渡しておいた。子どもたちの思いをじゃましてはいけないと思いながら……。
・不十分と印を付けている子どもは、題つけの時にその子の思いが入っていないと思われる子どもで、次の題つけの時には、その子の思いがつながるように支援を入れたいと思って……。

・視点が広がりそうな子どもには、そこでの思いを膨らませて欲しい、そこの場面を選んでくれるだろうと予想のもとに、手引きをはらせてもらった。
・四人の子どもは、少し書きにくいなあという子で、ことば（教師の例文）を選んでいる場面を見て、その場で渡した。（……実際に効果があった。）
・手引きは二種類

素水（複数の子どもが意見を言いたいときに、一緒に言わせるという指導について）
・言いたいことが言えないのはつらいので、グループの人に聞いてもらう……。
・先生も聞くということで、納得してもらう。言ったつもり、聞いたつもり。限られた時間の中なので、許してもらっている。
・言うことと聞くことは表裏一体だと思うが、聞く指導はまた他の場でということで、表出する機会を設けることで表現力を育てていくことになるのだろうか。

山下先生より
・素水先生が日頃から、ことばを大切にされていることを感じていたが、授業を見せていただいて、改めて勉強になった。たぬきの気持ちを発表するときにも読みの指導が生きていたと思う。

素水（読みの指導について）
・子どもたちに「キーカラカラ」どんな音かなと聞くと、「うっとりする」という子どもがいた。自分がたぬきになってその音を聞いているという余裕があるのだろうか。頭に情景がはいっている。偶然にできているのだろうか。読みの指導という形からではないと思う。ロマンチックに聞いているから、あのような読みになった。

山本教頭より
（複数教材について）
・月のイメージを他の本を読みながら広げていたので、今日のような豊かな表現が出てきたのでは……。子どもの思い入れがそれぞれにあって、音声表現も豊かになっている。
・子どもたちは、たぬきに同化していて、たぬきに寄り添った読みができている。頭の中に、イメージ化があざやかにできている。

（板書について）
・文学作品は、子どもに追体験をさせる、情景に浸らせるという場を教師が設定する必要があるが、それがよくわかる素晴らしい板書であった。

素水（指導案③の活動について）
・好きな場面を一つだけ選ばせたのは、一人ずつが好きな場面を膨らませて書いて欲しかったからである。一つにすれば、いろいろ思いを深めたり、友だちのことばを重ねることができたり、友だちの意見と自分の意見をつなげながら聞くことができる。
・選択ができるというところが、単元学習の良さである。が、もう書くことがなければ、他のところを考えてもいいと言っても良かったのではなかったか。

素水（音読の仕方について）

・一人→全体→一人→全体という読み方は、みんなが集中できる。かたまりを意識して読める。友だちの読みに添うという良さがある。おさえ読みをするときにつなぐところや文の形をもとにどんなふうに読めばいいのかおさえながら。

・読む力には、「速くても読みとれる力」と「ていねいに読む表情読みの力」と二つある。

素水（次時からの「さまざまな学習形態」について）

・吹き出し、ことばにそってイメージ化、調べること、想像を膨らませて……、地の文を書く。ことばに注目して、ことばのイメージを膨らませる。

・調べたいから予測する場面……等

素水（感想文について）

・「メモを使い、初発の感想を書きましょう。」とは、どのようにしているのか。

・メモ……おもしろい。不思議なところ

・段落……書き手が段落を表してくれている。書いていることが変わったら段落

・感想……作品を読んだら、共同感想文（作文）が書ける。友達の意見で膨らませながら。

・準達成…でたらめでも、不十分でも、自分でいっぱい書ける。というのが自信につながる。

・おもしろいことがあったら、・印をつけている。だんだん自分でできるように。
・メモ……自分が書きたいことを自分で見つけて書くために。

素水（単元学習　なぜ、この時期に　この作品で　月から入るのか）
・教科書教材を扱うのが撫養としての方針
・生活の中で、「月」をつなげる……月に対して、日本人の心、自然
根っことして、種まきをして育てたい。

素水（興味、関心、態度を育てる）
・子どもの興味関心を教科書教材と結びつけにくい。
・教師の側からでいいのだろうか。
・単元学習……興味関心をもたせるために有効。

前野昭人講師のお話
（作文の量）
・45分　高学年　ある課題について、まとまりのある文章……1.5から2枚程度
中学年　400字
低学年　200字
すべての子どもの下限、上限はない。できなければ指導に問題あり。

・なぜ月なのか。
　きれいな月夜……この物語の象徴
　教師の愛情、美意識……子どもが楽しく学習できる
　単元学習……授業者の主体性、自主性、独創性が生きてくる
　　　子どもの実態にそった授業が必要、十人十色の弾力的扱い
・指導案……授業者がそしゃくして、練り上げたもの、自分ならではの熱意、想いがこもったものである。
　類型的単元学習……野地先生
　典型的単元学習……大村先生、だんだんこちらに近づけていくように。
　単元学習の中で何を身につけさせたいかを明確にさせる
　これからの指導案は、前時―本時―次時の接続をイメージとしてもっておかなくてはいけない。
・ワークシート、手引きのあり方……これまでは、単線型で荒い手引きが多すぎた。これからは、視線型でスモールステップの物を作り、遅れた子も進んだ子も伸びていくように。
・全体の単元構想がすばらしい。教科書教材を軸に添えて可能な限り独創性を加える。
・支援とは……発問、指示、助言、演示、説話……等（与える物は与えてよい）
　情景面を育てようという意図が見られる。相手意識を設定しているのがよい。
　子どもの感性を普段の授業で育てる。打てば響くような子どもを授業の中で培う。
　課題解決学習が大切。読書への発展（文学に限らず、非文学の物も扱う。）
・複数の子どもが同時に発表……新しい表現の方法、多様な展開が認められている。発言した子どもは満足している。

・大村はま先生（独自性と基本的なこと）
1　グループ学習
2　個別学習
3　一斉学習　（ほとんどない）
初めての訓練ある一人が発言したら、耳を傾けるということを徹底的に指導グループの指導の仕方
・グループ内異質、グループ間等質
・グループ内等質、グループ間異質（能力別）異質編成に対する批判
　劣等感を忘れさせる授業
単元学習……固定化した観念があってはいけない。
メモの取り方を徹底的に訓練する（四月、五月）。どのようにしつけをするか。
素水先生の授業……「発表してください。」で子どもが締まる。
管理的な指導ではだめ。子どもの目線にたって、共通語に近いイントネーションで冷静なメリハリのある落ち着いた語りでされている。話し方が魅力的、学びたい。
ワークシート……楽しく書きやすい物
たぬきのお面……学習の世界にずぶぬれにさせる教育環境
オノマトペ……「キーカラカラ　キークルクル」の音読に圧巻、ことばを大切にしている
・視点論（たぬきに同化）……授業者は分析しておくべき
　・作者
話者（語り主）　　　おかみさん、たぬき……どちらに寄り添っているか。

（おかみさんを通してたぬきを見ている。）
おかみさん……視点人物
たぬき……対称人物
・単元学習の長所、短所
学習は生き生きしているが、何が身に付いたか、評価はできたか、個人差の指導はできたか……等　考えていきながら……

（五）考　察

(1)　単元の流れ

夏の野外生活から月への興味を誘った。夜空を見る機会も月見の行事も、夏から秋の季節のものである。生活の中で、これまでの書く力を使ってしたことや見たことを短い文章に綴る。日記指導の延長である。記録方法の一つとして、メモの形も取り上げた。これも日常活動の一つである。書く活動を総合的に使って、基本②（三八九ページ参照）を位置づけた。

月を題材とした歌や詩も取り上げた。これを読むことによって、入門期の複数教材から、単元をさらに内容的に深めようとした。また、好きな詩歌を暗唱させ、生涯の言語文化につながっていく種蒔をしたいと考えた。この活動は、入門期から使っている、「ひばり」とも繋がり、その後のアンソロジー作りの土台ともなっている。

いろいろな月が出てくる作品を集める活動では、図書館利用と結んだ。生涯学習の立場から、資料を求めていく態度は重要な意味をもっているが、本校では、学校図書館の充実は難しく、一部児童が、市立図書館を利用す

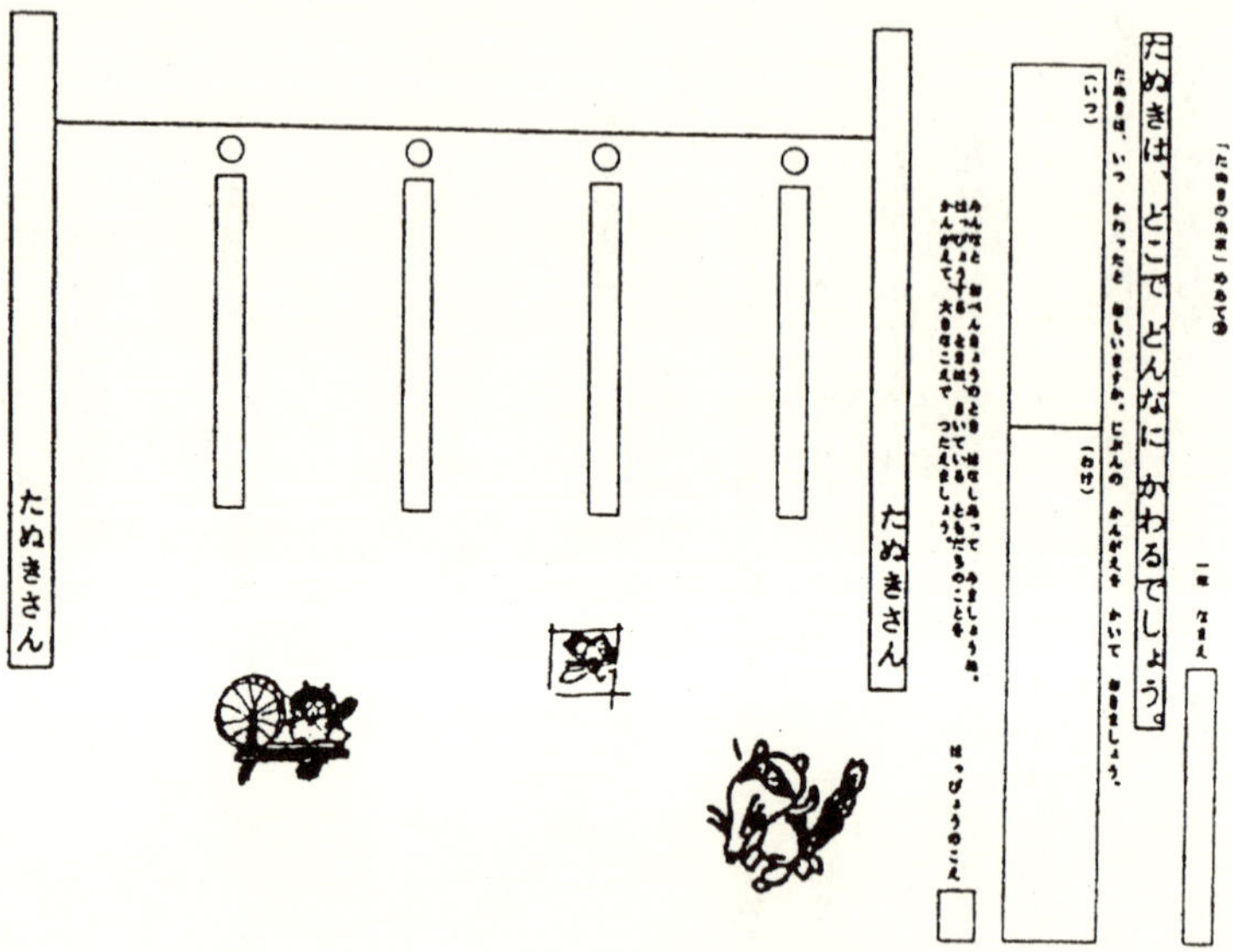

るに止まった。指導者の準備した絵本を利用し、読んだ本の登場人物やあらすじ・月の様子などを簡単にメモする力をつけることはできたが、一人ひとりに違った教材をと意識し過ぎたため、好きな本に集中させることができなかった。

たぬきは、どこで どんなに かわるでしょう。
たぬきさん
たぬきさん

(2)　中心教材の学習

「主体的に生き生きと学ぶ」という研修主題と、課題を児童の読みの中に見い出すという二点から、授業は、一年生なりの課題解決学習の形式をとった。本学級では、次の三つの課題が生まれた。

①　たぬきがどうしていたずらをしたか。
②　たぬきがどんなにかわったか。
③　きれいなところをよもう。

それぞれの課題解決を、教材のことばを拠り処としながら進めた。一年生では課題に固執することなく、作品の流れに沿い浸る形をとり、活動の中でそれぞれの能力を習得させることをねらいとした。

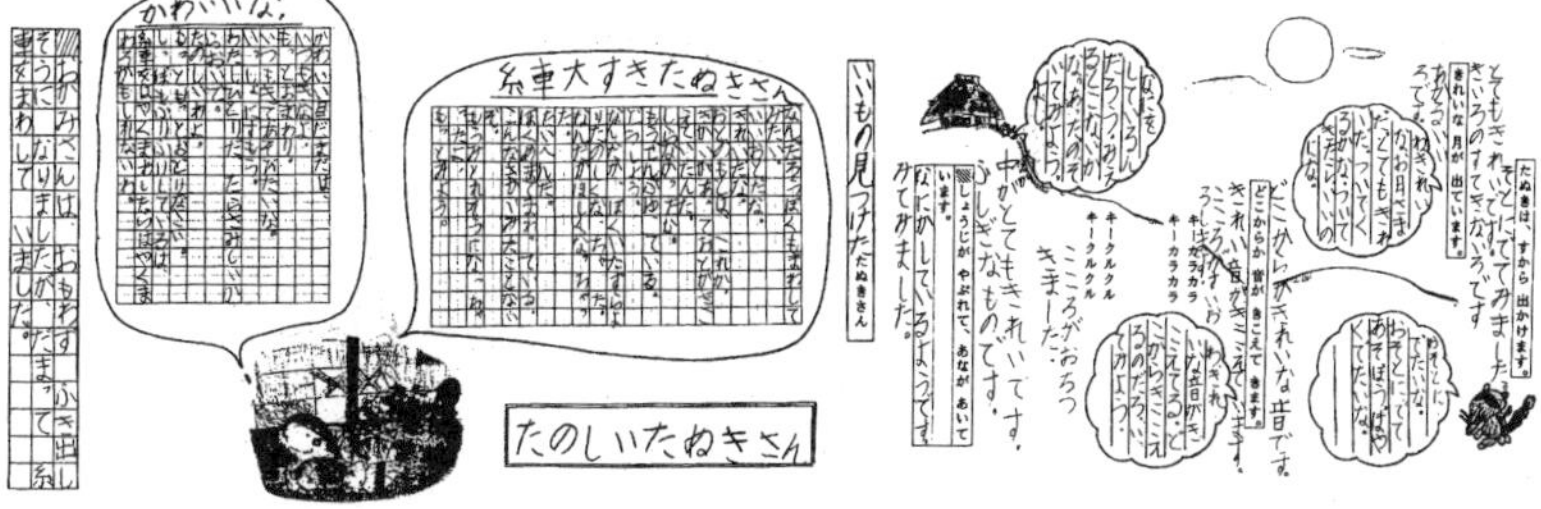

①糸車との出会い

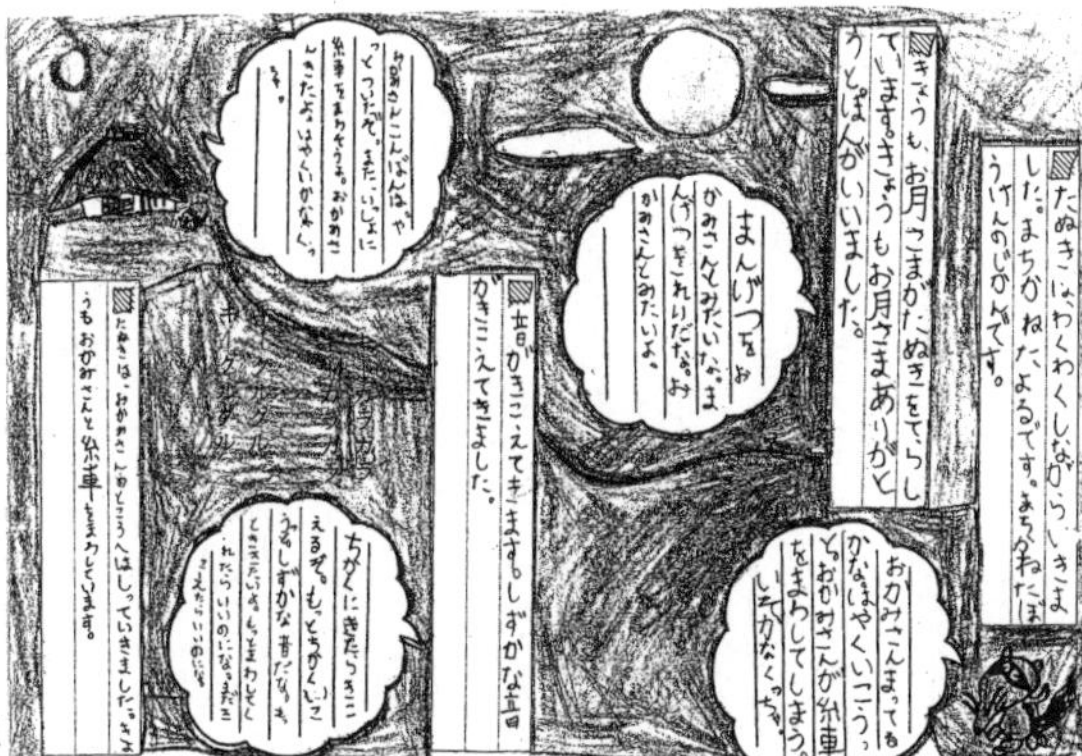

②繰り返される喜び

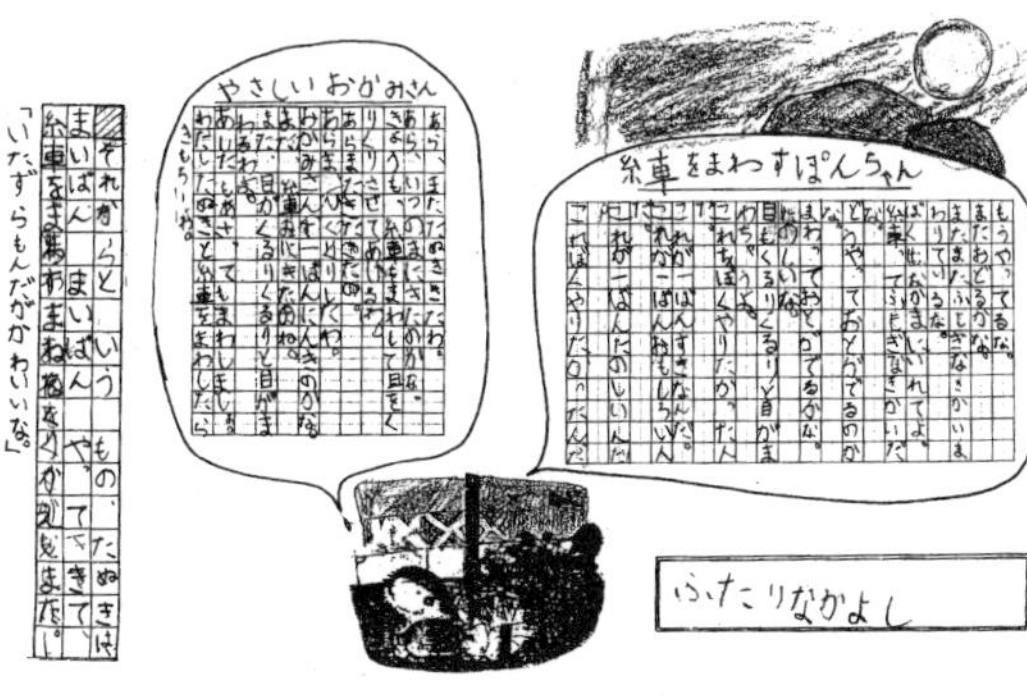

③突然の別れ
たぬきのがっかり日記

たぬきは、こやにやってきました。
いつものように、そっと中をのぞきました。ところがだれもいません。
たぬきは、「おかみさん、どこなの。でてきてよ。」
と、大ごえでいいました。けれども、だれもこたえてくれません。
たぬきは、また、ひとりぼっちになったとおもいました。
「さみしいなあ。また、もとのひとりぼっちかあ。」
そとは、つめたいふゆです。たぬきは、がっかりしてしまいました。

おかみさんが、いなくてがっかり　たぬきさん

(3)　育てた書くことの力

各自の感想を忘れないために書くという目的意識で、思ったことを見つけさせた。感想を書く活動は、億劫ではない児童が育っている。児童の意識が、どれくらい長く作文することができる自分に成長したかにあり、これまでの評価が目標化しているからである。一年生の学習到達は、目標へのおおらかな固執によって成立している。

掲載した資料は、児童が、課題解決の中で付けていった表現の力である。心情表現と情景描写に関心を向け、繰り返しの中で力を付け、表現を楽しませることをめざした。

①は、研究授業で使ったものである。一つの場面にたぬきの視点を導入することで四つの動きに分け、各自が好きな場面を選び、吹き出しで心情表現をした後、総合させた。②は、その後、毎晩繰り返される状況を各自の想像で表現し、心情と情景の描写を楽しんだものである。繰り返すことで児童は力をつけ、創意工夫や意欲が生成されている。③は、冬のある日、樵の夫婦が村に下りた直後の情景である。④は冬の間のたぬきの心情と情景を想像して表現したものである。蓄えられた力が量としてあるいは負担が慣れとして学習を楽しくしている。一山越した喜びもまた学習者にとって大切なものである。⑤では、春になって帰ってきたおかみさんを見た後のたぬきの様子が綴られてい

④寂しさを支える思い出

ゆきは山にどんどんつもってきました。たぬきはえさとにはぜんぜんでませんでした。たぬきはたべものはぜんぜんありません。たぬきはごゆずっとそとにはでませんたぬきはさおいえとをしょうじのあながらみました。みたらそとはゆきだらけです。からだしゅうこちんこちんです。

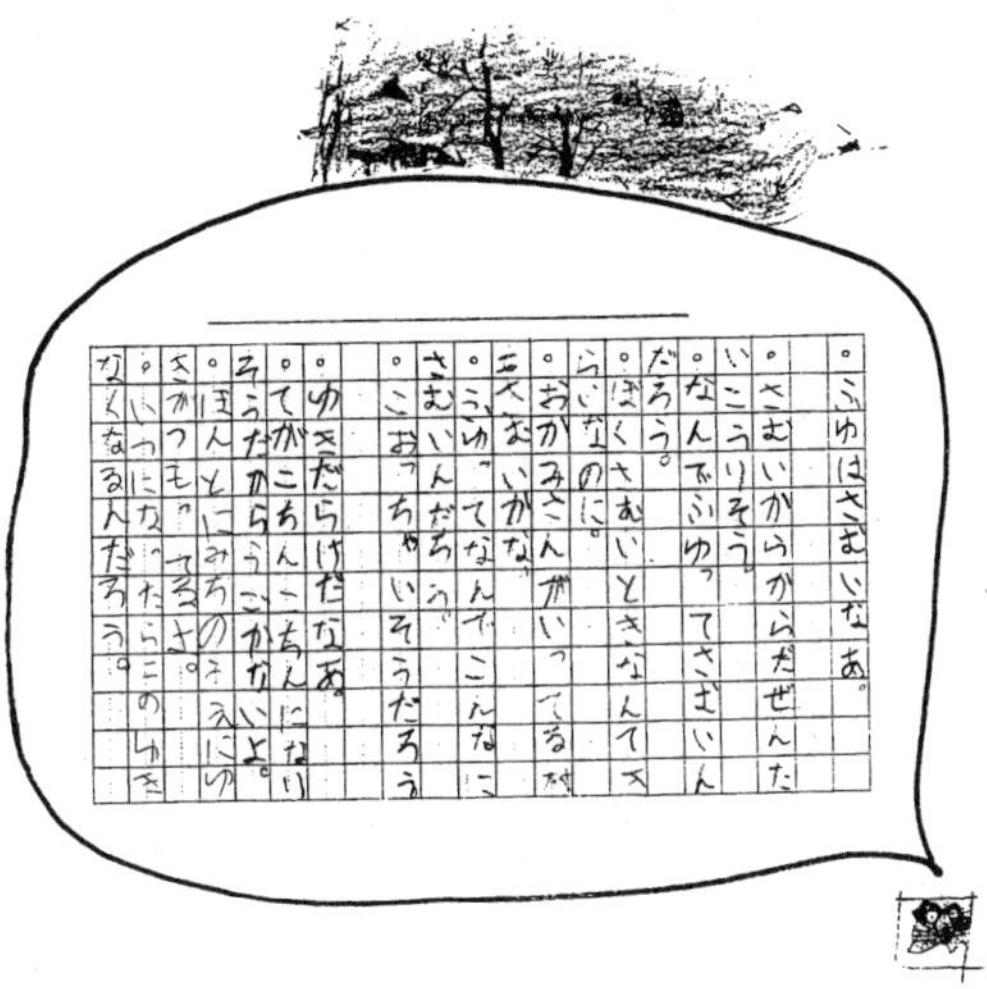

たぬきは、まどからきれいなお月さまがでてるかみます。お月さまは、たぬきをてらしています。お月さまは、まもってくれています。ただぬきは、おかみさんをおもいましたがら、お月さまをみていました。ねきは、お月さまのなかに、おかみさんがいたらいいなとおもいました。

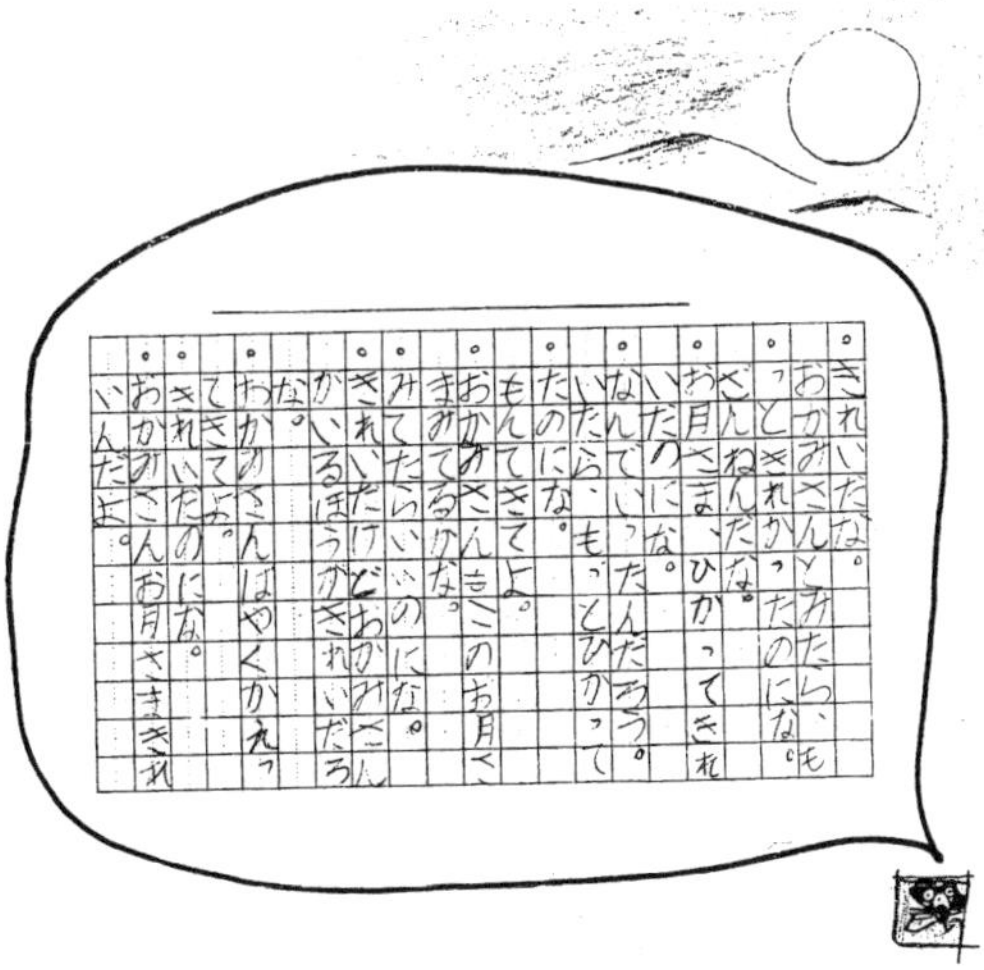

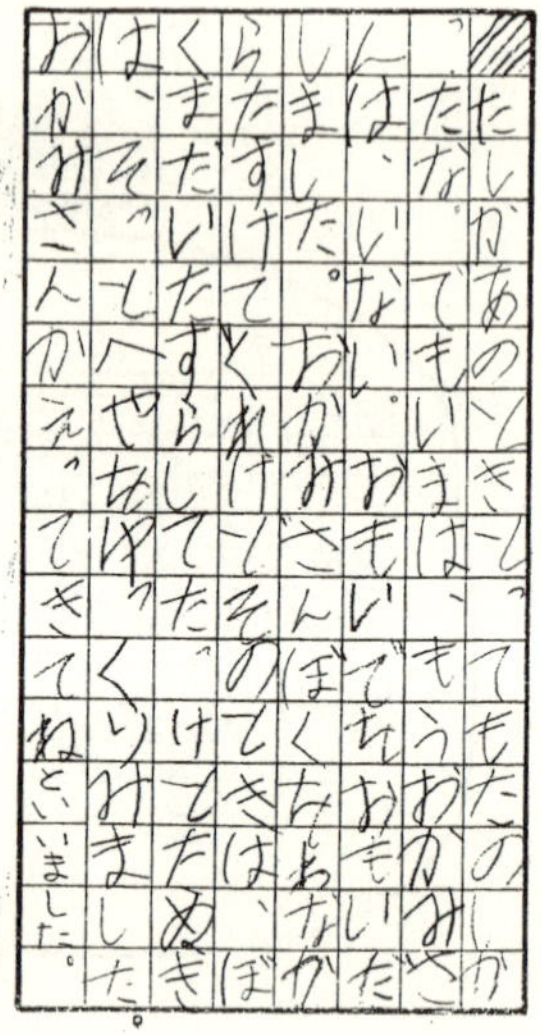

たしかあのとき、ってもたのしかったな。でもいまは、もうおかみさんは、いない。おもいでもおもいだしました。おかみさんぼくなおなからたすけてくれけどそのてきは、ぼくまたいたずらしてたっけてたぬきは、そっとへやをゆっくりみました。おかみさんかえってきてねと、いいました。

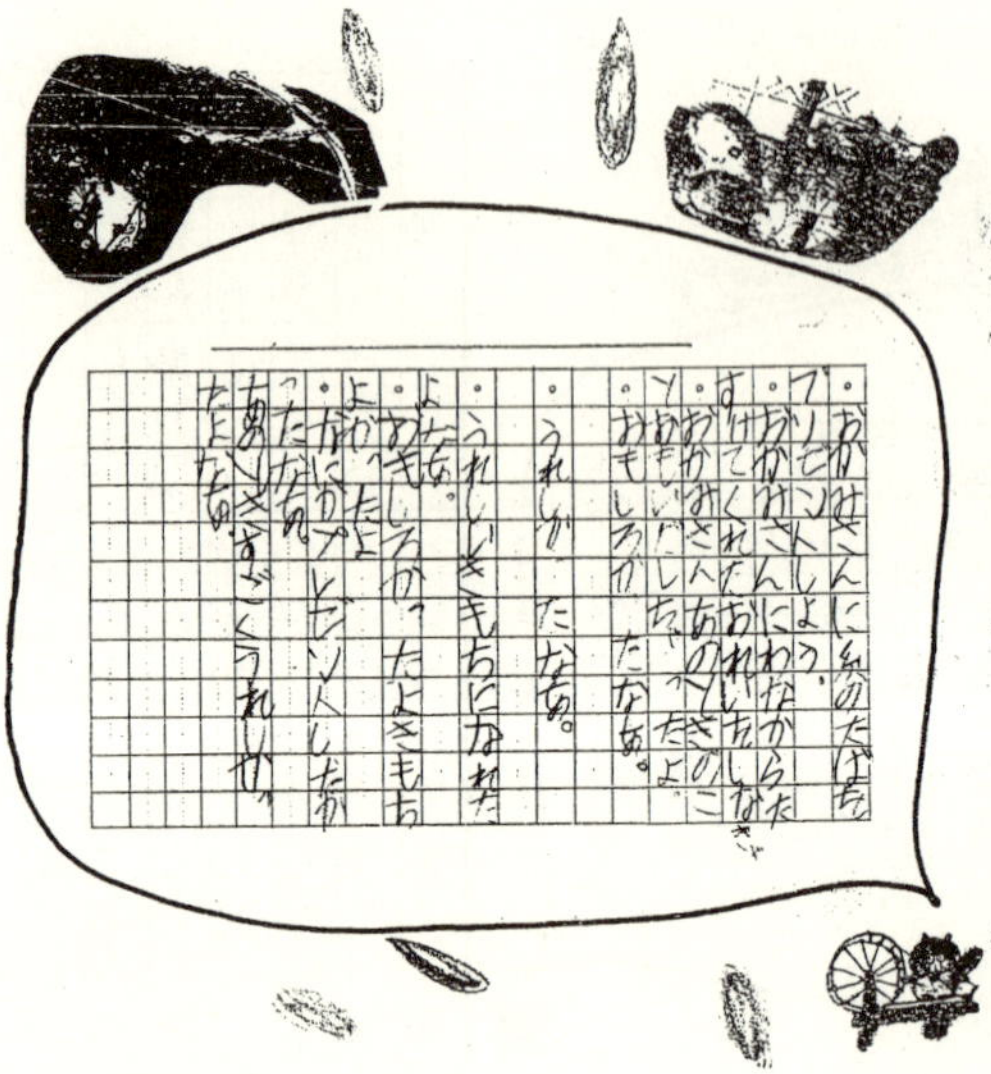

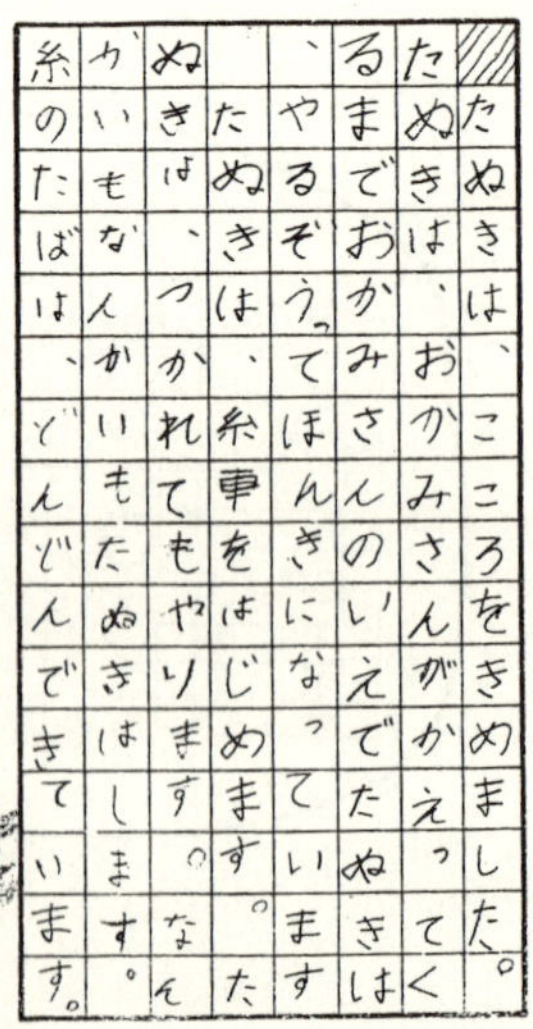

たぬきは、こころをきめました。たぬきは、おかみさんがかえってくるまでおかみさんのいえでたぬきは、やるぞうってほんきになっています。たぬきは、糸車をはじめます。たぬきは、つかれてもやります。なんかいもなんかいもたぬきはします。糸のたばは、どんどんできています。

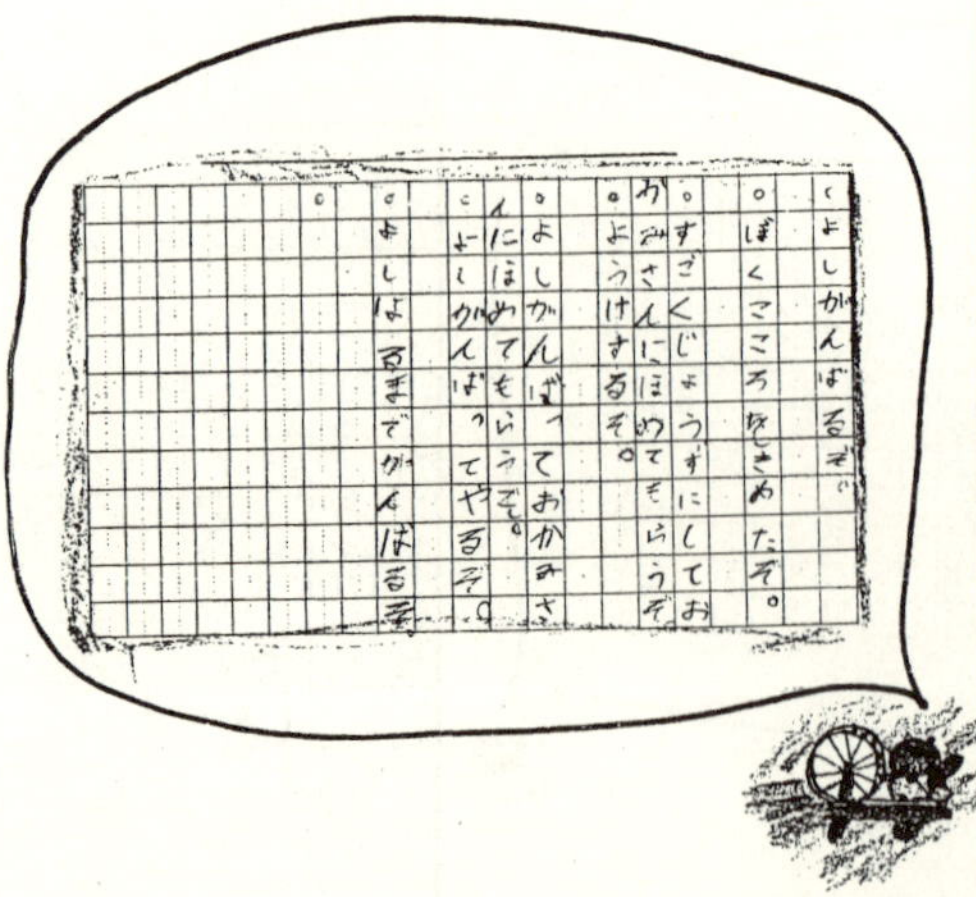

⑤喜びの時

ふとそとをのぞくとふたりのひとのひとか
げがみえました。ち。んとみるとなんとおか
みさんでした。それでたぬきは、おかみさんと
よんでしまいました。そこでたぬきはくちを
おさえました。そしてたぬきはおかみさんを
びっくりさせようとおもいました。たぬきは、
「じゃあ、はやくよういしなきゃ」
とじゅんびをはじめました。するとたぬきは
しんぞうがドキドキしました。しばらくして
たぬきは、

「おかみさんがはいってきた。」

といいました。するとおかみさんはまきかけ
てある糸車をみてびっくりしました。

おかみさんはやがて土間でごはんをたきは
じめました。するとたぬきは、

「このあいだだ。よし」

といいました。

ふりむいたおかみさんはびっくりしました。

おかみさんは、

「あのたぬきはえらいね。」

といいました。
そうさくとたぬきはうれしくなりました。な
そしてぴょんぴょんはねました。それにかお
もにっこりになりました。するとたぬきはま
た糸車をまわしたいきもちになりました。た
ぬきは糸車をまわしたらまたほめてくれると
おもって糸車をまわしてみたいとおもいまし
た。するとたぬきはほめられたからすごくす
ごくうれしいきもちでかえっていきました。
そしてたぬきはほめられたことをいつまで

もいつまでもおぼえていながらねむりました。
たぬきはいいいちにちとおもっていました。
それでたぬきはすでゆ、くりねむりました。
たぬきはたのしいよろだとじぶんのこころで
おもっていました。たのしいよろでした。

る。心情や状況が詳しく綴られ、形式からの指導とは違った豊かさが見られる。読み取ったことを表現しているからである。

また、途中で日記形式への興味をもったものが四名いたが、後で自由に書かせようと考え、その時点では児童の要望には答えなかった。授業後、日記を書くよう勧めたが興味はそこまでは持続していなかった。学習の中に組み入れていたなら、基礎経験をしながらも常に複線型の学習の可能性を探ることができたはずである。指導者の思慮の足りないところであった。

文章表現されたものを時間があるものは「見直し・字直し」をし、音声表現するわけである。ことばを意味のまとまりとしてみる指導と、息のつなぎ方やかたまりのイメージの体得によってその活動はますます主体的なものになっていく。

教材への関心（課題）→読み取り→文字表現→音声表現、本単元では、この過程をたどりながら、理解（読み・聞く）と表現（書く・話す）の力を蓄えることをめざしたわけであるが、ここでは、書くことの力に関してのみ取り上げた。

おわりに

以上、単元「たぬきの糸車」の学習における書く能力の育成について述べた。ともすれば未熟に見える一年生ではあるが、一年生としての思考過程を確かにもって学習を繰り返し、創意と工夫に繋いでいるということができる。そして、各児童がどのような活動目標をもつかが、一人ひとりが学習に集中する土台となっている。指導者側からいえば、各自の今の目標をどのように把握させ、それに向かわせるかが、重要な課題である。このことは、また、児童を優劣の彼方におくことに繋がっていくと考えられる。

指導者として、国語の力を総合的に学習計画の中に位置づけ、学習を通して児童の生きた力としていくことは、今の私にとっては至難の技である。しかし、ことばを通しての人間形成への道は、指導者のいきわたった識見、いいかえれば、国語科教育の全体像の把握とともに、児童から学び、指導方法として児童に返していく力量の錬磨しかないと、あらためて気づかせられている。

六　想像する力を確かに育てる読みの指導を

（一）長期的な見通しに立つ体系的・系統的な学習構想

学習者に視点を据え、学習と読書生活・言語に対する自覚・言語文化の享受と創造を絡ませた国語科学習を求めてきた。単元で学習者の意欲・関心及び問題意識にもとづく学習課題の設定をし、その課題解決の過程では四つの言語活動を有機的に関連させ、国語学力の習得をめざした。さらに、指導者側が国語学力の系統と学習者の能力の把握を確かにしつつ、単元を螺旋的に重ねることによって、学習者の意欲を損なわない国語科学習の構築をめざしてきた。

A　アンソロジーの土台づくり
B　学習と生活からの「ことば辞典」づくり
C　中心となる学習
D　基本的なドリル学習

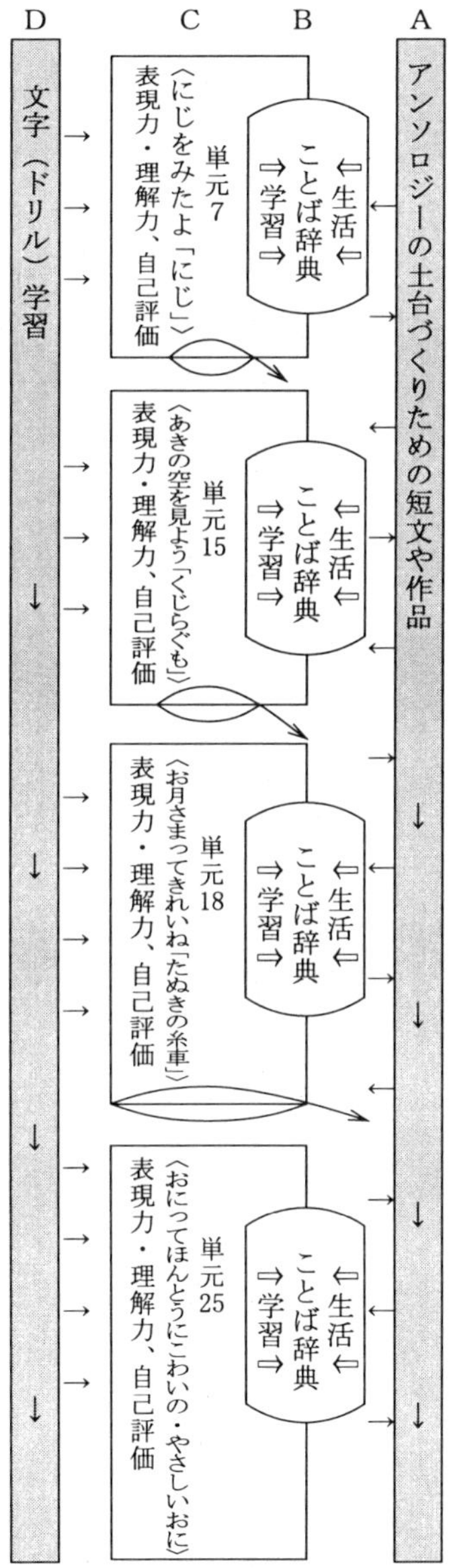

四本の柱を立てて、一年生における国語科学習を構築している。それを図式化すると右のようになる。

加えて、「準達成」を「達成」とすることにより、個性差に添った緩やかで確かな学習を目指すことができる。

本稿では、単元〈お月さまってきれいね「たぬきの糸車」〉において、絵本を完成させるという目標のもとに、秋と冬の発展的な二場面で、たぬきの心情や様子を想像する学習の実践報告の中から、考察部分を取り上げる。

（二）学習者の想像をより豊かなものに

――視点を発見し、発表し合い、書き表す――

たぬきの心情やおかれた状況を想像する文学的な読みを体験する中で、表現と理解における基礎・基本の力が身に付くように学習を仕組んだ。

学習（3）（4）（九二・九三ページ参照）における想像の世界

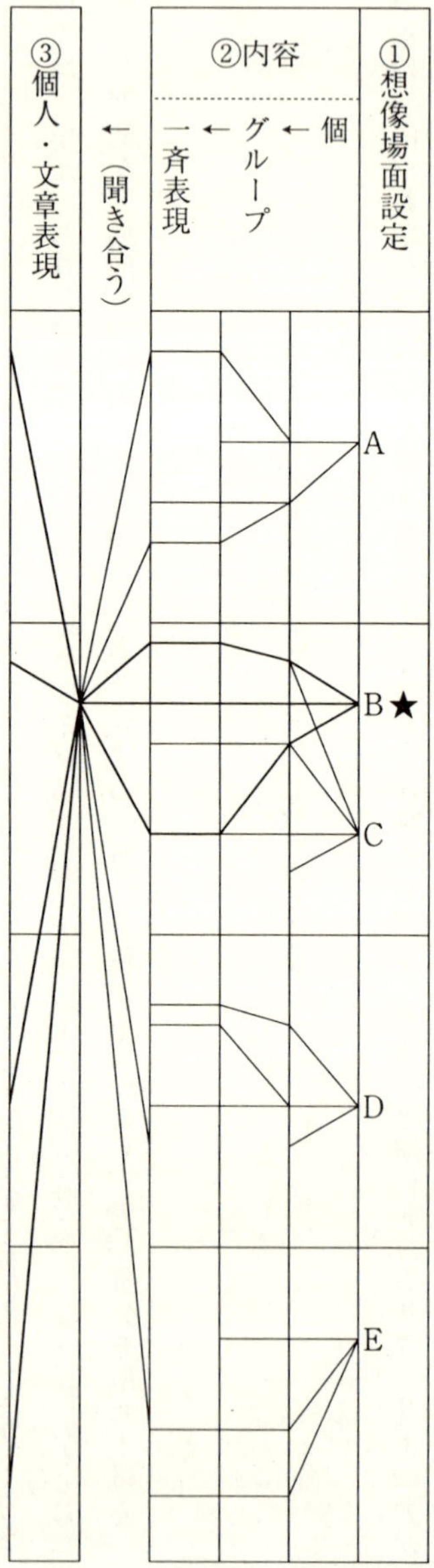

皆で視点を見い出し、選んだ視点でまず自分が想像し、友達と寄せ合い、学習財でさらに広げ、絵本に表現する二場面を通して、吹き出しから会話文混じりの文章を書く力にまで高めることをねらいとした。秋の場面が想像の視点を見い出す学習経験となり、冬の場面では、視点を見い出し各自の好きな所を分担し、イメージを広げ、つないで読み合い、さらに、自分なりの文章表現をさせた。収束・拡散の繰り返しの中で、想像の世界は右図のように広がる。

①で想像場面を設定することが、最終的には、順序を考えることを意識させ、③の個人表現に影響を与える。想像する内容は、グループ学習や学習財によって豊かになるが一斉表現では好きな表現を選択するため量的には減る。ただ、③で絵本として個人表現する場面では、①の想像場面設定から一斉表現に向かう過程で得た情景描写文に支えられて、再度広がる。

（三）学習者の想像力を確かなものに

響き合う学習で作業の成就や学習への自信を身に付けさせる一方で、自力解決の力を育てることが必要である。
学習者の絵本への文章表現力の習得状況からは、吹き出しから会話文混じりの心情・情景描写力までの発達の幅を捉えることができ、私自身の支援の在り方に示唆を受けた。

これまで、学習者が生き生きと想像していることと能力を獲得し得ているかどうかに私の関心があったが、本研究で、能力には、獲得への「兆し」から次の能力の「転移」までの幅があり、学習によって発達を重ねていることが理解できた。今後、学習活動を充実させるための研究の一方で、学習活動の裏側にある思考力の発達を具体的に捉え、思考力に裏打ちされた「想像力」を把握する必要がある。指導者として国語学力の把握をゆるぎないものにし、豊かな教材を使って個々の学習者の実態に添い、聞き合う学習を構築することができれば、そこにくりひろげられる学習は、学ぶことの喜びに一歩近づくことができる。

V　読むことの学習指導のために

一　学習指導を見い出す土台

（一）読書生活指導を志向して

野地潤家氏は、読書行為を成り立たせる機能から読みの指導を、次の三過程においている。

1　課題読みの指導過程――読書の基本機能に即する指導過程
（1）課題の提示、あるいは発見
（2）文章（作品）への接近
（3）課題にもとづく精読
（4）精読をもとにしての討議
（5）課題の解決、あるいはまとめ

2　自由読みの指導過程――読書の中核機能に即する指導過程
（1）読物（資料）の選択、あるいは発見
（2）文章（作品）への接近
（3）問題・知識・情報などの発見

（4）発見しえたものの深化・拡充
（5）自由読みの結果の報告・発表
3　個性読みの指導過程——読書の仕上げ機能に即する指導過程
（1）読み手各自の読書生活の設計
（2）読み手各自の読書行為の展開
（3）読み手各自の読書行為の省察
（4）読み手相互の読書成果の交換
（5）読み手相互の読書生活の向上

（『個性読みの探究』　昭和五三年一一月一〇日　共文社　34・35・36ページ）

この視点に学び、読解指導における受動的な読みから、自発的な読みに向かって指導を深めるところに、学校図書館の利用指導を位置づけたい。また、その充実がさらに自在な個性読みを育てることをめざして、読みの指導を工夫したい。

野地潤家氏が、個性読みを育てていく方法（1）としてあげている「読み手として、たえず自己に忠実であり、正直であること。」の項目は、課題読みの指導過程1で育てることができる（注1）。

また、

（5）読み手として、書き手として、話し手として、聞き手として、みずからの言語生活への省察を鋭くし、その向上に意欲的であること。

（7）読み手として、数多くの書物（著者・作者）との出会い・つきあいを通して、みずからの人格形成をはかっていくようにすること。

は、読書生活を振り返り、自己評価や読書の効用について思索を加える場を設けて、読むことを言語生活や人格形成に深く係わらせることを心がけたい。

以下、広島市立小学校「図書館利用指導計画」（試案）を土台に、大村はま氏の「読書人の基礎能力を養うために」（『大村はま国語教室　第七巻』　一九八四年六月三〇日　筑摩書房）、野地潤家氏の『個性読みの探究』、三重県朝陽中学校「利用指導計画案」を参考に、学校図書館の利用計画を次のように作成した。

領域	＼学年	6年	5年	4年	3年	2年	1年
しくみと扱い	図書館の概要	いろいろな図書館の利用	しくみと働き求める本のあり場	目的をもった利用	図書館のきまり	図書館や学級文庫の利用	仲良く楽しく利用
	資料の物理的構成		本の作りを知る簡単な修理・製本			本を大切に扱う	本を正しく扱う
	利用上の心得					よい読書の姿勢・態度	使い方の約束を守る
分類と目録	分類と配列		百区分の大略・請求記号を知る	百区分で本を探すどんな本があるか	10区分で本を探す	簡単な分類を知る	いろいろな本の存在
	目録の利用		目録の種類や機能の理解	書名目録・件名目録の利用			
	目次・索引などの利用	序文・目次・索引などの活用		索引を利用して読むこと		目次を利用して読むこと	
図書資料の利用	百科事典の利用		百科事典の特色と利用法	辞典・事典類の種類と利用法			
	年鑑類の利用	参考図書を総合的に利用する	年鑑・統計類の特色と利用法				教室の学習を読書生活に結ぶ
	図鑑類の利用			図鑑を学習に活用する	図鑑の利用になれる	やさしい図鑑に興味をもつ	

図書以外の利用指導	雑誌・新聞の利用	図書以外の資料を積極的に利用する		新聞の読み方や利用法を知る	雑誌などを利用する	多くの図書を主題に沿って集める	聞く・見る・読む中で考える態度
	インフォメーション・ファイルの利用		ファイル資料を利用する	切り抜き資料を利用する	絵はがきや写真を集め、活用する	経験を記録する	
	視聴覚資料の利用		VTRの特性と利用法を知る		OHPの特性と利用法を知る	テープレコーダーの特性を知り利用	
読書法	読書法	要約しながら読む必要箇所の抜粋	主題を考えて読む	摘読をする	分類を考えて読む	終わりまで読む速読をする	好きなところを見つける・読み声
	読み方	目的と材料に応じた読み	主題読み・系列読み・批判読み	捜し読み・走り読み	いろいろな読み方があることを知る	読むことの継続と集積	本によって学ぶことに気づく
	読書中の処理	触発・発芽法	批評読み				視写・書き抜き
	読後の整理	研究ノート	生活の中での情報処理が可能になる	記録の整理とそれを生かす工夫	読書記録のとり方	まとめ書き、感想	メモ
読後の処理	書目作り	自己の関心事を生活の中で意識する	計画的な研究をするための書目作り	聞く・読む・見る総合的情報の処理	書目の作り方を知る	考える生活をめざした生活記録	成長の意味把握
	研究ノートのとり方	研究の個性化・多様化と情報交換	研究ノートの整理カードの整理法	生活の中での研究ノートの充実	研究ノートに調べたことを書く		
	発表法	効果的な資料利用よくわかる発表（音声言語教育）	作者・主題に目をむけた読書情報自己の読書記録	読み方・資料収集の多様化をめざす発表	よい本の紹介・読みたい書名の自覚グループ発表	記録の量に目を向けた報告	自己の興味・関心を中心として話す・読むによる発表

さらに、大村はま氏は、「読書人の基礎能力を養うために」の中で、新しい読書指導の必要性を解いている。大村はま氏は、「読書人」の意味を、「本を使って生きていく人」と解釈を加え、「本」のもつ内容の広がりも定位しながら、「ほんとうに、本を生きていくための必需品として使いこなしていく力」を育てる提案をしている。

具体的には、
○目的により、「このことは、本によって……」と本を使うことに気づく。
○どんな本があるかを知る（まだ出ていない本までも）。
○その本がどこにあるか、どうしたら手にできるかを知る。
○本を選ぶ。
○読み方を選ぶ。
○さらに、ほしい本、望みの本が生まれてくるようにする。

の六点があげられている。本によって知り学ぶ生活は、直接に見る・聞く・行なうの自己経験や間接的に他者から聞く生活に止まらない、時と場所を越えて思索する人間形成に有用であり、創造的な生活態度を生む土台となる。また、本と出会う方法を知り、本を選ぶことを学校図書館の枠の中に閉じ込めないことも指導者として心すべきことであったと気づかせられる。本の読み方を選ぶことも、精読に偏りやすい授業、放任に終わりやすい読書と極端な指導をとりがちな実践に、一つの示唆を与えてくれる。さらに、読みたい本を絶えず意識づけさせる指導は、人間の向上心として、生活への反省、工夫を自然のうちに重ねさせることになる。

さまざまに提起された大村実践の中で、この、「本を使って生きていく人」の小学校段階での実践化から、学びはじめたいと考えている。

また、読むことの授業と図書館の利用指導と読書生活を、実践の中で有機的につなぎながら、読むことの生活が、よき人生、人間形成に関与し、さらに、よき社会形成・文化形成にむかう教育の機能が有効に果たせるように、指導の工夫を重ねていきたい。学校図書館の利用指導を孤立させないで、学習の流れに位置づけ、生活化をめざすことが重要である。また、読書生活の指導は、学習者への指導でありながら、指導者自らの自己修養によって成り立つ世界である。よき人間形成・社会形成・文化形成につながる読書生活の確立を自らの中に求めていきたい。

修士論文第一章では、言語観を確立することの重要性を、同論文第二章では、読むことの指導が広がりをもった国語科の授業構想のもとに成り立っている必要性があることを学んだ。自己の授業そのものを充実させる方向を同第三章（本書I参照）では探ったが、それは、同時に読書生活として人間形成へ関与していくものでなければならない。ここに提示した読書生活指導の系列は十分なものではないが、今後充実させていく土台として、また、私の現在の実態として定位したい。

今、私にとって、読むことの指導は、自己確立のための情報の収集・整理、そして、思索・検討として位置づいている。話し・書くといった表現活動と深く結びつきながら、読むことは、さらに高いものへと発展していくと考えている。ことばと人間を遊離させないで、その人間がことばを受け取り、自己内部で反芻し、ことばを返している。読むことの指導のどのような方法も、この言語観によって基礎づけられている。

野地潤家氏が、「言語観をどのようにもつべきか」で提示した、「自他の営む国語教育の実践について、一つのまとまった確信をもち、そこを拠点として、国語教育を推進していくこと」という国語教育観を根底としつつ、「国語教育そのものの根源・拠点となるべきもの、また、国語教育そのものの教育科学的研究を通して、国語教育学へと志向」していくことに、心しながら実践を高めていきたい。

（二）ことばで思索する生活をめざして

見聞きした経験を思索の対象として取り上げ、ことばの生活を通して人間形成、社会形成を位置づけている先

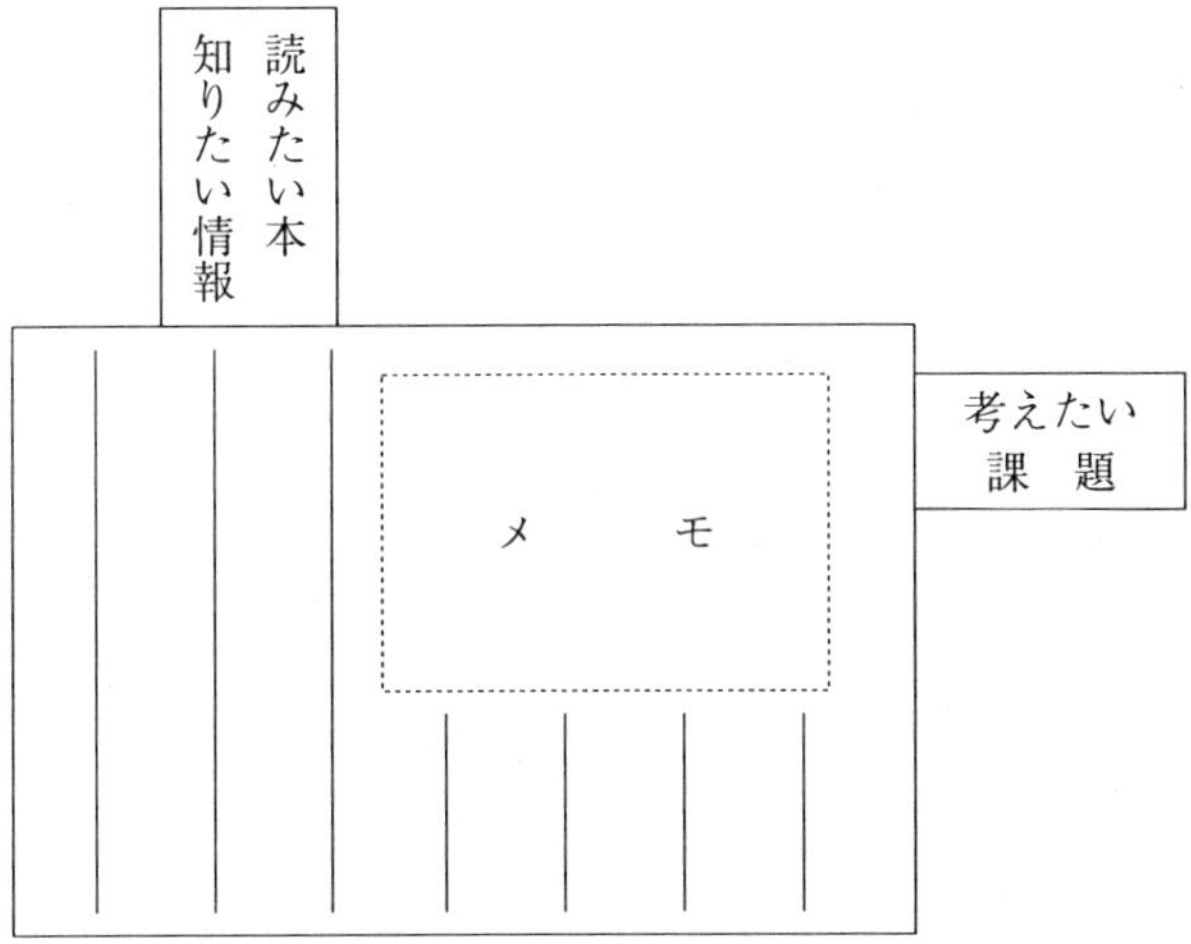

達として、西尾実、古田拡、大村はま、野地潤家などの各氏を上げることができる。より豊かな人間として充実していくことが、民主的で平等な社会を作ることである時、裏表のない生活が、貴いものとなる。

　ことばの生活を、自己や他者や社会や文化について深く認識していくものとして位置づけられる教育を実現したい。そのために、自己の直接経験を反省し、他者の経験に間接的に学び、読書生活により広く、時と場所を越えた情報を求め、それらを整理し、自己の認識を高める日々を、読むことの学習の延長線上に位置づけたい。それは、読むことを思索の材料の頂点として、理解の分野に位置づけることである。理解と表現は、表裏のものであり、どちらかが先行するものではない。そのことをわきまえた上で、読むことを、大きくは、理解の分野と捉えたい。理解は自己表出ともつながる。話し・書く活動をも常に、思索の中の一つの柱としながら、国語科学習を充実させていきたい。

　ここに、読書生活指導とならんで、ことばで思索する生活の指導を定位しておきたい。生活の中で、気づきをメモしたり、読書生活やコミュニケーションの中で学んだことを思索の材料としたり、さらに、欲しい情報や、考えたい課題を見い出すことのできる学習者を育てていきたい。

　そうすることによってはじめて、西尾氏のいう文種に捉われる以前の通じ合い、理解のし合いが、成立する。

相手は、現実の人間であり、時には、筆者でもある。より正確な通じ合いへの努力として、読む活動が位置づく時、ことばによる人間認識・社会認識は、より深く育てられる。

自分の経験から考えたこと、他者とのコミュニケーションから考えさせられたこと、読書の中で心に止まったことなどを、メモをもとに、整理し、自己の思索のファイルを作るように指導していきたい。

その過程で見い出した新しい情報探しへの意欲や、課題を大切に育てながら、研究ノートの指導を加え、探究的な生活態度を養っていきたい。

その情報交換の場も確保して、主体的な生活態度や、他者の考えを謙虚に聞き、自己に生かしていく姿勢を作りたい。やがては、それが、西尾実氏のいう共同研究の精神の土台となることをめざしたい。

自己への固執でない、開かれた探究心を、育てていきたい。

これらの生活は、最終的には、読書態度の充実として、読書生活に返っていくと考えられる。

(三) 人間形成に向かう読むことの学習

修士論文では、読むことの指導のあり方を、戦後の国語教育実践と研究に学ぶことによって明らかにしたいと考え、取り組んだ。そこで、まず、西尾実氏の言語観を拠点として位置づけた。その実践は、多様であり、自己にとって定めがたい一面をもっていた。その中で、大衆に目を向けて人間・社会・文化形成をめざす西尾実氏の国語教育の探究は、公教育においてめざされるべき多くの示唆を提示している。

ここで、私が学んだ一番大きなものは、言語観にはじまる言語自覚の視点である。国語を学ぶことを、人間としていかに生きるかという教育の根本問題と一体とする実践に、一本の筋を得た思いである。

また、西尾実氏を基底において国語科教育をみる時、その流れは、野地潤家氏の国語教育学の原理探究の中に、発展的に位置づいていると考えられる。実践の場においては、なすべきことに追いかけられて、国語科の目標が見えにくい時がある。また、理論と実践とのズレに苦しむ時もある。足元を確かに固めながら、国語による国語のための教育を確かに求めていくことは容易ではない。このことを今の私に可能とさせるものは、野地潤家氏の個体史の考え方と言語自覚に土台をおいた話しことば教育を充実させるという提示である。

読むことの指導に視点をおいて考えをすすめていく時、読むことが、つねに、自己の認識力・思考力・創造力と強く係わって確かなものとなり、それは、発することばによって証されると据える考え方をとっていきたい。その上に立った、さまざまな工夫は、その拠点の確かさによって、学習者に生きたものとなる。芦田恵之助氏の実践、大村はま氏の創意と工夫、青木幹勇氏の提案、それぞれに、指導者の実践理論が息づいている。

私にとっては、低学年における自己認識を学習の土台に位置づけることから、文学の享受、そして、創造的に自己の生を切り開いていくことまでの筋道が、読むことの指導における展開の段階であると考えるようになった。この具体化は、実践によって確かめ、新たに求めていこうと考えている。

今後の課題の一つは、山路兵一氏に代表される「読み方の自由教育」を学ぶことである。個々の学習者の読みを発動的なものにするための創意を、全学年の指導を通した氏の提案から学ばねばならないと考える。学習者の発動性の上に、指導者の主体的な修養に導かれた国語教育観・教材透視力・単元授業構想力・指導法・評価力などの、ひとりの指導者としての力が整って、はじめて本物の学習は生まれてくるであろう。

その二は、西尾実氏の国語教育学の全体構想と、野地潤家氏の国語教育学史の上に構築した国語教育実践への数々の提案を重ねながら、国語教育のあるべき姿を自己の実践の中に求めていくことである。国語教育学の歴史に謙虚に学び、踏襲していくことは、ことばの命を教育の中で伝えていくことができる力につながる。

その三は、今、自己が見い出した方向を実践的に深めていくことである。実践を計画的に行ない、実践から生まれるものを理論に重ねていきたい。

言語自覚につながる言語生活への関心を誘いながら、それを地盤として、中心テーマに向かって思索を重ねていく読むことの学習を積み重ね、そこに実現される民主的な人間形成をめざしたい。一回きりの人生を思索的に、しかも、創造的に生きる人間は、ともに生きる人間を大切にし、歴史が残していくべき遺産を見い出していくと信じる。

授業構想として、先に取り上げ得たのは、「たんぽぽのちえ」を中心とした植物への認識の系統と、「ちいちゃんのかげおくり」を中心とした戦いと人間に関する思索の系統の二点であるが（本書Ｉ－三参照）、ここでは、動物と郷土の系列について述べておきたい。

動物に関する思索では、低学年で、厳しい自然と戦う、かわいく逞しい動物たちを取り上げる。中学年では、動物の習性としての群れと渡りに関心を向け、また、動物の子別れや死所を求める姿に、自然の中で生きることの意味を問いかけ、人間の生活と対比しながら、命の定めに対する関心の種を心に植えつけたい。それはまた、芦田恵之助氏や野地潤家氏の四年生での自覚を取り扱う他領域と呼応させながら、生きることと真正面から取り組む経験をさせることになる。高学年では、動物たちの意外さを否定的な視点からも据え、文化をもつことの意味とも絡めて、人間性が所有すべき動物としての一面について思索させたい。性教育とも関連づけながら、生きることを見つめさせたい。自然との調和に生きる人々の姿にも学び、野生味の意味も問いかけてみたい。それらは、どう答えるかではなく、自己は今どう考えているかを問いかけ、それへの関心を持続させることをめざしている。他の視点と同様に、責任ある生き方を主体の名において創造していくために、生活と結んで感じる姿勢を育てたいと考えている。それらは、やがて、命の厳しさとして、本来の共存の姿を発見していくであろう。

郷土への関心は、原田一美氏の著作や生き方にライトを当てて、人間が生き合うことの意義を見い出す方向に求めようとしている。低学年では、昔話の読み聞かせから入り、徳島の民話や昔話を集める活動を計画している。聞き語りや創作への関心を育てながら、原田氏の「銅鹿の目が燃えた」、「似たりのガマ」を挿入したい。三年生教材「つり橋わたれ」と並行して、『風雲祖谷のかずら橋』を読み聞かせる。この頃、郷土の作家として氏を紹介すると、学習者の関心を育てることができる。よい本をもつ運動と重ねて、同一作家の作品に関心を誘うと、読書量は増加し、読書範囲が広がる。氏が教育者であったことも、学習者を喜ばせる。氏から教わった、子どものもつ発見し創造する力の話は、先の「自己に目覚める」と響き合って、教師から目が離れて、間違えば陰険になる子どもの世界を明るさに導く。集団が自然に放置されれば、指導者に見えない部分で力による秩序が確立しやすい中学年は、一人ひとりを人間に向かわせなければ、真剣さが本音と建前の二重構造を生むことがある。そのことを踏まえて、自己の系統と関連づけながら、人間形成の地盤を作りたい。原田一美氏の人生、深く探るほど、美醜の彼方の人間味を湛えた温かさを提示していると思われる。多くを語られない氏だけに、子ども達と静かに、郷土徳島に生きることを味わってみたい。郷土に残る心を大切に生きる姿勢は、成長してこの土地を離れることがあっても、人間らしい生き方を自らに問いつづけさせるにちがいない。原田氏の著作、『ドイツさん物語』、『大統領のメダル』、『嵐の中に咲いた花』は、戦争の中でも人間性を手放さなかった郷土の実話を土台として描かれている。

また、このことは、母の姿としても発展的に据えようとしている。低学年では、感謝の心で身の回りの人々に関心をもたせたい。夢と願いを育てる母の姿を中学年では、戦禍の中の母とも重ねて慈しみの感情を経験させたい。高学年では、未熟な母がもたらす悲劇にも気づかせ、創造的に生きるとはどうあることかを思索させたい。

これらの構想はまだ未熟であり、全体構造も明らかではないが、これを土台として、確かなものにしていきたいと考えている。

国語教育の歴史を通して読むことの指導の方向を探ることは、私に、人間としてことばに意味を見い出す生き方を教えた。国語教育の深さとことばのもつ力を、学習者を通して提起でき、それが広がっていく時、民主的で文化的な社会の形成が可能になると考えている。それは、私という人間が言語生活を行的に高めていく道筋でもある。

ひとつことひとつことに対して、実践即研究の姿勢をもちつづける中で、自らを高めていきたい。

（注1）『個性読みの探究』　昭和五三年一一月一〇日　共文社　55・56ページ

二　豊かに想像する読みの学習の自立に関して

――「ちいちゃんのかげおくり」（三年生）における実践――

はじめに

昨年までの実践では、読書生活に結ぶ読みの学習・課題解決学習・場面の様子と心情の想像での教師誘導による相互交流といった形で主体的な読みの指導を行なった。一年生の発達段階を押さえたからである。本年度、三年生では、発達段階が一年から二年までという広がりの中で指導を始め、そして、進めてきた。発達差をうずめることは容易ではなく、十分な指導効果も収められていないまま、上記テーマのもとに研究授業を行なった。

西尾実先生の「鑑賞の独立」を重要視して考える時、教材とどのような形で出会ったにせよ、三年生の発達段階では、自由読みの力を身に付けさせたい。好きな形で教材と出会い、読む経験をさせたい。本単元で児童が選んだ一人読みの活動目標は、

1　詰まらずに読めるようになりたい。（4名）
2　感じを出して読み表してみたい。（5名）
3　読みながら長く感想を書きたい。（4名）
4　読みながら俳句を作ってみたい。（7名）
5　読みながら吹き出しを書いていきたい。（2名）

6　好きな場面を選んでシナリオを書いてみたい。　　　　　　　　　　（4名）

の六つであった。「ことば選びをしてじっくり読み味わいたい」や、「読みながら短歌や詩を作ってみたい」などは選ばれなかった。自己の読みを友達と交叉させ合いながら新たな読み取りや発見を重ねて、その喜びの上に、次なる共同思考に期待を寄せるようになれる時、野地潤家先生の提示される、「学級が学習軌道の発見」の場となりうると考えている。

自由読みの後の話し合いの中で学習課題を発見し、課題追求の中で多様な読みを生かした確かで豊かな読みを志向できるならば、一人ひとりの想像の読みは、同時に、創造の読みとしていくことができる。

現段階では、学習の流れの基本形を、

1　課題解決にとって必要な場面の抽出とことば選び
2　ことばの読み取りと全体のイメージの獲得
3　自己の興味部位での掘り下げと全級での交流
4　音声（今回は群読を中心とする）表現を通してのまとめ読み

として、各人が進んで学習に参加し、自己を確かに位置づける大切さ、そして、そのことがもたらす広がりの嬉しさに気づかせようとしている。

各人が想像を膨らませる場において複線型の学習活動を成り立たせたい。そのためにも、授業の中で読みのさまざまな形を身に付けさせたい。そして、さまざまな読みを結び合わせ、主体的に豊かに想像する読みの学習を成り立たせることを願って実践を重ねている。

（一）単元〈心をみつめて「ちいちゃんのかげおくり」〉設定の理由

中学年として自己の人間存在に自覚が生まれようとしている三年生に、命を感じさせることは重要な教育の課題である。日頃親しんでいる詩歌も秋の季節を歌う頃となっている。この哀しみを題材とし、一学期から捉えてきた「ともに生きる」を考えさせたいと願った。

教材「ちいちゃんのかげおくり」は、戦争の犠牲となっていくあどけない少女が描かれており、三年生の児童にとって「ちいちゃん」は、自分より小さく守りたい存在である。その視点から想像を広げていく時、戦争への思いは、心のそこからのものとすることができる。戦争への理解がまだ十分でない発達段階の児童に、一人で死んで行かねばならなかった幼子をみつめ、心のうごめきをつかまえさせたいと考え、本教材を中心教材とした。

本単元は、①学習活動の複線化を求めた読みの学習を三年生の発達段階でどう経験させ、いかに焦点化すれば、より深い想像の世界を実現させられるか。②課題解決学習を繰り返しながら、捉えたことばをどのように豊かな想像につなぐか。③音読（群読）が、それらにどう添い得るか。などの実践課題に向かう出発点として位置づけたい。

（二）単元の目標

1　秋の自然の中で詩歌と親しみ、表現・理解の活動を通して人間のもつ哀しみに気づく。
2　一人読みの後、感想を話し合う中で課題を設定し、複線型で読み表す学習の経験をする。
3　中心教材を通して、小さな命が戦争によって消えていく悲しさと憤りを文学体験する。

4　接続詞、指示語を中心に段落相互を見直したり、大切なことばを抽出したりすることができる。

（三）単元構想のあらまし

学習活動・学習者の意識の流れ	身に付けさせたい態度・力	教師の支援
第一次〈興味を育てる〉	1時間	
○遠足で戦争中の物と出会う。月の歌、秋の歌、心の哀しみの歌と出会う。 ○アンソロジーに記録する。	○心の存在に気づき、自己表現したり、古典の歌に興味をもったりする。 ・好きな歌を記録する力	○博物館の展示物から、中心教材への興味を誘う。 ○幼子のもっている寂しさ、歌人の歌う哀しさなどに触れさせ、人間存在の一基準を感得できるよう導きたい。
第二次〈いろいろな作品を集め、進んで読む〉	1時間	
○戦争の本と出会おう。集めよう。 ○好きな本を読もう。	・聞いたり読んだりする力 ・家庭や図書館で作品を集める力 ・読みたい本を選ぶ力	○テーマにそった作品集めをする中で情報収集力を身に付けさせる。

＊幼子の登場する作品を中心に、自分より小さな子どもと戦争を関わらせて、作品を読む。	○読書の中での興味や関心から読書を深めようとする態度	○本の題を紹介し、興味を育てる。
＊貫いて生きた人の話を読もう。		
○読みたい作品の読書紹介を書く。	○読みたいところを書きながら、自らの読書意欲につなぐ。	○掲示を通して、読む意欲や興味を育てる。
○小さい子達を巻き込む戦争の無残さについて感じよう。		○幼子の姿を捉えて教材への関心をもたせる。
第三次〈中心教材「ちいちゃんのかげおくり」と課題解決学習〉	10時間	
一人読み ←（1時間）	記録しながら好きな読み方で読む。吹き出し・歌作り・劇・感想文などに分かれて思ったことを書く。	○自分なりに作品との出会い方を決めて挑戦することができるように支援する。
○感想発表の中の重なりから課題を作る。　感想の発表と課題決め ←（1時間） 課題解決学習	感想を話し合い、課題設定をし、学習の順番をきめる。 ・感想をみんなに聞こえる声で、発表する力	

①ちいちゃんの楽しい日を読む。 （ちいちゃんにとっての幸せ） ②かげおくりをするお父さんやお母さんの心をみる。（2時間） ③ちいちゃんがひとりぼっちになっていく様子を詳しく読む。 （こんなに小さい子が一人になるのか）（4時間） ④かげおくりの場面を音読する。 ←全体を読む。（1時間・本時） ⑤なぜ戦争をするのか（1時間） （○数字は、児童の決めた学習課題）	・解決のための読みの範囲 ・ことばを選び出す力 ・情景や心情を想像する力 ・吹き出しや俳句・短歌などに読み取ったことを表現する力 ○ノートの使い方に関心をもつ ・ことばづかいへの関心 ○友達と響かせて理解を深める ・音声表現を楽しむ力 （群読によるイメージ） ○友達の考えと響かせながら文集を読み合う。漢字・ことばドリル	○教材文にそってことば選びをさせ、基本事項を摑ませる。 ○情景や心情に迫ることができるように、表現活動を取り入れる。 ○心情描写の形で発表し合い、各人の想像を自然につなぐ。 ○群読に興味をもたせることで、楽しませながら、より深い読みに導く。
第四次〈戦争の本を読む〉	1時間	

（四）単元の評価

○　イメージを膨らませる学習方法を主体的に選ぶことができるようになったか。
○　学習や生活の中で接続詞に注意したり、日記や作文の中で使うようになったか。
○　読書生活で、本単元で取り扱った系列の本を読むようになったか。
○　戦争を題材とした作品の感想や紹介が、友達や教師との会話の中に出てくるようになったか。

（五）本時の学習

(1)　本時の目標（11／13時）

様々な学習方法や音読を通して、ちいちゃんが一人でかげおくりをする場面を豊かに想像することができる。

(2)　本時の展開

学習の流れ	学習活動	教師の支援
1　学習場面を摑む。	○　読みの範囲を確認し、音読する中でことば選びをする。	○　読み手の視点から、各人のちいちゃんへの思いを記録させ、物語の世界へ誘いたい。
2　場面を想像し、家族の心情を文学体験する。	○　感想を話し合いながら、ちいちゃんの言動と命の昇天する様子を摑む。	○　板書を中心にことばでの想像をとおして場面を想像する力をつけたい。

	○好きな表現方法で、場面や心情を想像する。	○回りの声にも関心をもたせ想像する視点を豊かにさせたい。
3　友達と交流させながら、場面の様子を豊かに想像する。	○友達の視点も大切にしながら場面の想像を確かなものにする。	○児童の想像の視点の違いを捉えながら、視点を転換する思考イメージをつかませる。
4　読み取ったことを音声表現する。	○群読を工夫しながら、音声を通した理解を加え本時のまとめ読みをする。	○時間的な重なりや抑えた心情表現、つぶやき、挿入音など音読の工夫に気づかせたい。

(3)　**本時の評価**

○　場面や心情の想像が書くことで確かになったか。

○　音声表現を通して、さらに状況を豊かに想像することができたか。

○　「こんなに小さな子を一人でいかせる」「せめて」「どうか」など、戦争にかかわって祈りのイメージ語が文学体験できたか。

(六)　実践の反省

(1)　**単元での学習の流れ**

単元構想で述べたように、単元に向けて学習者の興味を育てながら、戦争を扱った作品群を読み、感想や紹介

〈アンソロジー・読書とつないだ学習環境〉

を文章表現させた。その過程で、個に添いながら、アンソロジー作りや読書生活の力を育てようとした。昨年の成果を生かして、国語力の点検と個に添う努力をした。

また、単元を十一月の人権啓発月間と結ぶことで、秋の哀しさ、命のもつ哀しさから、ともに生きることの大切さにつなぐことができた。自然や生活とつながり続けた単元であった。

学習環境としての掲示は、上のようになった。

(2) 本時の学習内容について

通常の国語科学習では、互いの意見を聞き合うために文末まで話させている。「〜です」「〜と思います」「〜と考えます」といった形で、意見の根拠を明らかにさせようとしている。また、想像場面では、表現を自然で次の意見とつなぐものにするため「と、〜は〜しています」という話法で、聞き手の身に、語られたことばが内容として届くように心がけた。また、挙手や指名による発言を避け、譲り合いながら自分の選んだ場所での想像を発表するようにした。話の実の場を想定しながら自分の意見を述べる練習をしているわけである。学習者は、発言の場は理解できるようになっているが、想像をより滑らかに進めるために、指導者側は、発言順の根拠を明らかにする必要がある。

多形態の学習が学習者の主体性の確保のために必要であること、違った角度か

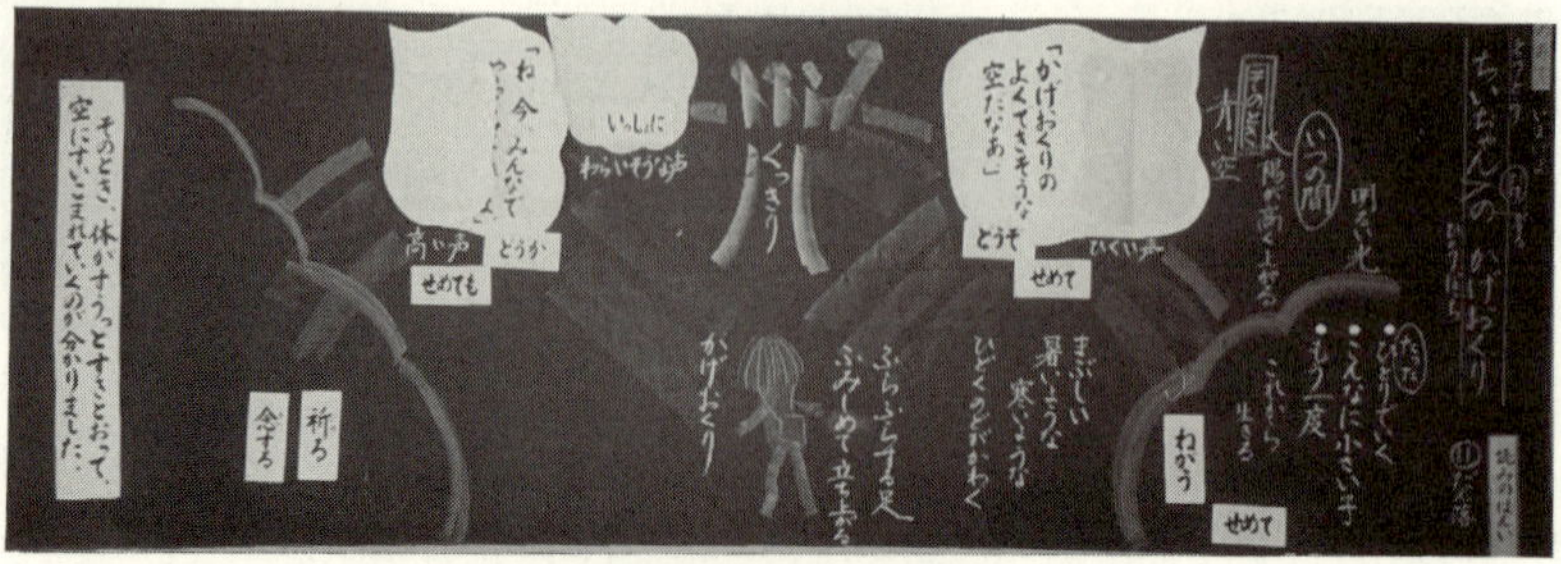

〈研究授業での板書〉

らの理解は学習者の目線を広げていることは、方法論としては定位できたと考えている。が、さらに、方法論のよさや必要性を理解させて、グループ内や学級での分担を考えていかないと、今回のように短歌・俳句形式の表現にとらわれることになり、ひいては広がりのない想像の学習となる。学習形態としての吹き出しや日記形式やつぶやきとの関わりを指導者自身が明確にし、楽しく深まる学習を定位していかねばならない。

(3)　三学年における読みの自立状況

本時までの学習で、場面や心情を多様な表現方法で想像する力はつけていたつもりであった。前段階での課題「ちいちゃんがひとりぼっちになっていくようすを読む」では、四場面で、吹き出し・変身作文としての日記・短歌表現・俳句や詩への真情吐露が呼応し合い読み取りが深まり、複線型の活動のよさを実感した。しかし、今回、授業前に活動形態の把握ができ、前日まで多くの学習者が多様な活動を選択をしていたにもかかわらず、実際の学習形態は、俳句づくりに十九名が集中した。そのため、短歌俳句表現のもつ抽象性が先に立ち、つなぎに入れる状況文だけでは豊かな想像まで進めなかった。俳句表現が具現化を邪魔する状況となった。このことは、グループなどで方法を選び出したり、分担し合ったりする練習時間を設けないとせっかく手にした方法が生かされないことを示している。

ことばに立ち止まらせたり、ことばからの想像をかきたてたりするために、吹

き出し・変身作文としての日記・つなぎとしての状況文などを活用し、俳句・短歌のもつ抽象性を変化として位置づけることが必要である。

この私の不手際は、学習記録の段階で修正をした。上図は、人物の心も記録にとっておこうという指示のもとでの学習記録である。

一方、まとめに近い段階で群読を取り入れることは有効であった。複線型の学習によって深められた読みが、声の大小や遅速だけでなく、音声として広げられ、重ねられ、立体的に場面を理解する。板書に選ばれたことばが心情表現の中で広がったものを、群読という、文章そのものに返していく活動によって吟味され、より確かな読みに高められる。

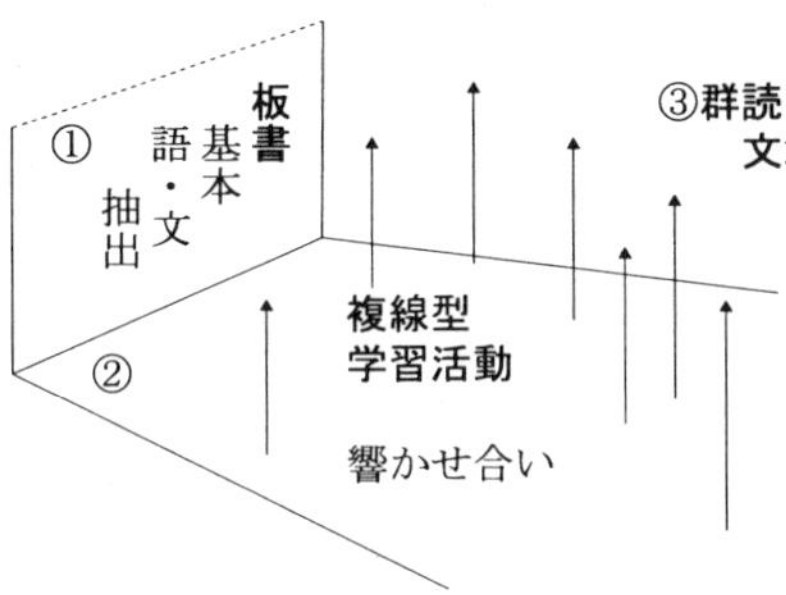

今、実践の中で、確かさと豊かさのために見い出している授業は、

① 詰まらない音読
② ことば選び
③ 多様な活動による理解と交流
④ 音声表現を通しての理解

という学習の流れの中で、各人がより確かで豊かな自己の想像を作り上げる形のものである。
豊かに読むことの学習の全体構造図は、前ページのように基本形を設定することができる。

(4) 読書および言語生活の実態

本時学習では、戦禍の中に生きる幼子を、読み手・書き手・登場する家族が、見守る姿を通して切なさの中の祈りを文学体験させた。「どうぞ」「どうか」「せめて」「せめても」のことばが祈り・願い、念ずる心の表現であることを理解させた。未経験の父母の祈りの姿を想像の力で体験し、いつものままに一緒にする兄の姿に相手を不安にさせない愛の形を気づかせた。こういった学習によって、語群として新たなことばを獲得させることが認識を広げることにつながると考えている。

読書生活の自立については、子ども達の図書室・図書館通いや購入する図書で評価することができる。この単元では、『ほたるのはか』を中心に、『うしろの正面だあれ』『火の雨がふる』『けんちゃんとトシ先生』『お星さまのレール』を購入して読み合った。また、『おこりじぞう』『一つの花』『えんぴつびな』『広島の歌』『母さんの歌』『虎先生がやってきた』『ひろしまのピカ』『まちんと』『すみれ島』などに話題の花が咲いた。

また、三年生の発達段階の実際から、学習者の興味だけに頼っていることは危険で、子ども達の向上心に目を向ける必要がある。読書の指導に一学期の橋の単元同様、「読んでみたい本」という形で、いつか出会おうとする期待をもたせた。読書紹介という形の学習が、無理なく読書生活を意欲的にさせた。

また、本単元のはじめに取り上げた哀しみの表現は、『折々のうた』『万葉集』『おくのほそ道』『定本山頭火句集』『日本大歳時記』などの古典との出会いをねらった。

最初、いつものように指導者の側から、「よろこびのうしろに（みつはしちかこ）」「赤い林檎（山村暮鳥）」「紙風船（黒田三郎）」「葡萄に種子があるように（高見順）」「涙（川崎洋）」「やくそくも知らせもなしに…（竹久夢二）」「ふくろうはふくろうで…（山頭火）」「幾山川…（若山牧水）」「けふもまた…（若山牧水）」などを、「五百重山…（古泉千樫）」「しくしくと（野地潤家）」の幼子にもある哀しさとともに取り上げ、後から古典の中の秋を探す活動をした。誤解も直感の素晴らしさも見せながら、子ども達との不思議で楽しい古典遊びが続いた。今では、百人一首をはじめ、四種類の古典の冒頭の暗誦にも意欲を示している。

発達を実のあるものにするために、上学年に向けての種蒔きの大切さを感じているこの頃である。

（七）今後の課題

今回の実践で、読みの自立について考えさせられた。低学年段階からあがってきた三年生にとって読みの選択経験が必要で、好き嫌いではなく、読み取りの方法の必然性や重要性を学習者に理解させ、必要なものの中から選ばせることが大切であると気づかせられた。今回の実践からは、主体的読みの自立と交流は四年生からということになる。

学習の構造化については、今見えているように、ことば選びと複線型の活動による多面的な想像体験、加えて、音読による響きとしての理解や想像により、さらに充実させていくことができると考えられる。

また、単元構想によって確保される言語文化の享受への視野が、今回の実践から見え始めた。低学年での作品との出会いが中学年での古典への興味を誘い、古典作品やテーマ、作者への程よい指導を指導者がなし得るならば、そこで育つ主体的な態度こそ意欲ある学習者作りを可能にする。その上に高学年での内容をおさえる古典学習を重ねるならば、古典のもつ文化の重さは国語科学習を尊く楽しいものに感じさせるに違いない。

一方、読書紹介に触発されて読み進める読書は、認識力を育てるものとして重要視されなければならない。一学期より取り扱ってきた認識は、

① フクロウを中心とした成長から鳥の渡りまで
② 橋のいろいろから心を結ぶ大切さまで
③ 心にある哀しみから差別や戦争まで
④ 人間を見つめて生きる人の願いとしてのやさしさ

などであり、ともに生きるために必要な事柄である。これらの種蒔きをしながら、国語科教育を進めることによって、人間形成と関わる国語科学習が成立すると考えている。

昨年度に見い出した単元学習の理念とは、長い国語教育の歴史を重ねて、先達たちが求めた教材透視力・授業構想力・授業実践力など、指導者としての力量の上に実現されるものである。いよいよもって、自己を高めていく研修の必要性を感じさせられる日々である。

自らの小ささは問わない。日々求め、創意をこらし、自らの実践力を向上させようと努める一個の指導者でありたい。

三　小学校におけるアンソロジー作りの構想

はじめに

先の単元〈お月さまってきれいね「たぬきの糸車」〉の実践報告（『語文と教育』十一号）で、私は、国語科学習の構造化の一つの柱として、アンソロジーの土台作りを取り上げた。

読み聞かせが、行き届いた指導をなしえなければ、読書生活に発展しないように、可愛くて童画的な学習だけでは、低学年の学習者に、文学や古典の学習の醍醐味を予感させることはできない。繰り返される作品との出会いの中で、確かな発達と経験に支えられて、豊かな読みが形成されていくためには、「ことば（文学や古典などの作品）は、よきもの」というあこがれに似た期待が胸底にあることが必要である。心を育てることばの文化を教室環境のあちこちに存在させたい。そして、低学年であっても自分のもっている感性に気づき、より豊かに育てようとする自覚が生まれる国語科学習を構築したいと願ってきた。

ことばの響きの心地よさに導かれながら、じっくりとことば養いがなされる時、息の長い国語科の学習が成立すると考える。小さき人たちとの学習の日々が、そうでありたいと考えてきた。

れた。

（一）一年生における実践――教師からの啓発――

単元〈お月さまってきれいね「たぬきの糸車」〉授業の中では、アンソロジーとの関わりが、次のように現われた。

学習の中で、これまで出会ったことばが飛び出してくる。「寒さも涙も堪えて」ということばに触れて、「宮沢賢治みたい」ということばがこぼれ、「厳しい冬とか厳しい寒さといいます。」と説明していると、「梅雨の月きびしく光り去りがたし」を思い出す。「お月様見ると心は和むけど、あの高窓と一緒なのよ。」とつぶやくと、「病める子が」と続く。そこで、「空だけが見ゆる高窓病める子が待ちし鋭鎌の月渡り行く」と、全員がコーラスをする。ことばへの理解度とは違う、学習者が再度ことばと出会い意味を探めていく暗誦である。記憶の中に沈んだことばが生活に湧きだして心を導く実際に、野地潤家先生が示された全文暗誦の重要性を知る昨今である。

（「語文と教育」十一号　九八ページ）

ここでは、暗誦によって、ことばが増え、ことばがことばを誘ってその響き合いの楽しさを広げ、時には、確かな理解や豊かな想像にさえ関与していることを確認した。

一方、学習成果の発表として、再度歌と出会う場面がある。一月末の学習発表会で、「いのちのうた」と題して、音読・呼び掛けを行った。「お月さまのうた」として、俳句九、児童俳句四（新聞切り抜き）、詩二、学級児童短詩六、短歌一、漢詩一、計二十三の歌と出会っていたが、選ばれたものは、「空だけが見ゆる高窓病める子が待ちし鋭鎌の月渡り行く」であった。学習を進めている時には、他の好きな歌が多かった児童たちであるが、三学期当初に好きな歌を自由に選んだ時に、「お月さまのうた」の中ではこの歌が残った。かわいそうな子だからという理由であった。関心が動くのが一年生の特徴であるが、記憶に残る歌の決定に、そういった理由があることを初めて知った。私は、鋭鎌の絵を黒板に描いた。月齢二・三日目の月を想定して歌の説明をし、病床の子が月の姿を待ちわびる心情を児童たちと味わった。思いもかけない歌との再会であった。

月に関わる学習材を幅広く取り上げ、指導をあまり加えないで、個性差による好みの違いや一年生なりの各人の感性を大切にした。それは、一年生における言語文化との関わりを、いつかどこかで親しみをもって出会うための興味・関心への種蒔きと捉えるからである。

児童の感性の広がりは、個性的である。本単元でも、暗誦に選ばれた作品は内容の難易とは関わらず、さまざまであった。好きな歌を選ぶ活動は、自らのことばを見つめることにも発展する。幾重にも重なる出会いと体験を添えた理解の喜び、それを使った自己表現の綾織りによって、ことばの好きな、ことば養いのできる学習者を育てることができる。

（「語文と教育」十一号　九八ページ）

と述べたように、暗誦によって探められることばとの関わりは、ことば養いにまで発展させることができる。さらに、記憶にとどめられたことばは、さらなる出会いを重ねて心の中のことばとなり、折に触れて蘇り、生活や精神を支えるものとなりうる。

一学年でのアンソロジーの土台作りの実践の価値として、次のようなものをあげることができる。

① ことばのリズムを体得させることができる。
② ことば遊びの楽しさを感じさせることができる。
③ 豊かなことばのもち主を育てる（様々なことばが学習や生活の中で飛び出す）ことができる。
④ ことばの広がりが、理解を深め、イメージを豊かにすることを助け、国語科学習を豊かなものにすることができる。

また、アンソロジーへの関心が学習者にもたらすものとして、

① 表現への関心を自然のうちに育てる。
② さらなる人物・テーマ・事柄への出会いを誘う。
③ 与えられた作品に出会い、作品を選び、ことば遊びをする。それらの表現を楽しむ生活が、作品との再会の土台となる。
④ 文学・古典学習と重ねて生涯学習に結ぶことができる。
⑤ 学習や生活とむすんで指導者の意図を伝え続けるため、学級そのものを常に学習状態にしておくことができる。

などが上げられる。それらは、同時に意欲に満ちた、理解および表現の活動を常時成立させる。アンソロジーを求める学習は、単元や教材によって分断されがちな学習を、人間（個性）を発見する活動として、時と場所を越えて成立する。一種の懐かしさをもって、人間存在を包み続けていく。アンソロジーが暗誦によって、また、記録としてすぐ取り出せる状況（ファイル作り）によって定位できる時、ことばに出会っていく喜びとことばを研

究する楽しさとを共存させた国語科学習が可能となる。

一年生で取り上げた作品

「はる」のうた

はるですよ・与田凖一――わらびの太郎が目をさます。わらびの次郎が目を……

春の日・高田敏子――お母さん　しっしっ　しずかにしずかに来てごらん……

すいせん・小池知子――すいせんが咲きました。たったひとつなのに……

「あいうえお」のうた

あいうえおのうた(1)あさひがあかるいあいうえお　かえるがかわいい……

あいうえおのうた(2)あひるのあくびはあいうえお　かえるがかけっこ……

あいうえおのうた(3)あかいえあおいえあいうえお　かきのきかくから……

「あいさつ」のうた

知らない子・宮沢章二――知らない子だけど　わらったよ　かきねのそばで……

あいさつ・しょうじたけし――こんにちは。こんにちは。げんきにいえば……

おうむ・鶴見正夫――おうむのまえをとおるとき　おうむのほうから……

ごあいさつ・谷川俊太郎――どうもどうも　やあどうもいつぞや……

「わたし」のうた

なにかをはっけんしたり、おどろいたり、しんぱいしたり、うれしかったりしたことがあるでしょう。そんなとき、ひとりごとをいったり、だれかにきいてもらいたいとおもったりしたことはありませんか。そんなことを、じぶんがいったとおりかいてみましょう。

「あめのひ」のうた

あめのおと――あめのおとって　くさにしとしと　いけにぽちょぽちょ……
おと・いけしずこ（工藤直子）――ぽちゃん　ぽちょん　ちゅぴ　じゃぷ……
雨のうた・鶴見正夫――あめはひとりじゃうたえない　きっとだれかと……
雨・八木重吉――雨は土をうるおしてゆく　雨というもののそばに……
雨が降る・高見順――雨が降る　眠っているとき　起きているとき……
雨ニモマケズ・宮沢賢治――雨ニモマケズ、風ニモマケズ、雪ニモ夏ノ……
ざんざん雨・間所ひさこ――そうら、くるぞ、くるぞ。ざんざん雨が……

「にじ」のうた

おいわい。にじひめこ――きょうは　うれしいことがありましたので……
にじ――にじがでました。「ねえさん、にじよ。」おおきなこえで……
にじ・まどみちお――にじ　にじ　にじ　ママ　あのちょうどしたに……
にじ・まどみちお――いろが　みんなで　おんがくしてる……
にじ・まどみちお――だれがかけた　だれがかけた　にじのはし……
にじ・川崎　洋――にじが　かかると　みんな空をふりあおぐ……
報告・宮沢賢治――さっき火事だと　さわぎましたのは　虹で……
虹・まどみちお――やまびこが　よばれて　帰っていきました……

にじ・まどみちお――つゆの雨があがって　夏が　大地におりたった……
虹・まどみちお――ほうとうは　こんな　汚れた空に　出てくださる……
にじ―白秋先生を想う―・まどみちお――お目を　病まれておひとり……
「虹の橋12句」・浩貴君　和田学級学級通信　5年3組　川に出番が……
「ことばはにじをはらむ」・石森延男　『綴方への道』

「ことばはこころ」のうた

そっと　うた　そうっと　そっと　うさぎの　せなかに　ゆきふよるように……
いわずにおれなくなる・まどみちお――いわずに　おれなくなる　ことばで……
お母さんのことば・子どもの詩――ことばって　たくさんある。うちの……
ことばは心　ことばと心を声にのせて・せがわ　えいじ――ことばははずむ……

「なつの一日」　せみのうた

きょうからはせみ・後藤れい子――こんなにひろい　そらがある　こんなに……
せみ・みよしようた――みんみんひぐらし　つくつくぼうし　みじかい……
せみ・三好庸太――みんみん　ひぐらし　つくつくぼうし　みじかい……
高浜虚子――つゆの幹静かにせみのあるきおり
芭蕉――閑かさや岩にしみ入る蟬の声

「大空」のうた

木・清水たみ子――木はいいな、ことりがとまりにくるから。ぼく、……

せいのび・ぶしかえつこ――まぶしいくもにさわりたくて　きはきのうも……
そら・吉田定一――どこからどこまで　そらなの　ちかくも　とおくも……
ぼくのたこ・山下たかひろ――たこって天まで上がる　ぼくもたこに……
雲・山村暮鳥――おうい雲よ　ゆうゆうと　馬鹿にのんきそうじゃないか……
山頂・原田直友――すんだ青空よ　高い山の頂上よ　その頂上に立って……

「お月さま」のうた

虚子――山里の盆の月夜の明かるさよ
ひかるまんげつ・つきとしこ――まだかなと　みんなどきどき　のはらでは……
よるのにおい・こぎつねしゅうじ――つきよののはらをひとりで　しずかに……
よるのそら・つきとしこ――チカチカのほしをかきわけ　そらたかく……
一の二・お月さまのうた――月のよのお月さまねむっている　ピカピカと……
一茶――名月を取ってくれろと泣く子かな
芭蕉――名月や池を巡りて夜もすがら
一茶――春の月触らばしずく垂りぬべし
芭蕉――手を打てば木魂に明くる夏の月
野村朱燐洞――しおざいほのかに　月落ちしあとかな
楸邨――梅雨の月きびしくひかり去りがたき
なのはなが月のでんきをつけました・とづかひろこ　（山形県寒河江学園）
月のように・立原えりか――満月はもちろん月　半月も月　三日月もそして……
月見草の花――はるかに海の見える丘　月のしずくをすって咲く　夢のお花……

富小路禎子――空だけが　見ゆる高窓　病める子が　待ちし鋭鎌の　月……
静夜思・李白――床前月光を看る　疑ふらくは是れ　地上の霜かと　頭を……
月夜・森崎和江――としはとってもココロははたち　そんなことばを……
山頭火――何でこんなに淋しい風がふく
山頭火――ふくろうはふくろうでわたしはわたしでねむれない

ふくろう・とり

神沢利子・ふくろう――ふわふわわたげのふたごのこ　ふくろうあかちゃん……
松谷みよ子・三日月――いかついくちばしをむねふかくさしいれ　くらい森……
高橋忠治・ひなどり――小さなとさかをかしげては　ふしぎだなふしぎだな……
高橋新吉・鶏――雨の日は雨に濡れ　雪の日は雪を踏み　風に日は風に乗り……
新美南吉・鶏――君はときたま、ひじょうに人間に似たしぐさをする。午前……

うまれたばかりのはるのうた

宮沢章二・うめの花――うめの花がさいたら春だってさ　ぬまに氷がはって……
みずかみかずよ・ふきのとう――雪がそこだけとけてるの。あったかい……
早春賦――春は名のみの　風の寒さや　谷の鶯　歌は思えど時にあらずと……
はるがきた・うさぎふたこ――ももいろのすきとおる　みみにきこえてくる……
ゆきどけ・こぶなようこ――ゆきどけのしらせが　おがわをつたわり……
室生犀星・ふるさと――雪あたたかくとけにけり　しとしとしとと融けゆけり……
丸山薫・北の春――どうだろうこの沢なりの音は　山々の雪をあつめて……

ふしぎなうた

えがお・いけしずこ――うれしいことがあると　こころのなかに　さざなみ……
けっしん・かぶとてつお――つよく　おおしく　いきる　それがぼくの……
金子みすず・ふしぎ――わたしはふしぎでたまらない、黒い雲からふる雨が……
おまじない・みみずみつお――こわいときとなえるおまじないがある……
山村暮鳥・赤い林檎――林檎をしみじみみていると　だんだん自分も林檎に……
黒田三郎・紙風船――落ちて来たら今度はもっと高くもっともっと高く……
新美南吉・一年詩集の序――生れいでて、舞う蝸虫の触角のごと、しずくの……
新美南吉・泉――ある日、ふと泉が湧いた。私のこころの落葉の下に。
高見順・葡萄に種子があるように――葡萄に種子があるように　私の胸に……
川崎洋・涙――母さんは　笑いすぎて涙をこぼすことがある　父さんに……
竹久夢二――やくそくも　知らせもなしに　鐘がなる　やくそくも知らせも……
ぼくたち大人になってから　またこの道で会うかしら　またこの道で会った……
林は林につづいてて　日暮れに　白い道がある
山頭火――ふくろうはふくろうで　わたしはわたしでねむれない
若山牧水――幾山河　越えさり行かば寂しさのはてなむ国ぞ　今日も旅ゆく
若山牧水――けふもまたこころの鉦をうち鳴らしうち鳴らしつつあくがれて……
松尾芭蕉――野ざらしをこころに風のしむ身かな

一年間という広がりの中で単元を構想し、アンソロジーの土台作りとしての詩歌を挿入することによって、子ども達の心にはことばがあふれるようになった。

アンソロジー作りは、生涯にわたることばへの関心を育て、読書生活に学習者を導く学習である。

（二）三年生における実践――自分から求めて――

少しの蓄えを土台に、平成九年度三年生のアンソロジー作りが始まった。音読集『くさぶえ』の他に、三年生で取り上げた作品は、以下のように十三項目百三十二編である。

三年生で取り上げた作品

ふくろう　そして鳥たち

新しい歯・よだじゅんいち――ぽろりと歯が取れた。あとには、もう……

ふくろう・神沢利子――ふわふわ　わたげの　ふたごのこ　ふくろう……

はじめて小鳥がとんだとき・原田直友――はじめて小鳥がとんだとき……

三日月・松谷みよ子――いかついくちばしをむねふかくさしいれ……

山頭火――ふくろうはふくろうで　わたしはわたしでねむれない……

しまふくろうの湖・手島圭三郎――湖の岸に、大きなかれ木が一本……

百羽のつる・花岡大学――つめたい月の光でこうこうと明るい夜ふけの……

鶏・高橋新吉――雨の日は雨に濡れ　雪の日は雪を踏み……

鶏・新美南吉――君はときたま、ひじょうに人間に似たしぐさをする。……

ひなどり・高橋忠治――小さなとさかをかしげては　ふしぎだな……

雨の歌

雨・八木重吉――雨は土をうるおしてゆく　雨というものの　そばに……
雨が降る・高見順――眠っているとき　起きているとき　両方に……
ざんざん雨・間所ひさこ――そうら、くるぞ、くるぞ。ざんざん雨が……
雨ニモマケズ・宮沢賢治――雨ニモマケズ　風ニモマケズ……
あめのひ・野地潤家――六月二十九日のゆうがたのことです。……

七色の橋

にじ・まどみちお――だれがかけた　だれがかけた　にじのはし……
あさのにじ・野地潤家――八月十二日のあさのことです。お父さんは……
虹・まど・みちお――やまびこが　よばれて　帰っていきました……
虹・まど・みちお――ほんとうは　こんな　汚れた空に　出て下さる……
にじ・川崎洋――にじがかかると　みんな空をふり仰ぐ　そのとき……
虹―白秋先生を想う―・まど・みちお――お目を病まれておひとり、……
にじ・まど・みちお――つゆの雨があがって　夏が　大地に……
空にかかる橋、にじ――夏、夕立の後などに、きれいなにじが出る……
ことばはにじをはらむ・石森延男――言葉は噴水のやうに虹を孕んで……

はかなくも生命の限りに

岡本明――このあたり喬木なければ油蟬　ひなかは萱の穂になきにけり
あぶらぜみ・野地潤家――八月四日のひるすぎのことです。お父さんは……

芭蕉――閑かさや　岩にしみ入る　蟬の声
冨澤赤黄男――大地いま　しづかに揺れよ油蟬
高浜虚子――つゆの幹　静かに　せみのあるきおり
渡辺水巴――秋風や　眼を張って啼く　油蟬

ほうせんかの花

ほうせんか・野地潤家――八月十七日のことです。山のおうちでは……
水いじり・野地潤家――澄晴ちゃんが、山のおうちに帰っていたとき……

月のうた

虚子――山里の盆の月夜の明るさよ
一茶――名月を取ってくれろと泣く子かな
芭蕉――名月や池を巡りて　夜もすがら
野村朱燐洞――しおざいほのかに　月落ちしあとかな
野村朱燐洞――月の真白さ　渚さらさら別れけり
野村朱燐洞――颪ひそひそかきの葉　落しゆく月夜
富小路禎子――空だけが　見ゆる高窓　病める子が　待ちし鋭鎌の……
明恵上人――くまもなく澄める心のかかやけば　わが光とや月思ふらむ
後伏見院――心ある夏のけしきのこよひかな　木の間の月夜に水鳥
森崎和江――としはとっても　ココロははたち　そんなことばを……
月見草の花――はるかに海の見える丘　月のしずくをすって咲く……

月のように・立原えりか――満月はもちろん月　半月も月……
よるのにおい・こぎつねしゅうじ――つきよののはらを　ひとりで……
ひかるまんげつ・つきとしこ――まだかなと　みんなどきどき……
よるのそら・つきとしこ――チカチカのほしをかきわけ　そらたかく……
サフランいろの冬のよふけ　橋の下で　乞食の子が　口笛で　なにか……
静夜思・李白――床前月光を看る　疑ふらくは是れ地上の霜かと……
お月さん・野地潤家――澄晴ちゃんが、はじめてお月さんをみつけた……
山村暮鳥――瞬間とは　かうもたふといものであらうか　一りんの朝顔……

秋のけはい

月　広辞苑より
大江千里――月見ればちぢにものこそかなしけれ　わが身ひとつの秋に……
紀貫之――秋の月　光さやけみもみぢ葉のおつる影さへ見えわたるかな
慈円――をり知れる秋の野原の花はみな　月の光の匂ひなりけり
藤原敏行――秋来ぬと　目にはさやかに見えねども　風のおとにぞおどろかれぬる
山頭火――何でこんなに淋しい風ふく
しくしくと・野地潤家――澄晴ちゃんを、山のおうちへつれてかえる……
コスモスの花・野地潤家――澄晴ちゃんは、いま、母さんと平井の……
鈴木しづ子――コスモスなど　やさしく吹けば　死ねないよ
コスモス・金井直――あなたたちは、どんなわずかな風にも……

よろこびのうしろに・みつはしちかこ――よろこびのうしろにかなしみ……
涙・川崎洋――母さんは　笑いすぎて涙をこぼすことがある　父さんに……
竹久夢二――やくそくも知らせもなしに鐘がなる　やくそくも知らせも……
若山牧水――幾山河越えさり行かば　寂しさのはてなむ国ぞ　今日も旅……
若山牧水――けふもまた　こころの鉦をうち鳴らしうち鳴らしつつ……
松尾芭蕉――野ざらしを　心に風のしむ身かな
葡萄に種子があるように・高見順――葡萄に種子があるように　私の胸……
紙風船・黒田三郎――落ちて来たら　今度はもっと高く　もっと……
赤い林檎・山村暮鳥――林檎をしみじみみていると　だんだん自分も……
一年詩集の序・新美南吉――生れ出でて、舞う蟻牛の触覚のごと、……
泉・新美南吉――ある日、ふと泉が湧いた。私の心の落ち葉の下に。
林は林につづいてて　日暮れに　白い道がある
ぼくたち大人になってからまたこの道で会うかしら　またこの道で……

時雨のうた　しおしおとしぐれゆく

伊藤柏翠――一つぶの　音にはじまる　時雨かな
士郎――ささ竹に　さやさやと降る　しぐれかな
種田山頭火――うしろすがたのしぐれてゆくか
杜国――馬はぬれ　牛は夕日の　北しぐれ
角川源義――しはぶきの　野中に消ゆる時雨かな
芭蕉――旅人と　我名よばれん　初しぐれ

芭蕉――初しぐれ　猿も小蓑を　ほしげ也
飯田蛇笏――山中の巌　うるほひて　初しぐれ
山口青邨――山茶花のつぼみそろひぬ　初時雨
黒柳召波――夕しぐれ　古江に沈む　木の実哉
鍵和田柚子――少年の瞳して　阿修羅のしぐれをる
山頭火――しぐるるや　道は一すじ
山頭火――おとはしぐれか
香川景樹――浮雲は影もとどめぬ大空の　風に残りてふるしぐれかな

古典との出会い

源氏物語・冒頭原文
枕草子・第一段の原文
方丈記・第十九段
　序　原文
徒然草・序段　三段　十二段　三十五段　五十九段　百九段
平家物語・冒頭原文

雪白く

冬が来た・高村光太郎――きっぱりと冬が来た。八つ手の白い花も……
雪・三好達治――太郎を眠らせ、太郎の屋根に雪ふりつむ。次郎を……
作品第一〇〇四番・宮沢賢治――今日は一日あかるくにぎやかな雪ふり……

石田波郷――雪は　しづかにゆたかにはやし　屍室
寂突法師――尋ね来て道わけわぶる人もあらじ　幾重もつもれ庭の……
藤井幸子――ふりつもり雪ふりつもりふくふくと繭の中なる幼とわれは
カナダ人の少女――人のいい雪だるまは　気分よく日向ぼっこを……

椿花ひっそりと

星野富弘――花花の絵を描き始める時、心は画用紙のように真白で……
星野富弘――ひとつの花のために　いくつの葉が冬を越したのだろう
星野富弘――木は自分で　動き回ることができない　神様に……
星野富弘――椿の葉っぱが百円札　むしろの座敷にたおれた石塔の…
星野富弘――夕方うちへ帰るとかあちゃんがいった　椿の木に登って……
星野富弘――役割を果し　今まさに散ろうとしている花　そのとなり……
蕪村――椿落ちて　昨日の雨をこぼしけり
太祇――赤き実と　見てよる鳥や　冬椿
山頭火――椿の落ちる　水の流れる
山頭火――笠へぽっとり　椿だった
坂門人足――巨勢山の　つらつら椿つらつらに　見つつ思はな巨勢の春
春日蔵首老――河の辺のつらつら椿つらつらに　見れども飽かず巨勢の……
古歌集――あしひきの山椿咲く八峯越え　鹿待つ君の斎ひ嬬かも
長皇子――我妹子を　早見浜風大和なる我をまつ椿　吹かざるゆめ

かぜがおしえる早春のうた

早春賦——春は名のみの風の寒さや　谷の鶯　歌は思えど　時にあらず……
はるがきた・うさぎふたこ——ももいろの　すきとおるみみに……
ふきのとう・みずかみかずよ——雪が　そこだけ　とけてるの……
うれしいひなまつり・サトウハチロー——あかりをつけましょ

野山にみちる　早春の歌

うめの花・宮沢章二——うめの花がさいたら　春だってさ　ぬまに氷が……
すいせん・小池知子——すいせんが咲きました　たったひとつなのに……
ふるさと・室生犀星——雪あたたかくとけにけり　しとしとしとと……
北の春・丸山薫——どうだろう　この沢鳴りの音は　山々の雪をあつめ……
ゆきどけ・こぶなようこ——ゆきどけの　しらせが　おがわをつたわり……
長谷川櫂——春の雪　茹でて蕪の　すきとほり
はるですよ・与田準一——わらびの太郎が目をさます。わらびの次郎が……

教師からの提示、学習への導入時や発展段階での出会い、季節の変化の中の発見など、一年生のアンソロジーの程度を高めたものの紹介の他に、以下のような読書生活と重ねた。

(1) 広がる領域——澄晴ちゃんの一冊

一学期よりアンソロジーの原典として引用していたが、全員に野地潤家先生より『生いたちの記』をいただき、

ともに生きる

なのに　→　　　　だからこそ

ある日の教室環境　※印　アンソロジー

※秋が気づかせてくれるかなしさ
←　※小さな子のかなしさ
←　※だれの心にもあるかなしみ
←　人が人をかなしませるせんそう（感想文）
←　小さな子とせんそう（読書紹介）
←　知っていよう、見失わないで生きぬいた人達を（読書紹介）

全体を通し読みとることができた。重ね読みをする中で、子ども達は、すみはれちゃんを通した幼子の可愛さだけでなく、文章そのものに惹かれはじめる。美しいことば・重なることば・くわしくすることばや接続語などのことばへの関心はもとより、野地潤家先生の半生や家族への興味となり、野地先生研究がはじまる。一年生で作った「ことばじてん」に準ずるものから出発し、グループ毎の発表を経て、個人研究を交流させ合うようになる。作品との出会いから研究までが一冊の研究ノートとなる。

(2)　つないで古典へ――古典文庫設置

二学期より「コミックストーリー　わたしたちの古典（学校図書）」と「少年少女古典文学館（講談社）」の一部を使って自由読書をすすめる。これまでの教師紹介のアンソロジーとの再会が契機となって、読書意欲が高まる。九月の終わり頃より『万葉秀歌（上・下）』『折々の歌（大岡信　岩波書店）一～十三巻』を加える。月の歌を探す活動を通して古典への接近をねらう。『折々の歌』の短歌・俳句は、多くアンソロジーで出会っており、学級の全体学習より、個別の読書生活がはじまる。

好きな一冊の古典を買い求める児童が出てくる。やさしい漫画に向かう者と難しい本への背伸びを楽しむ者に分かれる。やがて、読み比べて、内容が同じことに気づく。秋が深まる中、秋風、秋の哀しさへと歌を求めていく。教室掲示を通して、調べる活動方法を定着させる。ポストイットの利用がうまくなる。

十一月、万葉集の面白さに気づく機会が何度かある。紫草の歌の十七首を検索、黄葉から紅葉への表現の変化の予感、野地潤家先生の好きな歌の発見など。

十二月、野地潤家先生研究の中で、『おくのほそ道』への興味が三名に芽生える。冒頭の文を教えようと考え、印刷準備。三名にはコピー取りを勧める。冬休みを前に雑誌や新聞資料などで百人一首へ誘う。漫画本を紹介し、カルタ取りチャンピオンの袴の話をする。好きな一種を各人が選ぶ。二・三首選ぶ者あり。五十番で切って、解説を入れる。資料集めもしながら、自分で好きな歌の記録取り。カルタ取り。その過程では、書き写すことの興味衰えず。途中で歌の番号を入れる者あり。番号順に並べる。百首全部書く子ども半数以上。三学期のカルタ大会（グループ）に備えて、百首印刷したものをプレゼントする。

三学期、二名が、古今・新古今からの作品が多いことに気づく。五名の子どもたちが研究を開始する。他にも気づきがあれば個人課題として追求するように助言する。

二月、アンソロジー「しぐれ」あたりから、ファイルへの関心をもたせる。好きな歌探しに教師のファイルも利用させる。「大江巳之介さん」ファイルが誕生して、雑誌や新聞資料を集めることが具体目標となる。現在、全員「なんでもファイル」は持っている。九冊作った子どものファイルは、「芭蕉さん」「大江巳之介さん」「万葉集」「百人一首」「野地潤家先生」「源氏物語」「ピアニストのこと」「橋」「山頭火」である。各ファイルにノートで統合して考える場を位置づけようとしているが、具体的に指導しえたのは、「橋」だけである。

(3)　人間と結ぶ――野地潤家先生と古典

「研究ノートⅠ」を読み合いながら、指導者の知っていることを野地潤家先生のご著書の中から抽出、印刷し配付する。ファイル作りをする者もある。

三月からは、野地潤家先生のご著書を教室に並べて、疑似研究室にする。実際の作品に出会って喜び、新発見をする児童も出てくる。指導者が教えられはじめる。ひとつずつの読み取りが子どもらしく、また、三年生としては鋭い感性をもっているため、「研究ノートⅡ」を作ることにする。

「研究ノートⅠ」は、ことばへの関心そのものであったが、この時点では、古典と自己との関わりの大切さを学んだり、『生いたちの記』とその後のつながりを発見したり、児童自身が読解力のすばらしさを自覚したりした。児童たちは、自分は確かに野地潤家先生の研究家であると確信するようになった。『生いたちの記』以後、多くの野地潤家先生の著作との児童の出会い方に、「子どもは十分に人間である」ことを教えられた。

（三）　高学年における展望――研究課題をもって――

これまでの低・中学年のアンソロジー作りの土台の上に、高学年ではさらに個性的な歌やことばへの収集を試みることができるようになる。

例えば、一冊の本への接近が可能となる。野地潤家先生の『古文指導の探究』（渓水社）は、中学年で三名の児童が求めようとしている。「万葉集」「徒然草」「奥の細道」などは、これまでの延長線として、課題をもって

「研究ノートⅡ」より

69　石山寺

Y・F

「秋のかなしさ」の中でばしょうの俳句を教えてくれました。『源平桃』の69ページにある歌を先生が教えてくれたのです。

野地先生の勉強を始めた時、五・六才の子どもでもおとなが、「石」といっても子どもは、「石じゃない岩。」と言ってほんとうにあっていたからすごいと感じました。

それに私こう思いました。それは、石山に子どもをつれてきて、父親は、「これは、石だよ。」といって、子どもは、「イワバカリヤンカ?」といったのが、すごいと思いました。

それに通りいっぺんの言葉でないと、わかったのであった。石山寺の堂内は、いつも参拝客でいっぱいだった。おちつかないのである。「ヒトバカリヤンカ?」と言う言葉がとてもおもしろいです。

野地先生からの「つれづれ草」

E・I

『国語教育・じゅ業の探究』の15ページにありました。小林秀雄氏が、見えて見えて見えすぎる。そういうタイプの人と思ったけど野地先生は、もう一度見るともっとしたしみ易くけんこうほうしが、さまざまなことを道破しているのを感じたことができるそうです。

私は、なにげなく『つれづれ草』の「こうみょうの木登り」がすきになりあんしょうしています。一度ほり君が教室のけいじばんにはっている物を取っておりる時に、「あやまちすな心しておりよ」とわらいながら、先生といっしょにいったことがあります。

それで、野地先生は、自己把握ということのためにあの読書が役立っているみたいです。

これからも『つれづれ草』を読んでその中にことわざみたいに、生活の中で、遊んでいる時にわらってみたいです。それと「こうみょうの木登り」ということわざがありました。はっきりとおぼえれていないので、ことわざじてんで調べてみます。

「光堂」と読んだが「光堂」

Y・M

ばしょうさんの「おくのほそ道」を読んでいる時先生が、野地先生はびかるどうと読んだということをいいました。でも、どこにのっているのかがどこをさがしてもわかりませんでした。それは古文指導の探究」の72ページにのっていることを野地先生に教わりました。

初めに野地先生が担当で本文を読んだ時に、「五月雨の降りのこしてやひかる堂」と読んだ。その時に岡本明先生に「ひかりどう」と直してもらった。直したけどまた「ひかるどう」と読んで岡本明先生にまた「ひかりどう」と直してもらった。どうして二度そうやっているのか考えた。

私は、その時に「野地先生はたぶん今光っているからひかるどう」と読んだのかな、と思いました。「ひかりどう」はいつでもひかっているということじゃないかなと考えています。

野地先生はまちがえながらしぜんに自分の心を表しているのかなと考えました。

椿９首をもとめて

E・M

わたしが椿をしようと思ったきっかけは山頭火さんや芭蕉さんみよしたつじさんの詩があったからと万葉の時代ではげんきのいい花としてすかれていたからです。

椿を９首さがすのはたいへんなことですが、犬伏さんが何番にあるかを調べていたのでそれは、６首も見つけていました。二かんには一つもないのでみてみたんだけどなかなか見つかりませんでした。

見つかった椿は一かんの54、56、73番と三かんの[illegible]3222番それから四かんの4152番と[illegible]番です。

わたしが椿のさいしょの発見者になってみせたいです。

記述場所を抽出する力を育てることができる。

また、梅や椿で求めたように、歌を集め直す中で、様々な古典を通して、時代による考え方の違いや推移を捉えようとすることも可能となる。それはまた、現代の感覚をも問いかけることになり、随筆の世界にも読書は広がるはずである。様々な文化史への目線も開くことが可能である。

このことは、手短なアンソロジーを通した、個性読みの指導の可能性を示唆している。アンソロジーを指導者から学習者、学級からグループ、個へと導く必要がある。内容的にも、一人ひとりの興味関心にそった学習とすることができる。三年生で始まったファイル作りは、自分の関心の方向を自然のうちに見い出させる。新聞・雑誌・教科書・単行本などの活字文、テレビ・ラジオ・ビデオなどで見聞きする情報の記録、通りすがりに聞く話も取り入れて思索の材料とするならば、小学校における人間形成への契機を、ここに位置づけることができる。

(四) アンソロジー作りの中で

アンソロジー作りの行きつく所は、思慮深い人間形成である。常に向上し続けようとする人間の育成である。豊かな情報を整理し、思考を確かで豊かなものにしていく道筋である。生涯、学び考え続ける道である。つつしみ深い言動の中に、自他を尊重し、人間のいくべき道を求め、お互いが人間存在に責任をもち合うことは、確かで豊かな社会形成を可能にする。

また、アンソロジー作りの中で、多くのことばと出会うことは、現在の自分のことばを見つめ直させる。そして、ことばの多様性の中から自らの表現を選び取る活動を約束させる。言語の発信と受理は、想像以上に不確かなもので、その上に誤解も理解もあることに気づく時、個人の言語生活は、より確かで豊かなものを志向しはじめるはずである。アンソロジー作りの中で育つことば養いへの関心を重要視したい。

おわりに

小学校における子ども達と教師との出会いは、一年限りのことが多い。また、両者の年齢差は大きく、学習指導はあっても、子ども達と学ぶ姿勢はうっかりすると見失ってしまう。人間が人間として一生使えるものを教室に常備し、個性的に味わう。それがアンソロジーに関わる学習であると考える。

あとがき

私は、平成一三（二〇〇一）年三月、徳島県下の小学校で勤めつづけた、三〇年間の教職生活を終えました。ふり返って感深いものがあります。自ら実践してきた国語科教育、とりわけ読むことの学習指導について、報告をしたいと思いながら、退職後の自らの生活を軌道に乗せることも容易ではなく、はやくも一年が過ぎました。今では自分の置かれた場にあって、力の限り努めていきたいと願っております。

前著『確かで豊かな国語学習を求めて』（平成三〈一九九一〉年八月、溪水社刊）では、私が平成二（一九九〇）年四月、鳴門教育大学に派遣され、院生として二年間の研修を開始するまでの実践を読むことの学習指導を中心に報告しました。今回は、大学院修士課程を修了して、徳島県下市場町立日開谷小学校、鳴門市立撫養小学校に勤め、最終勤務校となった、市場小学校に赴任するまでの実践について報告することになりました。

大学院では、橋本暢夫先生（前鳴門教育大学教授、現徳島文理大学教授、教育学博士）のご指導のもと、修士論文「小学校における読むことの指導の実践的研究」をまとめることができました。本書Ⅰ　読むことの学習指導の構想、Ⅴ　読むことの学習指導のために　―　学習指導を見出す土台　―　は、修士論文から収録しました。ご指導いただきました、指導教官橋本暢夫先生に心から感謝申し上げます。

また、Ⅳ　読むことの学習指導の充実を求めて　四　国語科の主体的な学習指導を求めて　には、大学院在学中の「国語科授業論（世羅博昭先生ご指導）」のレポートを収めました。世羅博昭先生（鳴門教育大学教授）には、自らの実践を確かめながら歩むことを教えていただきました。ありがとうございました。

自らの実践を報告するに当たっては、共に学び共に生きてくれた子どもたちへの感謝の気持があふれてまいります。生きていく、成長していく、子どもたちの心情のみずみずしさが私に教職に就いている喜び、生きていく幸いをもたらしました。

真実に生きるということは、子どもたちと共にある喜び、努力してものごとを成就させていく、苦しくも楽しい営みであると思われます。どの子どもも、そのことを私に示してくれました。子どもたち一人ひとりのまっすぐに歩んでいく姿が私を支えてくれました。

実践の現場では、多くの方々に導いていただきました。思えば、多くの試行錯誤をくり返しましたが、楽しい充実した日々であったとなつかしく思われます。

いつもご指導をたまわりました、野地潤家先生に「まえがき」をいただきました。野地潤家先生のおことばにこの上なく励まされます。ありがとうございます。

出版に当たりましては、溪水社木村逸司様、同編集主任坂本郷子様にご高配をいただきました。一人の実践者の心情を汲んでご配慮をいただきました。厚くお礼を申し上げます。

平成十四（二〇〇二）年七月

素　水　光　子

初出一覧

Ⅰ　読むことの学習指導の構想「小学校における読むことの指導の実践的研究」　平成4年3月稿　鳴門教育大学大学院学校教育研究科教科・領域教育専攻言語系コース（国語）修士論文

Ⅱ　学習者が主体的に取り組む文学教材の読みの学習指導　平成9年6月稿　第22回日本国語教育学会関西集会

Ⅲ　音声表現と結ぶ読むことの学習指導　平成5年11月稿　第16回四国国語教育研究大会

Ⅳ　読むことの学習指導の充実を求めて

一　私たち実践者に求められるもの　平成9年2月稿　徳島市一宮小学校校内研修

二　重ね読みと書く活動を通した読みの学習　平成5年7月稿　阿波郡夏期国語教育研究会

三　国語科授業の有機的な構築を求めて　平成9年3月稿　「語文と教育」11号

四　国語科の主体的な学習を求めて　平成4年2月稿　「国語科授業論」レポート

五　絵本作りを通して書くことの力と結んだ読みの学習を　平成8年3月稿　「鳴門市撫養小学校研修集録」

六　想像する力を確かに育てる読みの指導を「学習者が主体的に取り組む文学教材の読みの指導を」　平成9年7月稿　「月刊国語教育研究」10月号

Ⅴ　読むことの学習指導のために

一　学習指導を見い出す土台　平成4年3月稿　前掲修士論文

二　豊かに想像する読みの学習の自立に関して　平成9年3月稿　「鳴門市撫養小学校研修集録」

三　小学校におけるアンソロジー作りの構想　平成10年8月稿　「語文と教育」12号

著者略歴

素　水　光　子（そみず　みつこ）

昭和23年（1948）	徳島県板野郡土成町に生まれる。
昭和45年（1970）	3月、徳島大学教育学部小学校教員養成課程卒業。一字村立明谷小学校、同一字中学校明谷分校で助教諭として勤務。
昭和46年（1971）	勝浦町立横瀬小学校へ教諭として赴任。以降、大影小学校、土成小学校、八幡小学校、下分小学校、城東小学校に勤務。
平成2～3年（1990, 1991）	鳴門教育大学大学院学校教育研究科教科・領域教育専攻言語系コース（国語）に学ぶ。
平成4年（1992）	3月、大学院を修了後、市場町立日開谷小学校に赴任。以降、撫養小学校、市場小学校に勤務。
平成13年（2001）	3月、30年間の教諭としての勤務を経て退職。

現在、「ことばと人間・社会・文化形成」の課題を胸底に、風の中で生きる証しを求めている。

読むことの学習指導の探究

平成14年9月10日　発行

著　者　素　水　光　子

発行所　株式会社　渓　水　社
広島市中区小町1－4（〒730－0041）
電　話（082）246－7909
FAX（082）246－7876
E-mail:info@keisui.co.jp

ISBN4－87440－708－0　C3081